德国经济治理

徐聪·著

THE
GERMAN ECONOMY
GOVERNANCE

时 事 出 版 社

图书在版编目（CIP）数据

德国经济治理/徐聪著．—北京：时事出版社，2015．4
ISBN 978-7-80232-823-5

Ⅰ．①德…　Ⅱ．①徐…　Ⅲ．①经济治理—研究—德国
Ⅳ．①F151．6

中国版本图书馆 CIP 数据核字（2015）第 031244 号

出版发行：时事出版社
地　　址：北京市海淀区万寿寺甲 2 号
邮　　编：100081
发行热线：（010）88547590　88547591
读者服务部：（010）88547595
传　　真：（010）88547592
电子邮箱：shishichubanshe@sina.com
网　　址：www.shishishe.com
印　　刷：北京百善印刷厂

开本：787×1092　1/16　印张：21．75　字数：350 千字
2015 年 4 月第 1 版　2015 年 4 月第 1 次印刷
定价：78．00 元

目 录

经济政策篇

欧债政策篇

治理思想篇

经济政策篇

第一章 “2010 议程” 改革

第一节 “2010 议程” 引入背景

德国之所以能够良好地应对 2008 年国际金融危机及欧债危机，原因之一在于“2010 议程”对德国的劳动力市场进行了大幅度的改革，提升了德国经济的整体活力。

一、经济背景

从 20 世纪最后几年到 21 世纪初，德国经济一直处于增长乏力阶段，1991—2000 年德国国内生产总值平均增长率为 1.6%，而到了 2000 年后，德国经济还出现了增长停滞，国民生产总值持续下降，2003 年 1 月德国失业人口已经达到 462.3 万，失业率更高达 10.8%。德国经济增长乏力的原因主要在于德国产业外移、老龄化严重、劳动力成本高、德国统一成本高等因素。

（一）产业外移

在全球化的浪潮中，德国顺应了世界经济的发展趋势，经济出现了产业外移的趋势。例如德国从 20 世纪 90 年代中期开始就不断扩大其在东欧离岸生产的力度和规模，这主要是因为德国劳动力成本高昂，德国企业需要为员工缴纳公共养老保险、医疗保险、失业保险等社保费用，企业的工资附加成本高，影响了资本在德国设立企业的积极性。高工资和高税收降低了德国产品的利润空间，出口导向型的德国需要关注其他国家的需求波动，就地取材或就地销售、利用劳动密集型国家的低人员工资这些都是在既定技术水平下提高企业竞争力的法宝。

新兴国家也不再只是全球消费品的供应者，更迅速发展为重要的消费者，其国内市场对全球供需关系的影响日益上升，只有掌控新兴国家的市场才有助于保持企业未来的竞争力。德国产业向欧洲乃至全球范围内的低成本国家转移成为必然之选，这导致德国资本大量流入海外，德国资本国内投资率在经济合作与发展组织（OECD）国家中处于末位，只有1/3的本土储蓄被用于国内投资。

（二）老龄化严重

人口老龄化已经成为德国社会的重要问题，德国人口出现了零增长以及负增长的趋势。年轻人的比例不断下降，而老年人口比例则持续上升，造成这一现象的原因有二：一是人口出生率下降，1990年德国的人口出生率为11.4‰，而2001年的人口出生率已降为9.6‰；二是老龄人口的平均寿命不断上升，在1980—1985年，德国男性平均寿命为70.3岁，女性平均寿命为76.8岁，而在1995—2000年间，男性平均寿命已增长为73.9岁，女性平均寿命已增长为80.2岁。

在这两种现象的共同作用下，1980年就业者与退休者的比例为1∶4，而到了2050年这一比例将下降为1∶1.2。人口老龄化一方面给社保体制带来了严重的压力，另一方面让劳动人口绝对数量下降，对德国的现有产业造成冲击，加大了产业转型的压力，这也大大制约了德国经济发展的速度。

表1-1　德国老龄人口发展趋势

年龄层次	2000年	2010年	2020年	2030年	2040年
15岁以下	15.6%	13.5%	12.7%	12.4%	11.6%
15岁至64岁	67.9%	66.2%	64.7%	60.3%	57.9%
65岁至80岁	16.4%	20.4%	22.6%	27.4%	30.5%
80岁以上	3.7%	5.1%	7.1%	7.8%	9.8%
老年人口比例（65+/（20-64））	24.2%	30.8%	34.9%	45.5%	52.6%

资料来源：Kommission für die Nachhaltigkeit in der Finanzierung der Sozialen Sicherungssysteme (2003)：Abschlussbericht，Berlin 2003. S. 51。

（三）劳动力成本高

德国战后经济得到迅速的发展，在经济处于上升期的时候，德国建成了包罗万象的福利制度，1950 年社会福利开支仅为 170 亿欧元，到 1965 年已达到 1150 亿欧元，而同期的国民生产总值仅增长了 4 倍。社会福利开支占国民生产总值的比例在 1950 年为 17%，1970 年已上升到 25%，到了 1980 年该比例已经超过了 30%，1990 年后社会福利开支还以每年 4.7% 的速度增长。①

过好的社会福利降低了失业者找工作的激励，劳动者情愿失业在家拿社会福利度日，② 结构性的僵化失业不受经济景气程度影响，依托社会国家的惯性金融支付而形成了路径依赖。过好的社会福利也增加了德国企业的运营成本，这一方面削弱了本土企业的国际竞争力，另一方面也降低了外国资本投资德国的意愿，德国作为投资地的吸引力在下降。

（四）向东部地区输血

两德统一时，原东德地区相对于原西德而言，经济发展水平落后，为迅速弥补这个差距，联邦德国决定支持原东德地区的重建，让原东德尽快融入联邦德国，因而对原东德地区输入了大量资金。而且联邦德国决定将两个地区的福利制度实施接轨，导致原东德地区的福利水平迅速提高。统一后原东德退休者的平均收入几乎是统一前退休者收入的 3 倍。而原东德地区的劳动者收入也急速增加。统一之初，原东德地区的月净工资水平仅为 1370 马克，而到了 1998 年这一地区工资水平达到了 2470 马克。

两个地区的福利制度接轨的决定虽有助于两德的进一步融合，但给原西德地区带来了沉重的负担。统一后原东德地区的经济并未能实现迅速增长，因而原东德地区工资和福利上升的成本主要靠原西德地区来承担。统一后联邦德国建立了“德国统一基金”和“共同振兴东部基金”，每年向原东德地区的转移支付达到 850 亿欧元，另外每年大约有 280 亿欧元通过贷款的形式流入原东德地区，其中 1991—1997 年间，原西德地区向原东德地区支付的社会支出就超过了 1000 亿欧元。对原东德地区的“大输血”政策，给联邦政府造成了巨额的财政赤字。

---

① URL：http：//www. arztwiki. de/wiki/Sozialrecht，访问日期：2013 年 2 月 12 日。

② Sachverständigenrat zur Begutachtung der gesamtwirtschaftlichen Entwicklung：Zwanzig Punkte für Wachstum und Beschäftigung，Jahresgutachten 2002/2003，Wiesbaden 2002.

（五）劳动力市场问题严重

从20世纪80年代开始，德国开始了从传统制造业向以第三产业为中心的产业结构的转型过程。在这个过程中，德国的失业率数据在不断上升。到了20世纪初，劳动力市场的诸多问题仍未能够得到很好的解决，究其原因主要有以下几点：一是结构性失业问题严重，原来的钢铁、造船、采煤、纺织工业的逐步衰落产生了大量冗员，如德国鲁尔区原是德国的重工业聚集区，产业结构的转型导致该地区的失业人口数目持续上升，该地区的经济恢复前景不改善，失业者就很难实现再就业；二是长期失业问题严重，结构性失业往往是因为失业者的技能与劳动力市场的需求不相符，需要劳动者重新接受培训，而失业者会因为年纪、知识水平、资金或者惰性等因素的限制，不愿意或者不能够接受再培训，因而长期无业，而且很难改变这种长期失业状态；三是原东德地区失业状况严重，虽然联邦德国对原东德地区进行了大规模的援建，但原东德地区因为“底子薄”等原因，经济活力仍然较低，失业人口数量居高不下，尤其是妇女失业状况严重；四是德国良好的福利制度，这一方面让失业者依靠领取失业金也能够维持较高的生活质量，失业者产生了就业惰性，另一方面也让黑工现象变得愈加严重，这进一步推高了德国的失业数据；五是随着德国的产业结构转型，工会成员的数量在不断下降，而且对铁路等部门的私有化进程也降低了工会的实际影响力，工会对工人的保护能力在下降；六是2003年前新经济泡沫的破裂，让德国经济的前景变得黯淡，使德国的失业率进一步走高。

为了解决失业问题，德国政府将大量的政府收入用于失业救济等方面，长期的高额负担最终让德国政府不得不靠举债来维持运转，2002年德国用于社保费用的支出就高达7890亿欧元，政府总债务也达到了12398亿欧元。政府债务的不断上升造成了德国政府财政赤字的扩大，政府债台高筑也削弱了政府扶振经济的能力，庞大的福利开支成为政府的沉重包袱，政府不得不靠增税和贷款来维持运营。这一方面推高了德国的融资成本，另一方面税收负担的加剧又增大了企业的运营成本影响了企业投资积极性，低投资成为低增长的原因，因而德国社会最终形成了“低增长高福利—高税收高负债—高成本—低投资—低增长”的恶性循环，严重影响了德国经济的活力与前景。

产业外移、老龄化严重、劳动力成本高、德国统一成本高、劳动力市场问题等各种负面现象逐渐累积最终导致德国逐渐发展成为“欧洲病人”，经济发展停滞，经济面临严峻的挑战。在政府社保支出中，增幅最快的是劳动力市场支出，其次是医保费用，增速第三的为养老费用。在这一背景下，德国社会迫切需要对德国的养老、医疗等社保体制，以及劳动力市场、税收制度等进行一场全面的改革。在这一背景下，“2010议程”应运而生。

二、政治背景

（一）新时期社民党面临的挑战

社会民主党（简称社民党）传统的选民基础是劳动阶层，如工人、农民等。但随着后工业化社会的形成与发展，德国的产业结构发生了重要的改变，技术密集型产业成为主流，使得德国的社会结构也发生了显著变化。社会民主党传统选民阶层的势力显著地萎缩，工人、农民在德国社会结构中的比例在不断下降，而专业技术人员、管理人员、官员、高级职员形成了新的中产阶级，这部分人员的数量在不断增加，其占社会总人口的比例也在不断上升。知识经济的发展更进一步地为中产阶级的壮大推波助澜，社会结构发展成为两头小中间大的“橄榄型”趋势愈加明显。而且相对于传统的工人和农民而言，这部分人受教育程度更高，对国家政治的参与度也较高，是参与选举投票的重要力量，也成为各党派积极争取的重点票源。

社民党为了扩充自身力量，得到更多的选票，其政策目标也在不断向中产阶级转向。2003年社民党在威斯巴登召开会议，肯定了新中产阶级在德国社会的重要性，确立了一个新中产阶级纲领，即社民党的工作重点应逐渐向新中产阶级转向，更多地为新中产阶级的利益服务，通过实施有利于新中产阶级的措施如为新中产阶级提供创业优惠等措施，以增强政党的中产阶级的支持力量。

德国社民党的自我定位已经从左派政党向“中左”政党转变。社民党选民基础的定位变化导致了社民党的理念也需要作出相应的改变。新中产阶级的受教育程度高，其价值观、对社会的看法存在阶级独特性，因而社民党需要对自身的政策纲领作出中间化的调整方能适应新中产阶级的需求，才能对其产生号召力。

新中间阶级与传统的无产阶级因为生存的物质基础的差别，导致其利益诉求也存在差别。工人农民阶层因为收入水平较低，抵御风险的能力较弱，因而更多地关注提高社会福利；而新中产阶级因为收入水平相对较高，抵御风险的能力相对较强，因而其利益诉求更多地集中在对个人发展空间、社会正义以及实践个体价值观的层面，对社会福利水平的要求相对较低。如何在一个党的政策纲领下妥善地协调这两者之间政策诉求与利益关系，是新时期社民党面临的挑战。

自20世纪90年代以来，随着全球化的迅速发展，德国的高福利制度增加了企业的成本，降低了个人的劳动积极性，日益成为德国经济进一步发展的阻碍性因素，德国的福利制度需要改革。对传统的社民党而言，推行全面福利政策、主张社会公平是社民党的对内政策的核心，社民党是社保制度刚性的重要维护者。1921年社民党在《格尔利茨纲领》中即提出要建立人人福利的社会主义经济，在1959年的《哥德斯堡纲领》中社民党提出了更加完善地加强德国社会福利保障的政策主张，并在社民党其后的执政过程中积极地贯彻这一政策主张，社民党是德国战后的社会保障制度和社会福利事业建设的重要推手。在新的发展形势下，如何处理发展社会福利制度与提高市场经济效率的关系，如何对福利制度进行改革而不伤及社民党的铁杆选民的权益，如何重新解读公平与效率关系，如何协调社民党公平公正的传统价值目标与市场经济中效率的关系，是社民党面临的一个个重要挑战。

（二）“新中间”政策

“新中间”政策即是社民党为了解决这一系列挑战而给出的答案。

1. “第三条道路”

德国社会民主党的理论家伯恩斯坦试图将理论与实践相结合，提出在马克思的科学社会主义和资本主义之间寻找一条中间道路的建议。“第三条道路”的政策实质上是伯恩斯坦的建议在当代社会的发展与衍生，是指超越传统社会民主主义和新自由主义的一条中间路线。

“第三条道路”是欧美倾左派政党为了应对现代社会新的技术、社会以及环境方面的挑战而进行的道路尝试。1992年克林顿在大选中提出“超越左右论争”的思想，是现代对伯恩斯坦中间道路的一个新演绎的开始。1997年英国工党领袖布莱尔积极发展了“第三条道路”思想，并使之成为其赢得大选的法宝，布莱尔的书《第三条道路：新世纪的新政治》为这一思想的做了理论注释。布莱尔认为，世界上新出现的许多问题不再能够用“左”、“右”来简单划分，例如生态问题、恐怖问题等，因而新问题的出现需要设计新的解决道路，能够在全球既有的意识形态和价值观念差异的基础上为新问题找到解决方案。

“第三条道路”的主要思想是既不要走传统的国家全面干预的左派路线，也不要走新自由主义的右派路线，而是走“中左”路线的新型道路，“中左”路线即指“第三条道路”，仍以坚持社会正义为政策主张的核心，而且在道路实施路径上也更多地借助政府力量。为应对经济全球化和日益激烈的市场竞争，布莱尔认为欧洲模式与美国模式各有优缺点，因而不能在二者之间作出简单的选择，而是应该将两种模式的优点相互结合。例如既要借鉴欧洲模式扩大社会福利体系的覆盖面，又要借鉴美国模式增加社会中的就业机会；既发挥国家的宏观调控作用，又要让竞争发挥其优势性作用，在经济全球化不可逆的浪潮下找到福利国家概念与经济效益的有效结合点。

“第三条道路”是现代社会民主复兴的尝试，在欧洲国家产生了很大的影响，“2010 议程”的总推手施罗德也深受“第三条道路”的影响。1999 年，布莱尔、克林顿和施罗德等政治家在华盛顿就“第三条道路”问题进行了研讨。1999 年 6 月 8 日，施罗德和布莱尔在伦敦联名发表了一份欧洲社会民主主义现代化进程的文件，即《欧洲社会民主主义者前进的道路》，该文件也被称为《施罗德—布莱尔文件》。该文件对新中间阶层进行了重新界定，并且提出应该限制国家干预、对社会保障体系进行结构性调整以适应新时代社会发展的需求等建议。“2010 议程”的指导思想在该文件中已经崭露头角。

2. “新中间”政策

在“第三条道路”的影响下，施罗德在 1998 年大选时即提出了“新中间”政策。施罗德曾指出，当代社会民主思潮的重要任务即是为全球化而产生的问题找到答案，关键就是要平衡社会现代化、经济现代化与社会保障之间的关系。①

“新中间”政策将社民党的政策重点由传统的左派选民转移为新中产阶

---

① Jordan Bonfante（1998）：Joining the third way，Time，1998/3. p. 32.

级，“新中间”政策的重要内容是：

（1）对政府的作用以及作用方式进行了新定义

“新中间”政策认为在全球一体化的挑战之下，经济政策应该不以党派特征来划分，而更应该以时代特征来划分。在现代社会，政府应该放松对经济的干预，而让市场发挥经济运作的主体性作用，政府需要为企业创造良好的市场环境，强调政府对市场的调节作用和规范作用，注重经济运作的效率性原则。政府也不应该再采用传统的行政手段调节经济，而应该采用像激励型等新型的措施以创造激励型的国家模式，例如为解决劳动力市场的失业问题，需要对传统的中介型、信息型手段进行扩展，引入激励型的措施以增强竞争和失业者接受工作的积极性。新激励型的措施既可以包括增加就业机会的工作创造型手段，还可以包括降低社会福利的惩罚性和补贴性手段等，通过更丰富的手段增强经济的运行效率。

（2）对福利制度的重新解释

新自由主义主张经济福利原则，反对国家对市场的有计划的控制，认为社会福利应该市场化，应该以市场为主导，国家在福利制度的建设方面应该只起到辅助性作用，不应该由国家提供高福利水平，否则造成市场自由竞争原则的破坏，牺牲市场效率原则。新自由主义认为通过将市场因素引入到福利政策中，降低工人的福利水平，实现福利市场多样化，可以提高福利政策的效率。例如现行的公共养老金体系具有鲜明的再分配特征，通过降低公共养老金水平，更多地引入个人养老责任，实施市场化运作的多支柱的养老模式，可以降低公共养老金体系应对老龄化问题的难度。而通过降低失业保险金的水平，将失业保险金水平定义为在维持基本生活的水准，可以促进失业者就业的积极性，降低失业保险体系的负担。

与“新中间”政策积极的激励型劳动力市场政策相对应的是需要对德国保守的福利国家模式作出改变，国家无法再提供“覆盖面宽、项目齐全、水平高”的福利制度，也不应再按照社会保险原则、提供与公民身份地位相符的福利水平，[①] 而是必须克服现存德国社保政策中的改革障碍，改变既有的社会保险原则和现存福利国家的传统模式。国家对社会福利起到辅助

① Katrin Mohr（2007）：Soziale Exklusion im Wohlfahrtsstaat. Arbeitslosenversicherung und Sozialhilfe in Gross britannien und Deutschland，Wiesbaden.

性作用，而个人更多地为个人福利负责，国家若是为公民提供了无所不包的高福利水平，会降低个人自我实现的压力，造成个人对国家的依赖和社会再分配的低效率。因而国家对社会福利的职责应该定位为为少部分生活困难者提供低福利保障，以确保其最低生活需求。福利国家应该建立在预防性福利和保质性福利两个原则之上，通过提高预防性福利的比重，降低政府承担的保值性福利的水平，让政府更多地发挥“人生避难所”的作用，一方面可以降低政府的财政负担，另一方面也可以增进社会效率。改革福利思想并不是要消灭福利制度，而是要让德国的福利制度能够适应国内外的环境变化造成的新形势，通过对既有的社会福利制度的再思考，实施最低的福利标准，引入积极福利，建设投资型国家，而将政府和雇主的负担转移到了社会民众身上。①

（3）对公正思想的重新解释

社民党对公正思想做了新解释，认为公正不能再仅仅被理解为分配公正、由福利国家提供全方位的保护，而应从传统的公平正义观转变成相对公平观。在知识和信息社会里，为公民实现机会公正，让每个公民都尽可能地参与到社会生活中来。对社会保障制度进行改革不是偏离了社民党对社会公正的追求，而是要更好地实现社会公正。社民党一向以维护中下阶层的利益为政策导向，认为中下阶级处于社会底端、收入水平低下，应对个人风险和社会风险的能力较低，因而社民党更多地在其社保观念中强调公民权利，主张国家应该为公民提供良好的社会福利，以保障公民的社会水平，较少提及公民的义务方面。事实上如果过分强调将责任和义务分离，对社会各阶层都会产生不利的影响，既会压制富人参与社会保障的积极性，也会让中下阶层产生不工作的负面激励，影响社会发展。

“新中间”政策改变以往社民党的社会福利政策中将个人权利与义务相分离的导向，而是试图通过社会保障制度的改革让每个公民都有机会更好地为自己负责，更好地将个人的责任与社会价值联系起来。一个公正的社会不是要维护社会的绝对平等，而是，社会既要维护平等，也要允许功能性不平等的存在，正是有了功能性不平等才能保障每个人对社会发展的参与，保障社会向前发展的动力，也有助于中下层人民生活水平的提高。让

---

① Jordan Bonfante（1998）：Joining the third way，Time，1998/3. p. 32.

每个公民都享有人道尊重，在享受个人的社会权利的同时也能够切实地承担公民的责任与义务，为国家和社会的发展做出自己贡献。一个公正的社会不是应该用国家行为替代个人行为，而是应该用更好的社会政策来促使个人更好地实现个人价值。

虽然德国无所不包的福利政策非常完善，但部分社民党人也认识到细节性地关注部分人群的利益，为某部分人提高福利水平，这个问题与德国日趋下降的竞争力比起来，后者对德国未来具有更加重要的意义。施罗德曾表示，应该把生产力与经济效益的提高同坚持团结互助与社会公正结合起来。[①] 为提高德国的经济增长水平，社民党在“新中间”政策中对公平与效率关系做了重新解读，重点强调了效率的重要性。社民党不是倡导消灭不平等，而是倡导“有生产力的不平等”，即他们认为公平并不代表着要消灭不平等。[②] 公平除了结果公平，还有机会公平。国家更应该通过政策措施实现机会公平，保障个人在改善生活质量上的权力与实施路径，创造一个机会公平的社会，让更多的人有义务也有机会参与到社会生活中来。可以适当降低了失业者的福利水平，同时通过提供“一欧元工作”、为建立个人企业提供津贴等方式，让原本已经成为劳动力市场局外人的劳动者更多地融入劳动力市场中去。

社会国家的评定标准不是以社会转移支付的金额为标准，而是看国家为公民做出了怎样的安排使得公民能够顺利地找到工作，承担个人责任，实现自己的人生价值。不能因为弱势群体经济地位上的不对等地位而让政策超过底线地向弱势群体倾斜，对弱势群体的特殊优待有可能会损伤公平原则，以整体纳税人的损失为代价。事实上国家还担负着降低国家负债，实现代际平等的责任。施罗德曾表示，对福利国家的改革不会影响社会的公正性，而是为了保证未来社会的公正。

3. “新中间”政策的特点

“新中间”政策具有鲜明的实用性特征。“新中间”政策淡化了传统的路线划分，试图在社会民主主义和新自由主义之间找到一条中间道路。传

---

① Gerhard Schroeder（2003）：Rede vor dem Deutschen Bundestag vom 1. 6. 2005. in Das Parlament. 2005/6，S. 17.

② 15 Jahre von 150：Die Misere der SPD. URL：http：//www. politik-forum. at/quo-vadis-spd-t9351-450. html，访问日期：2013 年 9 月 19 日。

统的路线划分会造成思想方法和行为模式的僵化，社会需要的不是特定的“左”的方针或是“右”的路线，而是最适合社会发展特点的正确政策，因而需要调和“左”、“右”路线二者的矛盾，善用二者优势，以解决德国所面临的高福利、高失业的经济难题。

“新中间”政策受众覆盖性强，不再只针对传统选民；以就业、公正为口号，通过对“左”、“右”路线整合，兼顾供给方与需求方的利益，试图为社民党创造更广泛的社会群众基础；社民党通过提倡公平与效率并重，提倡社会权利和社会责任并重，试图增强“新中间”政策的社会影响力与号召力。

在经济全球化的浪潮下，德国社民党为了应对知识经济和德国社会阶层变化等各种挑战，推出了“新中间”政策，这是对德国社民党政策传统政策的一次大胆超越，也是社民党向“中间”偏移的一个重要步骤。“新中间”政策对社民党而言起到了思想解放的功效，为施罗德引入“2010议程”构建了理论基础，扫清了思想障碍。

第二节 “2010议程”的内容及影响

一、“2010议程”的内容

（一）“2010议程”之前的改革

在2003年宣布实施“2010议程”之前，施罗德在其作为联邦总理的第一任期就已经实施了部分改革。在社民党和绿党的执政纲领中即提到，解决失业问题是这一届德国政府的核心目标，[①] 同时也要对社会福利国家进行改革，以维持社会福利国家的可持续性。施罗德在第一任期的这部分改革相对于“2010议程”而言，其改革举措相对温和，主要内容有：

1. 就业促进政策

自20世纪80年代以来，就业问题一直是德国社会的热点问题，特别是施罗德的前一任联邦总理科尔就是因为高涨的失业率而失去了执政权。解决失业问题是施罗德大选时的一个重要承诺，也是施罗德政府的一个重要

---

① SPD und die Gruene/Buendnis 90 (2003): Aufbruch und Erneuerung- Deutschlands Weg ins 21. Jahrhundert. S. 11.

难题。解决青年人失业问题以及解决长期失业问题，是解决德国劳动力市场问题的重要挑战。

为解决劳动力市场失业率高居不下的问题，施罗德政府试图通过产业结构调整来增大就业概率。施罗德政府试图通过促进高新产业的发展来解决失业问题。例如通过改善企业投资环境、降低企业的税收等措施提高企业的投资积极性；积极鼓励企业、研究机构的研发行为，并设立了专门的研发资金，以促进高新技术和新兴产业的发展。

为扩大社会工作岗位的供给，德国政府鼓励社会创办企业的积极性，加强创业资助，为新企业的建立提供了优惠的措施和社会环境，由政府、雇主共同倡议，并且工会等各层组织共同参与，签订了“促进就业公约”，以倡导各界为增强工作岗位的供给而共同努力。中小企业是德国吸收就业的重要力量，德国政府也采取了相应措施，促进中小企业的发展。

为解决青年人失业问题，施罗德政府拿出 20 亿马克的专项资金用于青年人职业培训工作，使得在一年内能有 10 万青年人得到短期培训的机会，提高了其找到工作的概率。加强欧洲范围内的协作，实施了“青年与欧洲：我们的未来”计划，促进欧洲范围内的青年人就业。

施罗德政府倡导建立了“劳动、培训和竞争力联盟”，以更好地连接劳动力市场的供给与需求；德国政府期望通过培训和进修，提高接受社会救助的失业适龄劳动者再就业的机会；并提出消除就业歧视，采取措施提高资助以解决特殊人群，如残障人士或者长期失业人士的就业问题。为提高这类特殊人群的就业机会，德国政府倡导促进兼职、低薪工作的设立，以帮助弱势群体更好地进入劳动力市场。

德国重新统一后，联邦德国对原东德地区实施了大量的转移支付，以协助原东德地区实施经济模式的转变。但东德地区的劳动力市场就业状况不佳，失业率明显高于原西德地区，对东部劳动力市场实施振兴政策、缩小东西部差距势在必行。施罗德政府一方面增加了对东部劳动力市场的资金投入，促进职业培训、转岗教育的发展以促进东部就业率的提升；另一方面促进东部中小企业的发展，为其提供研发资助，以提高其研发水平和吸收就业的能力。

2. 公共养老金体系

1998 年施罗德在担任德国总理后，废除了 1997 年颁布的、原定将于

1999 年实施的养老金体系改革方案，开始了新一轮的改革。

首先，改革一直以来公共养老金成为退休人员主要收入来源的局面，《老年财产法》（Altersvermögensgesetz，AvmG）[①] 第 154 条第三款规定，要保障缴费率的稳定，至 2020 年不超过 20%，至 2030 年不超过 22%。为达到该目标，同时也规定养老金的替代率水平不应超过 67%。为此，施罗德提出积极扩建企业年金和个人商业养老的形式和规模，使其成为公共养老金体系的积极和有力的补充，减少公共养老金体系的负担，并引入李斯特养老金（Riester Rente）的政策，以促进私人储蓄的增加。

其次，为降低公共养老金体系的负担，取消无职业能力和无工作能力养老金，取而代之的是职业能力衰退养老金，而且职业能力衰退养老金需要按照个人的工作能力决定养老金的发放水平。如个人每日工作能力低于 3 小时者，可以领取全额职业能力衰退养老金；如个人每日工作能力介于 3—6 小时之间者，可以领取半数的职业能力衰退养老金；如个人每日工作能力高于 6 小时者，则可领取部分职业能力衰退养老金。

再次，调整了养老金的调整方式，规定在经济低迷的 2000 年和 2001 年，养老金浮动调整不再与新兴工资挂钩，而是与通胀率挂钩，这将间接降低公共养老金体系的养老金水平。德国公共养老金体系的目标已逐渐由保障退休前后生活水平不变转变为保持缴费率稳定，由以支定收的体系转变为以收定支的体系。

3. 公共失业保险体系

为解决失业保险体系入不敷出的局面，施罗德之前的政府已经多次对失业保险体系作出了改革，如提高失业保险费率，失业保险费率从 3% 提高到 6.5%；同时降低失业保险体系的支付标准，如降低因自然因素导致无法继续工作者的津贴水平。施罗德政府为解决失业保险体系存在的问题，解决推进就业政策，通过就业的增长来解决失业问题。同时施罗德政府也试图缩减失业保险领取者的范围，对失业救济金领取者的范围做了限定。

4. 税收制度改革

高税率会影响个人创业、消费，以及企业的生产积极性，为了拉动个人消费，减轻企业负担、提高企业竞争力，施罗德政府组建后，试图对德

---

① 该法于 2001 年 6 月 26 日颁布。

国庞大繁杂的税收制度进行改革。

施罗德政府首先对所得税进行了改革，计划在1999—2002年这4年内按步骤将个人所得税的最低税率从25.9%降低到19.9%，最高税率从53%降低到48.5%；同时将个人所得税起征点也从1999年的1.236万马克提高到1.4万马克；企业所得税也从45%降低到35%。

起征生态税是施罗德政府的另一个重大税改举措。施罗德政府计划通过对汽油、天然气、电等不可再生能源征收生态税，以弥补日益扩大的社保资金缺口。起征生态税将给德国政府带来每年约120亿马克的收入。

5. 其他

施罗德政府还引入了孩子及家庭促进措施等措施，并计划放弃核能，以改善经济的运营结构。

促进对生育孩子家庭的资助，从1999年起，将孩子津贴由220马克/月提高到250马克/月，至2002年起则提高到260马克/月。提高对有子女的雇员的促进措施，使其在工作的同时能够兼顾到家庭，能够将家庭和工作更好地融合。

为促进可再生能源的发展，德国政府一方面计划引入生态税，另一方面也计划分步骤逐步放弃核能，计划通过对核电站进行彻底检查、与核电企业对关闭核电站进行磋商等方式最终取消核能。但施罗德政府的废核计划终因对国民经济影响重大而不得不暂停实施。

施罗德政府第一任期的诸项改革计划涉及税改、废核等诸多重大经济议题，但因为这些提案涉及范围广、实施难度大，再加上诸多提案的未能经过充分的讨论而提出，其具体实施也未能达到预期效果。吸收其第一任期的经验教训，在施罗德的第二任期里，其改革主要集中在劳动力市场和社保体系两个方面。

（二）"2010议程"改革的举措

2002年10月，施罗德再次当选联邦德国总理。2003年3月14日，施罗德在议会发表演说，宣布了"2010议程"。之所以命名为"2010议程"，是借鉴了欧洲提出的"里斯本战略"（Lisbon Strategy），该战略提出要到2010年将欧盟建设成为世界上最具竞争力、最具活力的以知识为基础的经济区。与之相应，施罗德提出的改革计划被命名为"2010 议程"。[①]

2002 年 2 月 22 日施罗德倡导组建了"劳动力市场现代服务委员会"(Moderne Dienstleistungen am Arbeitsmarkt，简称为"哈茨委员会")。哈茨委员会由当时大众公司人力资源部主管执行官彼得·哈茨领导，主要研究当时劳动力市场的问题。该委员会于同年 8 月 16 日公布了报告，出台了《现代劳动力市场服务法案》。该法案提出，政府对劳动力市场的管理面临着政府职能的转变，需要改变对劳动力市场过多干预的方针，转而实施对劳动力市场的积极服务型政策，例如需要调整失业补助金、强化职业培训并建立更多面向失业者的就业服务中心。

"2010 议程"旨在改革旧的体制，尤其是改革德国的福利体系和就业政策，主要内容有改革劳动力市场、降低税率、削减社会福利等。"2010 议程"相对于施罗德第一任期的改革，改革步伐迈得更大、措施力度更加积极。施罗德政府计划通过实施"2010 议程"来降低国家提供的服务，强调个人对风险的承担，促使个人承担更多的自我责任。[②]"2010 议程"期望能够改善社会政策框架以实现更快速的经济增长和更多的就业；改造福利国家并实现对福利国家的创新；最终能够重新合理地分配并利用好各种资源，在 2010 年实现国家社会安全、经济增长、国家财政稳定，能够达到提高经济效率、提升德国的国际竞争力的目标。[③]"2010 议程"更多地被理解为施罗德政府实施政策路线转变的一个标志。

"2010 议程"并非指某个特定的政策或法案，而是一个政策框架，既包括议程公布后的政策措施，也包括以前就已实施的"Hartz 改革"的内容。"2010 议程"包含了改革社保体系、降低工资附加成本、劳动力市场灵活化、巩固国家财政等各方面的内容。德国"五贤人经济委员会"在 2002 年的年度报告中称，"2010 议程"的核心在于改革劳动力市场的结构，

---

① "2010 议程"和里斯本战略的目标并不完全吻合。里斯本战略更多地强调科技和社会向心力。参见维基百科"agenda 2010"词条，URL：www. de. wikipedia. org/wiki/agenda_ 2010，访问日期：2013 年 9 月 19 日。

② Regierungserklaerung von Bundeskanzler Schroeder am 14. Maerz 2003 vor dem deutschen Bundestag.

③ Wissenschaftliche Dienste (2013) Aktueller Begriff. Zehn Jahre "Agenda 2010" -Bilanz einer "Jahrhundertreform". Nr. 07/13 (11. März 2013) Fachbereich WD 6 vom Deutschen Bundestag Berlin. S. 1.

以及对公共福利领域和税收政策的改革。

1. 劳动力市场改革

为了对德国劳动力市场实施有效改革，2002 年德国制定了《劳动力市场政策措施改革法》，而且由经济学专家、各级政府官员、工会、企业家等代表组成的哈茨委员会也于2002 年 8 月 16 日公布了委员会报告。该报告共有 13 个模块，以激励失业人员重返劳动力市场为目的，设计了 4 部改革方案，提出了经过 3 年时间降低 200 万失业人口、把职业介绍周期从 33 周降低为 22 周等目标。

根据哈茨委员会的报告，德国政府出台了《现代劳动力市场服务法案》。该方案共有 4 个组成部分，被称为“哈茨系列改革”，再加上 2004 年初颁布的《劳动力市场改革法》，这些改革措施将哈茨委员会的设计方案全方位地付诸了实施，是德国劳动力市场上的一次全方位的系统改革。“哈茨系列改革”强调对失业人员再就业的激励，并辅之以新就业岗位的创造和对职业中介机构运行机制的改革，① 这触及了德国劳动力市场的组织结构、管理运作以及就业促进和职业介绍等多方面深层次的问题。②“哈茨系列改革”试图对现存劳动力市场政策进行结构性的调整，向德国劳动力市场的一些“顽疾”进行了开刀，因而引发了德国国内的强烈反应和激烈讨论，在德国的劳动力市场改革中，“哈茨系列改革”引发的争论最为广泛。

（1）《劳动市场现代服务第一法案》（哈茨一）

《劳动市场现代服务第一法案》即“哈茨一”于 2002 年 12 月颁布，于 2003 年 1 月起正式执行。“哈茨一”的主要内容有：

设立个人服务代理机构（PSA）。个人服务代理机构为公共临时就业机构，其任务是为失业人员介绍临时性工作，使得失业者尽快得到安置。因为失业者通过从事临时性工作可以保持与劳动力市场的接触，防止失业者因脱离就业环境而造成劳动能力的下降，形成未来的长期就业困难，同时还可以将工作与培训有机地结合起来。公共就业服务机构可以为个人服务代理机构提供失业者名单，从 2005 年开始个人服务代理机构可以自主选择

① Karl Brenke, Klaus F. Zimmermann (2008): Reformagenda 2010 – Strukturreformen für Wachstum und Beschäftigung. DIW-Wochenbericht Nr. 11. 2008. Berlin. S. 119.

② Lena Jacobi and Jochen Kluve, “Before and After the Hartz Reforms: The Performance of Active Labour Market Policy in Germany”, IZA discussion paper No. 2100, 2006.

适合其中介的失业人员。通过为失业者介绍临时性工作，个人服务代理机构可以从公共就业服务机构（PES）获得收入。

放松了对借用工制度的限制。“哈茨一”规定从2004年开始取消对借用工制度的时间限制，即雇员可以无限期地被其他公司或企业借用。

促进失业者尽快就业。发放职业中介券，即失业超过6个月的失业者可以领取价值2000欧元的职业中介券，并求助于私人中介机构为其介绍工作，职业中介券可以用于支付成功介绍工作的私人中介的服务费。改革增加了政策的强制性，为督促失业者接受可得到的工作，“哈茨一”规定，未组建家庭的失业者应该在失业3个月后、有家庭者应该在失业1年后、年长者需要在失业18个月后，无条件地接受全德范围内的任何一个合法的工作机会，不能以工作的地域问题、薪金问题或者工作环境问题为由拒绝接受工作。否则将受到降低失业保险金的惩处，同时失业人员的财产免税额从每人每年520欧元降至每人每年200欧元。

促进大龄失业者的就业。为促进大龄失业者就业，对50岁以上的失业者实施有期限的最低工资保障，即如果新工作工资低于失业前工资水平，联邦劳工署可以在一定期限内为大龄再就业者提供差额补贴。55岁及以上年龄的失业人员重新就业时，雇主可以免交失业保险费。

（2）《劳动市场现代服务第二法案》（哈茨二）

《劳动市场现代服务第二法案》即“哈茨二”于2002年12月颁布，于2003年1月起正式执行。“哈茨二”主要政策的着重点是国家鼓励创建个人企业，提高低收入人群收入。“哈茨二”的主要内容有：

鼓励创建个人企业（Ich AG）。该政策指对于参加了公共养老保险，且领取失业保险金或领取其他类似工资替代性补贴的人员，若有意向创建个人企业、实现从失业者向自我雇佣人员的转变，可以获得政策补助。政策补助可以分为两种，即创业补贴和过渡期补贴，旨在降低个人创办企业的初始难度。创业补贴最长为期3年，创业补贴享受免税但标准逐年递减，即第一年每月600欧元，第二年每月360欧元，第三年每月240欧元，并且规定创业补贴总金额不得超过14400欧元，若个人企业的当年利润超过了25000欧元，则从下一年起不再发放创业补贴。2003年政策实施的第一年即有83000人接受了创业补贴。

过渡期补贴是指为创建个人企业的失业人员提供创业前6个月的基本生

活保障和社会保险费用，具体额度根据每个创业者可以领取的失业保险的水平而有所不同。申请创业补贴或过渡期补贴都需要个人企业对本企业的未来存续能力证明提供证明，即需要接受各种相关行业协会或信贷机构的企业生存能力审查。创业补贴金额固定，而过渡期补贴的具体额度则因人而异，申请人可以根据个人的自身情况以及个人企业的前景对创业补贴或过渡期补贴的申请作出自主选择，既考虑到了公平性，也考虑到了可以享有较高失业保险金水平的高工资失业者的需求。

提高低工资和低技能失业者的再就业收入。免除“迷你工作”（Mini job）者缴纳个人所得税和社会保险费的义务，同时还可以享有病假和休假待遇，而兼职的“迷你工作”者也同样被免除了缴纳个人所得税和社会保险费的义务，“迷你工作”者的雇主只需为“迷你工作”者缴纳25%的社会保险费，其中11%为养老保险费、11%为医疗保险费、2%为其他固定税费。为扩大“迷你工作”政策的受益范围，重新划定了“迷你工作”的范围，将迷你工作的工资上限从325欧元提高到400欧元，也取消了每周工作15小时的限制，即月收入在400欧元以下的都属于“迷你工作”。为减少管理成本，由联邦矿山保险局对“迷你工作”实施统一管理。

对“迷迪工作”（Midi job）者也实施缴费优惠。“迷迪工作”是指月收入在400.01欧元—800欧元之间的工作机会。“迷迪工作”者的实际缴费实施档次累进制度，按照具体的规定，“迷迪工作”者的缴费率从4%到50%不等。对“迷迪工作”者的雇主则无优惠。通过对“迷你工作”者和“迷迪工作”者实施减免个人所得税和减免社会保险费可以有效地提高这两类工作人群的实际收入，通过失业人员对这两类工作的接受度，从而降低低工资和低教育水平者的失业率。

（3）《劳动市场现代服务第三法案》（哈茨三）

《劳动市场现代服务第三法案》即“哈茨三”于2003年12月颁布，2004年1月起正式执行。“哈茨三”的核心内容是对公共就业服务机构进行自上而下的系统改革，通过引入绩效考核以及竞争性激励机制，将德国就业服务体系从一个缺乏活力的官僚性机构改造为以客户和竞争为导向的、具有效率的社会服务机构。“哈茨三”的主要内容有：

对联邦劳动局进行改革。将联邦劳动局从原来的管理机构转变为以客户为导向的更现代化、高效率的服务型机构，并将联邦劳动局改名为联邦劳动服务局，其职能也从发放失业金、儿童津贴和对失业人员进行管理转变成为失业人员进行职业中介服务等，成为一个公法自治团体，削减了联邦劳动服务局的原有部分职能，例如对查处黑工的职能转交海关部门，对社会福利数据的收集和处理工作则可以采取委托第三方的方式进行外包处理。联邦劳动服务局下属的各个层级的劳动服务局也形成了新的组织构建，即形成一个由首席执行官掌管的为期5年的管理层，由该管理层负责劳动服务局的运作，具有高度的政策执行自主权。联邦劳动服务局的职能发生改变，其与联邦政府之间的关系也发生了相应的变更，两者从原来的授权关系转变为协议关系，即联邦政府与联邦劳动服务局签订一定的协议，联邦劳动服务局对协议的执行情况受联邦政府监督。各个层级的劳动服务局需要保证协议的有效完成，因而相互之间也构成竞争关系。

成立就业中心。就业中心整合了原来联邦劳动局和社会救济局发放救济的功能，为所有失业人员和领取救济人员提供服务，也为当地劳动力提供就业咨询和服务，其工作受联邦劳动服务局和社会救济局的共同指导。就业中心与雇主和失业者建立双向联系，即雇主出现员工空缺时，通过与就业中心联系，就可得到就业中心提供的备选人员推荐。而雇员一旦失业就可与就业中心联系，寻求再就业帮助。就业中心通过成为雇主和失业者之间的信息桥梁可以有效缩减失业者实现再就业所需的时间。并且为提高就业中心的中介效率，规定就业中心每位中介人员负责的求职者数目由原来的400人降低到75人。

提高失业保险的领取门槛。原来规定，参加失业保险的人员需要在3年时间内实现12个月的参保时间才能获得失业金，后修改为失业保险的人员需要在两年时间内实现12个月的参保时间。如果失业者未能积极努力实现重新就业，则劳动服务局有权对失业者的失业金进行削减或停发，如有异议失业者需要自己举证。缩减工资性补贴的受益人群范围，并削减工资性补贴的水平和时效。

（4）《劳动市场现代服务第三法案》（哈茨四）

《劳动市场现代服务第四法案》即“哈茨四”于2003年12月颁布，2005年1月起正式执行。“哈茨四”是整个“2010议程”劳动力市场改革系列法律中最重要的一部，同时也是最受争议的一部。“2010议程”实施前，在政府的沉重的社保开支中，用于失业保险的支出达到400亿欧元。

研究表明，对就业产生更大激励作用的不是失业保险的金额，而是失业保险的时间，因为较长的失业保险领取时间更会导致长期失业者的产生，从而进一步推高政府的社保支出，[1] 因而缩减失业保险的领取时间是“哈茨四”的一项重要内容。为降低政府社保支出，“哈茨四”采取了“促进与要求”的原则，不但降低了失业保险的实际金额，也缩短了失业保险的领取时间。“哈茨四”的主要内容有：

将失业救济与社会救济合二为一。自 1927 年失业保险制度建立以来，失业救济与社会救济分属不同的管理系统，也具有不同的支付标准。而“哈茨四”将原来的失业救济和社会救济合二为一，引入了由政府税收统一支付的“失业金 II”，即所有具备就业能力[2]的救济金的领取人员不再有失业救济和社会救济的差别，而是统一领取“失业金 II”，“失业金 II”与失业前的收入没有关联，而是对领取者实施统一标准。“失业金 II”也被称为“‘哈茨四’救济金”，其金额被设立在为失业者提供最低限度的社会保障的水平上，且“失业金 II”的具体发放金额还要根据领取者的个人生活需求和资产状况进行严格审查，申领者需要公开个人财产状况以及家庭财产状况由服务机构根据实际情况进行核准并对其所应领取的“失业金 II”做相对扣减。“哈茨四”还规定，失业者必须积极努力进行再就业尝试，失业金领取人员必须接受职业中介机构为其介绍的任何一个合法工作，只要中介机构为失业者提供的工作不违背伦理道德，即使该工作与其既有的工作技能不符，失业者也必须接受该份工作[3]，否则失业者将面临失业金连续 3 个月被扣减 30% 的处罚。

缩减“失业金 I”的领取时限。“失业金 I”的领取时限从原来的 26 个月降低到 12 个月，对于超过 55 岁的大龄失业者，“失业金 I”的领取时限从原来的 32 个月降低到 18 个月。超过规定的“失业金 I”领取期限仍未找到工作的失业人员只能申请“失业金 II”。该项规定自 2006 年 1 月 1 日起实施。

“一欧元工作”的大量采用。“一欧元工作”在哈茨改革前已经存在，原来指额外的公益性工作，并在“哈茨四”后被广泛运用，指为领取“失

---

① OECD: The OECD Jobs Study, Facts, Analysis, Strategies, Paris 1994.

② 具备就业能力的定义是每日能工作 3 小时以上的人。

③ 只有当具有劳动能力的失业者需要抚养 3 岁以下孩童时才会被免除再就业义务。

业金 II”的失业人员提供的额外创造的公益性岗位，以确保这些工作岗位不会造成正常工作岗位的减少。“一欧元工作”每周的工作时长大约为 20—30 个小时。领取“失业金 II”的失业人员有接受“一欧元工作”的义务，如果领取“失业金 II”的失业人员无故拒绝“一欧元工作”，则会在未来 3 个月内被扣减 1/3 的“失业金 II”，如果无故拒绝“一欧元工作”的领取“失业金 II”的失业人员为 25 岁以下，则将被停发“失业金 II”。之所以要求领取“失业金 II”的失业人员从事“一欧元工作”一方面是为了让失业者保持工作状态，不至于让失业者失去工作意愿；另一方面是失业者处于工作环境中，从而更容易让雇主产生雇佣倾向；还有一方面是“一欧元工作”也在一定程度上可以为失业者提供一些经济补贴。而且在“哈茨四”中也引入了工资津贴体系，为低工资工人提供津贴，而且工人的工资越低，补贴金额越高。

（5）其他政策

为促进就业，施罗德政府还采取了以下措施：

放宽建立手工业企业的要求。通过改变手工业章程以鼓励手工业者自行建立企业和促进就业，取消对某些具有职业专家级技师资格才能开设企业的限制，这些职业包括车工、银匠等。而对一些行业则降低了技师独立开设企业技师要求，如电工、食品行业，只要求开设企业的人至少在相关行业从业满 6 年，其中 4 年作为领导型技术人才从业。[①] 这项规定可以促进手工业中小企业的发展，激发不具有职业专家级技师资格的人才投入手工业行业。

放松了解雇保护的限制。在既有的解雇保护依然有效的前提下，试图赋予中小企业以更高的用人灵活性，不仅对解雇员工时企业的补偿金额做了明确规定，防止员工与企业的单独协商给企业带来的沉重负担，而且还规定新解雇保护从适用于 5 人以上企业，放宽到适用于 10 人以上企业。政策还规定，在手工业中，如果企业员工总数不超过 5 人，则在企业成立的最初 4 年中，企业可以与员工签订 4 年及以下期限的合同，并且无需说明原因，从而为企业在创业初期找到合适的员工扫清制度障碍。

---

① URL：www. bundesregierung. de/artikel/ – , 9950. 502083/dokument. htm. 访问日期：2014 年 9 月 10 日。

联邦政府将增加对教育的投入，投资40亿欧元建立全日制学校，5年内实施联邦教育促进法中规定的贷学金（BAföG）改革，增加25%的支出，以便让更多的年轻人可以接受高等教育；同时也为年轻人提供特殊职业教育，由企业中有专业、有经验的工人为期提供职业教育，提高职业教育过程中的针对性，提高学生参与职业教育的积极性与实际效果。

劳动力市场政策也针对家庭妇女等人群，增强家庭与职业生活的有效融合，提高有子女或婚姻的女性参与职业生活的积极性。例如，政府增加对3岁以下儿童的教育投入，为照顾子女的父母提供独特的税收优惠，并增加全日制学校的建设投入，使得父母可以更放心地投身于职业生涯。

2. 福利制度改革

德国具有世界上最完备的社会福利制度制度，德国社会公共保险制度具有失业保险、医疗保险、养老保险、工伤保险和护理保险5种。详细的保险条款和包罗万象的保险项目也让德国的财政承受着沉重的负担，“2010议程”希望通过对社会保险制度中的医疗保险、养老保险、失业保险制度实施改革，从根本上更新重要社会领域如医疗、养老保险的结构以实现削减社会福利和减轻政府财政压力、促进经济重新增长的目的。①

（1）公共养老保险体系改革

德国人口老龄化的趋势延长了退休人员领取养老金的时间，而且公共养老金体系所规定的养老金受益者范围广泛，如丧失职业能力的人若在丧失职业能力之前已经向公共养老金体系缴纳了20年保费，则按规定也可以享受养老金，公共养老金体系对遗属也提供一定的养老金。德国公共养老金体系在建立之初以保证退休后生活水平为导向，再加上公共养老金体系受益者范围广泛，这对公共养老金体系而言形成了沉重的负担，出生率的下降又减少了参加公共养老保险的人数，20世纪90年代以后德国的失业率持走高趋势也降低了向公共养老金体系缴费者的数量。这一系列原因加重了养老保险体系的负担，虽然养老金体系经过一定的调整，但沉重的历史沉淀成本让德国公共养老金体系面临严重的转折难题，德国公共养老金体系收支困难，为了应对这一难题，“2010议程”对德国公共养老金体系继

---

① Gerhard Schroeder，Rede vor dem Deutschen Bundestag vom 1. Juli 2005，in：Das Parlament，Debattendekumentation. 4. Juli 2005. S. 16.

续作出调整。

2003 年，施罗德政府继续对养老保障进行大刀阔斧的改革。首先是将养老保险的浮动备用金从 50% 降到了 20%①。“2010 议程”又引入了“可持续性因素”，废除了“人口性因素”。2004 年 3 月 11 日德国联邦议会通过了长期稳定养老金保险法规，该法规于 2005 年 1 月生效。该法规规定，从 2004 年起养老金替代率从 48% 降低到 40%，同时规定在公共养老金体系中引入“可持续性因素”。“可持续性因素”是指在计算养老金水平时，将养老金水平与缴费人数挂钩，且同时考虑人口变化与劳动力市场变化等因素，将出生率和人口寿命等因素作为计算养老金水平参考变量，以达到缴费人数上升养老金水平也随之上涨、缴费人数下降养老金水平也随之下降的效果，最终保障缴费率的稳定，以实现至 2020 年不超过 20% 且至 2030 年不超过 22% 的目标，同时也能够维持养老金的替代率水平不应超过 67%。这种灵活的养老保险政策将缓解德国福利开支压力，可以动态地调整政府开支，随着交纳保险金人数的增减来相应地调整政府开支的增加和缩减。

德国养老金体系自建立以来，一直推崇的是公共资助模式，随着人口老龄化的发展，公共融资模式不再能够承担维持退休者退休前后生活水平不变的重任，而需要引入其他的融资模式作为公共养老金体系的有效补充。自 2002 年起德国推出了里斯特养老金制度（Riester-Rente），里斯特养老金制度是指国家配合公共养老金体系养老金水平下降的趋势，倡议推广私人养老金体系，即公民可以与保险公司、银行等金融机构签订私人养老保险合同，国家会对此类养老措施进行一定的补贴。“2010 议程”对里斯特养老金制度实施了进一步的补贴推进计划。“2010 议程”并没有引入提高法定退休年龄的政策，但引入了有助于提高实际退休年龄的措施，如引入针对大龄失业者的培训计划，并创立对大龄就业者更适宜的工作环境，提高对大龄就业者继续工作的吸引力。

（2）公共医疗保险体系改革

德国的公共医疗保险提供的保险项目多、保险范围广，造成了民众对医疗产生了强烈的依赖性和惯性，民众到医生处就诊的频率较高，非必要性医疗支出大。另外，德国社会老龄化严重、经济不景气都导致公共医疗

---

① Press und Informationsamt der Bundesregierung（2003）：Antworten zur Agenda 2010. Berlin. S. 3.

保险的缴费人数下降，再加上德国医疗成本不断提高，德国公共医疗保险面临着严重的收支困难。2004 年初，《公共医疗保险现代化改革法》正式实施，开启了“2010 议程”对公共卫生事业进行改革的序幕。

在“社会共济”的基础上，“2010 议程”中强调公民个人对医疗的个人责任，主要目的是改善德国公共医疗保险体系的药品供应的质量，同时也让公共医疗保险体系能够更有效率地运行，以减轻国家财政的负担。《公共医疗保险现代化改革法》对公共医疗保险的融资模式、缴费率和医生门诊费都做了详尽的规定。主要内容有：

提高整个医疗保险体系服务的透明度，成立联邦药品质量与经济性检验中心，对医生的服务种类以及价格做了明确的规定，并提供药物清单，给患者以选择权，同时在账单上也会清晰详细地列明医疗费用，以防止医生虚报费用。而且规定患者只能固定选择一个医生，一个病不能向多个医生重复问诊，对医生按照病的种类实施统一付费。同时设置每季度 10 欧元的门诊费，[①] 希望能够阻止德国人过于频繁地去看医生。

削减公共医疗保险体系的支出，参加医疗保险的人需要为药品增加支付费用，非处方药费用原则上由个人承担，特殊情况下由公共医疗保险批准予以拨款购买。住院费用个人需承担一定比例，但个人支出不超过个人总收入的 2%，慢性病支出不超过个人总收入的 1%。公共医疗保险体系还取消了丧葬费、妇女分娩津贴等支出。公共医疗保险也不再支付美容性的牙齿诊费，从 2005 年起对有镶牙需求的人提供额外保险，以减轻公共医疗保险体系对牙科的巨额支付。

《公共医疗保险现代化改革法》还计划建立公共卫生基金，也建议增强医保卡的防伪性，以防止医保卡被盗用。为降低工资附加成本，企业无需再为雇员缴纳公共医疗保险费用，而是由雇员独立承担，这样德国的工资附加成本率可以由 14.4% 降低到 13%。

《公共医疗保险现代化改革法》极大地降低了公共医疗保险体系的开支，减轻了保险公司和政府财政的负担。

3. 税收制度改革

德国的税赋较高水平，而且自 20 世纪 80 年代以来德国经济一直低迷，

---

① 该项规定 2013 年 1 月 1 日起被撤销。

这导致德国社保压力持续增大，为了应对持续上涨的社保支出，德国政府不得不通过增税来维持财政开支，至21世纪初德国税赋水平已居发达国家前列。① 较高的税率会增加企业成本，降低企业的投资积极性和国际竞争力，“2010 议程”提出需要通过降低税收以刺激消费和增加投资，从而达到拉动经济发展的目的。

施罗德政府通过了一个多步骤的税收改革计划。首先，“2010 议程”降低了个人所得税和企业所得税，个人所得税的减税步骤如表 1－2 所示。通过税收改革，德国国民连同企业每年可减轻 560 亿欧元的税收负担。个人所得税的最低税率和最高税率分别由 5 年前的 25.9% 和 53% 降低到 15% 和 42%，同时起征点也从 6332 欧元提高到 7664 欧元。其次，“2010 议程”取消了部分赋税，例如企业若是将出售企业资产所得进行再投资则无需缴税。再次，“2010 议程”简化了部分税收项目，将同类税项进行了重新设计和组合，使得税收项目更具透明性、更利于操作。

表 1－2 施罗德政府个人所得税改革一览

年份	1998 年	1999 年	2000 年	2001 年	2002 年	2003 年	2004 年	2005 年
最高税率	53%	53%	51%	48.5%	48.5%	48.5%	45%	42%
最低税率	25.9%	23.9%	22.9%	19.9%	19.9%	19.9%	16%	15%
起征点	6332 欧元	6681 欧元	6902 欧元	7206 欧元	7235 欧元	7235 欧元	7664 欧元	7664 欧元

资料来源：作者自制。

二、“2010 议程” 经济和社会影响

“2010 议程” 被称为 “世纪改革”,② 在劳动力市场、社保领域、企业税领域，2010 议程具有重要意义。“2010 议程” 有效地降低了德国的劳动力成本，降低了失业率，提高了德国的竞争力，对德国产生了深远的影响。默克尔在其 2005 年的就职声明中表示，她个人希望向施罗德表示感谢，施

① O. Jacobs, C. Spengel: Effective Tax Burden in Europe, Zentrum für Europäische Wirtschaftsforschung, ZEW Economic Studies 15, Heidelberg 2002.

② Wissenschaftliche Dienste (2013) Aktueller Begriff. Zehn Jahre “Agenda 2010” -Bilanz einer “Jahrhundertreform” . Nr. 07/13 (11. März 2013) Fachbereich WD 6 vom Deutschen Bundestag Berlin. S. 1.

罗德通过引入“2010议程”为德国打开了一扇大门，使得德国的社保体系开始了适应新时代的发展步伐。①

“2010议程”贯彻的是供给学派的观点，即通过对有利于雇主的措施的引入来改善经济的供给面，从而达到刺激私人投资、提高工作岗位数量的目的。“2010议程”颁布后，受到了广泛的批评，引入之初即被当时的反对党基民盟批评为改革力度不大，而400多位科学家则签署了《改革而不是解构福利国家》的宣言，认为应该与失业问题做斗争，不应该惩罚失业者，更有人将“哈茨改革”成为是对大规模失业的投降。社会福利组织认为“2010议程”损害了德国的社会国家的原则，歧视社会弱势群体，而且连社民党内部的左派力量也对“2010议程”充满质疑。工人阶层反对失业保险体系中的基本保险制度，认为其削弱了德国中低阶层，工会要求按照欧洲其他国家模式进行进一步改革，以实现灵活性和安全性的平衡②。“2010议程”的一系列放松劳动力市场管制、鼓励非典型性就业形式、取消失业救助、缩短失业金领取时间的改革措施对德国劳动力市场和德国社会都产生了巨大的影响。

（一）促进就业

“2010议程”颁布后，因为激励性政策需要一个作用时段才能显示出效应，所以其促进就业的效果在短期内未能显现，失业率呈现惯性增高走势，故而“2010议程”短期效益比较负面。例如，2005年2月全国的失业人口增加到520万；但随着改革成果的逐渐显现，德国失业人口在2006年下半年却是峰回路转，失业人数开始逐渐下降，德国2006年10月份的失业率降至9.8%，是4年来首次低于10%；到了2007年10月份德国的失业人数为343.4万人，失业率降至8.2%，这是自1995年6月份以来首次降至350万以下；至2008年已经下降到300万左右，这是自1992年11月以来德国失业人口首次降到300万以下，失业率从2003年的两位数回归到2008

① URL：http：//www.zukunft-der-arbeit.de/sozialab-schroeder.htm，访问日期：2014年6月14日。

② Wissenschaftliche Dienste（2013）Aktueller Begriff. Zehn Jahre “Agenda 2010” -Bilanz einer “Jahrhundertreform”. Nr. 07/13（11. März 2013）Fachbereich WD 6 vom Deutschen Bundestag Berlin. S. 2.

年的7.5%，但2008年德国就业人数则首次超过4000万；经过2009年的经济危机后，2011年就业人数达到4100万，2012年达到4200万。自2005年以来约产生了260万个新劳动岗位。而60—64岁人口的就业率从2000年的21%上升到2011年的47%，55—59岁的就业率则从66%上升到79%，其中老年妇女的就业水平显著提高，[①]从2000年到2010年提早退休的人口数量下降了60万。[②]而且接受继续教育和接受“一欧元工作”的人不计入就业人口，仅算作不失业，因而实际就业率要高于统计数据。

“2010议程”对德国的劳动力市场产生了积极的影响，但有工会背景的宏观经济和社会发展研究院认为“2010议程”对劳动力市场产生了极大负面影响，“2010议程”促使了许多工作条件恶劣的工作岗位的产生，同时却没有造成正常工作岗位数的上升，就业数量的上升只是由于经济增长造成的。[③]但从德国20世纪末与2008年金融危机前的两次经济增长中的劳动力市场数据可以看出（见表1-3），两次经济增长相比较增长幅度类似，1998年第二季度至2000年第二季度德国经济增长了6%，2006年第一季度至2008年第一季度德国经济增长了6.7%，但两次经济增长对劳动总时间、参加社会保险的就业者数量和失业者数的影响差异较大，“2010议程”后的第二次经济增长中，劳动总时间、参加社会保险的就业者数量和失业者数的变化较大，其原因就在于“2010议程”改善了德国劳动力市场的结构，增强了劳动力市场的活力，使得劳动就业更加灵活，从而让经济增长可以更有效地促进劳动总时间、参加社会保险的就业者数量的上升，虽然两次经济增长中就业人口数增长幅度类似，但失业人口数量第二次明显低于第一次，因而“2010议程”对就业的促进作用明显。德国科隆经济研究所也得出了类似的结论，按照德国科隆经济研究所的测算，“哈茨改革”将德国失业率降低了1.4%。

---

① Henry Goecke, etc. (2013): Zehn Jahre Agenda 2010. Eine empirische Bestandaufnahme ihrer Wirkungen. IW paper 7/2013. Institut der deutschen Wirtschaft Koeln. S. 8 -9.

② Sachverstaendigenrat zur Begutachtung der gesamtwirtschaftlichen Entwicklung (2010): Chance fuer einen stabilen Aufschwung, Jahresgutachten 2010/2011. Wiesbaden. S. 61.

③ Schröders Prestigeprojekt feiert JubiläumAgenda 2010 ist der umstrittene Retter Deutschlands URL: http://www.focus.de/finanzen/news/arbeitsmarkt/tid-30056/schroeders-prestigeprojekt-feiert-jubilaeum-agenda-2010-ist-der-umstrittene-retter-deutschlands_aid_939111.html，访问日期：2014年6月14日。

表 1－3　经济增长与劳动力市场比较

	1998 年第二季度至 2000 年第二季度		2006 年第一季度至 2008 年第一季度	
	增长值	增长率（%）	增长值	增长率（%）
经济增长（%）	—	6.0	—	6.7
就业人口数（万）	130.2	3.4	134.1	3.5
劳动总时间（百万小时）	233	1.7	421	3.0
参加社会保险的就业者数量（万）	61.8	2.3	128.7	5.0
其中：全职劳动者数（万）	47.4	2.0	81.0	3.8
微型职业者数（万）	32.3（1999.06—2000.06）	10.0（1999.06—2000.06）	4.6（2007.3—2008.3）	1.0（2007.3—2008.3）
失业者数（万）	－41.1（1998.05—2000.05）	－9.8（1998.05—2000.05）	－143.0（2006.02—2008.02）	－28.3（2006.02—2008.02）

资料来源：Henry Goecke，etc.（2013）：Zehn Jahre Agenda 2010. Eine empirische Bestandsaufnahme ihrer Wirkungen. IW policy paper，Insititut der deutschen Wirtschaft Koeln. 7/2013. S. 7。

“2010 议程”之所以可以对就业产生积极的促进作用，原因在于“2010 议程”促使了劳动力成本下降，并产生了有效的就业激励。

1. 劳动力成本下降

“2010 议程”降低了德国的单位劳动力成本，特别是对租借工人约束的放松也拉低了劳动力成本，劳动者薪资于 2003 年后出现了下降，2001—2010 年德国的名义工资仅上升了 1%，实际工资降低了约 4.5%，工资成本上升了 0.5%。① 对失业救助和社会救助实施整合，降低了救助体系的不经济、就业负激励的程度，最终失业救助水平的降低也拉低了德国劳动力附加成本，2003—2013 年德国失业保险的缴费率成功地从 6.5% 降低到了 3%。从图 1－1 可以也看出，与 2000—2003 年德国单位劳动力成本不断上升的趋势不同，自 2004 年起德国单位劳动力成本出现持续下降的趋势，直到 2008 年国际金融危机爆发。

① URL：http：//www.dasinvestment.com/pdf.php? id＝13904. 访问日期：2014 年 6 月 19 日。

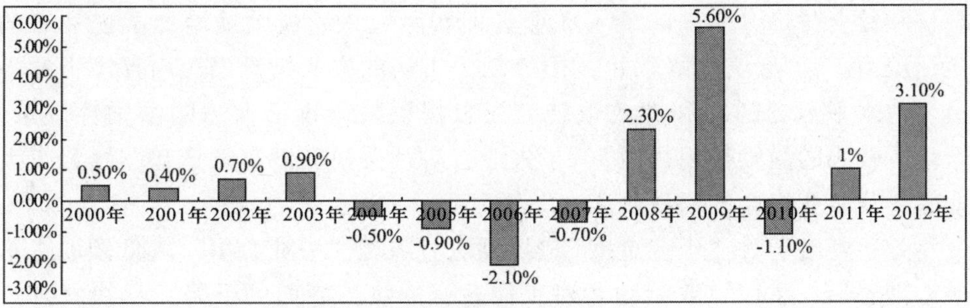

图1-1 德国劳动力成本变化率

资料来源：Statistisches Bundesamt（2013）：Volkswirtschaftliche Gesamtrechnungen. Wichtige Zusammenhaenge im Ueberblick. Wiesbaden. S. 14。

2. 增加就业激励

施罗德“哈茨改革”对德国的劳动力市场产生了深远的影响。劳动力市场改革的一个核心点即为降低对自愿失业的激励，哈茨委员会希望通过经济手段来刺激失业或无业人员的就业积极性，经济手段主要是指缩短失业金的领取时间和降低领取失业金的实际水平这两项措施。“哈茨四”对哈茨委员会的这个意图进行了全面的实施，将领取“失业金I”的时长上限缩短为12个月和18个月，同时通过引入“失业金I”和“失业金II”对原有的失业保险支付体系和社会救济体系做了整合与重组。德国原有的失业保险体系规定，雇主和雇员同时向失业保险缴付保费，若雇员失业且向失业保险缴费满一年以上即可申领失业金，失业金的领取时长和具体金额根据雇员的缴费情况个别确定，一般失业金的金额与雇员失业前的月净收入相挂靠，具体为雇员失业前月净收入的60%，有孩子的雇员这一比例则为67%，而领取时长根据雇员的年龄和缴费年限而定，一般为6—32个月不等，其中57岁以上的大龄失业者领取失业金的时长最多为32个月。超过这一期限，失业人员转而领取失业救济，失业救济的金额最高为雇员失业前月净收入的57%，对于没有孩子的雇员这一比例则为53%，失业救济由财政统一支付，且领取时长没有限制。没有缴过失业保险的无业人员则可申领社会救济，社会救济的水平远低于失业金和失业救济。

“哈茨四”将原来的失业金转化为“失业金I”，又将原来的失业救济和社会救济整合为“失业金 II”，“失业金 II”的整体水平远低于原来的失业救济和社会救济，从而降低了无业者的实际收入，极大地增加了失业者的生活压力。①“哈茨改革”将德国劳动力市场的失业指导思想由保障失业人员生活水平不变的福利性政策转变为只提供最低生活保障的激励性政策，产生了较强的激励作用，② 降低了失业者对社会福利制度的依赖，增强了无业者寻找就业机会的物质刺激。

劳动者出于对“失业金 I”较短领取时限和“失业金 II”较低领取水平的心理恐惧，往往导致劳动者对工作薪资的议价能力的下降，尽快找到一份工作进入工作岗位中去成为劳动者的主流思想。因而同时下降的还有失业者对未来薪资的心理预期。有学者计算，改革前 2001 年一个失业人员再就业时期望的薪值比其上一份工作的月薪要高 70 欧元，2005 年失业人员再就业时则认为，所得的月薪比其上一份工作高 27 欧元就愿意接受。③

鼓励创建个人企业的政策发挥了积极的影响，自主创业的人数在上升，2004 年新成立的个人企业约有 17.1 万个，享受过渡期补助的人也在持续增长，从 2000 年的 9.3 万人增加到 2004 年的 18.35 万人，4 年翻了近 1 倍。很多失业人员通过创业实现了再就业，自主就业人员在所有就业人员的比例 2013 年与 2003 年相比上升约 10 个百分点。④“2010 议程”的改革使得劳动力市场灵活性增强，从而能够更有效地利用经济增长所带来的工作机会，使得社会更有效地从经济增长中获益。

（二）低薪岗位涌现

1. 政策引导

“2010 议程”主要通过改变供给、刺激需求来增加社会就业，特别是

---

① A. Kettner, M. Rebien: Hartz-IV-Reform: Impulse für den Arbeitsmarkt, in: IAB-Kurzbericht, Nr. 19, 2007.

② Kettner, A., Rebien, M.: Hartz-IV-Reform: Impulse für den Arbeitsmarkt. IAB-Kurzbericht Nr. 19/2007. S. 3.

③ Flora Wisdorff (2008): Hat Gerhard Schröders "Agenda 2010" gewirkt? URL: http://www.welt.de/wirtschaft/article1794263/Hat-Gerhard-Schroeders-Agenda-2010-gewirkt.html，访问日期：2014 年 9 月 21 日。

④ Kein Einzelkämpfertum: Service für Selbstständige URL: http://www.verdi.de/service/service-individuell/++co++2371d66a-c418-11e0-77d5-00093d114afd，访问日期：2014 年 9 月 21 日。

对低薪[①]岗位的供需产生了较强的影响作用。这个目标主要通过“哈茨一”和“哈茨四”的组合来实现，“哈茨一”放松了对借用工的限制。企业需要灵活机动的用工形式，例如企业需要雇佣期限灵活的借用工或者独立职业者。放松对借用工的限制可以使得企业只保留核心人员，其他的机动人员企业可以根据需要从服务公司以一定的期限借用一定数量的工人，由此在企业服务公司可以形成一个企业用工的缓冲区，减少了企业在非用工高峰时间的成本，也免去了企业解雇季节性工人的成本，企业节省的成本则由借用工人自己承担。“2010 议程”将借用工这一种雇佣方式合法化，并取消了对借用工的用工时长的限制。为了帮助企业平衡生产的低谷时段和高峰时段，而不会对正常的雇佣工造成挤出效应，“2010 议程”还扩大了借用工的应用范围，希望更多的受教育程度低的人能够从借用工逐渐转变为正常雇佣工人，实现正常就业。实际上，在操作过程中，借用工的使用成本较低，企业倾向于长期以借用工的形式来使用劳动力，降低企业的人力成本，因而企业没有动力将低薪工作转变为正常雇佣，由此催生了大量低薪劳动者岗位的产生。

“哈茨二”对“迷你工作”和“迷迪工作”实施免交或者减交社保费用，这是对低工资的一种转移支付，降低了低素质工作的劳动成本，刺激了对低工资劳动者的需求。“哈茨四”将“一欧元工作”纳入劳动力市场，成为管理失业者的一个重要劳动组织形式。“哈茨一”、“哈茨二”和“哈茨四”的一个重要政策影响即是降低了劳动工资，制造了低工资部门。降低工资则可增加工作岗位的供给，从而提高低教育程度人群的就业可能性。

“哈茨四”则通过将失业保险和社会保险合并，降低了失业者的收入。福利水平过高会抑制低工资工作岗位的产生，而通过降低失业救济水平，可以降低无业者对未来岗位的薪酬期待，“哈茨四”还通过惩罚性的措施促使失业人员接受可以得到的任何工作机会，降低了失业人员对工作岗位的选择权，因而“哈茨四”的一个重要功能即在于增强了低技能和低教育程度者对低薪岗位的接受意愿。另外，低薪工作岗位的增加也让低技能和低教育程度者找到工作的机会上升，激励了低技能和低教育程度者找工作的积极性，“哈茨系列改革”最终增加了低技能和低教育程度者实际有效的劳动力供给，创造了德国劳动力市场的一股低薪潮。

---

① 低薪是指每小时工资水平位于中位数 2/3 以下的工资水平。

2. 产生原因

一直以来德国劳动力市场的问题被解读为福利过高，导致人民的工作意愿下降。但事实上这只是德国劳动力市场问题的一个方面，还存在另一方面，即正常雇佣的成本较高，降低了企业的雇佣意愿，因而工作岗位存在供不应求的状况，特别是低收入的工作数量较少。产生低薪岗位供需问题的部分原因是全球化以及由此产生的国际分工。

事实上，国际分工的负面效果往往由发达国家的受教育程度低的群体所承担，因为需要较低素质劳动力的工作大多从发达国家转向发展中国家，导致发达国家对低素质劳动力的需求降低，但发达国家的低素质的劳动力并不会迅速减少，因而发达国家内部低素质劳动力的就业环境恶化，低素质劳动力的薪资水平有持续下降的可能性。而且因为高素质劳动力市场供需存在不对称，再加上劳动者个人的原因，例如个人知识结构的老化等原因，部分学历水平较高的劳动者也会进入低薪岗位，增加对低薪岗位的需求水平。低工资部门的问题并非德国一国的现象，改革更不是低薪工作数量增长的原因，而是可以迅速地让低薪岗位市场供需平衡的需求得到显现。

3. 实际效果

1995 年低薪工作占整个经济中雇佣关系的15%，而2006 年这一比例上升为22%。① 低薪部门的工人比例自 2007 年以来稳定在 22% 左右。微型就业在 1998—2000 年上升了 10%，在 2002—2004 年上升了 60 万，达到 480 万，2006—2008 年间只上升了 1%，并且其后一直维持这一数值。从事兼职性的微型职业的工人数目也在持续增长，自 2002 年以来上升了 140 万。②

"迷你工作" 在 2003 年 6 月有约 580 万个工作岗位，至 2003 年 10 月底，这一数据已上升到 673 万，③ 到了 2004 年 3 月，"迷你工作" 已经达到 750 万个。低薪部门工人数量的增加不是以正常雇佣工人数的降低为背景的，如图1 -2所示，无期限的全职工作在过去的 20 年中非常稳健，而 2001—2011

---

① Schnell wachsender Niedriglohnsektor in Hessen URL：http：//www. uni-goettingen. de/de/15112010 - schnell-wachsender-niedriglohnsektor-in-hessen/197104. html，访问日期：2014 年 9 月 21 日。

② Michael Hüther（2013）：Die Agenda 2010 hat Deutschland gerechter gemacht URL：http：//www. focus. de/finanzen/news/arbeitsmarkt/schroeders-reformpaket-wird-zehn-die-agenda - 2010 - hat-deutschland-gerechter-gemacht_ aid_ 939668. html，访问日期：2014 年 9 月 22 日。

③ Antworten zur Agenda 2010，Presse-und Informationsamt der Bundesregierung，Berlin，November 2003，S. 33.

年非就业工人的比例则有所下降，与之相对的是每周工作时间低于 20 小时的非全时工作、有期限的工作以及自主职业者的比例都在上升。

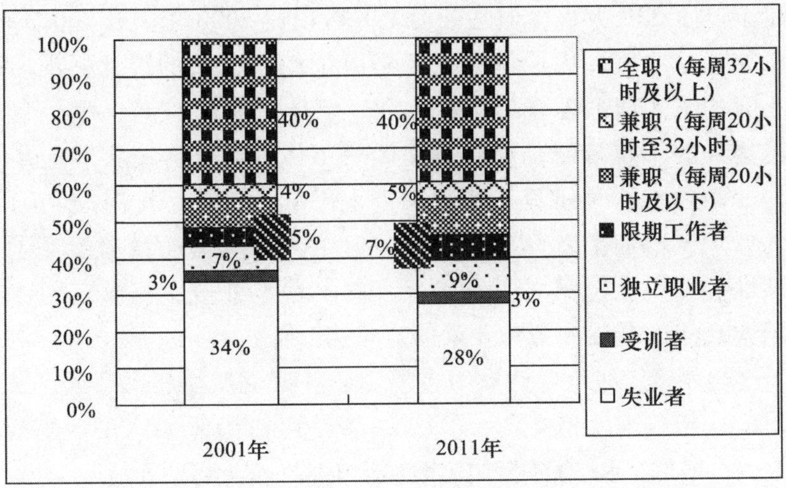

图 1－2　德国 10 年工作结构的变化

资料来源：Henry Goecke，etc.（2013）：Zehn Jahre Agenda 2010. Eine empirische Bestandaufnahme ihrer Wirkungen. IW paper 7/2013.. Institut der deutschen Wirtschaft Koeln. S. S. 12。

4. 评价

“2010 议程”促进了劳动力市场供给与需求的匹配，通过低工资创造了工作岗位，通过降低失业社会保障增加了失业人群接受工作的激励，最终促使劳动力市场供给和需求更好地匹配，让生产力弱的工人融入到劳动力市场中去，从而提高了社会福利，在改变过时模式的进程中迈开了一小步。

“2010 议程”改革的意图是通过利用低工资部门为无法成功进入正常职业的、受教育程度低的人士提供就业机会，但是因为“2010 议程”中缺少对长期借用工与正常雇佣的人同工同酬的规定，对滥用借用工制度的企业也缺乏惩戒措施，因而借用工制度会被试图降低本企业劳动力成本的企业主滥用。2003 年仅有 32.8 万人被以借用工形式雇佣，而到 2013 年，德国借用工数量已上升到 90.8 万。有评论称，“2010 议程”分裂了德国，德国被分为租借工和固定雇员两类，增加了失业者的压力和德国劳动力市场的二元分化。①

2005 年以来产生了 270 万个有社会保险的工作岗位，但这部分工作岗位中非全时工作或者是有工作期限的工作岗位占比较高。2012—2013 年就业者数量上升了 330 万人，但是劳动工时数仅比 2000 年上升了 0.3%。② 因而有评价认为，之所以失业率会下降是由于使用了新的统计标准，即每天工作 3 小时的工人即不再算是失业人员。而且“2010 议程”实施后德国劳动力市场增加的不是常规工作，而是低薪工作，工作奇迹实际上是将许多全时工作分割为工作时间短且劳动工资水平低的工作，即时间不稳定的就业关系的增加，增加了就业工人数量，但工人的生活质量却下降了。大量低薪剥削性的工作在选民中引发了巨大的不稳定效应，却没有能够实现改变整个国民经济的基础和劳动要素的竞争力。③

对于这类评价，纽伦堡劳动力市场和职业研究所持相反意见，该所的数据表明，2003 年以来就业人数上升了 6.9%，达到 4160 万人的历史新高，劳动小时数也在增加，和 2003 年相比增加了 10.3%，达到 581 亿小时，这是自 2003 年以来的最高值。④ 2012 年德国统计局的一份评估表明，大部分的非全职工作者都希望增加工作时间，但是并不期望作为全职工作者工作。⑤

（三）失业者贫困加剧

1. 长期失业问题加剧

受教育程度好、较年轻、失业时间短的人因为大多持有较好技能，总是能够抢占就业机会率先就业，这也使得劳动力市场上既有的长期失业人数再融入劳动力市场的难度在上升。至 2011 年底，领取基本保险的失业者中有

---

① Dingeldey, Irene（2010）：Agenda 2010：Dualisierung der Arbeitsmarktpolitik. In：APuZ 48/2010，S. 18 –25.

② Agenda 2010 hat nicht mehr Arbeitszeit gebracht URL：http：//www. welt. de/wirtschaft/article114422633/Agenda –2010 – hat-nicht-mehr-Arbeitszeit-gebracht. html. 访问时间：2014 年 9 月 24 日。

③ http：//www. spiegel. de/spiegel/print/d –30220066. html，访问日期：2014 年 9 月 22 日。

④ URL：http：//www. faz. net/aktuell/wirtschaft/wirtschaftspolitik/armut-und-reichtum/arbeitsmarkt-check-hat-die-agenda –2010 – beschaeftigung-gebracht –12117587. html，访问日期：2014 年 9 月 21 日。

⑤ Rainer Hank（2013）：Arbeitsmarkt check-Hat die Agenda 2010 beschaeftigung gebracht URL：http：//www. faz. net/aktuell/wirtschaft/wirtschaftspolitik/armut-und-reichtum/arbeitsmarkt-check-hat-die-agenda –2010 – beschaeftigung-gebracht –12117587. html，访问日期：2014 年 9 月 21 日。

60%的人失业时间超过2年。自引入失业基本保险以来至2013年2月以来有超过100万的人口一直领取“失业金II”或者中断领取“失业金II”的时间未超过一个月（31天）。[①] 2011年9月—2012年8月仅有197万人暂时停止了对失业基本保险的申请，而有176万人重新申请了失业基本保险，而且在重新申请失业基本保险的人群中有50%在过去的12个月中已经申领过了失业基本保险，其中甚至有1/3的人在过去的3个月中一直申领失业基本保险。[②] 2013年，领取“哈茨四”失业金的人数为437.5万，其中201.7万为失业者，“失业金II”的领取人数占德国现有人口的8.1%，仅比2012年少了9.4万人。[③] 近年德国失业率整体下降，短期失业率下降了24%，而与此相对，长期失业率则只降低了9%，长期失业者占失业人口的比重在上升。

从2005年开始将领取社会救助者和有劳动能力的领取“失业金II”的人都称为失业者，这些领取社会救济金的人的失业年限被从零算起，因而也导致了长期失业者的比例相对下降。但其后随着这部分人融入劳动力市场困难的显现，长期失业者的比例在不断上升。如图1-3所示，德国的长期失业人口占总失业人口的比例为47.3%，高于欧盟的平均水平42%。

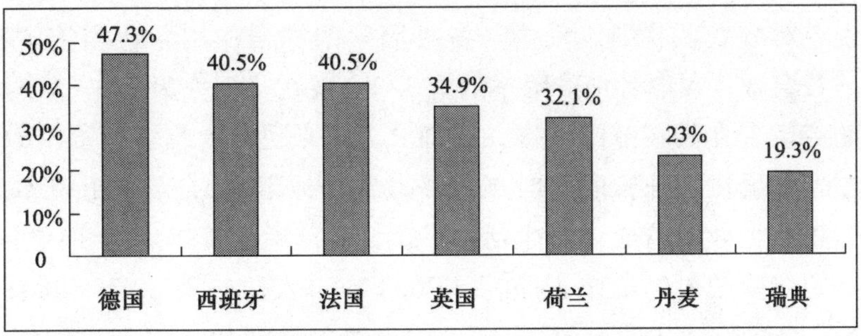

图1-3 欧盟成员国长期失业人口占总失业人口比例的比较

资料来源：Bundesagentur Fuer Arbeit（2011）：Sockel-und Langzeitarbeitslosigkeit. Der Arbeitsmarkt in Deutschland. Arbeitsmarktberichterstattung. Nuernberg. S. 12。

---

① URL：http：//statistik. arbeitsagentur. de/Statischer-Content/Statistische-Analysen/Auswirkungen-der-Arbeitnehmerfreizuegigkeit-und-der-Schuldenkrise-auf-den-Arbeitsmarkt. pdf，访问日期：2014年9月21日。

② Das neue Elend：Zehn Jahre Hartz-Reformen. URL：http：//www. labournet. de/politik/erwerbslos/hartz4/hartz/10-jahre-agenda-2010/，访问日期：2014年9月21日。

③ Bundesagentur für Arbeit（2012）：Der Arbeits-und Ausbildungsmarkt in Deutschland. Monatsbericht 12，，2012，Nürnberg 2013，S. 27ff.

2. 失业者收入下降

“2010 议程”将原来的失业救济与社会救济融合形成了“失业金 II”导致劳动者长期缴纳失业保险却只能领取为期一年左右的、仅能够维持基本生活的失业金，长期缴纳失业保险的失业人群也必须接受和社会救济水平类似的“失业金 II”，因而对此非常不满。而且“失业金 II”领取者受到严密的监管，需要对个人财产和居住状况做深入的调查，这种对“失业金 II”领取人员生活的细致考察被更多地理解为对个人隐私的侵犯和对个人尊严的践踏。原东德 2004 年的平均年失业金水平为 10390 欧元，2005 年则只有 8840 欧元。2005 年原东德领取基本养老金的人口中贫困率为 66%。①

从 2006 年 7 月 1 日起，全国“失业金 II”统一为每月 345 欧元，而且如果失业者无正当理由而不接受职业中介机构安排的工作，则要接受处罚，第一次处罚为 3 个月内对“失业金 II”减少 30%，第二次处罚 3 个月内对“失业金 II”减少 60%，如果失业者面临第三次处罚则将取消全部失业金。对于失业者和低收入者而言，是否需要接受一份工作或者接受一份薪酬较好的工作，还需考虑边际税率的问题。因为失业金以及“迷你工作”是免税的，但如果收入增加导致所适用的税率上升，其实际总收入则会下降，因而失业者和低收入者对改变现状缺乏动力。各种因素的综合作用导致实施“2010 议程”前，社会救济领取者中贫困率约为 1/2，现在贫困率为 2/3②，再加上超过 1/5 的劳动者在低薪部门工作，这部分人未来更将面临老年贫困的威胁。

工作者数量在上升，但同时工人的境遇在下降，工人的工资水平在下降，因为担心失业而造成自身生活水平的急速下降和个人社会地位的恶化，工人还必须接受较差的工作条件。自 2003 年引入“哈茨改革”以来，有约 100 万人未能摆脱“失业金 II”。劳动力市场的灵活化是以工人的境遇恶化为代价，作为一种紧急应对策略“2010 议程”带来了严重的社会后果。③

---

① Alfred Boss, Henning Klodt（2009）：Mit dem Konjunkturpaket aus der Krise? Kiel Policy Brief 2，2009. S. 8.

② Pressemitteilung des DIW Berlin vom 12. Dezember 2007，Arbeitslosengeld II：Deutlich mehr Verlierer als Gewinner URL：http：//www. diw. de/deutsch/pressemitteilungen/77216. html，访问日期：2014 年 9 月 21 日。

③ Josef Depenbrock（2008）：Die bitteren Folgen der Agenda 2010 URL：http：//www. berliner-zeitung. de/archiv/die-bitteren-folgen-der-agenda－2010，10810590，10545542. html，访问日期：2014 年 9 月 21 日。

（四）德国社会贫富分化严重

德国的经济增长以降低工人收益为代价，让资本得益。学者霍恩认为施罗德的“2010 议程”是经济政策走向不平等的里程碑。① “2010 议程”放松了对借用工的限制，让资本具有了优势，2007 年德国的贫困人口状况最糟糕，约 1150 万人，即德国约有 14% 的人口的收入低于欧盟定义的贫困风险之下，这一比例比 10 年前高了 1/3。德国经济研究所的一项研究表明，劳动者工资占整个国民收入的比重从 1980 年的 73% 下降到 2010 年的 63%，最贫困的 10% 的人群的收入从 1999 年到 2009 年下降了 9.6 个百分比，而最富有人群的收入则上升了 16.6%，而其收入所得税只上升了 3.2%②，因而如图 1－4 所示，德国基尼系数逐年上升。

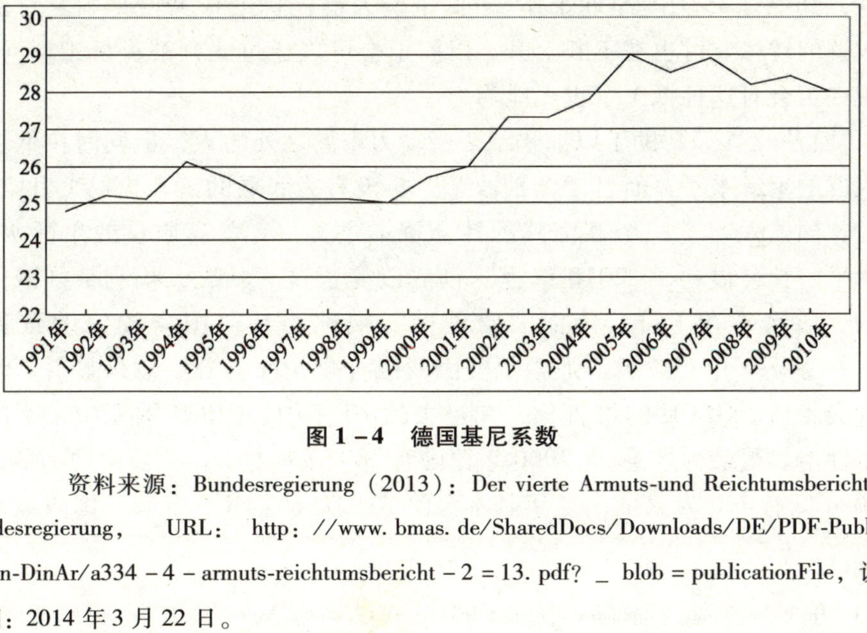

图 1－4 德国基尼系数

资料来源：Bundesregierung（2013）：Der vierte Armuts-und Reichtumsbericht der Bundesregierung，URL：http：//www. bmas. de/SharedDocs/Downloads/DE/PDF-Publikationen-DinAr/a334－4－armuts-reichtumsbericht－2＝13. pdf? _ blob＝publicationFile，访问日期：2014 年 3 月 22 日。

---

① Horn. Gustav A.（2011）：Des Reichtums fette Beute：Wie die Ungleichheit unser Land ruiniert Campus Verlag. S. 9.

② Einkommens-Umverteilung 1980 bis heute-“Lambsdorff-Papier” und “Diktat der leeren Kassen” URL：http：//www. zukunft-der-arbeit. de/umverteilung1980－heute. htm，访问日期：2014 年 9 月 22 日。

德国社会需要增加低工资工作的供给。随着全球化的进一步深入和德国工业外移，德国劳动力市场也在进一步发展。操作性工种外移，对简单劳动者的需求下降，造成了底层没有受过教育或者受教育程度较低人群更加难以找到一份合适的工作，低教育程度人群的就业机会也随之下降。“2010 议程”对“迷你工作”等措施强化了低工资岗位数量的增多趋势，改革者引入“迷你工作”的本意为帮助失业者重新进入劳动力市场，但在随后几年的发展中，1/5 的德国人一直都拿着低工资，每 5 个德国劳动者中就有一个低薪劳动者，[①] 低薪人群工作所得的工资无法满足其个人生活的最低需求，需要依靠国家转移支付以维持最低生活需求，超过 100 万的人虽然有工作但仍然需要国家救助。2007—2011 年德国财政共支出 530 亿欧元以补贴“哈茨四”的低工资群体。2012 年有 100 万人在工作的同时在领取补贴，其中有 35 万是全职工作。[②] 低工资人群比例的扩大使得国家对这部分人群的转移支付也在不断上升。以前工会可以通过谈判解决低工资问题，但现在工会对这种低工资也无能为力。

“哈茨改革”帮助了以前隔绝于劳动力市场之外的人，但同时拉低了失业人群的生活水平，而且“哈茨改革”也没有为底层的工人提供上升空间。战后德国建立起了一个莱茵式的社会资本主义，有着高质量的生活水平、高水平的社会福利，“2010 议程”彻底改变了这一状况，福利被削减，民众的生活水平在下降。因而“哈茨四”被称为是“国家规定的致贫项目”，[③] 削弱了中产阶级，加剧了贫困两级分化，社会分层效果显著，激化了社会矛盾。OECD 的报告称，在过去的 10 年中，OECD 国家中，德国不公平性增长得最为严重。[④] 2000 年德国有 280 万人生活在社会救助水平，而 2010 年则有 760 万人依靠老年基本保险或“失业金 II”生活，德国最富有

---

① David Boecking：Zehn Jahre Schröder-Reform：Das Erbe der Agenda 2010 Der Spiegel 30/2004.

② Hubertus Volmer（2013）：Die zwei Erzählungen der“Agenda 2010”Land gerettet，Land gespalten. URL：http：//www. n-tv. de/politik/Land-gerettet-Land-gespalten-article10264791. html，访问日期：2014 年 9 月 22 日。

③ URL：http：//www. iwkoeln. de/de/infodienste/iwd/archiv/beitrag/agenda – 2010 – viel-gewagt-und-viel-gewonnen – 106090，访问日期：2014 年 9 月 22 日。

④ OECD（2011）：Divided We Stand. Why Inequalities Keep Rising，Paris，OECD，December 2011. S. 49.

的0.1%的人群拥有1/5的财产，而德国有27%的人群为零资产或负资产。[①]

社会对“哈茨改革”批评的焦点集中在“哈茨四”上，认为“失业金II”是国家导致的社会分化的标志。[②] 德国在“2010 议程”改革前经历了向上的工资循环，中等阶层保持了向上的流动性，但“2010 议程”打破了这一进程，形成了一个稳定的下部阶层。“迷你工作”、“一欧元工作”等工作形式并没有成为失业人员走向正常就业的桥梁，例如2005年接受“一欧元工作”的人只有20%的人在其后实现正常就业。如果长时间在低薪部门工作或得到“哈茨四”社会救济金，则到老年也会处于贫困，这样贫困状态就被长期固化了。

“哈茨四”被称为对失业者公开的惩罚。德国“五贤人经济委员会”在其2005—2006年的年度专家报告中表示，应该将经济变动的适应性压力平均地分配到每个就业者，而不是重新创造一个“二等公民社会”。[③]“哈茨改革”的设计者对社会经济进行了理性的计算，却伤害了社会的公平性，由领取“失业金II”的这一部分人群承担了劳动力灵活化和劳动力成本降低的成本。“哈茨四”事实上建立了一种以长期性、不稳定性为基础的新统治形式，以迫使劳动者被迫接受社会发展的负面成本。“2010 议程”让德国经济变强了，却让德国社会变弱了，因为加剧了德国的贫富分化，弱化了“社会国家”这一德国《基本法》中的重要原则。

（五）其他经济影响

“2010 议程”压缩了福利待遇，对公共养老金体系和公共医疗保险体系进行了机制性的设计改革，引入了中长期内发挥作用的政策，希望保障养老保险、医疗保险的财政基础，实现公共养老保险和公共医疗保险的长期可持续性，在一定程度上稳定了工资的附加成本。但公共养老金体系和

---

① URL：www.vermoegensteuerjetzt.de/images/studien/Praesentation_ Bach.pdf. 访问日期：2014年9月24日。

② Institut der deutschen Wirtschaft Koeln（2013）：Agenda 2010 Mehr Gerechtigkeit durch eine mutiqe Reform. Pressemitteilung Nr. 13/7 Maerz 2013. S. 1.

③ Sachverständigenrat（2005）：Die Chance nutzen-Reformen mutig voranbringen，Jahresgutachten 2005/06，Wiesbaden 2006，S. 78.

公共医疗保险体系的问题积重难返，不是一次改革就可以有效解决的，需要后续政府的继续积极努力。

“2010 议程”改革了劳动力市场，德国的国际收支也得到改善，1997—2001 年德国经常项目余额增长较慢，但到 2007 年已实现 7.5% 的增长。

建立个人服务代理机构的政策结果则不甚理想，个人服务代理机构的服务效率不高，这两项措施对就业的促进效果不明显，甚至其自身存续也存在问题。职业中介券也未能发挥很大的作用，而且一些为大龄失业者提供优惠措施的政策也因为宣传不广泛、未能有效地与劳动者、与企业相结合，因而落地效果不佳。因为融入劳动力市场存在很大困难的人群，其再就业问题是无法通过中介机构的中介服务来很好地解决的，更多地要依赖经济的发展以及个人劳动素质的提高。

对联邦劳动局进行的改革让其工作变得更加透明，将其从原来的政府管理机构改变为以客户为导向的、更现代化的服务型机构，也提高了其工作效率和行政效能，而且机构精简、人员缩编以及劳动力福利开销降低等因素也促使联邦劳动服务局在 2006 年实现了账户盈余，实现了 21 年来的首次盈利，2007 年盈利额超过 10 亿欧元，2008 年更是将失业保险费率从 4.2% 降至 3.3%。“2010 议程”让德国劳动力市场变得灵活，从而能够在 2008 年金融危机来临之时以更高的效率进行应对，“2010 议程”也让联邦劳动服务局有了足够的账户盈余，能够在 2008 年的金融危机之时有足够的资金实施劳动激励政策，让德国实现就业奇迹。[①]

“2010 议程”因为过多地触及了许多人的既得利益而让施罗德失去了支持率而卸任总理。社民党内部主张改革政策的一派在党内的地位也逐渐下降，社民党更多地走向了回归政党传统的道路。施罗德政府在 2005 年大选中下台的教训让其后的政府对继续“2010 议程”改革变得更加谨慎，各党派的政策也更多地以稳健型政策为主。

三、小结

“2010 议程”改革的经济以及社会成果充满了争议，德国社会对

---

① Flora Wisdorff（2013）：Hat Gerhard Schröders “Agenda 2010” gewirkt? URL：http：//www.welt.de/wirtschaft/article1794263/Hat-Gerhard-Schroeders-Agenda - 2010 - gewirkt.html，访问日期：2014 年 9 月 21 日。

“2010 议程”毁誉参半，44%的德国人认为“2010 议程”较好，而43%的德国人则持相反意见，72%的德国人表示并不怀念施罗德这样一位政治家。[①] 造成这样评价的原因是，如果只是从就业数据来看，“2010 议程”的效果是积极的，但民众对“2010 议程”的看法往往综合了“2010 议程”对收入的影响，特别是中下阶层的收入水平因为“2010 议程”而有所下滑，因而民众对“2010 议程”的评价掺杂了许多情感因素。

而且“2010 议程”中还存在着许多缺陷，例如“2010 议程”忽略了儿童和教育问题，应该引入更多的家庭促进措施；德国劳动力市场依然存在很多问题，例如地区差异性和行业差异性仍然很大；应该引入最低工资，对借用工制度实施严格的管理。为防止借用工制度被滥用，需要将借用工制度与常规就业更有效地联系起来；失业金制度的改革需要相关机构的相应改革，单纯地将失业金与救济金合一，而忽略了发放机构无法合一的问题，所以造成改革效果大大折扣；低工资工作部门的发展促使新的工作岗位的产生和劳动力市场新局面的形成，劳动力市场的灵活度和整个经济动态性有所提高，这就需要人们的思想意识作出相应的改变以适应形势的改变，而且这也需要相关机构进行进一步的改革；“失业金 II”低水平的福利降低了国家的负担，但是“失业金 II”低水平的福利却导致民众对失业存在很大恐惧心理，因而民众的消费意愿不高，从而造成消费对经济增长的贡献率不高；“2010 议程”的措施都是根据 2003 年之前的社会状况而确立的，“2010 议程”实施之后的社会现实和经济发展状况都有所改变，若希望“2010 议程”能够实现到2010 年德国竞争力的提升还需要对社会保障领域以及税收和财政政策领域做进一步的后续改革。

施罗德对自己改革的评价是，对其他欧洲国家而言可以成为一个榜样。[②] 欧债危机中，德国各界人士，包括基民盟的政治家也在讨论应该继续“2010 议程”的改革步伐，实施“2020 议程”和“2030 议程”，对“2020 议程”以及“2030 议程”的向往也从一定程度上说明了德国社会的有识之

---

① Agenda 2010：Das ungeliebte Kind-Reform vor 10 Jahren URL：http：//www. abendzeitung-muenchen. de/inhalt. reform-vor – 10 – jahren-agenda – 2010 – das-ungeliebte-kind. 55723b8e – 1d32 – 40a7 – a162 – 739ed35b50ef. html，访问日期：2014 年 9 月 21 日。

② Eva Roth（2012）Agenda 2010 Altkanzler preist seine Agenda URL：http：//www. fr-online. de/wirtschaft/agenda – 2010 – altkanzler-preist-seine-agenda，1472780，17218546. html，访问日期：2014 年 9 月 21 日。

士对“2010 议程”的肯定。“2010 议程”将福利国家改革的必要性与机会公平社会的建立有机结合起来，拯救了德国的社会市场经济，成功地让德国社保系统变得具有可持续性，也让德国劳动力市场能够更稳定地应对危机。虽然施罗德为改革付出了沉重的政治代价，但他为数年后德国经济走上强劲的复苏之路奠定了基础，也为默克尔继续推动改革创造了有利的条件。

第二章　中小企业促进政策

第一节　中小企业概述

一、中小企业的定义与意义

中小企业的是指社会保险的雇员数和营业额在一定标准以下的独立企业。但中小企业并非是一个绝对的概念，这一概念的内涵有着一定的时空限制，不存在国际通用的定义，不同的国家会根据自身的整体情况对中小企业的定义作出个性化的调整，德国对中小企业的定义是不能在金融市场上进行公开融资，因而上市公司不能被划归中小企业范畴。而欧盟将中小企业又细分为微型企业、小型企业和中型企业，[①] 而波恩中小企业研究所则根据德国的国情，放宽了中小企业有社会保险的雇员数的规定，设定社会保险的雇员人数位于0—499之间的皆为中小企业，如表2－1和表2－2所示。

表2－1　欧盟中小企业定义

营业额 ＼ 有社会保险的雇员数	0—9人	10—49人	50—249人	250人以上
200万欧元以下	微型企业	↑	↑	↑
200万至1000万欧元	←－－－－－	小型企业		
1000万至5000万欧元	←－－－－－		中型企业	
5000万欧元以上	←－－－－－			大型企业

① European Commission（2003），Commission Recommendation of 6 May concerning the definition of micro，small and medium-sized enterprises.（2003/361/EC）URL：http：//ec. europa. eu/enterprise/policies/sme/facts-figures-analysis/sme-definition/index_ en. htm，访问日期：2014年8月21日。欧盟关于中小企业的定义的旧版文件为《欧共体委员会关于中小企业定义的建议》（96/280/EC），参考欧盟网站：http：//ec. europa. eu/，访问日期：2014年8月21日。

资料来源：Eva May－Strobl und Ljuba Haunschild（2013）：Der nachhaltige Beschaeftigungsbeitrag von KMU. Eine sektorale Analyse unter besonderer Beruecksichtigung der FuE－und wissensintensiven Wirtschaftszweige. IfM－Materialien Nr. 206. Institut fuer Mittelstandsforschung Bonn. S. 14.

表 2－2 波恩中小企业研究所的中小企业定义

有社会保险的雇员数 / 营业额	0—9 人	10—499 人	500 人以上
100 万欧元以下	小型企业	↑	↑
100 万至 5000 万欧元	←－－－－	中型企业	|
5000 万欧元以上		←－－－－	大型企业

资料来源：Eva May-Strobl und Ljuba Haunschild（2013）：Der nachhaltige Beschaeftigungsbeitrag von KMU. Eine sektorale Analyse unter besonderer Beruecksichtigung der FuE-und wissensintensiven Wirtschaftszweige. IfM-Materialien Nr. 206. Institut fuer Mittelstandsforschung Bonn. S. 14。

波恩中小企业研究所还将中小企业与德国的一个特有概念——中层企业（Mittelstand）做了区分，波恩中小企业研究所的学者认为，中小企业是定量且定性的，是依靠数据上划分而得到中小企业的概念，而中层企业则是定性的，意思是指企业的所有人管理企业，或者拥有企业的家族中有一个成员管理企业，因而也称为家族企业。家族企业的主要特征即为所有权和管理权归属同一处，其主要意思是企业所有者可以引入外部经理人，但企业所有者对企业的战略性决策具有决定权，家族企业的所有权和管理权合一，可以保障企业对市场的灵活反应。[①] 因而若是对中层企业再做定量上的划分，会有部分中层企业归入中小企业范畴，部分中层企业归入大企业范畴。[②]

中小企业生存时间短，因而必须有很强的适应性和创新力。大企业容易产生惯性，而有创新惰性，中小企业建立速度快，可以对市场数据作出

---

① Bundesministerium fuer Wirtschaft und Technologie（2007）：Dokumantation Nr. 561. Der Mittelstand in der Bundesrepublik Deutschland. Eine volkswirtschaftliche Bestandsaufnahme. In Zusammenarbeit mit dem Institut fuer Mittelstandsforschung Bonn. Berlin. S. 10.

② 这是波恩中小企业研究所（IfM）对 Mittelstand 的学术定义。但是在日常生活中，中层企业通常被解读为中小企业，并与中小企业的概念混用。详见：Eva May-Strobl und Ljuba Haunschild（2013）：Der nachhaltige Beschaeftigungsbeitrag von KMU. Eine sektorale Analyse unter besonderer Beruecksichtigung der FuE-und wissensintensiven Wirtschaftszweige. IfM-Materialien Nr. 206. Institut fuer Mittelstandsforschung Bonn. S. 13。本文中只使用中小企业这一概念。

快速反应。中小企业的创新以及活力有助于为经济提供新鲜活力，增强竞争性，为整体经济提供了很强的更新与现代化动力。中小企业灵活性强、不稳定性高，2001 年中小企业提供的工作岗位至 2009 年有一半已经消失了，其中第二产业消失了 10% 的工作岗位，造成这一现象的原因是德国从工业社会向服务业社会的转变。

中小企业规模小，组织架构灵活，相对于大企业庞杂的系统其决定的过程较短，而且与市场联系密切。特别是当中小企业为大企业提供工业化上游产品，或对大企业的产品继续深度加工时，中小企业灵活的组织架构和迅速的反应速度相对大企业而言可以提供更高品质的研发服务。

新企业建立频繁，对员工也是一个重要挑战。这需要员工不断地根据需求提高个人的专业水平和调整个人的知识结构，以适应不断变化的外界环境。这也对社会环境提出了严峻的挑战，需要社会提供好的教育条件和终身学习的机会，为劳动力市场提供良好的外部环境。

中小企业的优势使得中小企业在市场上的活力大、竞争性强，保证了中小企业作为一个整体在市场上可以具有强大竞争力，因而可以保持具有活力的岗位供应。促进中小企业有助于保持经济活力，保证社会的福利水平。

二、德国中小企业概况

2012 年德国中小企业创造了 34.3% 的德国总产值。在不同行业中，中小企业的作用各不相同（见表 2－3）。在建筑业、旅馆业、房地产业、贸易业等行业中，中小企业的作用超过各产业平均水平：在建筑业，中小企业占企业总数达到 99.3%，雇佣了约 91.5% 的建筑业工作人员，总产值占建筑业生产总值的 82.6%；在旅馆业，中小企业占企业总数达到了 99.9%，雇佣了旅馆业约 90.4% 的人员，生产了 84.3% 的旅馆业生产总值；在房地产业，中小企业占企业总数达到 99.9%，雇佣了约 88.3% 的人员，总产值占旅馆业生产总值的 69.9%；在贸易业，中小企业占企业总数达到了 99.3%，雇佣了约 64.7% 的人员，生产了 40.3% 的贸易业生产总值。在能源加工业，中小企业所占的比重则较低，仅占该行业企业总数的 7.06%，雇佣了 12.8% 的工作人员，创造了 3.8% 的能源业营业额。如图 2－1 所示，德国中小企业主要分布在生产型行业、服务业和贸易业中，其中贸易型和服务型中小企业所占比重比较高。

表 2 – 3　2012 年各产业中小企业概况

产业	企业比重（%）					缴纳社会保险的雇员比重（%）					营业额比重（%）				
	微型企业	小型企业	中型企业	中小企业	大型企业	微型企业	小型企业	中型企业	中小企业	大型企业	微型企业	小型企业	中型企业	中小企业	大型企业
矿业	55.5	35.7	6.9	98.1	1.9	5.7	16.8	13.2	35.8	64.2	3.8	14.3	13.7	31.8	68.2
加工业	61.5	28.2	7.8	97.6	2.4	7.3.	15.9	22.7	45.8	54.2	2.0	6.3	13.7	22.0	780.
能源业	14.3	23.6	32.6	70.6	29.4	0.2	1.9	10.7	12.8	87.2	0.1	0.5	3.2	3.8	96.2
废物处理业	32.6	45.7	17.9	96.2	3.8	2.7	19.6	33.5	55.9	44.1	3.0	17.6	32.1	52.7	47.3
建筑业	83.4	15.1	1.4	99.9	0.1	35.9	39.1	16.5	91.5	8.5	24.4	36.1	22.2	82.6	17.4
贸易业	80.1	15.5	3.6	99.3	0.7	22.2	23.6	18.9	64.7	35.3	7.3	13.4	19.6	40.3	59.7
交通仓储	69.8	24.1	5.1	99.0	1.0	10.0	21.3	20.4	51.7	48.3	5.3	15.7	19.5	40.5	59.5
旅馆业	78.0	20.0	1.8	99.9	0.1	31.4	41.9	17.1	90.4	9.6	27.8	36.6	20.0	84.3	15.7
信息业	84.9	11.6	2.8	99.3	0.7	16.0	19.1	21.6	56.7	43.3	27.8	36.6	20.0	84.3	15.7
地产业	95.3	3.9	0.7	99.9	0.1	62.0	15.3	11.0	88.3	11.7	28.6	20.3	20.9	69.9	30.1
科学服务类	89.7	9.2	0.9	99.8	0.2	36.5	27.3	13.0	76.8	23.2	23.6	23.1	16.9	63.7	36.3
其他服务类	79.7	13.7	5.1	98.6	1.4	10.2	13.2	24.8	48.2	51.8	11.2	15.1	20.0	46.3	53.7
信息服务类	95.4	4.0	0.6	100.0	0.0	57.4	20.3	13.9	91.5	8.5	44.7	21.7	21.7	88.2	11.8
总计	80.9	15.3	3.1	99.3	0.7	18.7	22.3	19.9	60.9	39.1	6.7	11.5	16.1	34.3	65.7

资料来源：Statistisches Bundesamt（2013）：Statistisches Jahrbuch. Deutschland und Internationales. Wiesbaden. S. 505。

中小企业可以有效吸收就业，具有很强的社会效应。虽然个别中小企业的雇佣数量不高，但总体超过了大型企业。如表 2 – 4 所示，在德国中小企业的就业人数稳定就业人员总数的 68% 左右，远超过大型企业 32% 的水平。并且德国 82.9% 的培训岗位是由中小型企业提供的。①

① Bundesministerium fuer Wirtschaft und Technologie（2007）：Dokumantation Nr. 561. Der Mittelstand in der Bundesrepublik Deutschland. Eine volkswirtschaftliche Bestandsaufnahme. In Zusammenarbeit mit dem Institut fuer Mittelstandsforschung Bonn. Berlin. S. 16.

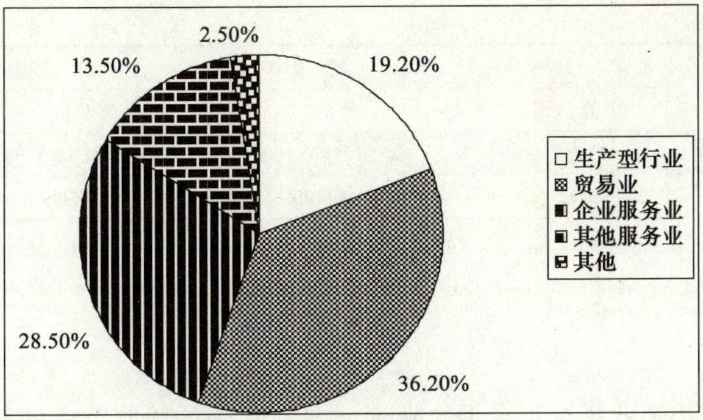

图 2-1：中小企业产业分布

资料来源：Eva May-Strobl und Ljuba Haunschild（2013）：Der nachhaltige Beschaeftigungsbeitrag von KMU. Eine sektorale Analyse unter besonderer Beruecksichtigung der FuE-und wissensintensiven Wirtschaftszweige. IfM-Materialien Nr. 206. Institut fuer Mittelstandsforschung Bonn. S. 17.

表 2-4　各种类型企业的就业人员数量

雇员数	1999 年		2010 年		2011 年	
	数值	占比	数值	占比	数值	占比
1—4 人	2568310	9.25%	2487442	8.87%	2486672	8.64%
5—9 人	2443875	8.80%	2317138	8.37%	2344823	8.15%
微型企业	5012185	18.06%	4804580	17.1%	4831495	16.78%
10—19 人	2745006	9.89%	2648409	9.45%	2717923	9.44%
20—49 人	3886673	14.00%	3904703	13.93%	4017019	13.95%
小型企业	6631679	23.89%	6553112	23.38%	6734942	23.40%
50—99 人	3199208	11.53%	3351583	11.96%	3432363	11.92%
100—249 人	4021236	14.49%	4428342	15.80%	4566562	15.86%
中型企业	7220444	26.01%	7779925	27.75%	7998925	27.79%
中小型企业总计	18864308	67.96%	19137617	68.27%	19565362	67.96%
250—499 人	2838364	10.23%	2929027	10.45%	3013646	10.47%
500 人以上	6053820	21.81%	5966776	21.29%	6208482	21.57%

续表

雇员数	1999 年		2010 年		2011 年	
	数值	占比	数值	占比	数值	占比
大型企业	8892184	32.04%	8895803	31.73%	9222128	32.04%
总计	27756492	100%	28033420	100%	28787490	100%

资料来源：Bundesinstitut fuer Berufsbildung（2013）：Datenreport zum Berufsbildungsbericht 2013. Informationen und Analysen zur Entwicklung der beruflichen Bildung. Vorversion Stand 13.05. 2013. Berlin. S. 13。

德国中小企业相对于大型企业而言具有更强的吸收就业的效应，并且该效应相对大型企业而言也更稳定（见表 2－5）。2001—2009 年，中小企业对就业的促进作用大于大型企业。这段时间内，德国正规缴纳社会保险的雇员数上升了 7%，其中中小企业的正规缴纳社会保险的雇员数实现的净增长为 13.6%，而大企业的缴纳社会保险的雇员数则下降了 1.2%。虽然大企业在 2001—2007 年实现了雇员数目的增长，但在制造性领域，特别是在一些高档运用科技领域中，经济危机对大型企业的影响远大于中小企业，2008 年、2009 年受到金融危机的影响，大型企业出现了雇员人数下降的情形，而中小企业的雇员数目则继续增长，未显示出受经济景气情况的较大影响，显示了较强的稳定性。

表 2－5　2001—2005 年、2001—2007 年、2001—2009 年的工作岗位波动

	中小企业			大企业			总计		
	2001—2005 年	2001—2007 年	2001—2009 年	2001—2005 年	2001—2007 年	2001—2009 年	2001—2005 年	2001—2007 年	2001—2009 年
关闭企业造成的职位下降	－17.3	－24.5	－30.5	－10.8	－15.1	－19.0	－14.6	－20.5	－25.6
企业收缩造成的职位下降	－20.0	－19.0	－18.8	－14.1	－15.5	－16.3	－17.7	－17.7	－17.9
职位减少总计	－37.4	－43.4	－49.3	－24.9	－30.6	－35.2	－32.3	－38.2	－43.5
企业扩张造成的职位增加	22.2	27.2	28.1	14.2	16.0	16.5	18.8	22.3	23.2

续表

	中小企业			大企业			总计		
	2001—2005 年	2001—2007 年	2001—2009 年	2001—2005 年	2001—2007 年	2001—2009 年	2001—2005 年	2001—2007 年	2001—2009 年
新建企业造成的职位增加	17.6	27.2	34.8	11.2	15.8	17.5	14.9	22.2	27.4
职业增长总计	39.8	54.1	62.9	25.4	31.7	34.0	33.7	44.6	50.5
经济变动造成的职位变化	0.3	2.7	4.3	0.4	0.6	-1.5	0.3	1.7	1.8
既有企业的职位变动	2.2	8.0	9.2	0.0	0.5	0.2	1.1	4.7	5.3
职位净增长率	2.5	10.7	13.6	0.5	1.1	-1.2	1.4	6.4	7.0

资料来源：Eva May-Strobl und Ljuba Haunschild（2013）：Der nachhaltige Beschaeftigungsbeitrag von KMU. Eine sektorale Analyse unter besonderer Beruecksichtigung der FuE-und wissensintensiven Wirtschaftszweige. IfM-Materialien Nr. 206. Institut fuer Mittelstandsforschung Bonn. S. 78。

三、德国中小企业促进概况

（一）概述

德国对中小企业的促进政策在历史的发展中形成了一套完备的系统。20 世纪初，德国中小企业的发展壮大依靠的是卡特尔这种联合形式，中小企业为保护各自的利益，往往通过卡特尔的形式相互联合，相互之间通过对生产计划的沟通保证生产的有序性。但在二战中卡特尔和康采恩等联合形式被滥用，并成为支持希特勒开展战争的资金池和武器库，因而二战后卡特尔和康采恩等企业联合形式被严令禁止。同盟国积极推行反垄断政策，实施经济的非集中化策略，原有的垄断集团掌控经济的形式被打破，在原西德地区新的中小企业迅速成长，成为中小企业发展的黄金时期。[①] 原西德地区的联邦政府和州政府联合社会上的各种协会积极与银行合作，成立担保银行，支持中小企业贷款，为中小企业不超过 150 万德国马克的贷款做担保，有效地解决了中小企业资金不足、无有效担保品的困难，改善了中

① 在原东德地区，二战后中小企业或被关停，或被国有化，中小企业的发展面临严重的倒退。

小企业的融资环境。20世纪七八十年代，由于第一次石油危机的影响和凯恩斯主义在德国的运用带来的负面影响，让当时的联邦政府认识到调整经济结构、发展中小企业、提高经济活力的必要性，联邦政府开始实施了积极的中小企业促进政策。[①] 德国的中小企业促进政策取得了积极的成效，德国中小企业每年净增7万户以上，为社会提供了丰富的就业机会，有效地提高了德国经济的活力。

中小企业对一国经济的繁荣程度和活跃程度具有重要的意义。但中小企业与大企业相比，具有规模以及实力的差距，在市场竞争中时常位于不利地位，因而德国政府希望通过中小企业的促进政策来为中小企业创造更加公平的市场环境。通过构造更加公平的市场竞争关系，来弥补中小企业的弱势。德国中小企业的促进政策的形成很大程度上受外部干预的影响，并且在历史的发展过程中，德国中小企业的促进系统也在不断地改变，以适应不同时期的政治和经济的不同状况。德国形成了一套成熟有效的中小企业促进体系，既有法规性框架，也有扶持性政策；既有政府牵头，也有各类协会和社会中介组织的积极支持；既能够有效地解决中小企业的困难，也能为中小企业作出积极引导的组织框架。德国促进中小企业发展，主要措施有竞争促进、融资促进、创业促进、研发创新促进、行业促进、信息促进、贸易促进等多个方面。

（二）德国中小企业促进法

完善的法律制度是中小企业促进体系建立和发展的基本保证，能够为中小企业的发展提供宽松、公平的法制环境。德国制定了完备的法规和行政条例来支持、扶持和保护中小企业的发展。作为联邦制国家，各州在经济领域享有较大的自治权，可以结合本州情况因地制宜制定相关措施。按照德国“辅从性立法”原则，首先是各地区根据自己本地区的需求确定该地区的发展目标和发展战略，只有在重大的问题上，或当地区的发展对于国家的整体发展具有重要的意义时，才由联邦直接参与解决。当联邦层级的法律未对某些事宜有明确规定时，以州级法律为标准。

---

① 魏尔曼：“德国中小企业促进项目的法律和政策框架”，国家经济贸易委员会中小企业司、德国技术合作公司编：《德国中小企业促进政策学习与思考》，北京：中国经济出版社，2002年版，第5页。

而且根据《基本法》第91a条的规定，联邦政府需要与州政府在关系地区发展的问题上进行合作，即在具体问题上由各州政府制定相关法律，以使得所制定的法律能够更好地服务于当地经济。[①] 因为中小企业促进问题和地区发展问题紧密相连，而且中小企业的促进在很大程度上依赖地区的发展，因而联邦政府大多将中小企业促进问题的立法权留给州议会层面来实施。各州先后颁布了《中小企业促进法》，为本州中小企业提供了带有各州特点的发展空间，让中小企业的促进工作和地区发展能够更紧密地相互协调，让中小企业的立法与各地区具体情况相结合，以更多地促进整体净收益。但在联邦政府需要有针对性地为中小企业的某个方面如资金、出口等问题出台某项促进政策时，联邦政府往往会在联邦层面上出台一些具体的法规，以对该项促进问题在全德范围内进行有效规制，例如“欧洲复兴计划”专用资金即是受联邦层面的法律法规的指导；而且2006年和2007年联邦就出台了两部《中小企业减负法》，这两部法律涉及去官僚化、增强中小企业的创新能力、拓展中小企业的继续教育水平、改善中小企业融资水平，以及在外国市场给予中小企业支持、帮助中小企业特别是雇员少于50人的小型企业减轻在筹建时的困难等各方面内容。经过多年的努力，德国已经为中小企业促进出台了多项法律法规。

德国中小企业促进法大多存在于州级法律层面，德国促进中小企业发展的立法曾经历过两个高潮时期：第一次高潮是在20世纪七八十年代，凯恩斯主义在德国造成了巨额的财政赤字和经济停滞，再加上石油危机的影响，德国各州政府希望通过积极的中小企业促进政策来调动地区经济活力，因此德国出现了中小企业促进法的立法潮。第二次中小企业促进法的立法潮出现在德国再次统一后，原东德地区为改善地区经济结构，对中小企业促进工作非常重视，参照联邦德国各州的中小企业促进法，积极立法，形成了另一股立法高潮。

德国的中小企业促进法分为两类：一类是一个州形成了一部完整的中小企业促进法，如巴伐利亚州的中小企业促进法；二类是在本州和联邦政府的共同任务里列明了中小企业促进方面的具体规定。德国各州的中小企

---

① 魏尔曼：《德国中小企业促进项目的法律和政策框架》，国家经济贸易委员会中小企业司、德国技术合作公司编：《德国中小企业促进政策学习与思考》，北京：中国经济出版社，2002年版，第7页。

业促进法虽然立法主体不同，但中小企业促进法的原则和和内容都很相似，都确立了一个基本类似的中小企业促进的框架和促进方法。例如，各州中小企业促进法的基本原则即是为中小企业在市场竞争中提供有效的扶持，以帮助中小企业克服自身存在的弱势，能够更公平地参与竞争。

各州的中小企业促进法中也存在一些地方特色，如德国南部的经济大州巴符州的中小企业促进法更多地强调本州内均衡的经济结构，帮助本州内弱势的中小企业能够更容易地设立、更公平地竞争，帮助本州的中小企业及时地了解动态的情况，让其能够更加快速有效地适应变化了的环境，为其提供更好的职业培训辅助设施，以让能够更好地发展。自治市汉堡的中小企业促进法更多地强调竞争，强调作为自治市的中小企业的对外拓展的空间，为本市企业打入外州或者外国市场提供必要的帮助。东部各州如梅前州因为原东德实施计划经济，导致现在东部各州内中小企业数量较少，缺乏一个稳定的中小企业群，因而东部各州的中小企业促进法的重心放在促进中小企业建立、简化中小企业建立时的形成程序、帮助中小企业壮大和发展上。东部各州经济结构的调整对中小企业的发展形成了较大影响，造成该地区中小企业不稳定，企业关停、易主率高，因而帮助当地的中小企业应对结构性变化的冲击，以及帮助当地中小企业走出本州，成为东部各州中小企业促进法的主要使命。

作为欧盟的成员国，德国的法律也必须符合欧盟法的规定。1999 年欧盟制定了《中小企业欧洲章程》，对各国的中小企业促进工作做了规定，原则上中小企业促进工作可以分为 3 个部分，即创造公平的市场环境、鼓励创业和社会各界的共同促进工作。1999 年欧盟还制定了中小企业促进 5 年计划，欧盟拨出专款用于解决中小企业的融资、中小企业的信息服务以及中小企业的研究工作。2003 年欧盟对中小企业做了定义，原则上这是欧盟对中小企业的通用定义，欧盟各国都需按照这一定义来进行规划。①

四、德国中小企业促进措施

促进中小企业发展是德国政府的一项重要工作，政府需要在融资、行

① 各国也有出于各国国情的考虑，对这一定义做了部分修改，如本章第一节的介绍，但修改的定义并不做官方用途，而且往往运用并不广泛，或往往只用于学术讨论中。

业发展、地区发展、创业、创新、信息获取等多方面给予中小企业以优惠措施，为中小企业创造良好的环境，助力中小企业发展。

（一）融资促进

中小企业的融资方式有内部融资和银行贷款。内部融资主要是依靠企业利润留存，从资本市场融资对中小企业而言难度很大。① 而且因为中小企业较小的规模以及较大的灵活性使得其在银行获得贷款的难度也相对大于大型企业。银行对中小企业进行信用等级评价，根据其评定结果给予中小企业一定的贷款融资条件，中小企业获得的融资贷款条件也往往劣于大型企业。中小企业还可以通过租赁和供货商贷款进行融资，但往往因为缺乏有效的抵押品或者规模太小，往往融资结果也不令人满意。

1. 德国政策性银行

为改变这种现状，德国政府开始为中小企业提供融资支持。德国政府的融资支持主要通过两种方式：一是由政府拨出专款以支持中小企业的发展；二是采用贴息担保政策，由德国政策性银行为中小企业做担保向商业机构实施贷款。德国的政策性银行有德国复兴信贷银行、德国清算银行，以及各州层面成立的公法性政策银行，如储蓄银行和地方担保银行。

复兴信贷银行，特别是复兴信贷中小企业银行是帮助中小企业取得贷款的重要机构。作为公法银行，复兴信贷银行的主要责任有为中小企业、自由职业者、风险资产、居民住宅建设、环保、基础设施、技术进步和创新提供融资。② 德国复兴信贷银行的中小企业促进项目还可以为中小企业提供就业与培训援助、流动资金援助，扩大企业经营范围、改善融资结构，以及环保项目资助等等。

德国政策性银行的资金之所以可以低息贷款，是因为政策性银行资金的主要来源为政府拨款、“欧洲复兴计划”的资金以及市场融资，因而自身盈利性压力较小；再加上政策性银行网点较少，管理成本也较低，因而可以为中小企业提供成本较低的贷款。银行会对企业的个体情况做评级，风

---

① Bundesministerium fuer Wirtschaft und Technologie（2007）：Dokumantation Nr. 561. Der Mittelstand in der Bundesrepublik Deutschland. Eine volkswirtschaftliche Bestandsaufnahme. In Zusammenarbeit mit dem Institut fuer Mittelstandsforschung Bonn. Berlin. S. 40.

② 参见《复兴信贷银行法》第二条第一款。

险等级较低的企业可以获得利率较低的贷款，从而进一步降低了中小企业的融资压力。

复兴信贷银行中小企业银行根据提供贷款的利息水平和风险水平分为三类：第一类为长期或者短期的低息贷款；第二类为贷款者无需为贷款提供抵押品，而且在追偿时，其债权人的追偿权排序靠后；第三类为贷款者需要用部分自有资产承担贷款风险。其中比较受欢迎的是第一类贷款，借款者在开始的几年中无须偿还贷款或贷款利息，因而贷款者特别是在创业期的贷款者会面临较小的还款压力。政策性银行支持的现金贷款有多种类型，有微型贷款，这类贷款中有为新创业者和行业不到 3 年的小型企业主提供的，最高贷款金额为 2.5 万欧元；还有为更小型的融资需求提供的贷款，该项贷款的最高额为 1 万欧元，提供这类贷款对贷款机构而言，去掉管理成本几乎无利可图。启动资金是指为有较小融资需求的创业者提供的资金，主要用于经营性的自由职业者创业或者是企业合并等经营目的。经营贷款是根据企业创立的时长、面临的问题、所需款项的金额划分了不同类型的贷款项目，例如银行为创业初期的企业提供的资金数量往往较低；成立超过 5 年的企业往往已经逐步稳定下来，需要更多的资金来拓展业务，因而对这类企业的贷款金额往往会较高。基本上各种类型的中小企业都可以找到合适的贷款项目。政策性银行在中小企业从商业银行借款时提供担保，担保费为 0.75%—1%，若投资失败，商业银行和政策性银行按 2∶8 的比例承担损失。

德国清算银行的子公司有时也以参股形式参与企业融资，以提高企业的自有资本率，为企业的长期性增长提供资金并提供管理经验上的支持。随着金融的深度发展，德国复兴信贷银行也在积极发展中小企业贷款的金融衍生品，即复兴信贷银行将不同风险等级的贷款分别打包，形成不同的金融产品投放到资本市场中，这样可以让复兴信贷银行更迅速地回收资金，减少银行流动性低的困扰，这样可以提高银行对中小企业进行贷款的积极性。

为增强企业竞争力，增强企业间的联系也成为德国清算银行提供融资的一项重要方法，德国清算银行的“圆桌计划”在原东德地区取得了良好的效果，即企业间以战略联盟的方式进行合作，而联邦清算银行则为战略联盟提供融资，或者以参股形式参与企业战略联盟，可以更有效确保企业的资金充足度和未来的融资发展需求，德国清算银行也在原西德地区积极推进了“圆桌计划”。[①] 各州的政策性银行主要为当地的中小企业技术创新和创业活动提供融资帮助。联邦层面的政策性银行正致力于和州一级的政策性银行合作，有助于将原本平行的融资促进体系变为相互交叉，可以更有效地利用双方的资源，提高为中小企业融资的效率。

2. 欧洲复兴计划专用资产

二战后的马歇尔计划奠定了德国战后复兴的基础，是支持战后德国“经济奇迹”的主要基础。“欧洲复兴计划”专用资产是马歇尔计划的一部分，其主要功能是用于支持德国的战后重建。

1949 年联邦德国与美国签订经济合作协议，双方约定美国以信贷方式为德国提供资金援助。德国进口商用于购买美国劳务和商品的总计约 60 亿马克的资金将被作为专用资产，用以促进德国经济。美国政府向德国银行对德出口商支付美元，而德国的进口商则向德国中央银行的美国账户上支付德国货币，由此形成德国银行账户上的专用资产。这样操作一方面缓解了德国的外汇压力，另一方面为德国政府的战后重建缓冲了资金困难。协议约定，美国在德国中央银行的约 60 亿马克账户资金将作为贷款发放给德国企业。1950 年 2 月 1 日该协议正式生效，该资产被称为“欧洲复兴计划”专用资产。该资产与联邦政府的其他资产相分离，不为其他账务关系承担偿付责任，具有高度的独立性，主要用于德国的重建和中小企业促进。[②] 1953 年伦敦债务协定对“欧洲复兴计划”专用资产做了详细的规定，“欧洲复兴计划”专用资产被降低为 10 亿美元、30 年期、利率为 2.5% 的贷款，每半年偿还一次。至 1966 年底该贷款已全部偿还完毕，“欧洲复兴计划”专用资产成为德国的自有资产。[③]

“欧洲复兴计划”专用资产是作为一种循环资金在运作，而不是作为补贴发放，这对“欧洲复兴计划”专用资产具有主要意义。至 1966 年底，德国已清偿“欧洲复兴计划”的所有贷款，因为专用资产以贷款形式发放，在清偿所有贷款后，专用资产的余额成为德国自有资产，仍可以不断运作，

① 国家经济贸易委员会中小企业司、德国技术合作公司编：《德国中小企业促进政策学习与思考》，北京：中国经济出版社，2002 年版，第 277 页。

② 同上书，第 121 页。

③ 同上。

成为促进德国中小企业的主要手段。在“欧洲复兴计划”专用资产成立之初，主要用于促进基础原料工业，随着德国经济的不断复兴，“欧洲复兴计划”专用资产的重心逐渐从能源供应和交通系统转移至中小企业促进方面。德国再次统一后，“欧洲复兴计划”专用资产的重心逐渐东移，将促进东德中小企业也视为工作重点，推动了创业型、手工业以及旅游业的中小企业的发展。

“欧洲复兴计划”中专用资产设立多种贷款形式。例如设立了自有资本援助计划，为创业者们提供利息较低的贷款，且这类贷款不要求抵押，并且偿还期在10年之后，使得这类贷款的成本近似于自有资本，有效地激励了企业的创建。《欧洲复兴计划专用资产的经济计划法》还规定，在能够保证自身法律和经济独立性的前提下，中小企业意在进行企业间合作的投资项目应该被优先资助。①“欧洲复兴计划”中专用资产还设立了地区促进计划，主要为新联邦州和柏林地区的中小企业提供长期的低利率贷款，以帮助该地区的经济发展。“欧洲复兴计划”中专用资产不仅为中小企业提供融资，还为中小企业参股的股权投资公司提供低息贷款，如“欧洲复兴计划”的参股计划为了鼓励企业进行结构的优化调整、促进企业合作，向其参股的股权投资公司发放贷款。

60多年来，“欧洲复兴计划”专用资产为德国经济的重建和中小企业的创建与发展提供了必要资金，及时地为技术创新、区域援助、培训等方面提供了大量低息贷款，尤其是对经济落后的地区和行业中的中小企业提供了有利的帮助，降低了企业创立时的资金困难，为解决地区的结构性问题、创造良好的融资环境、促进经济的发展作出了巨大的贡献。

（二）创业促进

为鼓励更多的人积极创业，增强经济的活力，德国政府采取了多项有效的措施。

1. 创业融资

在联邦政府对中小企业的促进手段中，为创业者提供资金上的便利是

---

① 国家经济贸易委员会中小企业司、德国技术合作公司药房：《德国中小企业促进政策学习与思考》，北京：中国经济出版社，2002年版，第236页。

政府最重要的一条援助手段。政府对中小企业的援助中58%为现金资助，如联邦政府设立了创业基金，鼓励缺乏资金者依靠创业基金申请贷款，从而进行创业实践。通过政府的信誉为中小企业在创业初期提供资金支持，是对中小企业最大的帮助。

政府提供融资的主要手段有通过“欧洲复兴计划”的自有资本贷款、政策性银行的创业贷款和成立特定基金来为创业者提供资金援助。

“欧洲复兴计划”为创业者提供了自有资本贷款，即创业者申请该贷款，即可得到类似于自有资本的低息长期贷款，并且可以享受5年减息、10年后开始偿还的优惠。这种低息贷款帮助建立企业者度过了企业初创的艰难时期，在企业稳定后才面临还款压力，给了创建企业者以极大的支持。“欧洲复兴计划”还为企业建立后的新企业主提供建设资金，即新企业在创立3年内都可以申请创业援助基金，用以对本企业融资、扩建、继续投资等方面的用途。复兴创业基金是循环基金，这种循环基金的性质可以为不同时期的创业者提供一如既往的低息资金，有利地支持了德国各个时期的创业者。

德国清算银行也包括对于创业者的援助项目，对于新创业人群或者创业后不久的新企业主，德国清算银行都可以提供优惠贷款，主要用于支付企业的厂房扩建、建立分支机构、企业所在地转移、增加长期工作岗位、企业创新投资等方面的开销。[①] 德国清算银行对新企业的定义较为广泛，建立8年以内的企业都可以申请创业者援助项目。中小企业融资难的一项重要原因是金融机构很难确定中小企业的风险评级，而且为中小企业进行评级往往花费巨大，成本过高，因而金融机构一般不愿意为中小企业提供贷款。为了方便中小企业顺利地进入金融市场获得贷款，德国清算银行和经济界合作，设立了专门的中小企业评级机构，这个机构的设立有效地提高了中小企业的信用透明度，方便了银行对中小企业信用信息的获取，降低了中小企业获得融资的难度。

为了鼓励德国国内某方面企业的发展，德国政府也会支持成立某些特定的基金或者力促政策性银行成立某项特别的支持性项目。例如，为了优

---

① 国家经济贸易委员会中小企业司、德国技术合作公司编：《德国中小企业促进政策学习与思考》，北京：中国经济出版社，第238页。

化国内的环境保护系统，促进环保企业的产生，德国清算银行专门设立了环境计划，为国内垃圾处理、废水回收和处理、节能以及可再生领域的企业提供长期的低利率贷款，改善这类企业的融资条件，促进国内环保企业的产生。各州为促进本州的中小企业的发展也会积极制定扶植中小企业的措施。州政府会拨出专门资金用于本州中小企业的扶植工作，例如为本州中小企业提供融资便利、融资担保，或提供贴息贷款，通过促进中小企业发展来提高本州经济的活力。

2. 针对性创业促进措施

联邦政府除了积极鼓励新建企业的创业融资之外，还积极鼓励特定的人群开展创业工作，并积极为可能的创业者提供信息服务。

联邦政府积极支持女性及失业者展开创业活动。女性长久以来面临的一个问题即是如何能兼顾家庭和工作，而鼓励女性创设企业可以部分地解决这个难题。女性可以在服务业建立自己的小企业，既保证了工作时间的灵活性，又增加了女性就业的比例，更好地满足了社会需求。2004 年以来，德国政府创立了一个“女创业者”项目，该项目为德国范围内各行业的女创业者提供创业指导。德国清算银行的启动基金项目特别适合服务型小企业的融资要求，因而能够很好地满足女性的创业需求，为女性创业提供必要的资金。德国联邦劳工署则将鼓励创业的视角放到失业者身上，提供为失业者提供小额低息的贷款，让有想法的失业者实现自我就业，是解决德国失业率的一条重要途径。

联邦政府为了鼓励创业，积极地为有意向创业的人群提供相关创业信息，比如为解决信息不对称和信息不透明的问题，德国政府积极地向社会宣讲成立企业的必要步骤，通过提高透明度、简化个体成立企业的难度，以及对创业成功的积极案例的宣传，来提高社会人士进行创业的意向和改善社会上进行创业的氛围。在 2000 年德国政府制定的《中小企业七年行动纲要》中，德国政府要求金融机构积极举办“创业者”讲座，要求各工商会在 40 多个城市建立有利于创业的“卓越中心”，以为向社会推广创立新企业的思想。德国政府还在网上设立了一个“Startothek”平台，将对建立一个企业而言所有必须的规定、附件、申请、批准等各项内容都放在网上，为创业者提供了极大的便利。联邦政府还设立了创业服务机构，帮助企业解决创业时遇到的各种困难，促进各种创业中介机构的发展，为创业者提供配套服务。《2002—2005 年中小企业行动纲要》即明确表示，对新创企业家和年轻企业的培训与建议是对中小企业支持的核心因素。预算资金将继续分配于此。最重要的联系点有工商会、独立咨询顾问、德国清算银行建立的咨询中心、金融机构在各个城市为新创企业家提供第一手的建议。[①]

德国政府还有意识地对社会创业的方向做引导。过去曾经流行的互联网和通讯技术企业逐渐淡出，而材料和纳米生物科学型的企业逐渐成为创业新亮点。德国政府积极引导新企业的创立，为掌握新兴产业技术的人提供创立企业必须的资金支持。为提高高校学生的创业积极性，德国政府还以大学为基地，和各个大学联合发起了创建微型企业的活动，通过讲座和实践等多种形式激发学生们的企业家思维，培养学生们的创业意识，以推动高科技企业的发展。联邦政府还鼓励成立技术参股公司，鼓励具有不同技术能力的人相互合作，以技术参股，加快技术转化为生产力的速度，也加快新兴产业的企业建立速度。

在高新科技领域，政府也鼓励风险投资基金的加入，提高风险投资基金的吸引力，鼓励技术和资金的和谐运作。例如，德国清算银行和经济界一同成立了高科技启动资金，通过提高风险投资的知名度为风险投资进入科技界打通通道，以吸引更多的投资者和创业者。

（三）结构化促进

联邦德国政府的中小企业结构政策形成了一个基本原则，即结构政策应当促进中小企业在市场经济过程中形成有效率的企业规模，调动有效的生产力储备，并最大可能地满足消费者需求。[②] 为帮助企业形成有效的规模，需要帮助企业应对经济以及技术的变革，使得企业消除发展上地区性的障碍、行业性的障碍或是技术性的障碍，保证市场竞争的公平性，以实现企业的最佳规模。

德国《基本法》规定，联邦政府和州政府需要就改善地区经济结构问

---

① 韦向群："德国中小企业社会化服务体系情况及政府在培育服务体系发展中的作用"，国家经济贸易委员会中小企业司、德国技术合作公司编：《德国中小企业促进政策学习与思考》，北京：中国经济出版社，2002 年版，第 54 页。

② 国家经济贸易委员会中小企业司、德国技术合作公司编：《德国中小企业促进政策学习与思考》，北京：中国经济出版社，2002 年版，第 137 页。

题进行合作。在各项经济工作中，促进地区中小企业发展应和改善区域结构的工作相互协调，促进地区中小企业的发展是联邦政府和州政府改善经济结构问题的一个重要方面。联邦政府认为，需要为中小企业在这个经济中的作用找到合适的定位，根据这一定位以明确各项经济政策对改善中小企业经营状况可能起到的作用，这个定位既包括中小企业在地区发展中的定位，也包括中小企业在行业发展中的具体定位。

为扶植德国中小企业的发展，德国政府根据德国的国情对中小企业进行了有序的分类。例如，德国政府将国内的中小企业按所处行业进行了划分，对具有国计民生重要意义的产业中的中小企业实施较大力度的扶植。建筑行业是一个对经济增长和就业水平都非常重要的产业。政府提高了对建筑业低能耗改造的资金，至2009年每年投入的资金约为14亿欧元，导致建筑业迅速增长，再加上私人投资的增多，这些投资有利地促进了建筑业和手工业的中小企业的发展。

根据各地区状况的不同，联邦政府将德国各地区按经济发展水平的不同分为几类，对经济较不发达地区的中小企业实施力度较高的扶植和补贴工作，对经济发达地区的中小企业的补贴和扶植力度则略微降低。欧盟的地区发展基金也被纳入了德国改善区域经济结构的中小企业项目之中。中小企业可以申请欧盟地区发展基金以用于中小企业的创办、投资、扩建、兼并及技术改造等项目，以实现德国地区经济结构的调整。

原东德地区和原西德地区相比，经济基础比较薄弱，因而“欧洲复兴计划”为改善原东德地区的经济发展状况，为原东德地区的中小企业设立了专门的地区促进计划，为东部各州以及柏林的中小企业提供长期低息贷款，凡销售额位于5000万欧元以下的中小企业（医疗自由职业者设立的企业除外）都可申请该计划的资金。复兴信贷银行也创设了“改善经济结构共同任务”计划。

（四）国际化促进

德国的中小企业有鲜明的国际化特征。经济全球化为中小企业发展提供了广阔的市场，中小企业是德国出口的重要力量，如表2-6和表2-7所示，营业额在5000万欧元以下的企业占总出口企业的比例为99.2%，出口额占总出口额的25.4%；雇员数为250人以下的中小企业出口占总出口企业的比例为79.4%，营业额占比为35.5%。

表2-6 2012年不同营业额的企业参与出口状况

营业额规模	企业数目		营业额	
	数量（个）	占比（%）	数值（十亿欧元）	占比（%）
总计	306612	100	1097	100
10万欧元以下	208293	67.9	4	0.4
10万—50万欧元	46003	15.0	11	1.0
50万—100万欧元	14657	4.8	11	1.0
100万—1千万欧元	28395	9.3	97	8.9
1千万—5千万欧元	6805	2.2	154	14.1
5千万—1亿欧元	1246	0.4	92	8.4
1亿—10亿欧元	1113	0.4	299	27.5
10亿欧元以上	100	0.0	428	39.0

资料来源：Statistisches Bundesamt（2013）：Statistisches Jahrbuch. Deutschland und Internationales. Wiesbaden. S. 415。

表2-7 2012年不同雇员规模的企业参与出口状况

雇员规模	企业数量（个）	数量占比（%）	营业额占比（%）
总计	40157	100	100
0—9人	9129	22.7	7.4
10—49人	12706	31.6	10.2
50—249人	10062	25.1	17.8
250人以上	2893	7.2	57.9
未知	5368	13.4	6.6

资料来源：Statistisches Bundesamt（2013）：Statistisches Jahrbuch. Deutschland und Internationales. Wiesbaden. S. 415。

德国企业参与国际化分工的一种最重要形式是企业的产品出口（见图2-2），德国政府如何帮助中小企业拓展企业产品的国外销售渠道，拓展海外知名度是德国中小企业促进政策的一项重要任务。

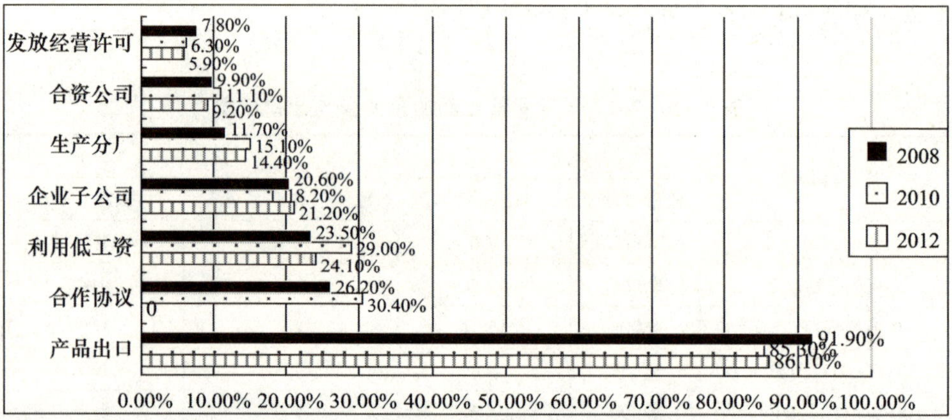

图 2-2　德国企业参与国际化分工的形式

资料来源：Bundesverband der Deutschen Industrie e. V. （2012）：BDI-Mittelstandspanel. Ergebnisse der Online-Mittelstandsbefragung Herbst 2012. Bonn. S. 7。

德国为帮助中小企业实现国际化，成立了多个服务机构，如成立了德国贸易及投资署，在世界 120 多个国家都有办公室，为德国企业在国外市场上站稳脚跟给予了很大的帮助。帮助德国企业赴国外参展，扩大德国企业的国际知名度和影响力是德国贸易及投资署的一项重要工作，接近 90% 的德国中小企业都从中受益，仅 2006 年其就组织德国中小企业参与了近 300 个境外博览会。为提高中小企业开发国际市场的力度，德国政府还为中小企业参展拨出专门的参展补贴，鼓励中小企业在国际性的展会上设立展位，并为企业安排专业的展览咨询公司，以帮助企业更好地拓展合作伙伴群。德国政府还为中小企业设立展位和开设国外办事处给予专门的资金补贴，如按展位的大小给予参展补贴，对企业设立的国外办事处也给予房租和人员开销的补贴。德国政府还和德国对外贸易协会合作，帮助德国的中小企业获得更多的贸易信息。联邦对外贸易署也会为德国中小企业的海外拓展行为提供更多信息及资金上的援助。为促进跨国的企业合作，对于来自欧盟的两个及两个以上企业的合并行为，欧盟将给予资金支持，以促进欧盟国家之间的中小企业的进一步合作。各州银行为了方便德国企业之间的联系，还在各国建立了“德国之家”，“德国之家”成为海外德国人相互联系、互通有无的重要纽带。

对外贸易和境外投资是德国经济的重要组成部分。如何为走出国门的中小企业提供更好的金融服务也是德国政府面临的一个重要任务。德国复兴信贷银行为支持德国中小企业的国外拓展行动，设立了专门的中小企业国外计划，用以为中小企业拓展国外市场提供有力的金融支持。当企业在国外实施开设新车间、并购、购买新技术等行为时，德国复兴信贷银行会给予一定的资金支持，并提供出口贷款和投资保障。而且当企业在海外在开展研发行为，以及技术导向型的企业在开拓外国市场时，复兴信贷银行还会给予人员成本、管理费用、培训费用上的资助。

（五）创新促进

创新一直是德国企业保持其强大竞争力的重要原因。德国每年有大约3万个中小企业持续地进行研发等创新投入，每年有10万个企业会将创新产品或服务投入市场，此外还有企业不定期地进行研发投入。德国工业相关创新研发的费用占国民收入的比重是美国的20倍。[①] 2012年德国企业将总营业额的4.5%投入研发，企业的总营业额中有12.4%为研发的新成果所带来的收益。[②] 创新型的中小企业能够带来有效的就业，创新型的中小企业也具有很强的活力和稳定性，对经济具有重要的意义。

德国专利中的2/3是由中小企业研发并注册的。中小企业的结构较为简单，各部门之间联系相对大企业而言更加紧密，因而官僚作风较少，创新的要求迫切，创新的行政成本也相对较低。为有效地促进中小企业创新，同时也为高校等研究机构提供更多的实验基地，德国在全国范围内兴建了中小企业孵化中心，将研究机构与中小企业创新有机地联系起来，实现知识和人员的交流，推进高新技术产业化和中小企业高新技术化。

为促进中小企业创新，德国政府采取了多项措施为创新企业提供创新补贴。[③]

首先，对研发人员实施补贴。为加强中小企业研发人员的力量，联邦政府对满足条件的中小企业研发人员给予一定的补贴，以促进中小企业的

---

① Thomas Schulz（2012）Vorbild Deutschland. Der Spiegel 12/2012.

② Bundesverband der Deutschen Industrie e. V. （2012）：BDI-Mittelstandspanel. Ergebnisse der Online-Mittelstandsbefragung Herbst 2012. Bonn. S. 7.

③ 国家经济贸易委员会中小企业司、德国技术合作公司编：《德国中小企业促进政策学习与思考》，北京：中国经济出版社，2002年版，第251—265页。

研发行为。

其次，对研发项目实施补贴。为提高企业实施科学研究和新项目开发的积极性，联邦政府对满足条件的中小企业的研发项目实施资助，以增强企业研发的动力和竞争力，对研发项目的资助涉及范围相当广泛，既包括对新产品和新工艺的研发，也包括对新技术的实际运用过程的研究。而且对研发项目的补贴并不仅仅局限于某个企业内部，类似领域的企业实施共同研发的项目也可以资助，这项规定为跨行业和跨学科的科研项目的拓展有着不容忽视的积极意义。

再次，对中小企业申请专利提供补贴。为促使中小企业积极申请专利，激发中小企业进行研发并申请专利的积极性，德国政府对企业首次申请专利的行为予以一次性补贴，并通过修改知识产权保护规则简化申请程序，使得中小企业更容易进行专利申请。

对中小企业的创新行为予以融资帮助，改善创新型企业获得参股资本和长期贷款的途径，这也是德国促进中小企业创新的一项重要内容。因为高科技的创新行为是否能够有效地转化为企业的营业额，这在创新初期或者创业初期很难有效地进行评估，再加上创业者没有有效的抵押品，此时则需要国家基金以及国家银行予以政策性融资的协助和担保。“欧洲复兴计划”专用资产在支持创业和企业扩建、融资的同时，也非常关注中小企业的创新工作。“欧洲复兴计划”专用资产推出了很多支持中小企业在技术革新方面的资助项目，以塑造中小企业的创新意识和创新行为，并支持科技企业的新建以及拓展工作。德国复兴信贷银行的资助项目也包括资助企业的技术创新和核心生产工艺的研发。

德国复兴信贷银行为促进中小企业的创新工作，开展了向创新企业入股的项目。通过向技术型企业参股，可以提高社会参与技术型企业建设的动力。而德国复兴信贷银行通过对技术型企业不同时期的参股，可以对技术型的企业的发展起到不同的引导作用。例如，在初期阶段参股可以帮助处于发展初期的企业应对发展资金少、缺少发展经验的问题，可以帮助企业制定业务计划，提出一个发展框架。在科技型企业已经建成后参股，可以帮助企业稳定现金流、为企业进行深层次的革新以及改革提供资金。鼓励民间资本进入创新企业，并以国家资金做为创新企业融资的有益补充，形成民间资本和国家资金的有机结合。

为向社会推广创新性精神，德国联邦经济和技术部还向经济界提供了参观学习创新先锋企业的机会。让有创新学习意识的人参观创新性的企业，了解创新型企业的运作方式以及思想精华，以开拓社会的创新思维、激励社会上的创新行动。

（六）机制促进

为了促进中小企业的发展，德国在税收上对中小企业采取了优惠措施。例如，对中小企业实施特别折旧，计提的折旧不计入企业利润，而是用作于企业未来的折旧减扣项，降低了中小企业的现金流压力，对德国国内经济较不发达地区的中小企业实施税收优惠，以促进工商业的经济投资计划。2001 年德国进行了企业税收改革，提高了税收的起征营业税标准，而且也对企业雇员数少于 50 位的企业进行从优对待，报税从每月一次变为每年一次，较大地减轻了德国中小企业的税收负担，有效地降低了企业的运营成本。随后又对企业转让实行了优惠政策，规定在企业实施转让时税赋减半，这一措施更是有效地提高了中小企业的活力。

家族企业对德国经济具有重要意义，德国家族企业员工总数占德国总就业人口数的 57.3%。为了鼓励德国家族企业的传承，德国对遗产税也进行了数次调整，最终对中小企业的继承人实施了较为优惠的措施，即中小企业继承人继承家族企业时，如果继承人承诺在继承之日起 10 年内自己经营该企业，则无需为其所继承的企业缴纳遗产税，如果继承人从继承之日起经营 7 年企业，则遗产税适用税率为 15%。这一措施极大地鼓励了中小企业的家族内传承。

去官僚化是德国政府促进中小企业发展的另一个重要方面。德国促进中小企业发展的机构众多，联邦财政部、经济和技术部等都设有专门的处理中小企业事务的机构，各州政府、各联合会都有专门的处理中小企业事务的实体。为了降低中小企业的行政负担，德国经济和技术部推行了减少官僚主义的计划，简化了贸易类企业的申请流程，运行网上申请批准，而且对政府的审批时间做了详细规定。还根据中小企业的投诉，努力提高政府的行政效率。德国复兴信贷银行还对贷款的申请程序进行了优化，减少了中小企业贷款的审批环节，对企业缴纳社会福利保险优惠的程序也进行了优化和简化。

为了有效地降低企业的行政成本的负担，联邦政府引入了“标准费用模型”，在该模型中，对政府要求的企业的所有通报以及汇报的行为都进行了现金成本核算，以确定政府的官僚费用给企业带来的额外成本，以此作为政府降低企业行政参与成本的参照。为了更好地指导这一过程，更有效地降低企业的行政成本，由联邦总理办公室牵头，设立了专门的减轻官僚成本协调组织。同时也在联邦总理办公室成立了一个由专家组成的标准控制委员会。专门就联邦政府降低官僚成本的改革进行合法性测试。联邦政府还出台了《中小企业减负法》（Erster Mittelstands-Entlastungs-Gesetz），设立了16项具体的减负措施，例如将企业报税的起征点从35万欧元提高到50万欧元，有效地降低了一部分中小企业的财务成本，避免中小企业以及中小企业的创立者承受更多的行政负担。[①]

政府在中小企业促进中发挥着事前审批、事后监管的职能。政策性银行、各联合协会以及服务机构等相关机构每年会将各自的中小企业促进计划向政府提出申请，以获得政府的审批和部分资助。政策性银行、各联合协会负责促进项目的具体实施和相关审查工作，在促进项目结束后，政策性银行、各联合协会等机构需要向联邦经济部提交执行报告，由政府进行合规性审查以及最终拨款。这一套促进中小企业发展的体系运作良好，但其中也存在着一些问题，比如政府监控和参与过多会影响该体系的运行效率。为了解决这个问题，德国政府计划减少政府对中小企业促进的控制，更多地引入市场机制，推动整个中小企业促进体系的市场化进程。例如，将某些政府设立的服务机构逐渐脱离政府的控制，实行企业化运营，将服务机构转变为参与市场竞争、按市场竞争规律运作的盈利性机构；对一些多余的机构也实施合并、撤销和重组，以降低促进体系的运作成本，提高整个体系的运行效率。

（七）信息促进

德国中小企业促进是一个非常复杂、数量众多的政策复合体，中小企

① Bundesministerium fuer Wirtschaft und Technologie（2007）：Dokumantation Nr. 561. Der Mittelstand in der Bundesrepublik Deutschland. Eine volkswirtschaftliche Bestandsaufnahme. In Zusammenarbeit mit dem Institut fuer Mittelstandsforschung Bonn. Berlin. S. 52.

业很难立刻找到合适本企业的促进项目，这是需要通过长时间的研究和咨询的。因此，为中小企业提供合适的企业促进信息和发展的信息服务，也成为德国政府服务中小企业的一项重要内容。联邦政府和州政府都设立了专门的中小企业服务机构，政府有责任将有用的信息提供给中小企业，让企业能够自由地决定企业的政策举措以及企业的合适规模。如隶属于德国经济与科技部的联邦对外贸易署设有专门的信息处，并在全世界组建了自己独立的信息网络，专门负责搜集国外市场的相关信息并加以整理，然后提供给企业。其提供的相关信息包括创立新企业所需的手续、如何招募员工、各国的特殊性政策、如何适应新的经济和社会环境、质量管理、融资等对中小企业而言相对重要的信息，并通过互联网、报纸、电话服务等方式将相关信息传递到企业中。德国政府规定，中小企业可以就经营管理、技术创新和环境保护等各方面提出申请咨询，而且中小企业在很多情况下无需支付咨询费，或者仅需支付很低的相关费用。①

德国政府也积极推进德国工商大会、中小企业联合会等联合协会和社会上的中介机构参与的中小企业的咨询工作，对各联合协会政府主要采取积极的政策引导，对中介咨询机构除了政策引导外还需进行严格的资格审查和后期监督。中小企业可以自由选择合适的机构获得相关信息。

对受到中小企业广为认可的联合协会或者中介咨询机构，德国政府也会给予政策上引导和资金上的帮助，使得各联合协会和中介服务机构能够更好地扶持中小企业的发展，更好地满足中小企业的各种需求。德国的政府部门、各联合协会、中介机构等形成了全方位、多参与者的中小企业咨询体系，各个参与者分工明确、术有专攻，既有政府的权威性，也有各联合协会的专业性，还有各中介机构的完整性，将政府的政策性指导和中介机构的市场化运作紧密结合，确保了中小企业信息咨询服务的及时性和准确性，避免了完全依靠企业自身获得信息的可能会造成的信息的狭隘性和局限性，保证了中小企业的自我发展能力。

为德国中小企业定向地提供特殊信息服务，是德国清算银行的一项重要工作内容。例如，德国清算银行成立了专门的咨询代理部，为中小企业

---

① 魏尔曼：《德国中小企业促进项目的法律和政策框架》，国家经济贸易委员会中小企业司、德国技术合作公司编：《德国中小企业促进政策学习与思考》，北京：中国经济出版社，第7—10页。

的各种问题提供有经验的技术力量，如应对危机的专家、解决企业战略问题的专家、营销专家等等，这些专家由中小企业聘请为企业顾问，专门为企业服务。德国清算银行也可以根据中小企业的特殊需求为企业量身定制其所需要的信息团队，通过为中小企业和专家之间进行“搭桥”，有效地解决了中小企业所面临的人才荒问题。德国中小企业面临的一个很大的问题即是继承人问题，有些中小企业主的子女或者没有能力，或者没有意愿继承父辈的企业，而是希望能够从事自己所热爱的事业。中小企业的继承人问题是一个关系到企业稳定的大事，为解决这个难题德国清算银行联合手工业协会、工商协会等组织在互联网上成立了继承人交易网，主要为德国中小企业寻找合适的经理人，也为有经营才能的人才寻找合适的工作机会，这样可以更有效地保持中小企业经营的稳定，维持德国的经济竞争力。

五、小结

为了促进中小企业发展，德国政府采取了多方面的措施。为中小企业提供就业和培训资助也是德国中小企业促进体系的一个重要部分。例如，德国复兴信贷银行专门为中小企业的创立就业和培训岗位的计划提供长期低息贷款，以促进中小企业进行职业培训的积极性。促进国内有效的市场竞争也是德国促进中小企业体系的重要构成部分，德国制定了《反对限制竞争法》、《卡特尔法》，设立联邦卡特尔局，以遏制大企业可能形成的市场垄断，而且规定政府采购需要有一定的比例购买中小企业的产品。

从社会经济的长远看，中小企业是形成和维持竞争性市场结构的重要力量，需要政府大力加以促进。从德国政府的操作实践中可以看出以下特点。

首先，政府发挥政策的宏观指导性力量，善用市场，通过财政以及经济政策对中小企业加以引导和促进，将中小企业促进融入到整个市场运作中去。通过政策性银行的运作以及减税等手段来实施政府的意愿，凸显了德国政府高超的经济治理能力。

其次，德国政府对中小企业的促进有多角度的特征，既关注中小企业的融资，也关注企业的创业过程、国际化进程、岗位设置、国际化进程等多个维度，还从国家经济结构的角度给予落后地区的中小企业以特殊的照顾。

再次，德国政府借助多方力量，共同促进中小企业的发展。如借力政策性银行、各种联合协会、公共法人组织、中介机构等各类社会组织和团体的力量，从各个角度来对中小企业的发展予以辅正，保证中小企业发展的方向性。

最后，德国政府也注重发挥中小企业的自身潜力。例如，积极推进中小企业的研发工作来提高企业的竞争力，通过为中小企业提供参展、行业发展信息等服务，提高企业应对外在压力的能力，实现压力自我消化，激发中小企业的发展潜力。

第二节　德国利基企业发展策略

利基企业[①]构成了德国独特的核心竞争力，是德国经济的重要支柱。在2008—2009年的经济危机中，这类企业受影响的程度远低于其他企业，[②]而且在危机期间仍然能够维持企业的盈利和增长，展现了这类企业强大的潜力。利基企业依靠对细分市场的专业化经营形成了核心技术优势，同时具备超强的创新能力，因而成为2012年国际资本竞相投资的对象。

一、利基企业的概念及特征

利基（Niche）原意指神龛、缝隙，有见缝插针的隐喻意，于20世纪80年代被引入管理学领域，利基企业指能够在专业和细分的市场实现规模优势的企业。利基市场与大众市场相对，指专业和细分的市场，亦被称为针尖市场。利基企业在同类产品市场中占多数份额，往往是该行业市场的领军企业。

利基企业[③]的一个最重要特征即是其专营性。市场的需求千差万别，均

---

① 利基企业是一个定性概念，而非定量概念，再加上利基企业多为中小企业，因而在关于德国利基企业的统计上存在一定的难度，没有一个权威的数据来源，对于德国利基企业的数据多为估计数。

② Hans-Jürgen Wolter und Eva May-Strobl（2013）：Der Beschäftigungsbeitrag mittel-ständischer Exportunternehmen. Institut für Mittelstandsforschung Bonn. IfM-Materialien Nr. 220，Bonn. S. 19.

③ 随着利基策略的广泛运用，大企业也开始关注细分市场，如饮料行业的利基营销，即饮料行业根据消费者群体的不同特点推出不同的饮品类型。还有一些利基企业被整合形成了利基集团。本书主要关注从聚焦细分市场发展起来的利基企业类型。

质化竞争的企业最终大部分都被市场所淘汰，利基企业在合适的时间将企业资源集中于一个细分类别的产品、客户或小类型市场上，其优势在于通过细分市场满足市场的差异化需求，从而获得竞争力，如德国混凝土泵市场的利基企业为普茨迈斯特（Putzmeister）和施维英（Schwing）。普茨迈斯特始创于1958年，该企业专注于混凝土机械的生产，关注不同客户对混凝土泵需求的细微差别，2007年占据全球混凝土泵市场份额的35%，是全球混凝土泵市场的领导者。

利基企业对现有市场的进一步细分，是一个自己塑造市场的过程。利基企业没有拘泥于常规意义上的宏观市场定义，不是按照通行思路接受既定的市场构成和常规内涵，而是从深度上下功夫，通过服务需求的细微差异性创造纵向的、有深度的价值链条。利基企业通过企业的自主行为，重新界定了市场结构，为企业创造一个全新的微观市场。有的企业为了形成自己的对细分市场的绝对控制力，往往采用细分加聚焦的市场战略，将自己专注的核心领域市场定义得异常狭窄，以达到对市场100%的控制。如西比公司（Hiby）专注生产加油站中用来打开油塞的特制枪，该公司的产品在欧洲市场上形成了绝对的领先地位。

利基企业的关键因素是通过专营实现专业化，通过专业化来体现企业资源集中配置的优势，从而形成其他企业较难超越的优势，这就是利基企业的核心竞争力所在。一个市场的形成初期，会导致大批的盲目进入者，在愈来愈激烈的市场竞争中，盲目进入者会被淘汰，而通过细分市场，利基企业往往会积累一定的技术优势，得以在市场中占领一席之地。德国劳动力成本高昂，但机械制造业并未全部转移海外，仍在德国本土占有一席之地，为本国劳动力就业和经济增长贡献力量，其原因就在于利基企业的技术门槛已成为德国企业的全球竞争力。

专营的细分市场亦可以为企业带来其他红利。

首先，企业可以通过专营性而更贴近市场，因此也能更迅捷地了解市场变动趋势，针对市场需求快速地更新产品，从而获得高度的灵活性和更高的市场占有率。

其次，生产的高度专门化能够促使市场上产生对本企业生产的小批量产品相对较高的需求度，让利基企业相对于其他全能性企业具有更高的规模优势，从而提高本企业生产的规模效应。

再次，利基企业可以围绕自己的专营业务，利用自己长期积累的品牌优势与客户资源更有效地拓展产品周边市场，如普茨迈斯特除了专注于混凝土泵生产之外，围绕混凝土泵这一产品开发了高压清洗设备、砂浆机械等周边产品，这类周边产品的用户往往与混凝土泵的需求者高度重合，实现了围绕企业核心资源的产品线的相关多元化延伸。①

最后，利基企业因为其无可置疑的市场优势而往往具有了市场定价权，可以从自主定价权中获得超额利润。如格拉斯公司在德国哈瑟温克尔生产的Lexion联合收割机具有超群的性能，不但收割效果好，还可以在收割时根据产量即时调整下一个耕种季节所需的种子和化肥数量，虽然每台Lexion收割机的售价为40万欧元，比同级别的其他收割机价格高了约1/3，但依然占据着很大的市场份额。

企业的专营化让企业较易形成一定优势，同类型企业慑于利基企业的既有优势不愿意进入该细分市场，或者考虑到该细分市场的狭隘性而放弃与利基企业在该细分市场竞争，因而利基企业具有相对较低的竞争风险，但同时利基企业也面临着相对较高的市场风险，专注于一种产品类型的利基企业会因为该种产品的退市而面临着彻底退出的市场风险。20世纪初期，韦尔特和索恩公司（Welte & Soehne）公司生产一种录制钢琴演奏的机械录音筒，这种录音筒可以被置于钢琴内以保留钢琴的演奏音，这种产品在当时是非常流行的奢侈品，但随着现代录音设备的出现，韦尔特和索恩公司也退出了市场竞争。

二、利基企业低社会知名度的原因

利基企业知名度不高的原因主要有以下几点：

一是利基企业的产品往往是处于生产链中间，没有和大众消费者直接接触，为提高产品销量企业只需要在与其紧密衔接的下游厂商中扩大知名度即可，而生产链条的最终端才是受众最广泛、与社会接触最多的一个环节，因而利基企业缺乏提高其社会整体知名度的的利益驱动。

二是利基企业的产品在最终产品中具有较低关注度，例如德国科尼希

---

① 邓地、万中兴：《专注——解读中国隐形冠军企业》，杭州：浙江人民出版社，2006年版，第197页。

与鲍尔公司（Koenig & Bauer）生产的印钞机、Tente Rollen 生产的病床专用脚轮等产品，对最终消费者而言这些产品的品牌会被最终产品的品牌所覆盖，因而无需关注，这个因素也影响了利基企业产品社会知名度的提高。

三是利基企业所处的行业不是流行产业，与消费者的距离很大，或者辨识度较低，不具有很强的独立性，因而这类利基企业也容易被忽视。例如斯蒂尔（Stihl）是全球电锯行业的全球领跑者，其生产的电锯虽然质量上乘、先进技术融入率高，却因自身行业的特点而无法有像苹果公司那样的全球影响力。DMI 公司生产的是空调柴油发动机，在德国市场的占有率高达 80%，却因产品的非广泛应用性而缺乏社会流行度。

四是有些企业缺乏策略性的沟通技巧，往往依靠的是企业产品的自身流传力来销售，而没有借助媒体的力量来进行企业宣传，因而不为人所知。①

五是德国文化注重私密因素，特别是企业主希望对个人企业的资产状况保持低调，不愿意公布个人的财政状况，对于德国规定的达到一定规模的企业需要公布财务报表的规定，中小企业主也具有非常抵触的态度，甚至采取了规避手段。例如，德国超市 Aldi 的所有者为了不对外公布企业资产状况，采用了成立多家低于公布限额的独立公司的方法。

六是德国企业主出于个人及家庭成员安全性的考虑而希望本企业的实际运营状况保持低调。例如，1989 年德意志银行总裁 Alfred Herrhausen 被谋杀，给德国富人界留下了很大的阴影，公布个人财政状况会成为社会上的仇富份子或犯罪份子的针对目标，因而企业主不愿意在社会上主动传播本企业的实际市场占有率。

七是出于企业的经营策略性考虑，部分企业认为公布本企业的实际市场高份额会让企业在商业谈判中无法得到最有利的价格，或者市场高份额会成为在劳工谈判时工会不肯让步的原因，不利于企业实现有利的经营环境，因而会对本企业利基企业的实际身份保持低调。

另外，利基企业自身规模不大也限制了其提高自身知名度的空间。

---

① Verband der chemischen Industrie e. V. （2013）：Die unbekannte Groessee：Mittelstand in der chemischen Industrie. Studierende der FHM Bielefeld portraetieren 15 kleine und mittlere Unternehmen. Frankfurt am Main. S. 5.

三、德国利基企业的特点

德国有近70%的中小企业参与了国际市场，其中部分中小企业在国际竞争中具有市场领导性地位，是具有领军地位的利基企业。利基企业是维持德国经济活力的重要因素。德国利基企业有以下特点。

（一）产业分布与德国优势产业分布一致

在德国所有工业部门中，机械制造业在德国历史最为悠久，而且是德国从业人口最多的工业部门。机械制造业在2012年雇佣了约100万名工人，德国机械制造业领域的出口额占世界的1/5，无论从产业竞争力还是从市场占有率而言，德国在世界机械制造业领域中占有绝对性优势。德国产业优势有着深刻的历史背景。19世纪中期开始，普鲁士积极扩军备战准备以武力统一德国，为实现这一目标需要加强德语区境内的区域联系，普鲁士顺应时代潮流积极发展铁路运输业，致使当时的德语区内与铁路相关产业如钢铁、采煤和机械制造业的迅猛发展。19世纪60年代，德国机械制造业的工人数量已经接近10万人。[①] 优先发展重工业，同时带动轻工业的策略为未来德国工业的繁荣奠定了基础。20世纪初，德国的电子和化学工业就在欧洲获得了一席之地。

现在德国工业占德国经济总量的1/4强，德国工业界雇佣的人员数量占总工作人口的比例为接近1/4。2012年加工业占国民生产总值的比重为22.4%，是德国经济的重要支柱。在产品结构上，德国的出口优势产业主要集中在汽车、机器、化学品、电器、新能源等多个技术含量高的产业（见表2—8）。2012年共有600万人在4.5万个工厂工作，创造了约1.76万亿的产值，其中较大的部门载重汽车及零配件产业雇佣了76.1万人。[②] 2011—2012年，德国工业对就业的贡献最大，工业就业人口占总就业人口

---

① 邢来顺：《迈向强权国家：1830——1914年德国工业化与政治发展研究》，武汉：华中师范大学出版社，2002年版，第19页。

② Statistisches Bundesamt（2013）：Statistisches Jahrbuch. Deutschland und Internationales. Wiesbaden. S. 527.

的23%，工业增长的就业人数占总就业人数增长的30%，贡献率也最高。①

表2－8　德国出口商品部分组成

商品名称	2012年		2011年	
	出口额（百万欧元）	比例（%）	出口额（百万欧元）	比例（%）
总计	1097349	100	1061225	%
农产品	8636	0.8	8845	0.8
食品和饲料	45498	4.1	43409	4.1
化学产品	104483	9.5	101570	9.6
制药类产品	54727	5.0	51609	4.9
橡胶和塑料制品	37962	3.5	37961	3.6
金属	57924	5.3	60826	5.7
金属制成品	37022	3.4	37104	3.5
信息处理、电子产品	85793	7.8	85826	8.1
电子产品	65865	6.0	66617	6.3
机器	163588	14.9	163024	15.4
汽车及配件	189976	17.3	185510	17.5
其他车辆	50956	4.6	41584	3.9

资料来源：Statistisches Bundesamt（2013）：Statistisches Jahrbuch. Deutschland und Internationales. Wiesbaden. S. 410。

德国利基企业的产业分布与德国优势产业分布相一致。到目前为止，德国利基企业多分布在机械制造、汽车业、化学和电子等产业。数据显示，德国利基企业的产品中有69%集中于工业产品、20.1%则为消费品，而且有35.6%的利基企业从事机械制造业，12.1%的利基企业从事电子工业，11.4%的利基企业从事金属加工业，6.8%的利基企业从事化学工业。② 例如机械制造业利基企业通快（Trumpf）和维斯（Voith）专注生产激光切割工具、造纸机等，从而成为国际型企业。德国强大的汽车产业由大公司垄

① Sabine Klinger etc.（2013）：Erwerbstätigkeit auf Rekordniveau-Ergebnis richtiger Arbeitsmarktpolitik? Zeitgespräch. Wirtschaftsdienst 93. Jahrgang，2013，Heft 3 S. 143－158.

② 赫尔曼·西蒙：《21世纪的隐形冠军，中小企业国际市场领袖的成功策略》，北京：中信出版社，2009年版，第17页。

断，但同时也孕育了一批生产具有高度专业性产品的公司，集中生产专业性部件，如德国海拉（Hella KG Hueck & Co）。海拉专注生产车灯，逐步发展成为世界各大汽车品牌的顶级车灯供货商，在35个国家有子公司，在全球共有2.9万员工。德国利基企业依托国家优势行业，发展成为国际有竞争力的企业。

（二）企业规模不大

如图2-3所示，近80%的利基企业市场空间小于30亿欧元，有1/4的利基企业市场空间小于3亿欧元，利基企业大多以中小企业的规模存在。

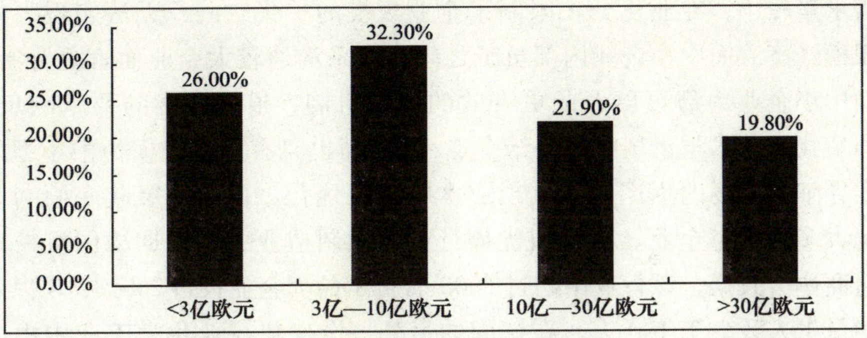

图2-3　利基企业占不同规模市场的比例

资料来源：赫尔曼·西蒙：《21世纪的隐形冠军：中小企业国际市场领袖的成功策略》，北京：中信出版社，2009年版，第56页。

中小企业是德国经济的重要支柱，是德国汽车制造商等大公司的重要供应商。中小企业往往具有大企业所缺乏的独特优势，例如可以根据需求快速转变市场策略、调整产品结构，具有“船小好调头”的特点，这一点也与利基企业为客户提供高度个性化产品的需求相一致。而且中小企业不具有系统重要性，因而破产时国家一般不会干预，造成了中小企业缺乏依赖性，竞争意识强。中小企业迫切的生存忧患意识也是利基企业成功占据市场独特位置的压力源。

对市场而言，企业规模不是关键，重要的是企业产品无可替代的地位。与实力雄厚的大企业相比，中小企业无法实现大企业的规模优势，只有通过关注个体的差异化需求，制订个性化方案以满足个体的各种需求，通过小而专的特点最终牢固占据该市场。例如，德国的铸造工艺根据市场的不同需求被细分为铸铁、模铸、铸铁管子和配件、铜基合金铸造、可锻铸铁铸造、铸钢铸造、精密铸造等7类子市场。利基企业在细分市场中实现规模效应，形成自己特殊的竞争优势。这种细分市场策略有助于企业形成专业性的人才与技术，同时保证了同类别企业的产品之间的差异性，保护了企业的各自生存空间，抑制了企业间的恶性竞争。

利基企业的产品专营性特征导致利基企业中以中小企业占绝对多数。细分市场是一个大企业难以施展优势的小市场，与此同时，它往往也限制了利基企业发展的规模。利基企业大多专注于细分市场，细分市场导致商品需求量较小，专业化分工限制了企业规模的扩张空间，无法实现大体量的规模经济。而中小企业内部员工之间的联系沟通较大企业而言更为密切，因而中小企业内部可以形成更有效的合作机制，根据顾客的要求与反馈，协作地找到技术与市场的更好结合点，① 因而也只有企业规模为中小型的企业主导细分市场的生产才能实现成本收益最优化，自主发展起来的利基企业也大多为中小企业。在德国优势行业机械制造业中，根据德国机械设备制造商协会数据，该行业中超过1000名员工的大企业仅占2%，2/3以上企业的员工人数少于100人。在德国的另外一个优势行业化学工业中中小企业占了行业多数，约有1900家有500名以下雇员的中小型企业，共雇佣了16万人，约占整个化学工业劳动力数量的1/3，营业收入超过560亿欧元，占全行业的30%，这部分中小企业多是所在细分领域的世界市场领导者。

企业的发展和企业的规模没有必然联系，例如成立于1882年的生产管风琴的企业加勒斯（Klais），数百年员工规模保持不变，出于规避风险的考虑，员工数量始终保持在65名。其主要原因是：一是可以保证公司在需求淡季出现较少冗员；二是对管风琴行业的需求从长期的视角来看不会出现激增，因而对人员的需求也相对稳定；三是因为产品需要的是具有特殊专业技能的人才，这部分人才只能由公司自己培养，因而公司根据对长期需求的预测会及时调整专业技能人才与其他人才的比例，从而可以保持公司规模的稳定。与此同时，该公司良好的市场声誉、精湛的技术能力以及对

---

① 赫尔曼·西蒙：《隐形冠军》，北京：经济日报出版社，2005年版，第164页。

管风琴行业先入为主的先发优势让加勒斯公司保持了较高、有效、稳定的市场占有率。生产铝箔轧机的阿亨巴赫有限公司（Achenbach Buschhuetten）占有世界铝箔轧机市场约3/4的份额，在1999—2009年间该公司的营业额从5000万欧元上升到8000万欧元，但其公司规模不仅不增反而有所缩减，其原因就在于为了规避行业的周期性风险，公司严格控制企业规模，实现了从工业企业向工程型企业的转型，公司专注于做装配工作，不再生产零部件。[①] 因而企业的规模并不与企业的发展速度与潜力成正比关系，优秀利基企业的发展速度并不随企业规模的扩大而降低，而是随着利基企业对细分市场的熟悉以及掌控能力的增强而不断增长。

（三）家族企业特征明显

德国利基企业很大比例上都是家族企业。如专注生产混凝土泵的普茨迈斯特在2012年前由一个家族基金会掌管。有研究表明，76.5%的利基企业为家族所有或封闭持股，21.1%为母公司下属企业，2.4%为上市公司。[②] 根据所有人特征对家族企业进行细分，家族企业可以分为三类：一类是家族控制企业，家族控制企业是指某家族至少占有50%的企业资产且至少有三个自然人参与企业管理企业；二类是家族资产控制企业，家族资产控制企业是指在家族控制企业的基础上，家族还需占有企业领导地位；三类是名义家族企业，名义家族企业是指企业以家族的名字命名。[③] 各类家族企业的规模分布特征如表2－9所示，10名雇员以下的企业中有91.1%的企业是家族控制企业，仅有0.1%的企业为家族控制的大型企业，家族资产控制的大型企业几乎可以忽略不计。家族企业大多为中小型企业，而且企业营业额和员工数目越低，家族企业的比例越高。这大多是因为与多数上市企业不同，家族企业考虑更多的是企业长远发展的稳健性，短期的利益的最大化往往居于次位，因而家族企业规模的扩张速度较慢。

---

① 赫尔曼·西蒙：《21世纪的隐形冠军：中小企业国际市场领袖的成功策略》，北京：中信出版社，2009年版，第38页。

② 赫尔曼·西蒙：《隐形冠军》，北京：经济日报出版社，2005年版，第10页。

③ Wirtschaftliche und gesellschaftliche Bedeutung von Familienunternehmen. Bearbeitungsnr. ID3 – 020815 – 02/07. Zentrum fuer Europaeische Wirtschaftsforschung GmbH. 2008. Mannheim. S. S. 13.

表 2-9 三类家族企业的规模分布

	雇员数					
	0—9 人	10—49 人	50—249 人	250—499 人	500 人以上	总计
名义家族企业	91.4%	7.2%	1.2%	0.1%	0.1%	100%
家族控制企业	91.1%	7.7%	1.1%	0.1%	0.1%	100%
家族资产控制企业	91.4%	7.5%	1.0%	0.1%	0.0%	100%
总计	89.5%	8.4%	1.7%	0.2%	0.2%	100%

资料来源：Wirtschaftliche und gesellschaftliche Bedeutung von Familienunternehmen. Bearbeitungsnr. ID3 -020815 -02/07. Zentrum fuer Europaeische Wirtschaftsforschung GmbH. 2008. Mannheim. S. 17。

之所以利基企业很多都具有家族企业的特征，有如下原因：首先，家族企业创办之初往往是因为某个成员掌握了一定的技术，在特定的技术优势前提下，进行了创业行为，从而再进一步发展；其次，家族企业的特征有利于企业对特定技术优势的掌控和该技术在家族内的传承，家族传统的形成会产生一种资源优势，保障了企业竞争力水平的持续上升，从而在一定程度上保证了家族企业的既有优势较难消散；再次，特定的技术优势以及对某个细分市场的专注，使得企业具有一定的盈利空间和稳定性，可以在复杂的市场环境中维持企业优势，从而得以维持企业的原有家族属性而不至于被兼并或破产。

（四）利基企业历史悠久

德国的利基企业往往具有较长的历史。研究表明，仅有不到 1/4 的利基企业成立于 20 世纪 70 年代之后，见图 2-4。利基企业的存在年份的中位数为 61 年，历时最长久的是生产铝箔轧机的阿亨巴赫有限公司，其历史更要追溯到 1452 年，逾 1/3 的德国利基企业拥有近百年的历史。①

历时长久，这既是利基企业的特征，也是其进一步繁荣的原因。悠久的历史让利基企业积累了深厚的沉没成本，形成了既有优势。为保持产品的独特性，利基企业不断根据市场需求改良产品的特性，推陈出新、长时

① 赫尔曼·西蒙：《隐形冠军——全球 500 家无名公司的成功之道》，北京：新华出版社，2001 年版，第 10 页。

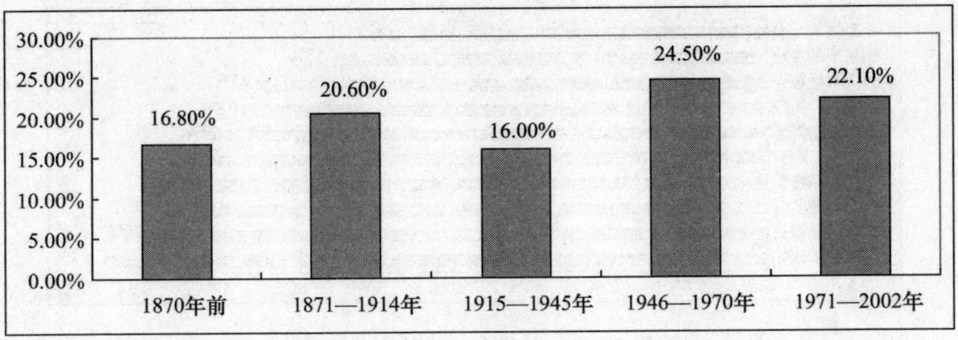

图2-4 德国利基企业成立年份分布

资料来源：赫尔曼·西蒙：《21世纪的隐形冠军：中小企业国际市场领袖的成功策略》，北京：中信出版社，2009年版，第18页。

间地提供优质的产品，这使得利基企业既在某个特定的产品市场上积累了巨大的技术优势、保持了通畅的市场营销渠道，同时又为利基企业塑造了优秀的品牌形象，更有利于未来利基企业产品优势地位的维持。随着利基企业市场份额的扩大和该市场的渐趋饱和，利基企业的生存条件逐渐改善，这进一步提高了市场进入的门槛和难度，从而有效阻挠后发企业的进入和竞争，让利基企业的竞争优势得以长久保持，以更有助于利基企业悠久历史的形成。

四、利基企业优势分析

（一）利基企业优势的自我认知

利基企业认为造成本企业领先优势的原因不是由于专营化，而是在确立细分市场策略之后，企业形成的一系列利好因素。图2-5显示了利基企业对自己领先原因的解释，利基企业认为造成本企业领先地位的原因是本企业产品的技术和质量的领先优势，而不是将销售额或市场占有率理解为本企业的主要优势。将企业的知名度、声誉列为企业优势的比例也非常高，这些说明了利基企业认为其自身地位的塑造是一个长期行为。

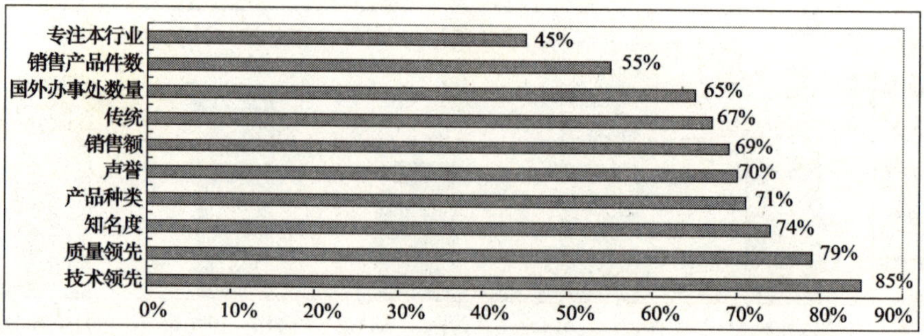

图 2－5　利基企业优势自我分析

资料来源：赫尔曼·西蒙：《21 世纪的隐形冠军：中小企业国际市场领袖的成功策略》，北京：中信出版社，2009 年版，第 46 页。

利基企业的策略必须与企业的外部条件相互契合。利基企业追求在既定的资金成本下制造优质产品，并通过在售后服务等方面的优势巩固顾客的忠诚度。图 2－6 所示的利基企业对自身产品的优势的定位中，除了产品的高质量因素之外，作为产品周边因素的服务成为利基企业产品优势的重要组成部分，利基企业注重企业与消费者的紧密联系，提供及时的咨询和送货，形成良好的售后服务。利基企业提供优质的服务形成了消费者对本企业产品的良好口碑，通过主要客户的推荐效应促进本企业的小产量产品在大社会上的有效的市场传播度，大企业常用的广告和价格等营销手段因为其较高的成本在利基企业的营销策略中排名靠后。

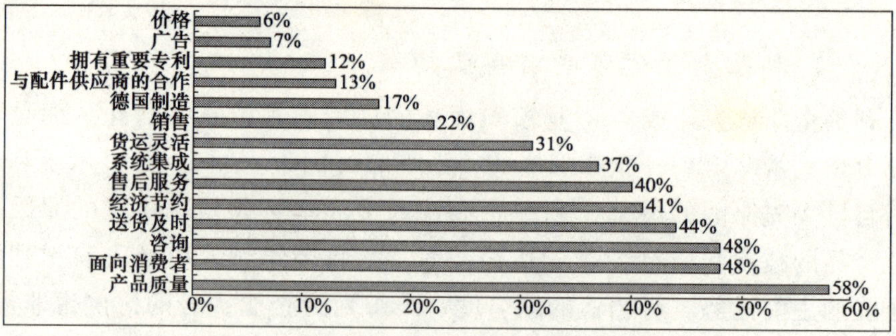

图 2－6　利基企业对自身产品的优势分析

资料来源：赫尔曼·西蒙：《21 世纪的隐形冠军：中小企业国际市场领袖的成功策略》，北京：中信出版社，2009 年版，第 165 页。

（二）利基企业优势的有效发挥

企业可以通过利基思想找到企业的精准定位与发展策略。通过确立细分市场策略帮助企业找到自身的优势以确定企业的发展方向，可以避免同质化竞争导致同行间的恶性竞争，造成资源的浪费。中小企业还可以根据利基策略为大企业拾遗补缺，无需过多地争取在社会消费者获得知名度，而是在大企业生产链的短板中来找到自己企业定位。大企业出于效率因素考虑往往会考虑将部分产品和服务进行外包，中小企业可以此为定位，将企业某一方面的优势充分发挥，通过成为大企业的供应商来增强企业的盈利能力。

国家可以从利基思想中找到提升国家竞争力的有效途径。一个市场被有效率地进行细分，各种利基企业对细分类别产品进行了专业化生产与研发，可以有效提高每个细分市场产品的质量，利基企业为维持产品竞争力进行的不断研发可以保证细分市场产品的现代化水平，让每个细分市场产品都能得到最有效的开发。各个细分市场之间又可以相互促进、相互激励，最终通过形成一个有效率的整体，实现了整个市场上产品水平的不断提高。产品专业化加差异性最终有助于形成企业间的良性互补竞争关系，最终促进国家竞争力的有效跃进。

德国的工程技术类利基企业已经成为德国面对国际竞争的利基优势。面对新兴国家的崛起，德国没有因为新兴国家的崛起而遭受重创，反而从中大为受益，其关键就是在德国金融化过程中，德国注重的是高端制造业，高端制造业科技含量高，新兴国家难以迅速复制高端制造业的产业链，因而德国与新兴国家的产品在很多领域都没有构成竞争，反而形成了互补关系，新兴国家的生产需要引入德国的机器设备、高性能消费品和服务，使德国成为初级制造的制造者。这样，作为发达国家的德国，其高工资没有成为德国进一步发展的阻碍，而是通过利基企业的细分市场策略，形成了别国无法超越的技术禀赋。

五、利基企业形成原因

（一）技术为先的经营理念

技术是利基企业生存的根本保证，企业通过专注细分市场，会对该类产品的生产形成一定的技术掌控，特别是在历史最悠久的利基企业的发展史上，通过开创性技术进入一定的市场，形成技术壁垒往往都是其抵御后发者的有效工具。通过对某一细分市场的进入，经过一定时间生产经营的积累，企业主往往掌握着初期市场技术的核心因素，企业也逐渐占据了一定的市场份额。剩余市场份额的利润不足以支撑后发企业度过建立期以及技术积累期，因而先发企业的利基市场地位通过对技术优势的掌控得以确立。

初期的市场地位确立后，将最新的科研成果不断地应用于生产是德国企业强大竞争力的不竭源泉。德国企业注重技术，在工业化国家中，德国技术导向型行业比重大、附加值高，特别是德国传统的制造型企业尤其重视加工工艺的探索与创新，例如德国生产的 Lexion 联合收割机就利用了激光和卫星技术进行导航。通过技术改进以提高生产效率、改进产品质量、提高产品性能并扩充产品类别，一些企业要求在生产一种产品的同时，要研究这种产品的改进问题，试制新一种产品，并设计更新的产品。利基企业克拉斯（Class）注重研发，每年用于研发的资金占销售总额的 5%，最近几年，其每年申请的专利数达到 60 多个，对研发的高投入与研发的高产出让克拉斯成为行业标准的制定者；利基企业通快集团（Trumpf）是全球工用照明行业的先进制造商，其科研经费达到销售总额的 7%。对于利基企业而言，技术上的领先优势更是其立身之本。通过一个开创性的技术进入一个新兴的领域，最终成长成为该领域中的领军企业，是新兴利基企业的成功路径。

利基企业投入大量资金进行研发，通过不断将最新研发成果转化于市场之中，形成对该市场核心技术的掌控。再加上企业依靠专营对细分市场形成的精准掌握，利基企业对该市场的发展前景有着良好的把握和操控能力。利基企业在细分市场与客户保持着良好的沟通，在处理市场和技术的关系上效率就更高，例如通过提高产品的系统集成性可以让客户对产品的满意度得到更多的提升，通过降低产品操作的复杂度或者通过提供全天候不间断的企业服务可以为企业赢得更多客户源，因而利基企业在市场上也形成了较高的声誉和客户忠诚度。一旦企业在某一市场形成领先优势，随着时间的累积会形成强大的市场进入壁垒，阻碍其他投资者的进入，最终该企业成为主导该细分市场的领军型企业。通过不断的高效率研发，拥有快速开发新产品的能力，从而企业也就具有根据对产品市场的需求变化作出快速反应的能力，这些能力最终汇聚成了企业可持续发展的能力。

（二）反垄断的国家政策

市场垄断和无序竞争会严重影响中小企业的发展，而卡特尔等垄断模式在德国有较长的历史和较深厚的基础。在20世纪初，卡特尔在德国更多地被视作一种保护中小企业的形式，企业通过相互之间的联合保证生产的计划性，可以避免无序生产造成的浪费，从而提高中小企业的效率和实力，因此卡特尔没有被明令禁止，而是通过一定的行政程序受到法律保护。但在希特勒统治时期，希特勒政权颁布了《强制卡特尔法》后，卡特尔和康采恩模式被滥用，或成为战争机器的资金库，或为希特勒的侵略行为提供技术和武器上的支援，极大地助长了希特勒政权的气焰。因而，二战后同盟国积极推行反垄断政策。

联邦德国奉行的国家理念为德国的反垄断立法和实践提供了思想支撑。德国在《基本法》中明确规定，德国是社会国家，社会的公平和平等是国家的主要原则，这些原则在德国的反垄断政策中则体现为对市场公平的维护和对弱小中小企业的扶植。战后，联邦德国建立起的是社会市场经济模式，坚持市场自由竞争和国家有限干预相结合，保护自由竞争和市场经济是其中重要一环。中小企业很容易成为大企业垄断行为的牺牲品，而保证中小企业公平自由地参与竞争，保证市场中存在一定数量的竞争者可以提高市场中商品和服务的质量，保证国民经济的长远发展。鉴于中小企业的个体弱势性和整体重要性之间的矛盾，为有效保护中小企业所面对市场环境的公平合理性，德国联邦政府采取了向中小企业倾斜的政策。为了能够禁止大企业滥用市场支配性地位对中小企业进行吞并，同时积极扶植和保护处于发展初期阶段的中小企业，1949年德国开始着手讨论引入反垄断法律，最终于1957年出台了《反对限制竞争法》，又称《卡特尔法》，并于1958年起正式实施。《反对限制竞争法》以法律的形式将国家保护竞争、防止垄断的宗旨确定下来，以对滥用市场支配地位的企业行为进行限制。

德国《反对限制竞争法》的基本理念是行为主义，即企业垄断地位的存在具有一定的合理性，较大规模的企业可以获得规模经济的效率；但对市场支配地位的滥用，则会对恶化市场的竞争条件，阻碍新竞争者进入而破坏市场结构，因而需要对垄断行为进行规制，这构成了德国反垄断立法和实践的基础。因而，《反对限制竞争法》并不禁止企业的市场支配地位，法律需要的是对企业滥用市场支配地位的行为进行禁止。[①]《反对限制竞争法》充分体现了德国社会市场经济体制的特点，即既鼓励竞争，又强调国家的规范性作用的莱茵模式，通过法律规制防止对市场有支配地位的企业滥用资源造成市场自由竞争机制的扭曲。

德国《反限制竞争法》主要对三类行为进行了禁止：一是限制竞争协议，价格卡特尔、数量卡特尔和地域卡特尔即属此类；二是滥用市场支配地位，对市场支配地位的界定主要依据企业的市场份额[②]、市场进入难易度、企业纵向联合能力等因素；三是违反法律规定的企业兼并行为，这类行为主要指会对市场竞争产生重要负面影响的企业合并行为，为有效禁止该类行为发生，《反限制竞争法》规定了事先通知和事后报告两种形式，对企业兼并行为予以监督和控制。与《反对限制竞争法》相配套，德国设立了国家层面的联邦卡特尔局和州层面的州卡特尔局，联邦层面的卡特尔局向联邦议会汇报工作，而州层面的卡特尔局则由州经济部领导。

《反对限制竞争法》最大的特色是其对中小企业的保护，特别是在食品零售业和能源领域，这一趋势得以加强。《反对限制竞争法》第一条明确指出，卡特尔是企业之间为控制商品的生产、销售以及价格而订立的一种协议，如该协议以阻碍、限制或扭曲竞争为目的，或者协议使得竞争受到了阻碍、限制或扭曲，则此类协议应该被禁止。[③] 但是中小企业之间订立的卡特尔可以通过中小企业的联合增强中小企业的竞争力与综合实力，有助于增加社会整体福利，因而1998年在对《反对限制竞争法》进行第六次修订时对中小企业之间的卡特尔做了适用除外规定。《反对限制竞争法》指出，中小企业合作的卡特尔适用除外的前提是中小企业卡特尔必须以提高或改善中小企业的竞争力或经营能力为目的。在此前提下，中小企业为改善经济效益而在采购、销售或技术标准化方面订立的卡特尔可以不受禁止。《反

---

① 阮方民：《欧盟竞争法》，北京：中国政法大学出版社，1998年版，第58页。

② 德国更多地将对市场支配地位的定义理解为是一种市场相对优势，并认为具有市场支配地位的企业对社会和中小竞争者负有额外义务。关于市场份额这一标准的讨论详见：王晓晔：《竞争法研究》，北京：中国法制出版社，1997年版，第192页。

③ Gesetz gegen Wettbewerbsbeschraenkungen，§1 Verbot wettbewerbsbeschraenkender Vereinbarungen.

对限制竞争法》同时规定，禁止占市场支配地位的企业无正当理由拒绝其他企业进入其网络或其他基础设施，禁止相对于中小企业占市场优势地位的大企业以低于成本的价格销售商品。

德国的反垄断政策有效地保护了中小企业利益，降低了新企业的进入门槛，使得中小企业可面对相对宽松的市场环境。在这一背景下，多为中小企业的德国利基企业在较为有利的反垄断政策保护下，面对充分的市场竞争，可以更好地专注于其所在的细分市场，发挥自身优势，赢取更广阔的市场空间。

（三）地域及文化因素

根据大卫·李嘉图模型，各个国家会根据各自的优势禀赋资源形成各自的竞争优势。德国实行的是自治的州行政系统，不同州有各自的特点，各州在经济文化等事务上享有高度的自治权，再加上气候、地理环境等因素的影响，各州会形成自己的特色经济并进而形成规模效应，各州或专注于外贸生产，或专注于文化产业，或对特定素质的人群有特殊的吸引力。例如在图灵恩附近形成了外科手术器具生产群，在斯图加特形成了机床产业群，在杜塞多夫附近聚集了大批的门锁和建筑五金工业，其中有很多都是世界级的制造商。表 2 - 10 显示，北威州、巴登符腾堡州和巴伐利亚州在出口方面表现出色。

表 2 - 10　各州出口数据

	2011 年	2012 年		
	总计（百万欧元）		总量占比（%）	相对上年变化（%）
德国	1061225	1097349	100	3.4
北威州	176334	181863	16.6	3.1
巴登符腾堡州	171910	176258	16.1	2.5
巴伐利亚州	160019	165796	15.1	3.6
下萨克森州	75442	78642	7.2	4.2
黑森州	55409	55342	5.0	-0.1
汉堡	42057	491334.5	4.5	16.8
莱茵普法茨州	44841	46446	4.2	3.6

续表

	2011 年	2012 年		
	总计（百万欧元）		总量占比（%）	相对上年变化（%）
萨克森州	29408	31636	2.9	7.6
石荷州	18292	18928	1.7	3.5
不莱梅州	15257	17815	1.6	16.8
萨克森安哈特州	14711	14888	1.4	1.2
萨尔州	14768	14839	1.4	0.5
勃兰登堡州	13499	14123	1.3	4.6
柏林	12996	13595	1.2	4.6
图灵根州	12619	12655	1.2	0.3
梅前州	7205	6053	0.6	-16.0

资料来源：Statistisches Bundesamt（2013）：Statistisches Jahrbuch. Deutschland und Internationales. Wiesbaden. S. 413。

各州形成相对优势，可以有助于实现利基企业在一定地域的相对聚集。利基企业的市场是高度分散的，而最有力的竞争者之间通过相互靠近，形成集群，可以创造良好的竞争氛围。强有力竞争者的聚集可以保持企业对所在行业最新动态的了解，特别是通过与最具竞争力的行业对手近距离接触和观察，企业可以快速清晰地认识到本企业的不足。近距离的强有力竞争者还可以保持企业在促进创新提高效能上的动力，以维持企业高水准的竞争力水平，有助于确保行业领先地位。[①]

许多利基企业并非位于繁华的都市，而是坐落于偏僻的小镇上，例如脚手架的大生产商普莱塔克（Plettac）位于知名度较低的普列登堡（Plettenberg）。[②] 利基企业的这种地域选择往往有着很强的利益考虑。因为小镇的地理环境所限，利基企业在该地区往往具有较大的重要性，企业和员工的共生性较高，员工对于企业的发展有一种责任意识，企业也对当地有较强的依赖性，因而企业形象在当地比较正面。另外小镇的外界诱惑较少，

① 当然对部分产业而言，产业集群有强烈的促进作用，可以加速企业间的竞争；而对有些行业而言，距离并不会对企业间的竞争有大的影响。

② 赫尔曼·西蒙：《隐形冠军》，北京：经济日报出版社，2005 年版，第 174 页。

本土雇员具有较高的企业忠诚度，更有利于企业员工专注于本职工作，员工更换工作的比例较低，从而有利于保持企业员工的稳定性。

文化因素在利基企业的形成中也不容忽视。特定产品的生产受文化因素影响较大，如德语企业在管风琴市场上具有绝对优势，德国的克莱斯（Klais）和舒克（Schuke）、瑞士的库恩（Kuhn）和奥地利的莱格（Rieger）垄断了全球管风琴市场。[①] 文化因素也可以用来解释不少利基企业聚集于小镇的现象，全球最大的两个最大装配产品生产商 Wuerth 和奔纳（Berner）都位于德国小镇孔策尔骚；刷子制造机的世界领先生产商 Zahoransky 和 Ebser 都位于托特瑙；铅笔业的龙头企业 Faber-Castell 和 Staedtler-Mars 都位于纽伦堡地区。[②] 而非同类市场的利基企业也会聚集于小镇，生产再循环机的世界级企业 Wirtgen 和职业太阳灯浴浴床第一大公司 JK Ergoline 仅一条公路之隔，如沥青路面再生设备领先制造商维特根（Wirtgen）和日光浴设备的利基公司艾尔格林（Ergoline）相邻甚近。[③] 这些利基企业可以从共同的利基企业文化中受益，即利基企业在较小城市的聚集，有利于该地区形成一种踏实稳定的地区企业氛围，以更进一步促进创新求实的专注细小领域的利基企业文化的繁荣。

（四）二战后西占区的政策

二战后形成了一股新建企业的高潮，现在最大家族企业中的 7.5% 建于 1945—1950 年间。[④] 二战后，利基企业也迎来了发展的小高潮。之所以形成这股潮流，与德国战后的经济形势与经济政策密切相关。

1. 经济的非集中化策略

战后盟国认为需要限制德国的工业水平，拆除“过剩”的经济能力以

---

① 赫尔曼·西蒙：《21 世纪的隐形冠军：中小企业国际市场领袖的成功策略》，北京：中信出版社，2009 年版，第 5 页。

② 赫尔曼·西蒙：《隐形冠军——全球 500 家无名公司的成功之道》，北京：新华出版社，2001 年版，第 221—222 页。

③ 赫尔曼·西蒙：《隐形冠军》，北京：经济日报出版社，2005 年版，第 161 页。

④ Lamsfuss, Christoph; Wallau, Frank (2012): Die groessten Familienunternehmen in Deutschland. Daten, Fakten, Potenziale. Ergebnisse der Herbstbefragung 2013 im Auftrag Bundesverband des Bundesverbands der Deutschen Industrie e. V. (BDI) und der Deutsche Bank AG, Durchgefuehrt vom Institut fuer Mittelstandsforschung Bonn. S. 10.

消除德国发动战争的物质基础，并要求德国对受害国进行赔偿，使德国的生活水准不高于其邻国。1945 年美国制定了“联合参谋总部 106 号令”，认为德国每年的钢产量不能超过 580 万吨，并限制德国的化学和电子等优势工业部门。1946 年盟国管制委员会发布了《赔偿和战后德国经济水平计划》。该计划直接禁止了德国 14 项军事性质工业，对于可以用于军事的民用工业采取了保持产能但是限定产量的措施，按照该计划，德国的工业生产能力应该下降为 1938 年的 50%—55%，西占区需要拆除的工厂就为 1546 家。[①] 在盟国的掌控下，德国经济发展水平直线下降，为维持德国的稳定及出于国际形势的考虑，美国通过了《1948 年对外援助法》，引入马歇尔计划。与此同时，盟国对德国工业的拆除工作却加快了步伐，钢铁工业、电子和化学产品是拆除重点，这项工作一直延续到了 1951 年，德国工业的生产能力水平被严重削弱，[②] 1937 年德国出口产品中有 80% 为制成品，10% 为原料，而到了 1946 年英美占领区的出口产品中仅有 4% 为制成品，而有 91% 为原料。[③]

战前，垄断组织在德国是重要的经济形式，卡特尔等垄断组织为希特勒上台提供了支援，并积极参与了希特勒发动战争的谋划。在战争中其经济资源更助长了希特勒的侵略行为，并从侵略战争中大量获利。因而垄断组织被认为是法西斯的温床，会威胁到世界和平，为了防止法西斯复燃必须清除这些垄断组织，对德国实施非军国主义化、非纳粹化，并在政治上进行非中央集权化、在经济上进行非垄断化来限制垄断组织的影响。战后《波茨坦公告》明确提出，在最短时间内消灭德国经济过分集中的现象，分散德国经济。如 12 家煤铁康采恩被分解为 28 家企业，而且这一政策在冷战之后都得以延续。盟国经济非集中化的策略打破了原有的垄断性局面，促成了许多新企业的产生，形成了充满活力的经济新气象。工业的拆除使得经济复兴开始后重建的需求特别强烈，企业面临较大的市场空间，同时经济的非集中化策略也削弱了大企业的规模优势，给了中小企业发展的契机。中小企业可以面对较为宽松的创业环境，为其后由中小企业专注于专业领

---

① 卡尔·哈达赫：《二十世纪德国经济史》，上海：商务印书馆，1984 年版，第 96 页。

② 玛丽·弗尔布鲁克：《德国史 1918—2008》，上海：上海人民出版社，2011 年版，第 134 页。

③ 卡尔·哈达赫：《二十世纪德国经济史》，上海：商务印书馆，1984 年版，第 100 页。

域形成利基企业奠定了基础。

2. 资本准备

战后，西德金融行业也开展了非集中化改革。盟国管委会 1947 年宣布将德意志银行、德累斯顿银行和商业银行这三大银行强制解散，分解为 30 家小银行，这些银行只能在所在州从事业务，彼此间不能有跨州界的业务和往来。银行业务分散化使得银行需要重视小规模信贷，发展对中小型企业的融资，这为战后中小企业的融资提供了便利，促进了中小企业的新建与发展，为利基企业的形成提供了金融方面的保障。

1949 年联邦德国与美国签订经济合作协议，双方约定美国以信贷方式为德国提供资金援助。德国进口商用于购买美国劳务和商品的总计约 60 亿马克的资金将被作为专用资产，用以促进德国经济。1950 年该资产被称为"欧洲复兴计划"专用资产，1953 年的伦敦债务协定规定将贷款额降至 10 亿美元，利息为 2.5%，分 30 年偿付。《欧洲复兴计划专用资产的经济计划法》规定，在能够保证自身法律和经济独立性的前提下，中小企业意在进行企业间合作的投资项目应该被优先资助。"欧洲复兴计划"专用资产为德国经济的重建和中小企业的创建与发展提供了必要资金，尤其是对非主流地区和行业的中小企业提供了有利的帮助。例如，"欧洲复兴计划"中设立了自有资本援助计划，为创业者们提供利息较低的贷款，这类贷款不要求抵押，并且偿还期在 10 年之后，使得这类贷款的成本近似于自有资本，有效地激励了企业的创建。

至 1966 年底，德国已清偿"欧洲复兴计划"的所有贷款。因为专用资产以贷款形式发放，在清偿所有贷款后，专用资产的余额成为德国自有资产，继续促进德国中小企业的发展，特别是在两德统一后，也为东德中小企业提供了有力的资金支持。

3. 人才储备

英、法、美三国为压制德国在机械制造、化学等方面的领先优势，战后关闭了德国的各类研究机构，特别是自然科学和工业研究机构，使得各领域的研究专家不得不流向市场，到企业谋职，更促进了企业科研水平的提高，为利基企业的发展提供了高素质的研究人员储备。二战后，自 1947—1961 年间有约 500 万原东德地区的熟练劳动力涌入联邦德国地区，这部分劳动力大多为受过教育的年轻人。有文化的劳动力的涌入为原西德地区提供了丰富的人力资本，并极大地降低了中小企业的用人成本，为利基企业的发展提供了有利条件。

4. 国际形势的改变

冷战的爆发最终将德国从二战的阴影中解脱出来，给了德国经济以及其利基企业有利的发展环境。虽然德国在冷战中分裂为两个国家，但冷战也使得德国从被压制的敌人成为冷战国积极争取的盟友，使得德国从战败国的阴影中走出来。在意识形态对立的两大阵营中，两个德国都从各自的盟国获得了有力的支持，迅速走上了积极重建的道路。而后的朝鲜战争更是让德国经济中原来被用于军事目的的产业拥有了良好的发展环境，德国经济中的原有优势没有再受到进一步的破坏，其后也能够利用自身既有优势更好地投入到民用产品的生产中，顺利地从受压制转变为有良好发展前景的产业。新建的利基企业也迅速走过了初创期的艰难，借助国家经济发展的良好态势走上了发展壮大的道路。

这些发展趋势都有助于二战后中小企业利用自身的技术优势，专注于生产高技术产量的产品，为重建中的大企业在技术含量高的细小生产部件和环节提供必要的补充，最终形成利基优势，并得以在整个经济系统中巩固自身的地位，最终促成了二战后利基企业建设的小高潮。

（五）原东德地区利基企业的形成

原东德地区采用的是苏联的发展模式，重点发展国家计划体系下的大规模工业模式。1945 年在萨克森州举行了一次没收私人资本的公民投票，77.6% 的投票者选择支持没收举措，在萨克森州的该次投票结果解读为适用于原东德地区的所有 5 个联邦州，引发了未来几年的私人资本没收运动。被没收的私人资本被改造为国有企业。① 在 1945 年，原东德共有 160 万家独立的企业，到 1989 年仅存 18 万家中小企业。② 从 20 世纪 90 年代起，随着两德统一，联邦德国的社会制度被应用到了原民主德国，原西德的一些

① 玛丽·弗尔布鲁克：《德国史 1918—2008》，上海：上海人民出版社，2011 年版，第 134 页。

② 魏尔曼："德国中小企业促进项目的法律和政策框架"，国家经济贸易委员会中小企业司、德国技术合作公司：《德国中小企业促进政策学习与思考》，北京：中国经济出版社，2002 年版，第 5 页。

中小企业促进框架也被应用到了原东德各州，而且施罗德政府为促进东部地区中小企业积极开展科研和技术创新，创立了专门的基金。在各种促进措施的支持下，原东德地区中小企业取得了一定发展，原东德地区利基企业也借助技术优势在市场上赢得了一席之地。如莱比锡基罗（Kirow Leipzig）是铁路起重机行业的龙头企业，世界市场占有率高达85%，其前身即为原东德的塔克拉夫联合企业，[①] 在两德统一后，它通过国家托管局的改造，结合原有自身专业优势，形成了具有竞争力的利基企业。而原东德的一些科学家在两德统一后也充分利用自身技术优势，积极创立经济实体，形成利基企业。如原东德国家原子能研究机构的科学家即利用自身知识，联合其他人创建了生产应用低放射源的E&Z公司，成为新一代利基企业。由此可见利用自身优势，通过技术创新和营销创新，在特定市场形成利基优势，是许多利基企业形成的共同特征。

（六）其他因素

部分利基企业形成利基优势，并非是主动出击和积极策划的结果，而是基于偶然性因素或是被迫实施了生产重心的转移。瑞森哈弗公司（Marsberger Glaswerke Ritzenhoff）专注于牛奶杯的生产，是世界上牛奶杯的龙头企业，产品销售到50多个国家，在牛奶杯产业的高端产品中占有极大的市场份额。然而，公司从普通玻璃器皿市场转向牛奶杯生产的契机却来自于公司所在地牛奶协会的委托，后者希望其生产一批具有广告效应的牛奶杯，瑞森哈弗公司抓住了这一契机，在这一市场上逐渐壮大，并借助顶级设计师的加盟，最终形成自己的品牌。[②] 而专注于铰链生产的爱得夏公司（Edscha）原本的企业经营范围包含汽车驾驶室、螺钉等方面，而在20世纪90年代中期，爱得夏公司陷入了困境，最终选择放弃其他产品类别，将铰链作为核心产品，从而成为全世界铰链行业的龙头企业。研究表明，利基企业形成自身产业优势的原因各不相同，有1/3的利基企业进行了精确的市场调研，并按照研究结果调整了运营，最终获得成功；还有1/3的企业从

---

① 赫尔曼·西蒙：《21世纪的隐形冠军：中小企业国际市场领袖的成功策略》，北京：中信出版社，2009年版，第4页。

② 赫尔曼·西蒙：《隐形冠军——全球500家无名公司的成功之道》，北京：新华出版社，2001年版，第70页。

需求中发现了利基空间，并积极加以利用；另外1/3的利基企业则是偶然发现了盈利空间，并将之发展成为企业拳头产品。[①]

六、利基企业的壮大

（一）营销全球化

利基企业实现进一步壮大的重要途径即是全球化。通过国际化可以利用全球市场的广阔空间，扩大细分市场市场容量，让企业获得比局限于本国市场更多的市场需求，有利于企业在细分市场上实现规模经济。德国是出口外向型经济，在德国制造业中有45%的产值被出口，在德国出口商品中，汽车、机械制造等产品占比较大，是德国出口经济的支柱性产业。2011年和2012年汽车、机械、化学制药、电子类产品的出口占德国出口总额的60%以上，而且出口型行业中的企业就业增长率要远高于非出口型行业中的企业就业增长率。[②] 而德国出口行业的成功很大程度上依靠的是国内的中小企业，例如在德国出口欧盟的企业中，中小企业[③]占据了很高比例（见表2-11）。德国利基企业很多都兼具家族企业和中小企业特征。德国家族企业[④]也为德国出口作出了很大贡献。德国家族企业的平均雇员数量为1310人，这类规模的家族企业中有1/5有海外业务，家族企业2011年产品出口率高达32%，1/3的大家族企业的产品出口率超过了50%。[⑤] 通过积极参与全球化，利基企业迅速地扩大了企业的规模和影响力。风能设备企业爱那康世界排名第三位，通过积极参与新兴市场建设，该公司规模已是

---

① Interview mit Sylvia Nickel：In der Regel ist die Nische erfolgversprechend. www. frauenmachenkarriere. de erstellt am 25. 05. 2007.

② Hans-Jürgen Wolter und Eva May-Strobl（2013）：Der Beschäftigungsbeitrag mittel-ständischer Exportunternehmen. Institut für Mittelstandsforschung Bonn. IfM-Materialien Nr. 220，Bonn. S. V – VI.

③ 利基企业多为中小企业，因利基企业是个定性概念，缺乏对德国利基企业的定量性的统计数据，因而此处暂用而中小企业数据，二者虽不完全相等，但具有很高的相关性。

④ 德国利基企业很多都带有家族企业特征，德国家族企业的数据与利基企业数据也具有高度相关性。

⑤ Lamsfuss，Christoph；Wallau，Frank（2012）：Die groessten Familienunternehmen in Deutschland. Daten，Fakten，Potenziale. Ergebnisse der Herbstbefragung 2013 im Auftrag Bundesverband des Bundesverbands der Deutschen Industrie e. V.（BDI）und der Deutsche Bank AG，Durchgefuehrt vom Institut fuer Mittelstandsforschung Bonn.

1995年时的10倍，企业专利数居世界首位。Hillebrand是全球排名首位的葡萄酒和酒精饮料运输商，其运营则即依靠在世界各地设立的73个办事处。

表2-11 参与欧盟出口贸易的德国中小企业数据

企业销售额规模（万欧元）	企业数量		企业营业额		企业雇员数（人）	企业数量		企业营业额占比（%）
	数目（个）	占比（%）	金额（十亿欧元）	占比（%）		数量（个）	占比（%）	
总计	306612	100	1097	100	总计	40157	100	100
低于10	208293	67.9	4	0.4	0—9	9129	22.7	7.4
10—50	46003	15.0	11	1.0	10—49	12706	31.6	10.2
50—100	14657	4.8	11	1.0	50—249	10062	25.1	17.8
100—1000	28395	9.3	97	8.9	250以上	2893	7.2	57.9
1000—5000	6805	2.2	154	14.1	未知	5367	13.4	6.6
5000—10000	1246	2.2	92	8.4				
10000—100000	1113	0.4	299	27.3				
100000以上	100	0.0	482	39.0				

资料来源：Statistisches Bundesamt（2013）：Statistisches Jahrbuch. Deutschland und Internationales. Wiesbaden. S. 415。

利基企业之所以可以通过全球化实现迅速壮大，在于其通过全球化可以实现产品的技术深度与市场广度的纵深结合发展。专注细分市场，是指利基企业在产品的“深”度上下功夫；而实施营销全球化战略，则是指利基企业在产品的“广”度上下功夫。利基企业在小切入点的商品领域形成专业性竞争优势，但产品的服务面窄、需求量低。经济全球化使得世界经济生活逐渐同步，对部分商品的需求也在逐渐同质化，因而利基企业的产品有了世界性需求。顺应全球化浪潮，利基企业可以突破本土市场的体量限制，利用国外市场在小切入点的商品领域形成规模经济。将产品的窄定位和客户的广开发相结合是其营销全球化战略成功的关键。

互联网的迅速发展，降低了中小企业获得商业信息的成本，增加了其从事出口行业的激励；而消费者则可以通过信息产业的迅速发展，降低其获取更合心意的个性利基产品的成本，利基企业相对于大企业的劣势发展条件在改善。全球化还为企业提供了更多地域性的灵活性，因而企业可以利用不同国家和地区之间的人员工资、厂房建设以及税收优惠的差异，规避币值波动风险，根据本企业的经营战略为企业找到成本收益的最优结合点。

（二）产品多样化战略

企业聚焦于个别利基市场往往会因为市场规模过小而使企业发展空间狭隘，企业在既定的市场容量下扩大规模的空间狭小，对剩余利润无法进行有效再投资，影响企业的资本回报率，部分利基企业占据了利基市场的绝大部分份额，企业的继续发展遭遇了瓶颈。为解决这类问题，利基企业倾向于对产品进行多样化升级。实施多样化的目标主要是扩大企业的营业规模，创造更多利润。

施行多样化策略较为成功的利基企业往往从其擅长的领域入手，将其核心技术充分延伸形成多样化决策。实施多样化主要有两种途径：

第一种是企业自主研发，并建立新的产品生产设备，依靠自身力量，开创新的产品和服务。在这种情况下，利基企业新研发的产品往往与企业的核心产品非常接近，在某些情况下新产品的客户群与原有产品的客户群保持高度的相关性或一致性，这样企业可以利用其在原有客户群中的既有信誉度和影响力更有效地推广新产品，新产品因与原有产品使用范围较为接近，因而可以依托原有的技术优势，其成功度也较高。如设备制造商宝峨公司（Bauer）主要生产地下工程的建造设备，其目标客户主要为建筑行业企业，但通过企业的多样化经营管理，宝峨拓展了企业产品链，除了提供地下工程建造设备外，还为工程建成后的相关业主提供地下工程的相关服务，扩展了企业盈利空间。这一策略依托了企业的主营业务和自身的核心知识优势，在扩大企业经营规模的同时并未给企业增添过多的经营成本，降低了企业多样化经营的风险。

第二种方法是通过对外部企业的兼并收购，实现企业的多样化战略。企业通过收购外部企业，获得外部企业的相关资源，可以降低企业多样化战略的难度，提高多样化战略的实施速度。主营收割机业务的利基企业克拉斯公司（Class）根据自身主营业务的针对范围，根据农场主的需求决定进军拖拉机行业。该公司通过收购法国企业雷诺公司，整合雷诺公司的资源，推出了克拉斯牌拖拉机，依托克拉斯公司的既有品牌知名度和销售渠道，克拉斯拖拉机取得了极大的成功。

不断壮大的利基企业利用更广泛的市场空间和更多元的产品结构有效地扩展了企业的既有优势，巩固了其市场地位。

七、小结

历史不断地淘汰旧有强势企业而让新兴企业大放光彩，从各种利基企业的兴衰中也可以看出，随着时代的发展，利基企业优势的内涵也在不断变迁。录制钢琴演奏的机械录音筒、Discman 都被历史所淘汰，利基企业只有在专业领域持续创新和自我变革才能保持其市场领导者地位。

技术性优势是德国利基企业的核心特征。事实上，技术优势既是德国利基企业的成因，也是其壮大的原因。早期的利基企业通过掌握一定的技术而进入特定市场，而通过市场分析主动进入某特定市场的企业也可以通过先期进入形成技术优势，占据市场份额，再通过创新改进产品，不断巩固企业的市场地位，最终成为市场领军者。技术优势可以让企业避免陷入同质化竞争的陷阱之中，保护了企业的生存空间，也可以有效抑制企业的恶性竞争。

联邦德国对中小企业的大力扶持是利基企业发展的一个重要原因。利基企业大多为中小企业，究其原因，主要在于中小企业的自身特点。相比于大企业的船大惯性大的特征，中小企业往往“船小好调头”，容易实现企业产业政策的大调整，因而更能够敏锐地捕捉市场的需求。另外大企业往往具有系统重要性，会过大而不能倒，在面临危机时，大企业会向政府求援，出于其吸收就业因素的考虑，政府有可能会给予一定的帮助。而相对于大企业的体量优势，中小企业更多地面临生存压力，因而勇于冒险。中小企业通过技术力量高度集中于某一特定产品领域，容易形成核心产品，塑造利基优势。战后德国的经济非集中化策略以及联邦德国的反垄断政策都为中小企业的迅速发展提供了有效助力，更是为利基企业的发展提供了良好的外部环境。中小企业是经济发展的活力所在，需要得到更多的关注与扶持。

由于历史原因，德国具有良好的制造业传统，各州也在长期的协作过程中形成了自己的优势产业。地域与文化因素在德国利基企业的发展过程中起到了一定的促进和激励作用。经验、习惯的长期潜在浸润让德国社会具有一种良好的发展独特产品的商业传统，历史的传承也让利基企业的发展多了一份责任感，利基企业的地域集聚则会促进利基文化的进一步传播与深化。

从德国利基企业的形成与壮大过程中可以看出，企业要想找到本企业的利基优势，实现差别化经营，需要各种不同因素的综合作用。利基企业的形成与壮大有历史原因、技术原因、理念性因素，也有偶然性原因。利用自身优势，结合不同时期的市场空间，找到适合企业的细分市场，是利基企业的发展关键所在。在现代社会向信息化、服务型社会转型的过程中，利基企业将面临着更大的发展空间，企业需要结合自身的优势和社会发展的具体特点，找到企业发展的利基点。

由于产业结构的不断调整，服务业时代的利基企业与制造业时代的利基企业相比，利基的内涵被大大地扩展了。利基既可以是制造业中企业在产品生产中的技术性优势，也可以是服务业中企业相对于客户的知识性优势；制造业中的利基优势更多地强调独一无二性和领先性，而服务业中的利基优势更多地强调地缘优势和互补性。例如，在服务型社会中，利基企业可以是一个教授老年人使用电器的企业，也可以是一个教授别人如何有效利用时间的企业。

随着产业经济的发展，产业也在迅速高科技化，互联网的突进更有利于利基企业的发展。互联网时代消费者搜寻异质商品的成本在降低，这使得中小企业低成本进入利基市场成为可能，利基企业的发展空间得以扩大。消费者可以更便捷地与企业实现沟通，以前在模式化产品掩盖下的有特殊需要的人群的需求得以凸显；企业则可以更有效地了解消费者的需求，根据消费者的不同需求形成自己的核心竞争力，开发精细化市场，进行小规模差别化生产，这样企业即使在市场需求很小的情况下都可以实现盈利，最终众多小份额利基企业可以构成很大的市场份额，这就是“长尾”思想所阐述的市场新格局。①

---

① 克里斯·安德森：《长尾理论 2.0》，北京：中信出版社，2009 年版，第 11—15 页。

第三章　德国双元制职业教育体系

德国双元制职业教育体系对德国的中小企业具有重要的意义，也为德国成功应对欧债危机起到了很大作用，特别是在欧债危机中德国青年失业率维持在8%左右，远远低于欧元区其他国家的失业率水平。

第一节　德国双元制的体制性优势分析

双元制职业教育①（Duales System）是一种由国家立法支持，由职业学校与培训企业合作共同培养人才的教育模式。“双元制”中的“一元”是指职业学校，其主要职能是传授与职业有关的专业知识；另“一元”是企业等校外实训场所，其主要职能是让学生在企业里接受职业技能方面的专业培训。双元制职业教育是德国教育系统中的一种重要形式，在世界的职业教育体系中处于领先地位。

德国国内资源并不丰富，经济的发展很大程度上依赖于制造业的先进技术。双元制职业教育培养了大批高素质的技术工人，这些工人具备了在生产第一线将科技成果转化为生产力的能力。第二次世界大战后，德国职业教育与德国经济共同成长，双元制职业教育体系为二战后德国经济的发展、特别是制造业的迅速扩张提供了劳动力支撑，德国制造业的迅速发展又进一步促进了双元制的制度进一步完善和规模扩张，德国现有的4000多个职业中约有350个职业已经开展双元制职业教育。德国职业教育与德国经济相辅相成，形成了正面激励和上升循环。

---

① 德国《职业教育法》规定，德国职业教育包括职业准备教育、职业初级教育、职业进修教育和职业改行教育。双元制职业教育属于职业初级教育范畴，旨在帮助年轻人获得国家认可的职业资格的职业教育形式。

一、历史沿革

（一）历史发展

双元制职业教育体系在德国由来已久，但“双元制”这一名称在1964年才真正出现，在德国教育委员会颁布的《对职业培训和职业学校的鉴定》中第一次使用了这一概念。随后1969年颁布的《德国职业教育法》真正确立了双元制职业教育体系在德国教育体系中的地位。

德国的职业学校最早起源于宗教改革时期的星期日学校，在星期日学校中学员可以补习文化知识，而后星期日学校发展成为补习学校。随着工业经济的发展，补习学校演变成为行业补习学校。行业补习学校对师傅培训和企业培训形成了补充，并带有现代双元制职业教育的特征。创办于1708年的“数学机器实科学校”和1747年在柏林开设的“经济·数学实科学校”成为面向平民的首批实科学校①，后发展成为地方工业学校和实训工场。19世纪随着德国从农业社会向工业社会过渡，工业化生产不断地扩张，各企业、各工种对熟练技术工人的需求在上升，例如园艺、农业、工商业纷纷开设了职业学校，职业学校得到迅速发展，其数量和涉及门类都在急速扩张。1818年普鲁士的地方工业学校开始广泛建立，而且新兴行业的不断出现和迅速发展也增加了对建立职业学校的需求。1825年普鲁士开始实施义务教育，这大大提高了儿童的入学比率。到19世纪80年代初，普鲁士的成年人文盲比例已低于3%，这些构成了职业学校成功运行的人才和智力基础。

除了对基础教育的知识外，普鲁士也注重加强职业教育，开办了多所职业教育学校，如农业、矿业和商业学校。1869年德国甚至规定，工厂主有义务让工人参加本地的补习学校。1883年德国还向未成年的职业教育学徒开授文化类义务课程，拓展了职业学校学生的学习范围，为提高职业学校学生的综合素质和增加职业学校的社会影响力奠定了基础。随后职业学校获得了长足的发展，也逐渐根据生产的需求建立了更多的分科学校。1938年颁布的《帝国学校义务教育法》确立了今天的双元制职业教育的最终形态，即在兼顾学校理论教育和企业实践教育的同时，也为学生提供通

① 杨金士：《技术教育：论不完的话题》，《技术教育研究》2011年第1期，第4页。

识教育。二战后德国经济奇迹中制造业的急速扩张，对制造业熟练工人的巨大需求刺激了职业学校的发展，最终形成了较为完整的处于世界领先地位的德国职业教育体系。

（二）法规变迁

职业教育体系中各主体的协同运作需要以法律的形式来加以规范。对职业教育体系实施立法，同时保障雇主、雇员、行会等各社会各界对职业教育体系的参与权、影响力以及特有权益，因而增强各方参与职业教育的积极性。德国对职业教育体系进行立法起步较早，为德国职业教育体系提供了良好的法律框架。德国职业教育体系的法规建设主要经历了以下时期：

1. 草创时期

早在1837年，当时的萨克森即颁布了规定，要求15—18岁的青少年接受职业义务教育。1845年及1849年普鲁士发布并修订了《工商条例》，规定只有同业公会的成员才能够招收学徒，并对考核规则进行了细化。1869年普鲁士颁布了《北德意志联邦工商条例》，规定未满18岁的学徒需进入补习学校进行学习，这是双元制职业教育体系的运作方式第一次在法律上出现。1871年俾斯麦统一德国前后，德国又制定了一系列职业教育法规，如《工商业管理条例》、《行业条例法》、《商业法》等，赋予未成年学徒以接受职业义务教育的机会提高学徒的基本文化素质。同时，进一步强化并细化了行会、工商会在职业教育中的地位，确立了职业教育在德国教育体系中的传统地位。1937年10月29日德国颁布了《帝国学校义务教育法》，建立了完备细分的职业学校制度，规定了企业职业培训需要职业学校的教育作为补充。

2. 成形时期

联邦德国建立后，发布了一系列管理条例，如1953年出台了综合性的职业培训条例，1968年通过了《联邦各州专科学校发展协议》。1969年8月14日，德国正式颁布了《联邦职业教育法》，首次以国家法的形式确立了双元制职业教育制度中职业学校的义务教育性质，德国现代双元制职业教育体系得到全面制度化和法制化，确保了实践和理论并举、企业和国家共担责任的双元制职业教育体系的法律框架基本上成形，对职业教育的合同签订、合同双方的义务权益、职业教育的形式与期限、职业教育的监督与控制、职业培训的考核等问题做了全面和原则性的规定，使之成为联邦范围内职业教育的统一的法律依据，因而也被称为现代职业教育的基本法。随后《联邦职业教育法》的相关配套措施陆续出炉，如《培训教师资格条例》、《手工业条例》、《青少年劳动保护法》等。这些措施弥补了《联邦职业教育法》的不足，细化了职业教育的具体操作细则，对职业教育的经费来源、运作管理、培训种类、培训标准等方面做了详尽规定，规定了受训者在培训期间必须有获得津贴的权利，对受训者的休假、劳动时间等权益规定了细则，为双元制职业教育体系构建了一个更加周密的法律框架。为在新形势下进一步完善《联邦职业教育法》，1981 年联邦德国政府颁布了《职业教育促进法》。《职业教育促进法》第一次提出了职业教育政策的制定应该以满足培训岗位需求为目标，应当以满足年轻人对职业教育体系的需求为责任，让职业教育为年轻人成功地进入社会提供跳板。

3. 完善时期

随着时代的发展，职业教育市场出现了新的特征和发展趋势。首先，随着德国国内人口出生率的下降，中学毕业生数量随之下降，导致申请者数量下降，而且学校毕业生的素质参差不齐，整体水平下降，让德国没有能够申请到职业培训岗位的年轻人数量增加；其次，职业教育的岗位出现了供求不匹配的问题，许多职业教育岗位无法找到水平合适的申请者，出现了大量职业教育岗位空置的现象，许多企业后继无人；再次，随着全球一体化的发展以及德国加大对外投资，德国国内经济面临产业结构调整，高技术岗位如研发部门留在德国或转回德国，而低技术产业转向海外，使得德国国内制造业岗位下降，而服务业岗位数量上升，德国的产业结构出现了转移，导致就业岗位性质和要求发生改变。为了应对以上问题，德国职业教育体系积极进行改革。

为应对现代经济的高科技化需求，2004 年德国教育与研究部对《联邦职业教育促进法》进行了修订，提出新的《职业培训条例》，对培训的形式进行了更新与结构调整，对不同职业工种的培训内容、职业侧重做了及时的调整，以增强双元制职业教育新形势下的实用性。2005 年 2 月 18 日德国议会通过了对《职业教育法》进行的修订，这次修订强调了企业内和跨企业的职业教育的同等重要性，以降低企业提供职业教育岗位的成本，并避免受训者在单个企业接受职业教育所造成的知识结构的狭隘性，以更好地应对社会高科技化的发展需求。同时，强调了“企业及企业以外的公共事业机构、家政服务机构和自由职业者”提供的职业教育具有类似的重要性，以丰富职业教育的形式，为服务业产业提供职业教育提供合法性。这次修订的《职业教育法》还提出为每位青年人提供同等的接受职业教育的机会，不能因为个人的能力、出身、经历、种族或地域限制而造成职业教育机会的不平等，以帮助青年人更好地融入社会。

历经一个多世纪的发展和完善，德国最终确立了完善的双元制职业教育法律框架，并在新形势下对双元制职业教育的相关法规不断作出修订和完善，以保证双元制职业教育体系为德国的经济发展提供更多、更高素质的应用型人才。

二、机制特征

（一）运行机制

德国的学校体系与中国不同。德国的小学为四年期，小学之上设有文理中学（Gymnasium）、实科中学（Realschule）以及完全中学（Hauptschule）。小学毕业后，遵循“因材施教”的原则并以成绩为依据对小学生毕业生进行分流。文理中学的学生成绩较好、理论思维能力强，毕业后相当于中国的高中毕业，未来主要进入大学等高校学习。实科中学和完全中学的学生往往更具有实践性，相当于具有中国的初中毕业文凭，未来主要接受一般为期三年的职业教育，成为产业工人或者从事售货员厨师等行业。[①] 双元制职业教育是德国职业教育中的重要教育形式，其中每年为超过半数以上的中学毕业生提供接受双元制职业教育培训。

双元制职业教育体系中企业的培训费用主要由企业自身筹集。但德国双元制职业教育体系归属于义务教育范畴，因而国家也对双元制职业教育体系投入了巨额资金，由各级政府、联邦劳工署和联邦职业教育研究院根据其对双元制职业教育体系的责任分级提供资金。职业学校的教育经费主

---

① 学生如果在文理中学成绩特别差，或者在实科中学以及完全中学成绩特别好，可以调整个人对文理中学、实科中学和完全中学的选择；或者学生出于个人兴趣，一定情况下也可以在文理中学、实科中学和完全中学间转换，以帮助青少年根据自身特点及时调整未来的发展方向，以充分运用自己的才能规划好职业生涯。接受双元制职业教育的受训者若取得了技师资格，也可获得升入高校学习的资格。

要来源于州政府的公共财政预算，由区政府或市政当局主办的职业学校的人事成本原则上由州政府承担，基础设施费用、修缮开销以及设备构成成本等办学经费由地方支付承担。私营的职业教育机构也可以得到国库的财政支持。总体而言，双元制职业教育体系的资金来源有企业自筹、国家转移支付以及私人资助。国家转移支付除了包括国家对职业学校的直接拨款外，还包括国家通过为企业提供税收优惠政策而构成的间接资助，即国家可以给予企业用于职业培训方面的资金以税收优惠，允许这部分资金从计税基数中提前扣除，如包括即时扣除款、固定扣除款、社会福利优惠款等。

职业教育合同在企业与申请者之间订立，企业对学生实施培训，受训者为其付出的劳动得到相应报酬，这是一种企业的经济活动，因而属于私法范畴。而职业教育的相关法律和规章则属于政府管理的公法领域。属于私法领域的企业和个人行为和属于政府管理的公法领域的职业教育法律和规章在双元制职业教育体系中被融合于一个体系内。① 这意味着两种不同的法律模式在双元制职业教育体系中实现了协调与统一。②

（二）运行特点

德国双元制职业教育体系随着经济的发展自然产生，并且随着社会的进步不断完善，与德国的经济发展、产业政策、文化氛围、社会社会深度融合，最终形成了符合国情、极具特色的职业教育体系。双元制职业教育体系以企业为主体、以提高受训者的实践能力为导向、以各实践主体的深度参与为基础，提高了劳动者的素质，保证了产品的质量，极大地促进了经济的发展。

1. 企业主体

在双元制职业教育体系中，企业相对于职业学校而言处于主体地位，以企业主导的实践技能培训为主体，职业学校提供的理论教育为补充，让企业承担了一部分教育责任，这是德国职业教育的特点，被称为“教育调节的企业中心模式”。③《德国联邦职业教育法》（BBIG）第一条规定，企业

---

① Streek. W. J. Hilbert u. a：Steuerung und Regulierung der beruflichen Bildung. Berlin，1987.

② 杨玉宝：《对德国“双元制”职业教育的新认识》，《比较教育研究》2002 年第 3 期。

③ 姜大源：《关于〈德国新联邦职业教育法〉的译文说明》，《中国职业教育》2005 年第 11 期。

应该对受训者传授专业技能和专业知识，即由《职业教育大纲计划》规定的“职业操作能力”，为受训者提供职业初体验的机会和个性化的培养，并保护受训者免受职业伤害。企业根据行业需求和自身发展需要，制定职业教育的教学内容、方向和培训岗位数，职业学校的任务是在服从企业培训要求的前提下实施普通知识教育和专业教育，以满足企业对特定人才的需求。企业参与职业学校的相关专业建设工作，由企业代表和学校老师共同制订职业学校相关专业的教学计划并监督其实施。职业学校需要将理论与实践相衔接，深化企业培训中的专业理论，根据企业的需求调整课程的内容和授课节奏，企业对职业学校的高参与度有助于提高学生的实训效果。

双元制职业教育的受训者一般情况下需选择在一家企业申请双元制职业教育的培训资格，受录取并签订相关职业培训合同后，按照企业的规定，再到企业相关的职业学校报到，这一模式被称为“订单式培养”。在双元制职业教育体系下，受训者交替接受实践训练和理论学习，即在企业培训 1—2 天后再到职业学校学习 3—4 天；或以周为单位实行在企业和职业学校间的学习交替，也可将实践训练和理论学习相结合，即采取学校学习 1 年后再到企业学习 2 年的模式。原则上，双元制受训者有 2/3 的时间留在企业接受培训，另外 1/3 的时间则是在学校进行理论培训。

培训企业大多设有培训人员，大企业在企业内部设有培训车间、学习岛或模拟公司等培训场所，没有设置培训设施的中小企业或者对部分本企业不具有培训能力的职位可以让待训者在跨企业培训中心接受培训，或者委托其他企业代为培训。在培训期间，企业需支付给受训者培训津贴，一般培训津贴随受训者受训年数的增加而上升，到受训最后一年达到最高值。职业教育学员的工资水平也和所在企业的大小有关，一般而言，企业越大学员工资越高。有 5% 的学员在第二个学年每月可以净收入 300 欧元以下，93% 的学员收入为 300 欧元—700 欧元，只有 2% 的学员收入超过 700 欧元。67% 的学员认为应该得到更高工资，25% 的学员认为工资水平正合适，只有不到 10% 的学员对工资水平非常满意。[①] 但学员也表示如果能得到非常好的职业职业教育，也愿意接受较低的工资。职业学校则没有为学生提供津贴的义务。

---

① Viele Lehrlinge knapp bei Kasse，URL：http：//www. nwzonline. de/bildung-beruf/viele-lehrlinge-knapp-bei-kasse_ a_ 1，0，1784984311. html. 访问时期：2013 年 4 月 20 日。

2. 实践导向

双元制职业教育体系以实践为导向，双元制职业教育的体系设置、教学目标设定、课程安排、时间分配、教学方法都体现出“为未来工作而学习”这一特征。因重视学生未来职业的应用型实践技能培养，德国的操作型技工被分为非熟练工、初级技工、熟练技工、高级技工四类，每个级别的工人都需要达到一定的培训时间和技术水平，以确保工人的操作水准能够符合具体加工环节的需求。学生根据其个体素质和个人选择进行职业教育的培训，以逐步达到不同的技工类别。在教学实施过程中兼顾了企业与职业学校的优势，将企业提供实践技能培训和学校提供理论培养相结合，让实训老师和理论老师共同执教，提供实践职业技能知识和理论知识培训，体现出很强的实用性和技能型特征。培训企业根据岗位需求安排教学内容，根据教学内容安排不同的教授场所，实现了实践与教学的紧密结合。

学生以学徒和学生双重身份获取知识，以掌握进入职业生涯所必须的基本能力。将学徒和学生两种身份相结合，受训者可从被动地接受知识传授转变为能动地操作，将有助于将实践职业技能知识和理论知识培训相结合，有助于受训者的理解能力和动手能力的提高，使得受训者在掌握较为熟练的技能技巧的同时也可具备较高专业技术水平，能够较好地满足职业和个人未来发展需求。

注重技能实训的职业教育形式，一方面可以让受训者接触到实际使用的生产设施，将生产和教育紧密结合，受训者在实践的同时也可以为企业提供劳动产品，降低了企业提供职业教育的成本；另一方面可以保证学生的学习与生产实践保持同步，防止教授课程内容陈旧，造成职业教育资源的浪费。培训企业也可以根据生产的实际需要调整培训的内容，保持受训者的整体实践水准。

通过双元制职业教育，受训者一方面掌握了必需的专业理论知识，另一方面熟悉了最新的工艺和操作技能，应用能力强，而且可对企业文化、工作规范、企业对员工的职业要求有深入的了解，同时可具备实践操作中的群体观念和协调能力，与无实践操作经验的受纯理论教学的人群相比具有很强的复合型能力优势，能够零培训上岗。因而，双元制职业教育的文凭持有者往往非常受企业的欢迎，70% 以上的受训人员为培训企业留用，成为直接通向生产岗位的教育形式。

3. 各方参与

经过历史的沉淀，德国双元制职业教育体系最终形成的是由社会众多部门共同参与的多元多层次管理体制。德国教育与研究部、州政府、劳工署、经济界、行业协会、各类公共部门相互结合，共同管理双元制职业教育体系。双元制职业教育体系中职业学校的立法主权在州，因而属于州级事务，由各州为职业学校提供资金用于学校建设、学校管理以及教师工资等方面事宜，各州也需要为职业学校制订职业学校教学大纲，职业学校的课程由州教育部负责制订和开发；但企业培训作为经济事务，其管辖权归属于联邦，企业主要受联邦层面的法律和法规的约束。因而双元制职业教育体系由联邦法律和州级法律两个层级的法律体系共同规范。企业和职业学校通过各州的教育文化机构或者二者间的直接沟通达成教学内容的协调，确保教育质量。

双元制将联邦政府与州政府两个法律管理主体融于一体，需要两个法律管理主体共同协作。各级政府、经济界、工会、行会之间架起了社会和政治组织的合作桥梁，形成了一个相互协调的管理框架，可以既考虑到劳动力市场现实需求和发展前景，又兼顾到企业和受训者的需求。例如，在双元制的课程开发问题上，首先由德国教育与研究部下属的联邦职业教育研究院制定课程标准，然后由州政府、行业协会、经济界代表等共同表决通过后，再由企业和职业学校按照共同标准制订相应的培训条例和教学大纲，继而招聘老师实施培训。

表 3－1　德国双元制职业教育体系的双元特点

主体	企业	职业学校
受训者身份	学徒	学生
教学内容	实践技能培训	理论培养
授课人员	实训老师	理论老师
监管主体	联邦政府、行会	州政府
经费来源	企业＋政府转移支付	政府拨款
指导文件	职业培训条例	理论教学大纲
考试形式	实践技能考试	专业知识考试
所属法律范畴	私法	公法

资料来源：作者自制。

行会（Kammer）作为德国一个古老的经济管理组织，在双元制职业教育体系中既发挥着规范企业行为，也发挥着培养后备力量的重要作用。在职业教育发展初期，行会主要起到一个自发的规范作用。除了管理培训的质量水平之外，行会还需要对从业人员的职业资格进行审查，防止没有学徒经验的人从事相关行业，造成行业供大于求，形成恶性竞争。现代德国行会的作用主要在于资格认定和争端仲裁等方面。行会以地区为划分标准，同一地区的同行业企业或个人法人都必须加入相关行会，接受相关行会的监督和管理。德国有接近 500 个地方行会，主要按照联邦政府相关法律的规定对提供职业培训的企业进行资格审查和奖惩、对提供职业培训的教师的资格进行审核、根据《职业教育大纲计划》对受训学员进行考核并发放证书。双元制的职业教育的培训工作由职业学校和企业承担，而最终的考核由相关行会承担，行会需为考核工作建立专门的考试委员会。该委员会主要由雇主、教师和雇员三方组成，主要负责监管考核及相关事务。培训和考核工作由不同主体承担，这保证了培训的水准和考核的公平性。

第二节　经济结构变化对双元制的影响与对策分析

德国的双元制职业教育体系被誉为德国的核心竞争力之一，曾为德国的经济腾飞作出重要贡献，也是实现青年有效就业的重要因素。欧债危机中，欧洲各国青年失业率飙升，个别国家甚至达到了 50%。而德国的青年失业率则成功维持在 12% 以下，双元制职业教育体系为维持德国青年人低失业率做了重要贡献。然而近些年随着全球化的进一步深入，德国经济结构进行了调整，这对双元制职业教育体系构成了严重的挑战，为应对这一挑战双元制职业教育体系做了一系列调整与改革。

一、双元制职业教育体系的角色分析

职业教育为一种或一组职业、行业或工作岗位培养具备初级资格标准的熟练从业人员，通常侧重于实际训练。[①] 职业教育具有为工作而学习的目

① UNESCO（1985）：Terminology of Technical and Vocational Education. UNESCO. p. 9.

的性，在学习与工作之间建立连通机制，为经济提供合适数量的、掌握一定职业技巧的劳动者，以便让年轻人更好地适应劳动力市场的需求。[①] 因而职业教育需要以经济活动的需求为导向，是和经济体系联系最紧密的教育形式。

德国双元制职业教育是指学生在学校接受与职业有关的专业知识教育的同时，也需要到企业等校外实训场所，以接受职业技能方面的专业培训，由此让学生兼具书本知识与实践知识。作为欧洲制造业中心，德国需要的是与实际产业需求相吻合、掌握一定职业技巧、具有实际操作经验的熟练工人。双元制职业教育体系在满足这产业一需求的同时，还可以为学生提供稳定的工作、不错的收入以及良好的个人发展前景，能够成为劳动者未来成功职业生涯的良好开端，因而在德国职业教育中占有主导性地位。2011 年德国 70% 的职业教育在双元制职业教育体系完成，[②] 2011 年所有从业人员中接受过双元制职业教育教育的从业人员的比例为 69.3%（见表 3－2）。

表 3－2 各年龄层各种文凭所占比例

年龄	持有职业文凭比例（%）							无职业文凭比例
	总计	双元制职业教育文凭	职业学校文凭	技术大学文凭	大学文凭	博士文凭	未表明文凭类型	
总计	72.4	69.3	12.2	6.8	10	1.5	0.3	27
15—25	24.7	86.2	7.7	2.3	3.4	/	0.3	75.1
25—35	78.9	64.9	11	8.2	14.6	1.1	0.3	20.8
35—45	84.4	65.6	11.4	7.9	12	1.7	0.3	15.4
45—55	85	67.7	11.6	7.2	9.6	1.7	0.3	14.7
55—65	83.7	68.6	9.8	6.8	10.3	1.6	0.3	15.9
65 以上	69.5	74.1	9	5.3	6.8	1.5	0.3	29
其中有移民背景的德国人								
总计	51.2	65.8	9.9	6.6	15.6	1.5	0.5	48.3
15—25	16.4	65.3	5.5	2	6.4	/	/	83.1
25—35	61.5	63.7	8.2	6.5	19.7	1.4	0.4	37.9
35—45	60.6	65.1	9.7	6.3	16.7	1.5	0.6	38.9

① OECD（2010）：Learning for jobs. Reviews of vocational education and training. Paris. p. 68.

② 参见：URL：http：//de. wikipedia. org/wiki/Berufsausbildung。访问日期：2013 年 4 月 18 日。

续表

年龄	持有职业文凭比例							无职业文凭比例
	总计	双元制职业教育文凭	职业学校文凭	技术大学文凭	大学文凭	博士文凭	未表明文凭类型	
45—55	59.9	64.8	11.1	7.2	14.4	1.6	0.5	39.6
55—65	58.5	64.2	11.6	7.6	14.2	1.9	0.6	41
65 以上	49.5	65.4	10.8	7.8	13.4	2.1	/	49.6

资料来源：Statistisches Bundesamt（2012）：Statistisches Jahrbuch. Deutschland und Internationales 2012. Wiesbaden. S. 80。

二、德国经济结构变化对双元制职业教育的挑战

（一）德国经济结构的变化

随着全球一体化的发展以及德国加大对外投资，德国国内经济面临产业结构的调整。德国劳动力成本高昂，原材料价格上涨，高工资和高税收更是降低了德国产品的利润空间。而德国关停核电站计划的逐步实施更会导致能源价格的飙升，这让德国企业面临生存威胁，投资新兴国家、就地取材或就地销售、利用劳动密集型国家的低人员工资，这些都是在既定技术水平下提高企业竞争力的法宝，德国经济向欧洲乃至全球范围内的低成本国家转移成为必然之选。德国国内因而存在着由以传统制造业为主流的产业结构向现代服务型社会转变的趋势，制造业和建筑业在国内经济中的比重逐渐下降，第三产业的比重在上升。1991 年德国第一、二、三产业占国民生产总值的比例分别为 1.4%、36.6% 和 62%，2010 年这一比例变为 0.9%、27.8% 和 72.3%。（见图 3－1 和图 3－2）产业结构的变化导致专业人才的需求结构随之发生变动。就业人口出现了从第一、第二产业向第三产业流动的趋势。第二产业吸收就业人口占总就业人口的比例从 1991 年的 1/3 强，下降到 2009 年的 1/4 弱；第三产业吸收的就业人口占总就业人口的比例则从 1991 年的 3/5 上升至 2009 年的接近 3/4①（见表 3－3）。

① 需要指出的是，第三产业就业人员中非全职工作者的比例上升迅速。数据来源 Statistisches Bundesamt（2010），Ergebnisse der Erwerbstätigenrechnung in der Abgrenzung der Volkswirtschaftlichen Gesamtrechnungen，Wiesbaden。

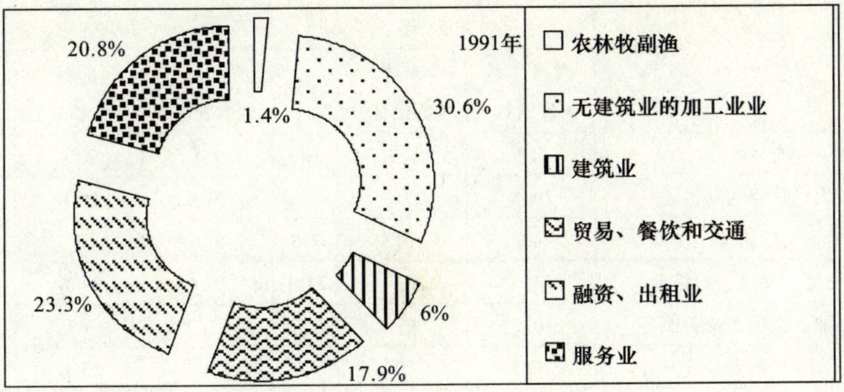

图 3-1 1991 年德国各产业占比

资料来源：Statistisches Bundesamt，Wissenschaftszentrum Berlin fuer Sozialforschung Zentrales Datenmanagement，Das Sozio-oekonomische Panel am Deutschen Institut fuer Wirtschaftsforschung（2012）：Datenreport 2011，Ein Sozialbericht fuer die Bundesrepublik Deutschland Band I，S. 74。

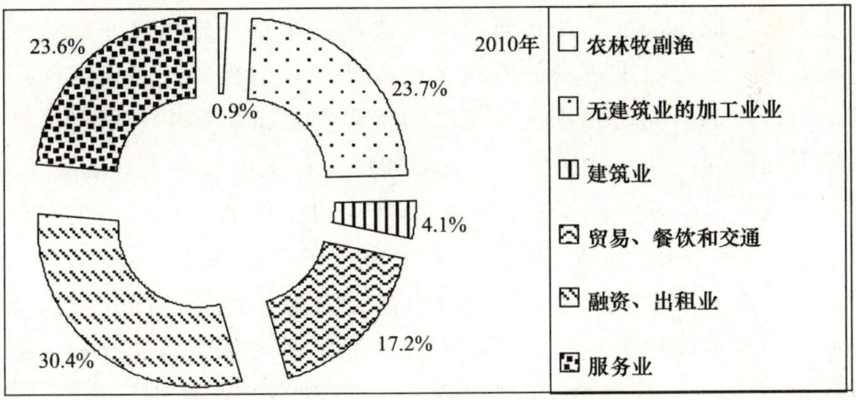

图 3-2 2010 年德国各产业占比

资料来源：Statistisches Bundesamt，Wissenschaftszentrum Berlin fuer Sozialforschung Zentrales Datenmanagement，Das Sozio-oekonomische Panel am Deutschen Institut fuer Wirtschaftsforschung（2012）：Datenreport 2011，Ein Sozialbericht fuer die Bundesrepublik Deutschland Band I，S. 74。

表 3-3 1991 年和 2009 年各产业吸收就业比例（%）

	1991 年			2009 年		
	西德（不包含柏林）	东德（含柏林）	德国	西德（不包含柏林）	东德（含柏林）	德国
农林牧业	3.4	7.1	3.9	2.1	2.9	2.2
无建筑业的制造业	29.8	29.3	29.3	20.4	16.8	19.4
建筑业	6.6	10.3	7.3	5.1	8	5.5
贸易、交通、旅馆业	24.8	20.4	24.1	25.4	23.6	25
金融、租赁、企业服务	10.3	6	9.7	17.3	15	17.2
公共和私人服务业	25	27	25.7	29.8	33.6	30.7

资料来源：Statistische Aemter des Bundes und der Laender（Hrsg.）（2012）：Arbeitsmaerkte im Wandel，Wiesbaden. S. 25。

高新技术的繁荣引发了德国产业结构调整：第一，德国高新技术的实际运用提高了对本国工人的技术要求。以高新技术改造传统产业促使第一产业和第二产业效率提高，在消化就业人口数量有所下降的同时，就业岗位的技术含量也在增加。并且与德国制造业企业重心外移这一趋势相联系的是对廉价劳动力需求较高的低技术产业部门转向海外，高技术岗位如研发部门则留在德国或转回德国，德国的优势资源禀赋集中于制造高技术含量、高附加值的产品，这从另一个方面增强了对国内就业人口的技术要求。第二，高新技术的发展除了造成产业间劳动力比例的转移外，也在产业内部造成了行业结构的调整，第二产业中出现了石油深加工、新能源汽车、生物制药等技术密集型行业。知识社会的发展也使得第三产业中高端服务业就业岗位数不断增加，第三产业中传统的服务业如运输、仓储、清洁等行业的比重下降，而照护、咨询、教学、管理、健康护理、旅游、研究、高科技行业等提供知识密集型服务和产品的服务业重要性在增加。

（二）双元制职业教育体系面临的挑战

作为和经济联系最紧密的教育形式，双元制体系的发展与教育岗位和经济结构的转变密切相关。产业间和产业内结构的调整导致对专业人才的需求结构发生重大变化，德国经济结构的变化对双元制职业教育体系构成了巨大的挑战。

首先，产业结构的调整导致了职业种类的变化。制造业提供的就业岗位数量在降低而服务业的比重增加，直接与生产相关的行业比重在下降。2011 年，第一产业就业人口占总就业人口的比例为 0.69%，第二产业为 30%，第三产业占比则约为 69%。[①] 2001 年三个产业提供的职业教育岗位数比例分别为 2%、40% 和 58%，至 2011 年这组数据已变为 2%、34% 和 64%。[②] 而且人口的老龄化趋势也让公共卫生事业变得更加重要，2011 年公共卫生事业的教育者相比 2001 年上升了 21%。

其次，各产业中知识含量的增加导致各岗位的技术含量渐增、职业的技能化在增强，而且高技术岗位比重也在增加。服务型、知识型社会的发展趋势需要劳动者具备不同的职业素质。技术密集型专业人才结构的发展使得现代劳动者相对于其前辈而言需要掌握更高的劳动技能。在德国，中低收入和中低学历者的就业机会在减少。1995 年，高、中、低学历岗位数分别为 34%、46% 和 20%，到 2010 年这一比例变为 40%、44% 和 16%。

这必然对职业教育提出了不同的要求。德国工业的优势目前主要表现在中等技术，如机械制造、汽车、化工、电子工程等方面。而这类传统手工业行业的教育岗位数在下降，旅馆业、餐饮业的教育岗位数量则在上升。为了让接受职业教育者适应社会的变化，融入劳动力市场，需要对职业教育体系作出系统性的调整。2011 年双元制第一产业受训者数目占总就业人口的比例为 8.4%，第二产业比例为 28.3%，第三产业比例为 63.6%，[③] 第三产业占绝对多数。现代高端服务业的崛起更要求德国对职业教育的内容、形式等方面都做相应的调整。在知识与信息社会中，技术的更新越来越迅速，要求高品质的职业教育能够保证提供持续性知识更新所必需的因素，要求提高既有体系的灵活性和专业性。低技术产业转向海外、高技术岗位如研发部门则留在德国或转回德国的趋势，对领导者智力水平和流动性的要求都在增加。提高受训者的附加能力如外语、文化接受度等能力也需要

---

① 数据根据 Bundesinstitut fuer Berufsbildung 2013：Datenreport2013 Tabellen-Vorversion. Gefoerdert vom Bundesministerium fuer Bildung und Forschung. Bonn S. 29 计算得出。

② Statistisches Bundesamt（2013）：Berufsbildung auf einen Blick. Wiesbaden. S. 32.

③ 数据根据 Bundesinstitut fuer Berufsbildung 2013：Datenreport2013 Tabellen-Vorversion. Gefoerdert vom Bundesministerium fuer Bildung und Forschung. Bonn S. 30 计算得出。

成为未来职业教育的一部分。

三、双元制职业教育体系的对策分析

（一）教育体系运作的现代性改进

对职业教育体系进行现代化改革是德国双元制职业体系的一个重要对策。为增强职业教育体系的灵活性，更快地对社会的发作做出反应，2005年修改的《职业教育法》也对职业教育体系的立法环节进行了压缩。新修改法减少了法律咨询环节，取消了德国职业教育研究院的州委员，这样各州文化部之间对于新管理条例的咨询和协调就不再在法律层面进行，而是通过联邦和州共同组成的协调委员会来进行协商。法律层面的必要环节仅保留了在德国职业教育研究院的最终听证，各州、各工会以及各经济界联合会都会集中参与最终听证会，以节约相关法案的通过时间。

职业教育工种的认定需要与社会经济的发展相适应。知识经济的发展导致一些工种消失，一些工种相互融合，也导致新行业、新工种出现，如互联网行业的在线编辑、网页设计、网管等，而且许多助理型行业也未被认定为教育工种。因此德国双元制职业教育体系的认定教育工种数量需要不断变化。1950 年认定的教育工种数为 776 个，到 1994 年为 370 个，2005 年修改的《职业教育法》简化了工种引入的程序，以促进职业教育体系的融合过程，2007 年 8 月 1 日德国共有 344 种教育工种。① 德国根据科技与社会的最新发展要求，后又引入了图片声音制作等媒体制作新职业，在电子和信息技术领域也开发了一批新教育职业。

双元制职业教育体系对不同职业工种的教育内容、职业侧重都制订了相关的教育条例，并根据不同经济部门和行业的需求做及时的调整，防止教育条例官僚化。2005 年修改的《职业教育法》计划每隔 5 年对各职业教育标准进行更新，适当地对教育进行修改和补充，以保证职业教育教育能够适应不断变化的社会需求，不与社会脱节。教育条约的更新由企业根据经济界的需求提出动议，由经济和劳动部的工作人员启动，最后在企业界专家的

---

① 德国职业教育的认定工种并非指某一种特定工作岗位，而是指有类似关联度的一种职业类别，因而职业教育体系的认定工种数远远低于现实生活中的实际职位种类。

参与下共同决定。教育条约的更新需要考虑到各方需求，比如既要考虑到大集团的需求，也要兼顾提供教育机会的中等企业的需要，同时要将未参与高考的学生囊括在内，而且不能对教育程度较低人士的子女产生歧视。

（二）教育体系策略的未来性导向

成功的职业教育体系不仅要满足现实的需要，更要根据未来的经济和社会发展需求，有预见性地提出职业教育体系的未来发展策略，根据经济发展的前景增强职业教育的可适性。加强对职业教育的未来导向性需要确立未来经济发展的方向性领域，加强对相关领域的职业教育建设，尽早确立相关领域对未来劳动力的素质需求，并根据这些需求制订职业教育体系的对受训者的能力培养标准。

产业布局对职业教育体系的学科建设以及人才教育计划有重要的影响作用。产业集群效应会造成某一地区对主导产业的某一类人才及相关人才链有特殊需求，从而对其他类别人才产生排斥效应。因而职业教育体系发展需要根据当地的实际情况和未来发展作出合理布局。未来工作时间会更加自由，价值创造和生产过程会变得分散，因而医药技术以及和人相关的服务业如生命科学、环境技术、信息技术、通讯技术将会逐渐重要，故而需要促进相关领域的职业教育体系的建设。德国各界对德国未来的劳动力市场状况进行了细致的分析，联邦劳动和社会部以及学界对德国未来不同行业、不同职业和不同地区的劳动力情况需求进行了研究，德国联邦职业教育研究院（BIBB）和劳动力市场和职业研究院（IAB）在2010年则提出了一个“至2025年劳动力市场发展模型”。[①] 这类研究认为，专业人才短缺在2030年才会成为整体经济的问题。大学入学率的上升，会造成未来学者供大于求的现象。2020年中等技术专业的人才离职较多，因而处于中等技术领域的专业人才会较晚面临人才过剩的问题。对没有职业教育证书的劳动力的需求将会降低，因而其找工作的压力会增大。因此德国需提高双元制职业教育的人群覆盖面，减少无职业教育证书的人员比例。

---

① Robert Helmurich（2012）：Engpaesse auf dem Arbeitsmarkt：gaenderte Bildungs-und Erwerbsverhalten mildert Fachkraeftemangel. Neue Ergebnisse der BIBB-IAB-Qualifikations-und Berufsfeldprojektionen bis zum Jahr 2030. BiBB Report. 18/12.

（三）教育内涵的适应性修改

随着科学技术的发展和分散劳动形式的流行，职业能力的内涵也在发生变化，职业教育更需要以能力而非某一特定岗位需求为导向。传统的工人只需要应对特定的任务，而现代生产方式需要工人在劳动中除了要解决预定的问题，还需要具有灵活解决突发性状况以及发现潜藏性问题的能力，特别是知识密集型企业需要的人才既要能够应付常规性的工作又要能够应对创新性的挑战。因此现代工人需要掌握更高的技能水平、更多的知识种类以及更强的应变力。对工人能力要求的不断变化也体现在新旧职业教育模式的变化上。旧职业教育模式是为了实现就业而提高教育，而新职业教育模式则是学生为提高就业能力而进行学习；与以教授一种职业技能为目标的旧职业教育模式不同的是，新职业教育模式追求的是多种职业技能的培养。[①] 在非“一岗定终身”的社会中，人生的第一份专业性教育对受训者的知识结构和未来的职业发展前景有着重要的作用，这就需要职业教育体系及早认清对人才的需求状况，对其人才培养标准作出相应的修正。

德国的职业教育体系对职业能力提供了纵横两个维度的分析观点。其中，纵向职业能力包含基本职业能力和综合职业能力（即关键能力），横向职业能力则指专业能力、方法能力和社会能力。为更好地培养受训者的纵、横两种能力，德国职业教育体系开始改革课程设置与教学方法：一是改革学科课程教学，突出以职业为导向的综合能力培养模式，避免企业职业教育的过高针对性和实用性。未来对单个技术的需求下降，跨领域的复合型技术人才更受欢迎。因此未来职业教育不应该只注重某一门学科的培养，而应培养受教育者将不同学科的知识相互联系的能力，提高跨科目的职业教育项目的合作，对教育的岗位类型和种类做水平的融合，注意学科间的联系以及贯通，为受训者未来职业生涯中的岗位转换提供灵活性。二是实施模块化的课程方案，增强课程组合的灵活性和学生选择课程的自由度，形成动态与开放的课程体系和综合能力教育体系，以增强职业教育和一般性教育之间的等值性。在学校教育中除了有专业性技术课程外，还要求学

① Second international congress on technical and vocational education (1999): The changing role of government and other stakeholders in vocational education and training, Reference documents. p. 24.

校设立一般性素质教育课程，以降低职校学生与其他教育类型学生之间的学识差别，提高受训者可持续性的就业能力以及终身的学习能力。由此，受训者除了掌握必要的专业性生存技能之外，还能拥有超出职业技能和知识范畴之外的跨职业能力。

（四）教育体系的竞争性改良

知识经济的迅猛发展导致年轻人期望得到更好的教育，更多的学生倾向于选择升入大学学习。德国工业和商业联合会的教育专家表示，职业教育的毕业生的数量在下降，同时选择高校学习的趋势在上升。[①] 另外 2007 年受过高等教育学生的收入比接受职业教育的学生收入高 62%，2008 年受过高等教育学生的收入优势比例扩大为 67%，2008 年受过高等教育学生和接受职业教育的学生收入差别是 1998 年的两倍。这导致中学毕业学生的文凭水平有了明显的变化。2001 年没有中学毕业文凭的比例为 8%，2011 年这一比例降低为 4%；2001 年拥有实科中学和主体中学毕业文凭的比例为 62%，2011 年这一比例降低为 53%；2001 年具有就读高校资格的学生比例为 30%，2011 年这一比例则上升为 43%。[②] 同时每年高中毕业生中选择就读高等院校学校的学生数量也在逐年上升，选择就读高校的学生从 2000—2008 年每年上升 1/3，即每年 26 万，从占每年学生总数比例的 18% 上升到 25%。[③] 对学生而言职业教育日渐缺乏吸引力。在 20 世纪 90 年代初，同年龄层中有 75% 的参与企业教育，现在该比例已经下降到 60%。在德国年轻人中，职业教育教育相对于高等教育而言出现了被日益边缘化的趋势。

德国职业教育领域与学术领域分离。在与大学、技术性高校的竞争中，职业教育该如何定位，如何为自己找到既适合时代需求、又能结合自身特点的新路径是职业教育面临的问题。大学、技术性高校的专业性强、国际竞争力高；职业教育则实践性强、学期短、学习成本低。而拥有学术性学

---

① Frühstarter kommen besser an URL：http：//www. tagesspiegel. de/wirtschaft/karriere/fruehstarter-kommen-besser-an/1608828. html，访问日期：2014 年 5 月 21 日。

② Statistisches Bundesamt（2013）：Berufsbildung auf einen Blick. Wiesbaden. S. 39.

③ OECD-Studie zu beruflicher Bildung. Gefährliche deutsche Defizite. URL：http：//www. sueddeutsche. de/karriere/oecd-studie-zu-beruflicher-bildung-gefaehrliche-deutsche-defizite – 1. 996706，访问日期：2014 年 5 月 21 日。

位的人就业难度在增加，与之相对，双元制职业教育的学生的就业前景较为乐观，这是职业教育体系目前的优势之一。

为了给学习能力强的学生提供更好的职业教育机会，联邦政府和经济界都在努力增加学习能力强的学生和企业接触的机会，提高双元制职业教育体系的吸引力，以提供更好的职业可能性，以保证职业教育和高等教育之间的通道畅通。在进行职业教育的同时也可以为能力强的学生提供更高层级的继续教育，这样可以帮助这部分优秀学生增大其未来晋升的机会。联邦政府设立了“升级奖学金”（Aufstiegsstipendium），以减轻学生从职业教育走向大学的负担，并从制度、规则等多种途径支持职业教育中的优秀学生走入大学校园，允许获得师傅或技师资格的学生免试直接进入大学学习，高考不再是进入大学的唯一路径，并将职业教育中的相关课程学分计入大学的有效学分中。从2011年始至2020年，德国政府引入了“开放的大学校门”项目，① 从欧洲社会基金中拨款2.5亿欧元，帮助实现职业教育和上大学机会之间的过渡，以保证德国未来专业技术人才的供应。

为应对岗位技术水平不断提高的需求，解决职业教育偏重实践、学术水平不足的缺陷，德国职业教育体系和高校学术教育合作，引入了复合学业制度。该制度将职业教育和学术教育相结合，以提高双元制职业教育体系的吸引力，即学生在就读高校期间可以同时进行职业教育。如高校一个电子系统工程学系的在读学生可同时在西门子进行机电工人的职业教育，高校经济系的学生也可以参加贸易实务的职业教育。如果顺利通过考试，他们可以同时拿到学士文凭和正规的职业教育文凭。但学生每周在完成大学课程的同时需到教育机构以及实践企业完成一定的教育学时，这要求学生必须非常迅速地学习并掌握理论，而且一年仅享有20天左右的假期。与一般高校入学申请不同的是，复合学业制度的学生需首先向企业申请职业教育资格，申请分为笔试和面试两部分。具体的复合学业项目并非是长期性的，具体项目的实施依据企业的需要建立或取消。复合教育在经济学领域最为常见，提供约378个相关专业的课程。其次为机械制造和信息学。社会学中较少出现复合教育的制度安排。在经济学领域，申请者与复合学业的比例为120：1。在机械制造方面为20：1—30：1。而信息科学则仅为3：1—5：1。

---

① URL：www.wettbewerb-offene-hochschulen-BMBF.de，访问日期：2014年4月21日。

对企业和学生而言，复合学业是个双赢。参与复合学业制度的学生能够领取教育工资，比如接受机电工人教育的大学生前两年可享受每月500欧元、后一年每月800欧元的津贴，部分职业教育项目也为学生支付大学学费，以缓解学生的经济压力并吸引有潜力的学生。按照德国正常的学业制度，接受一项职业教育一般需要两年半到三年半，本科至少需要三年，两项文凭共需要五年半到六年半，但通过复合学业制度，通常学生取得这两项文凭需要四年，为学生节省了一年半到两年半左右的受教育时间。复合教育有可能成为精英教育，培养出来的学生既有理论素养，又有实践能力，因而参与复合学业制度的学生日后就业之路会更宽，薪资水平也会略高于惯常教育模式中同等水平的毕业生。对企业而言，企业则可根据他们的需求为企业培养后继人才，以防止出现企业专业后备人员短缺的现象。复合制的学生参加过高考，在高等院校接受了理论教育，因而其个人素质相对高于纯接受职业教育的学生，有潜力成为高层次的技能型人才。而且企业可以通过第一次的职业教育资格选拔选出高素质的学生，再通过第二次的雇佣考察选出职业能力最高、和企业磨合更好的员工。

（五）教育制度的标准化改革

德国职业教育体系在过去近10年中积极推进职教体系的标准化改革。通过标准化改革主要希望实现三个目标：其一，提高某一职业的评定标准与相关职业标准的可对比性，提高相关职业标准相互的可比照性；其二，通过职教体系的标准化设计来对教育的岗位类型和种类做水平的融合，增强职业教育和一般性教育之间的等值性，为岗位转换提供灵活性；其三，参与欧洲范围内的资格相互认定活动，将国别职业教育和国际职业教育相衔接，增强职业教育水平和垂直的透明度，为德国与欧洲其他国家之间的职业人才自由流动提供制度基础。

鉴于科技发展的迅速性，社会需要加强学生应对未来社会变化的能力，职业教育希望提供标准化程序来促进这一改变。2006年以来，德国教育与研究部提出尝试对双元制教育体系的部分工种进行标准化改革。即与现代高校课程教育类似，对双元制教育体系部分工种的学习课程进行标准化分割，在课程设置、学校结业考试的统一性、教育标准等方面制订全国通行职业教育标准，以增大文凭中的信息含量。这样在同一个职业类型中，每个具体教育工种的不同教育课程可实现分类叠加，并且每个教育部分都会得到认可。与以前只教授学生一个工种的技能相比，现在的职业教育希望能为学生在一个职业方向上提供更全面的知识与技能。因而学生不再只是完成规定的课程，而是有更多的选择权，可以在个人专业方向、重点技能、相关职业类型等方面做多重涉猎，为职业转换和终身学习打下基础。

欧洲议会希望实现欧洲学历评价体系之间的透明度、可比性，因而建议建立欧洲文凭架构（Europäischer Qualifikationsrahmen，简称 EQR），以在不同的学历系统之间架起一个可类比的标准。德国也在尝试将这一建议转化为国内政策，州文化部长联席会议建立了对德国学位进行定级的德国文凭架构（Deutschen Qualifikationsrahmen，简称 DQR），但因普通教育领域和职业教育领域之间就职教文凭与学术文凭的评级争议过多而限于停滞。2005 年新修订的《职业教育法》第一次将在外国的教育经历计入受认可的双元制职业教育时间。2012 年文化部长会议上达成协议，将德国职业继续教育中的较高等级，如大师级和专家级评级定于和本科学士文凭同级，从而增强了德国职业教育文凭的国际可比性。同时，细化了职业教育行业的计分系统（Europäisches Leistungspunktesystem für die berufliche Bildung），加速了德国职业教育体系的欧洲标准化进程。

双元制职业教育体系的体系性修改历时长久、涉及范围广、改革深度大。在协调各方利益后，1980—1996 年平均每年有 11 个条例被修改，1996—2008 每年则有 23 个被修改。不但职业教育调整的频率在加速，而且调整涉及工种的覆盖面也在增加。1996—2008 年有 294 种教育类工种的教育条例都做了修改，约占总数的 85%。2012 年 8 月 1 日，又有 5 个新的教育条例生效。[①] 目前尚有 30 个职业教育条例处于更新研讨阶段。在德国联邦职业教育研究院的积极推动下，已经有数十职业进行了标准化课程设计，特别是复合学业制度也获得了较快速的发展。根据联邦职业教育研究院的数据，2011 年有 929 个专业提供复合学业的机会，比 2010 年增加了 20%，2011 年共有 6.11 万名学生从事复合教育，比 2010 年高出 1 万多。[②] 经过一

---

① 具体教育条例修改细节参见 URL：http：//www.bibb.de/de/26171.htm，访问日期：2014 年 4 月 11 日。

② Duales Studium. Studenten auf zwei Gleisen URL：http：//www.spiegel.de/karriere/berufsstart/duales-studium-berufspraxis-mit-hochschulabschluss-a－849228.html，访问日期：2014 年 4 月 11 日。

系列改革，双元制职业教育体系的适时性、竞争性、影响力得到了很大提升，对德国青年就业积极性的促进作用效果也愈加明显，2012 年德国 25 岁以下青年失业率仅为 8.1%，创德国 20 年来的最低点。

第三节　德国政府提高双元制中企业职业教育效能的政策分析

企业代表了生产力水平的发展方向，根据产业发展结构以及企业的发展需求培养未来的技术人才，是经济发展的必然需求，人力资源的水平对各国经济社会的发展有着不容忽视的影响力。德国 18—20 世纪的发展经验表明，企业的积极参与极大地提高了职业教育的竞争力和吸引力。对于现在处于国际领先地位的工业德国而言，是否能够激励企业能动性，参与培养更多适应现代化科学化市场的技术工人，对德国职业教育体系的生存和发展起着重要的影响作用。

一、现状

德国职业教育体系有如下发展趋势：

（一）职业教育岗位数量与经济景气情况密切相关

职业教育岗位的数量随着经济社会的发展在上下波动。如表 3 - 4 所示，20 世纪 90 年代的繁荣之后，德国经济出现了持续的不景气，随之而来的是签订的职业教育合同的数量下降，职业教育岗位出现了供不应求的现象。而后随着经济的扰动，职业教育岗位略有起伏，近期总体呈下降趋势。特别是 2012 年，新缔结的职业教育合同数为 55.1271 万，比上年下降了 3.2%，为自统一以来新缔结职业教育合同数的年度新低。自 2001—2012 年，在经济界接受职业教育者数量下降了 17.8 万人。[①]

---

① Bundesministerium fuer Bildung und Forschung（2013）：Berufsbildungsbericht 2013. Berlin. S. 128.

表 3-4 1992—2012 年职业教育岗位供求数据

年份	新签订的合同数	职业教育岗位供给	职业教育岗位需求	与上年相比变动率（%）		
				合同数	职业教育岗位供给	职业教育岗位需求
1992	595215	721825	608190	—	—	—
1993	570120	655857	587879	-4.2	-9.1	-3.3
1994	568082	622234	587052	-0.4	-5.1	-0.1
1995	572774	616988	597736	0.8	-0.8	1.8
1996	574327	609274	612785	0.3	-1.3	2.5
1997	587517	613381	634938	2.3	0.7	3.6
1998	612529	635933	648204	4.3	3.7	2.1
1999	631015	654454	660380	3.0	2.9	1.9
2000	621693	647383	645335	-1.5	-1.1	-2.3
2001	614236	638771	634698	-1.2	-1.3	-1.6
2002	572323	590328	595706	-6.8	-7.6	-6.1
2003	557634	572474	592649	-2.6	-3.0	-0.5
2004	572980	586358	617064	2.8	2.4	4.1
2005	550180	562816	590684	-4.0	-4.0	-4.3
2006	576153	5911554	625640	4.7	5.1	5.9
2007	625885	644244	658545	8.6	8.9	5.3
2008	616342	635849	630857	-1.5	-1.3	-4.2
2009	564307	581562	573910	-8.4	-8.5	-9.0
2009 *	564307	581562	579986	—	—	—
2010	559960	579565	572215	-0.8	-0.3	-1.3
2011	570140	599829	581690	1.8	3.5	1.7
2012	551272	584547	588922	-3.2	-2.4	-2.4

*2009 年以后数据包含地区性主管机构数据。

资料来源：Bundesministerium fuer Bildung und Forschung（2013）：Berufsbildungsbericht 2013. Berlin. S. 12。

（二）职业教育岗位数量与行业的兴衰紧密相连

随着制造业等核心部门将重心向海外转移，最重要的经济部门如金属工业、机电工业提供的职业教育岗位在降低，而新兴行业如 IT、媒体业因为职业教育成本高、知识更新快等因素而不愿意参加企业职业教育，导致社会上的可提供的企业职业教育岗位有下降趋势。2012年德国工业和贸易业新签订了332622个职业教育合同，与2011年相比，德国工业和贸易业新签订的职业教育合同比上年少了5700个，约少了1.7%；自由职业者中新签订的职业教育合同为42703份，比上年少了1%；手工业新签订的职业教育合同数为137646份，比上年少了2.9%。[①] 2012年手工业订单数下降。[②] 2012年手工业职业教育合同数量下降了4%，工业和贸易业的降幅为2.8%。种种原因导致虽然德国经济相对于2008年金融危机前2012年有所增长，但可提供的职业教育岗位数量却在下降。

（三）空置职业教育岗位数呈上升趋势

20世纪90年代初开始，人口原因导致出现了空置职业教育岗位扎堆的现象，至90年代末，随着德国经济增长的减缓，空置职业教育岗位问题有所缓和。21世纪头10年以来，空置职业教育岗位现象又呈现了激化趋势。2004年，12%的职业教育岗位被空置，而到2008年这一比例则上升到了21%。[③] 企业空置的职业教育岗位数相应增加，2009—2011年德国职业教育体系中空置职业教育岗位数分别为17255个、19605个和29689个。2012年空置的职业教育岗位数为33275个，创历史新高，与上年相比增加了12.1%。原东德地区的职业教育岗位空置率为47.8%，远远高于原西德地区的32.7%的水平。[④] 2010年秋季到2011年夏季，共有34.8%的企业的学徒岗位出现了人员空缺。2012年有空置职业教育岗位数的企业比例为37.4%，比2011年的34.8%增加了2.6%。

---

① Bundesministerium für Wirtschaft und Technologie（BMWI）（2012）：Insgesamt gute Situation auf dem Ausbildungsmarkt. URL：http：//presseservice. pressrelations. de/standard/result_ main. cfm？aktion = jour_ pm&r = 512922&quelle = 0&pfach = 1&n_ firmanr_ = 116840&sektor = pm&detail = 1，访问日期：2014年4月11日。

② Bundesministerium fuer Bildung und Forschung（2013）：Berufsbildungsbericht 2013. Berlin. S. 17.

③ Deutscher Industrie-und Handelskammertag：Ausbildung 2008 – Ergebnisse einer IHK-Online-Unternehmensbefragung. 2008. www. dihk. de/inhalt/download/ausbildungsumfrage_ 08. pdf（16. 7. 2009）. 访问日期：2014年4月20日。

④ Klaus Troltsch，Christian Gerhards，Sabine Mohr：Vom Regen in die Traufe？UnbesetzteAusbildungsstellen als künftige Herausforderung des Ausbildungsstellenmarktes. BiBB report 19/2012. S. 2，S. 4. 访问日期：2014年4月20日。

二、企业与职业教育

数据显示，愿意提供职业教育岗位的企业数量在下降。1999 年德国所有企业中有 23.6% 的企业提供了职业教育岗位，2008 年这一比例为 24%。[①] 2012 年《德国职业教育报告》显示，到了 2009 年参与职业教育的企业比例为 23.5%，而 2010 年则只有 22.5%。[②] 德国教育部认为，虽然 2009 年企业因为金融危机而减少了提供的职业教育岗位数量，但 2010 年愿意提供职业教育岗位的企业数量下降幅度仍在过去 11 年中高居首位。[③] 而 2011 年参与职业教育的企业比例为 21.7%，再创历史新低。[④]

并非所有的企业都可以参与职业教育，德国《职业教育法》规定，企业需具备一定的专业人员基础，企业的职业教育场所和设备需适合于职业教育，有合适的岗位让受训人员能够进行实践，具有充足的职业教育经费，能够确保受训者人数和企业专业人员人数之比低于一定数值，满足以上各类要求企业才具有提供职业教育的资格。2000 年以来，具有职业教育资格的企业比例在上升，如表 3—5 所示。而且，拥有职业教育资格的企业比例随着企业规模的上升而增加。微型企业中有一半企业具有职业教育资格，而大型企业中具有职业教育资格的企业比例超过 90%。[⑤]

表 3—5　具有职业教育资格的企业比例（%）

年份	2000	2001	2002	2003	2004	2005	2006	2007	2008	2009	2010	2011
不具职业教育资质	41	45	43	40	43	42	42	42	41	42	41	42
具有联合职业教育资质	2	4	4	5	3	4	4	4	4	3	4	3

① Klaus Troltsch, Guenter Walden, Thomas Krupp: Angebots-und nachfragebezogene Einflussfaktoren des regionalen Ausbildungsplatzangebots. In: Berufsbildung in Wissenschaft und Praxis, 39 (2010) 6, S. 15 – 19.

② Bundesministerium fuer Bildung und Forschung (2012): Berufsbildungsbericht 2012. Berlin. S. 79.

③ Trotz Fachkräftemangel-Zahl der Ausbildungsbetriebe nimmt ab. URL: http://www.deichmann-foerderpreis.de/2012/03/07/trotz-fachkraftemangel-zahl-der-ausbildungsbetriebe-nimmt-ab/，访问日期：2014 年 4 月 11 日。

④ Bundesinstitut fuer Berufbildung (2013): Datenreport zum Berufsbildungsbericht 2013. Informationen und Analysen zur Entwicklung der beruflichen Bildung. Vorversion Stand 13. 05. 2013. Berlin. S. 10.

⑤ Bundesministerium fuer Bildung und Forschung (2013): Berufsbildungsbericht 2013. Berlin. S. 41.

续表

年份	2000	2001	2002	2003	2004	2005	2006	2007	2008	2009	2010	2011
单独具有职业教育资质	57	52	54	56	54	55	55	55	56	56	56	56

资料来源：Bundesinstitut fuer Berufsbildung（2013）：Datenreport zum Berufsbildungsbericht 2013. Informationen und Analysen zur Entwicklung der beruflichen Bildung. Vorversion Stand 13.05. 2013. Berlin. S. 221。

（一）企业参与职业教育的意义

1. 对国家的积极意义

双元制职业教育体系通过将学校职业教育和企业实践紧密结合，可以防止职业教育与经济需求脱节。职业教育所教授的技巧以工作需求为导向，职业教育的成本、质量和训练时长都有了具体规定，企业根据自身未来的用工需求决定其招收职业教育受训者的计划安排，这样就可让未来劳动力市场上的劳动力需求在职业教育体系中得到体现，未来劳动力市场的供给被有效地定向，从而更便于应对经济的未来需求。

双元制可以有效地调节学生愿望和市场需要之间的矛盾。学生在开始申请职业教育、选择职业教育类别时，即接受了未来劳动力市场的筛选与匹配，可防止出现学生盲目接受完职业教育却无相应就业岗位的情形，方便学生实现从职业教育向就业岗位的过渡，防止职业教育资源被浪费的现象出现。

企业参与职业教育，可以保证职业教育内容的时新性。企业根据自身需求，安排双元制职业教育的相关内容，可以保证职业教育内容与生产内容相适应，防止出现二者脱节现象，使得企业与职业学校在一起实现实践与基础知识平衡的同时，也可促进职业学校教学内容的更新。

2. 对企业的积极意义

双元制有助于企业维持专业人员队伍的稳定性和发展性。在知识经济的浪潮下，企业需要依靠不断的技术革新以维持竞争力。人才水平是企业未来竞争力的一部分，在既定的硬件条件下，精通本企业技术层级与具体技术要求的操作型人才对企业而言有助于提高其软实力水平，影响企业的现实技术水平和未来发展前景。在老龄化趋势加剧、年轻人口比例降低的前景下，企业若不提供职业教育，未来为自己找到合适后继人才的困难就会加大。通过对受训者实地操作能力的观察，企业可以找到在能力水平上以及行为方式上最适合本企业需求的员工，以维持企业员工素质层级，并保持企业内部文化的和谐性。

双元制可以为企业带来经济上的收益。首先，企业可以根据本企业的经营安排制订职业教育计划。受训学员在参与企业运营的过程中，其工作成果原则上会给企业带来一定的经济效益，而企业支付给受训者的工资远低于市场雇佣员工的价格，因而可以降低企业开展职业教育的总成本。其次，职业教育可以降低企业招聘员工的成本以及新员工磨合成本。企业在职业培训结束后有选择权，从与企业有密切接触的受训者中挑选人才可以保证对招聘员工的素质水平有充分的了解，缩短招聘流程；企业受训者可以作为熟练工直接上岗，为企业节约了新员工培训费用。

双元制可以提高企业的影响力。首先，如前文所述，2011 年只有 56% 的企业单独具有职业教育资格，3% 的企业具有联合职业教育资质，企业要想取得职业培训资格需要满足一系列条件并经过严格的审批与考察，因而具备职业教育资格在一定意义上是对企业各方面素质的一种肯定。其次，企业提供职业教育可以为本企业的人才储备提供保障，从而增强社会对企业未来的信心，增强企业的竞争力。再次，企业可以通过提供职业培训更多地参与社会生活，塑造企业负责任的社会形象，扩大企业的影响范围。

（二）企业参与职业教育的历史传承

企业参与双元制职业教育在德国有着悠久的传统，早在 13 世纪就在手工行业中形成了师傅带徒弟的学徒制式职业教育形式。中世纪时的职业教育除了承担技术教育的责任之外，还需向受训者提供宗教、文化等思想观念方面的教化，是年轻人形成职业的尊重和认同，并塑造价值观融入社会的重要途径。[①] 由于德国处于分裂状态，这时的行会发挥着远超过一般行会的作用，除了起到对职业教育进行规范的职能之外，事实上还起到了调解供需的作用。当某个市场出现技师供大于求的情况时，工会就会减低对技

---

① Wolf-Dietrich Greinert（1998）：Das “deutsche System” der Berufsausbildung. Nomos Verlagsgesellschaft，Baden-Baden，S. 33.

工资格的通过数量，同时指导降低受训者的数量，以维持市场平衡。师傅在社会中享有较高声望，学徒通过学习可以掌握适用一生的技能，这种社会现象奠定了日后德国社会尊重技能的传统。19世纪开始随着生产的发展，手工作坊式小企业单独进行职业教育变得不经济，更多的企业选择联合起来进行职业培训，以节约成本。工业化大生产带来的冲击，使得生产形式变为流水线作业的大企业，对熟练工人需求的急剧增加导致需要由企业承担培养技术工人责任的模式不再符合潮流，需要通过社会化的职业学校来承担对学生大规模的规范教育职责，才能满足企业对工人的数量需求，适应技术规范化要求，并降低企业培训成本。因而由公共部门监督的职业学校逐渐壮大，企业选择了与职业学校合作，共同培养技术工人。政府也通过对各类行会进行立法以规范行会运作，发挥行会的规制作用。由此可以看出在德国，作为社会个体的企业参与职业教育贯穿于职业教育的始终。

（三）影响企业参与职业教育的因素

企业的规模影响着企业对职业教育的参与。随着社会的发展，年轻人数量在减少，年轻人对职业教育的偏好也在降低。由于小企业的视野以及能力的局限，年轻人在选择职业教育时更多地偏好规模较大的企业，小企业特别是只提供一个职业教育岗位的小企业很难找到合适的待训人员。较大的中型企业和大型企业在职业教育中影响力日渐增加。① 如表3－6所示，提供职业教育的微型以及较小的小型企业数量在下降，提供职业教育中型以及大型企业的数量则在上升。而且企业规模越大，同等规模企业中提供职业教育的企业所占的比例就越高。如表3－7所示，1999年和2011年在同等规模企业中，中等企业、大型企业参与职业教育的比例远高于小型以及微型企业在同等规模企业中的参与比例。同等规模企业中，微型企业参与职业教育的比例为3/20上下，小型企业参与职业教育的比例为9/20上下，中型企业参与职业教育的比例为13/20左右，而大型企业参与职业教育的比例为17/20左右。

---

① Troltsch, Klaus; Walden, Günter (2010): Beschäftigungsentwicklung und Dynamik des betrieblichen Ausbildungsangebotes. Eine Analyse für den Zeitraum 1999 bis 2008. In: Zeitschrift für Arbeitsmarktforschung, 43, S. 107－124.

表 3－6 不同规模企业职业教育数据

雇员数	1999 年	2010 年	2011 年	2011 年相对于 2010 年的变化率	2011 年相对于 1999 年的变化率
1—4 人	148429	133864	122963	－8.1	－17.2
5—9 人	134498	117370	113291	－3.5	－15.8
微型企业	282927	251234	236254	－6.0	－16.5
10—19 人	91014	84790	84267	－0.6	－7.4
20—49 人	66876	68061	68657	0.9	2.7
小型企业	157890	152851	152924	0.0	－3.1
50—99 人	29186	31409	31787	1.2	8.9
100—249 人	19726	21731	22288	2.6	12.8
中型企业	48948	53140	54075	1.8	10.5
中小型企业总计	489765	457225	443253	－3.1	－9.5
250—499 人	6987	7075	7220	2.0	3.3
500 人以上	4602	4489	4607	2.6	0.1
大型企业	11589	11564	11827	2.3	2.1
总计	501354	468789	455080	－2.9	－9.2

资料来源：Bundesinstitut fuer Berufsbildung（2013）：Datenreport zum Berufsbildungsbericht 2013. Informationen und Analysen zur Entwicklung der beruflichen Bildung. Vorversion Stand 13.05.2013. Berlin. S. 9。

表 3－7 在同等规模企业中参与职业教育的企业所占比例

雇员数	1999 年	2010 年	2011 年	2011 年相对于 2000 年的变化率	2011 年相对于 1999 年的变化率
1—4 人	11.1	10.2	9.4	－0.8	－1.7
5—9 人	35.9	33.0	31.5	－1.5	－4.3
微型企业	16.6	15.1	14.2	－0.9	－2.4
10—19 人	44.4	42.9	41.7	－1.3	－2.8
20—49 人	52.0	52.9	51.9	－1.0	－0.1
小型企业	47.4	46.9	45.7	－1.2	－1.7
50—99 人	63.0	64.8	64.0	－0.8	1.0
100—249 人	74.3	74.0	73.4	－0.6	－0.9

续表

雇员数	1999 年	2010 年	2011 年	2011 年相对于 2000 年的变化率	2011 年相对于 1999 年的变化率
中型企业	67.2	68.3	67.6	-0.7	0.4
中小型企业总计	23.2	22.1	21.3	-0.8	-1.9
250—499 人	84.4	82.8	82.3	-0.6	-2.2
500 人以上	914	89.3	89.0	-0.3	-2.4
大型企业	87.1	85.2	84.8	-0.5	-2.3
总计	23.6	22.5	21.7	-0.8	-1.8

资料来源：Bundesinstitut fuer Berufsbildung（2013）：Datenreport zum Berufsbildungsbericht 2013. Informationen und Analysen zur Entwicklung der beruflichen Bildung. Vorversion Stand 13. 05. 2013. Berlin. S. 10。

不同行业的企业对职业教育的参与度也不同。建筑业需要雇员具备专业实践技巧，而且这类技巧往往需要在操作与反复演练中掌握，因而建筑业招收职业教育学员的意愿较强。与人联系紧密的服务业因需要未来员工掌握与服务对象沟通的职业技巧，需要通过职业教育进行技巧传授和人员选拔，故而这类型的企业参与职业教育的积极性较高。2010—2011 年间，企业参与度较高的行业有建筑业，受训者占所有雇佣人员的比例为 9% 以上；其次为农林渔业、酒店业、教育业，受训者占所有雇佣人员的比例为 8%—9% 之间。（见表 3-8）参与职业教育意愿较低的行业相对科技水平要求高的行业，这类行业技术更新快，进行职业教育成本高，很难保证受训者的技术水平能够跟得上技术更新的脚步，因而此类行业往往不愿意参与职业培训。还有部分行业因工作环境的特殊性而不受年轻人的喜爱。2010—2011 年间企业参与度较低的行业有私人家政业，受训者占所有雇佣人员的比例仅为 0.3%；其次为污水垃圾及环境污染物处理、仓储运输业、信息业，受训者占所有雇佣人员的比例为 3%—4% 之间。

表 3-8　不同行业企业参与职业教育的比例（受训者占所有雇员的比例，%）

年份	教育业	建筑业	农林牧业	酒店业	贸易业	能源供应
2010	9.7	9.4	9.3	9.3	7.6	6.1
2011	8.0	9.1	8.4	8.1	7.2	5.9

续表

年份	教育业	建筑业	农林牧业	酒店业	贸易业	能源供应
	金融保险业	加工业	科学技术服务业	采矿业	公共卫生、社会福利业	公共管理
2010	5.8	5.7	5.4	4.9	4.2	4.2
2011	5.7	5.3	5.1	4.8	4.0	4.0
	房屋地产业	信息业	仓储运输业	污水垃圾及环境污染物处理	私人家政业	总计
2010	4.1	3.7	3.2	3.2	0.3	6.0
2011	3.9	3.5	3.2	3.2	0.3	5.7

资料来源：Bundesinstitut fuer Berufsbildung（2013）：Datenreport zum Berufsbildungsbericht 2013. Informationen und Analysen zur Entwicklung der beruflichen Bildung. Vorversion Stand 13. 05. 2013. Berlin. S. 28。

不同企业参与职业教育的成本与收益的比率也会影响企业对职业教育的参与度。如果职业教育为某企业带来了较高的收益，企业参与职业教育的积极性也会较高。录用受过职业教育的学生只是企业招收专业人才的途径之一。企业可以招收参加其他企业职业教育的学生，也可以招收大学毕业生。企业需要衡量收益与成本，找出效益最高的途径。多数的企业对职业教育的成本收益比表示满意，只有11%的企业认为成本高于收益。① 一般而言双元制运行的一个主要经费来源渠道即为企业，大型企业提供双元制职业教育的直接成本有：培训者和受训者的人力成本、对工会的缴费、职业教育设备购置及折旧成本、培训职位所需的物质资料成本、车间运营成本、企业提供课程的成本、为职业教育者缴的社会保险等。而小型企业因其设施的限制往往会委托外在机构为本企业实施部分职业培训，故而还需支付委托培训费用。据测算，人工成本占了总成本的一半。其次是职业教育的实务成本，如职业教育岗位的管理、实物成本等费用。

企业职业教育比较直观的收益首先是受训者在受训期间所生产产品，

① FelixWenzelmann，Gudrun Schönfeld，Harald Pfeifer，Regina Dionisius：Betriebliche Berufsausbildung：Eine lohnende Investition für die Betriebe Ergebnisse der BIBB-Kosten-und Nutzenerhebung 2007. 8/2009.

这由职业教育学生的生产率、同等工作付给全职工人的工资等因素决定。调查表明，55%的企业认为受训者在职业教育期间可以作为劳动力投入生产，这一点他们认为是提供职业教育的重要原因，而只有17%的企业认为，这一点不是他们的考虑因素。[①] 而企业提供职业教育的总收益大多发生在未来，因此很难准确确认。企业职业教育并非只是为企业提供高质量、够数量的员工，而且需要通过职业教育的优势来提高企业的长期竞争力，企业可以通过进行职业教育以降低未来的不确定性，从而给企业带来收益。因为提供企业内部职业教育可以保证职业教育内容的质量并且保持企业特殊知识的传授。职业教育还可以让职工对企业产生认同感，以及让职工理解企业的重要性，这会导致职工对企业的依存度增加，降低企业因人员流动而可能造成的成本。

企业内受职业教育的员工可以在企业内进行轮岗职业教育，有助于培养员工的全方位知识，方便企业内部的沟通与人员任用，职业培训企业还享有优先选拔的便利，可以在职业教育期间对可能升职的员工进行试点职业教育，防止因任用错误造成的损失，而且受到职业教育的员工对企业职能和职位的要求非常了解，可以减少新雇员的融入成本。提供职业教育岗位也会对企业声誉带来良好的影响，企业只有得到授权方可进行职业教育，相关部门在企业提出职业教育申请后需要对企业的专业资格、人员配备、实际场地等因素进行严格考察，因而被授予职业教育资格是对企业能力的一种肯定，是会为企业声誉加分的正面宣传。

另外，企业人员流动性状况、经济景气因素都会影响企业对职业教育的参与。企业人员流动性高时，企业进行职业培训的意愿低，因为职业教育需要较大的投入成本，企业不愿意对易流失的成员进行投资，而是倾向于从外界直接雇佣；企业人员流动性低时，企业则倾向于提供职业教育，以选拔最适合本企业需求的员工。当经济处于增长势头时，企业前景看好，员工需求增加，同时企业希望为未来的发展储备人才，故而愿意增加职业教育的名额；当经济处于下降势头时，企业前景悲观，希望紧缩成本，因而不愿意与受训者签订一般为期三年的合同，形成一笔较难削减的开支，

---

① FelixWenzelmann, Gudrun Schönfeld, Harald Pfeifer, Regina Dionisius: Betriebliche Berufsausbildung: Eine lohnende Investition für die Betriebe Ergebnisse der BIBB-Kosten-und Nutzenerhebung 2007. 8/2009.

故而会减缓开展职业教育的速度。

三、国家举措

德国双元制职业教育的主体是企业，即企业是双元制职业教育的运作主体以及投资主体。双元制职业教育体系的职业教育岗位设置总体而言体现的是企业的经济总体需求以及对未来的设计安排。这种企业主体性容易导致企业需求与劳动力的就业愿望相脱钩，容易让初次进入职场的年轻劳动者无法找到适合自己的岗位，造成大批无法就业的年轻人，形成社会问题。因而国家有必要采取措施，为职业教育市场提供一定的引导，以保证职业教育市场供需平衡，能够平稳运行。

（一）加强中介

在德国职业教育市场，很大程度上存在着职业教育岗位空置的现象。之所以出现这种现象，很大程度上是因为申请者和职业教育岗位不匹配。造成这种不匹配的原因有：申请者能力和空置岗位的要求不匹配；空置岗位的所在职业和申请者的目标职业存在差距；申请者和职业教育企业之间信息不对称；申请者和职业教育岗位之间的地区不匹配等。不同行业拥有的空置职业教育岗位的企业比例不尽相同。餐饮业空置岗位率最高，2012年为29.8%，2011年为26.1%；[①] 其次为渔业，2012年为24.9%，2011年为18.7%，[②] 详见图3-3。不同规模的企业拥有的空置职业教育岗位的比率也有所差别。拥有200名以上雇员的企业拥有空置职业教育岗位率较低，为18.8%；拥有100—199名雇员的企业拥有空置职业教育岗位率为23.1%；拥有20—99名雇员的企业拥有空置职业教育岗位率为28.9%；拥有1—19名雇员的企业拥有空置职业教育岗位率最高，为40.2%。[③]

---

① 该数据为有空置培训岗位的企业占所有提供培训岗位的企业比例。

② 实际的空置岗位比例要高于图中的空置岗位比例，因为图中的数据仅以向联邦劳工署报备的数据为基础，还有若干个未统计空置培训岗位数。

③ 数据来源：Klaus Troltsch，Christian Gerhards，Sabine Mohr：Vom Regen in die Traufe? UnbesetzteAusbildungsstellen als künftige Herausforderung des Ausbildungsstellenmarktes. BiBB report 19/2012. S. 2，S. 4。

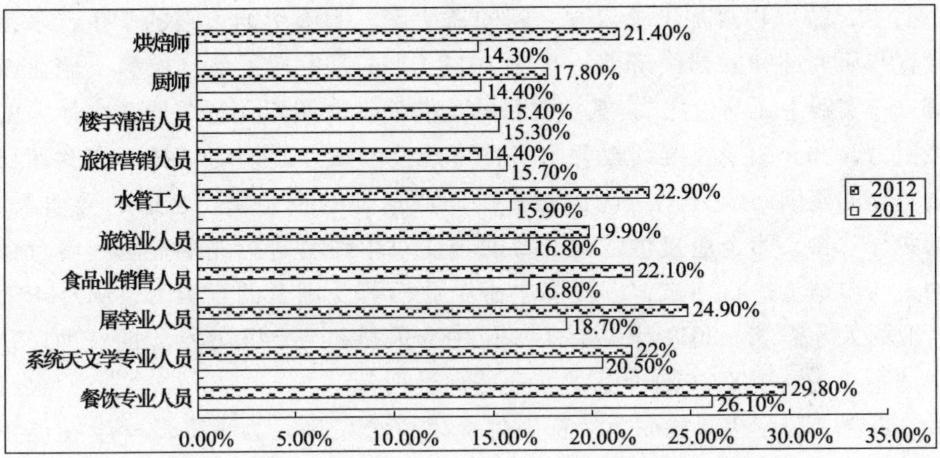

图 3-3　2011 年和 2012 年职业教育空置率较高的行业排名

资料来源：Bundesministerium fuer Bildung und Forschung（2013）：Berufsbildungsbericht 2013. Berlin. S. 40. Tabelle 11。

若是持续出现空置职业教育岗位，将会影响企业提供职业教育岗位的积极性，企业有可能会停止提供职业教育岗位。为降低职业教育岗位空置率，德国采取了一系列措施。[①]

首先，注意发挥各类职业指导和咨询机构的中介作用。各类职业指导和咨询机构是沟通学生和企业之间的桥梁，通过加强各类职业指导和咨询机构与学生，以及各类职业指导和咨询机构与企业之间的沟通，有助于学生及时获得最新的职业教育信息，可以根据信息调整自己的求职倾向，同时也有助于企业获得即时的学生资讯，了解生源状况，及时调整本企业的用人标准和招聘流程。实现企业和学生之间的信息透明，减少错配、误配以及调整成本。政府要求企业向各级劳动部门上报空置培训岗位的数据和岗位具体状况，以帮助在申请者和空置岗位之间建立桥梁。同时，劳工署需要为职业选择、职业特征和职业要求提供咨询和建议，针对个人提供单独咨询。工作中心（Job center）也具有这一义务。

① 本节重点介绍德国加强职业教育市场的透明度的措施，针对行业和中小企业的促进措施将在接下来的几节中介绍。

其次，扩展学生和企业间直接的信息渠道。联邦劳动署在网上建立“岗位市场”，以增加供求双方之间的透明度。为吸引能力强的学生，联邦教育与研究部和联邦经济部一起于2011年11月发起了信息攻势“职业教育——实践中无与伦比”，其主要目的是向公众介绍双元制职业教育体系的吸引力，并介绍职业继续教育的多种可能性。联邦经济与科技部在欧洲社会基金的资助下展开了“为愿意提供职业培训的企业找到合适的受训者”的中介项目，为企业提供咨询，帮助企业对申请者进行先期遴选，由行会的人与申请者进行面试，以提高中小企业招募受训者的竞争力，满足未来企业的人才需求。2011年共有148位中介人员得到543万欧元的资助，共帮助企业找到了8239位合适的职业培训受训者。

再次，为学生寻找职业教育岗位提供资金资助。为了降低学生在寻找职业教育岗位中的经济压力，不让学生因经济原因而失去得到职业教育岗位的机会，德国对寻找职业教育岗位的年轻人进行资助，例如开展了“中介预算资助”项目（Förderung aus dem Vermittlungsbudget § 44 SGB III）。在该项目中，寻找职业培训岗位的年轻人可以受到劳工署中介预算的资助，2011年该项目的总资助金额为1.08亿欧元。

（二）增加职业教育岗位数量

自2004年开始德国政府和经济界达成国家协议，要求经济界承诺每年为职业教育增添新的岗位和新的培训企业。2011年和2012年经济界同意每年创造6万个新职业教育岗位，引入3万个新职业教育企业。实际上，2011年有7.13万个，2012年有6.91个新职业教育岗位被引入。2011年新进入职业教育领域的企业数量为4.36万，2012年则为4.166万。

为促进职业教育体系的繁荣，德国政府亦采取了一系列措施。

1. 行业促进

如表3-8所示，不同行业对职业教育的参与度不同。2011年家政业受训者数量占所有受训者数量的比例为0.6%，农业受训者数量占所有受训者数量的比例为1.9%，公共事业受训者数量占所有受训者数量的比例为2.6%，自由职业受训者数量占所有受训者数量的比例为7.6%，手工业受训者数量占所有受训者数量的比例为28.3%，工业和贸易受训者数量占所有受训者数量的比例为58.2%。[①] 为在既定的条件下，为促进不同行业的职业教育参与度，德国各级政府针对各行业进行了职业教育资助。联邦经济与科技部为手工行业跨企业职业教育中心的课程提供资助，联邦经济与科技部规定受到资助的课程必须是由手工业协会认可的职业教育机构提供的全天课程。2011—2012年度有43.137万位受训者得到4642万欧元的资助。

联邦教育和研究部通过欧洲社会基金建设了项目“新入职者——为了未来而培训”（JOB STARTER-für die Zukunft ausbilden），以促进职业教育领域的创新，帮助改善地区职业教育结构。该项目的主要资助重点有：特定行业的职业教育倡议、地区职业教育体系的发展和稳定、特定目标群体的职业教育的发展、双元制职业教育期间通过附加职业教育机会增强受训者的能力和灵活性、欧洲职业教育合作。2011年有126个项目得到了1350万欧元的资助，2012年有103个项目得到了887万欧元的资助，有280个项目创造了62608个职业教育岗位，有43510个岗位签订了职业教育合同。至2013年该项目共提供了1.25亿欧元的资金。[②]

联邦交通、建筑和城市发展部（Bundesministerium für Verkehr，Bau und Stadtentwicklung，简称BMVBS）开发了针对重型货物运输行业、内河航运业和航海业这三个特殊行业的职业教育岗位促进计划。对重型货物运输行业的资助金额达到大企业相关花费的60%和中小企业相关花费的70%，同时规定对单个企业的最高资助额为200万欧元。对内河航运业的资助上限为企业费用的50%。

各联邦州也积极制定职业教育促进政策。巴伐利亚州为应对老龄化趋势，设立预算60万欧元以促进养老护理行业，规定养老护理行业每一个新创造的职业教育岗位将获得3000欧元的补贴，并加强对手工业职业教育的投资。2011年花费890万欧元采取了43项措施对手工业跨企业职业教育机构进行现代化改造，并将其重组为能力中心。柏林则对手工业和其他类似行业的跨企业职业教育课程提供资助，2011年共有9172位受训者受到资助。柏林也特别关注金属和电子行业，尤其是可再生能源、建筑业、化学、营养和住房业的可持续发展，2011年投入了103万欧元，2012年投入了98.4万欧元。

---

① 根据Statistisches Budesamt（2012）：Bildung und Kultur. Berufliche Bildung. Fachserie 11 Reihe 3. Wiesbaden. S. 137－140计算而得。

② 参见URL：http：//www. jobstarter. de/de/106. php，访问日期：2014年4月11日。

2. 中小企业促进

如表3－7所示，虽然同等规模企业中，中小企业参与职业教育的比例较低，但从绝对数量上来看，在中小企业接受职业教育的人员数量远高于在大型企业接受职业教育的人员数量（见表3－9）。这一方面是因为数据统计的问题，因为小企业无法不间断地参与职业教育，所以在某一时点上小企业对职业教育的参与度的数值会比较低，但是从长期来考察，具有职业教育资格的企业中有4/5的企业都参与了职业教育。① 另一方面中小企业是劳动力市场的主要雇佣力量，中小企业雇佣的劳动力数量远高于大型企业的雇佣数量（见表3－10）。因而自1999年至2011年，在大型企业接受职业教育的人员比例维持在27%—29%之间，不到双元制职业教育总受训者人数的1/3。

表3－9 参与职业教育企业相关数据

雇员数量（人）	1—9	10—49	50—499	500以上	总计
企业总计	1665327	3346.701	88810	5176	2093914
职业教育企业	236254	152924	61295	4489	455080
职业教育企业比例（%）	14.2	45.7	69.0	86.7	21.7
有社会保障的雇员总量	4831495	6734942	11012571	6208482	28787490
受职业教育人员数量	320838	429327	605128	286749	1642042
受职业教育人员比例（%）	6.6	6.4	5.5	4.6	5.7

资料来源：Statistisches Bundesamt（2013）：Berufsbildung auf einen Blick 2013. Wiesbaden. S. 8。

表3－10 1999年、2010年和2011年不同规模企业的雇员数

雇员数	1999年	2010年	2011年	2011年相对于2000年的变化率	2011年相对于1999年的变化率
1—4人	2568310	2487442	2486672	0.0	-3.2
5—9人	2443875	2317138	2344823	1.2	-4.1
微型企业	5012185	4804580	4831495	0.6	-3.6
10—19人	2745006	2648409	2717923	2.6	-1.0

① Bundesministerium fuer Bildung und Forschung（2012）：Berufsbildungsbericht 2012. Berlin. S. 78.

续表

雇员数	1999 年	2010 年	2011 年	2011 年相对于 2000 年的变化率	2011 年相对于 1999 年的变化率
20—49 人	3886673	3904703	4017019	2.9	3.4
小型企业	6631679	6553112	6734942	2.8	1.6
50—99 人	3199208	3351583	3432363	2.4	7.3
100—249 人	4021236	4428342	4566562	3.1	13.6
中型企业	7220444	7779925	7998925	2.8	10.8
中小型企业总计	18864308	19137617	19565362	2.2	3.7
250—499 人	2838364	29290127	3013646	2.9	6.2
500 人以上	6053820	5966776	6208482	4.1	2.6
大型企业	8892184	8895803	922128	3.7	3.7
总计	27756492	28033420	28787490	2.7	3.7

资料来源：Bundesinstitut fuer Berufsbildung（2013）：Datenreport zum Berufsbildungsbericht 2013. Informationen und Analysen zur Entwicklung der beruflichen Bildung. Vorversion Stand 13.05.2013. Berlin. S. 13. TabelleA. 4. 11. 1 – 11。

为提高中小企业推进职业教育的积极性，德国政府采取了一系列措施。联邦经济与信息部引入了“地区经济结构改善”计划（Gemeinschaftsaufgabe “Verbesserung der regionalen Wirtschaftsstruktur”，简称 GRW），以促进地区性中小企业参与到职业教育中来，通过资金补贴等方式鼓励企业通过职业教育来为企业生产提供优质的后备力量。联邦政府又设立了“职业启动”项目，以为中小型企业和青年创业企业的职业教育提供支持，

汉堡则加强对职业教育联盟的资助（Förderung von Ausbildungsverbünden）。对于需要进行职业教育但未能满足进行职业教育前提条件的企业，汉堡敦促该类企业组建职业教育联盟，并为职业教育联盟的建立提供资助。此类资助主要针对中小企业。资助金额为每个职业教育岗位 150 欧元以及每位职业教育者总计最高 750 欧元的管理费。2011 年共有 12 家职业教育机构参与该项目，总计支出 8.06 万欧元。柏林也对无法单独完成职业教育的企业进行了政策支持，促进联合培养（Verbundausbildung），即当企业无法单独完成职业教育项目时，可以和柏林州内的其他企业、自由职业者、学校或者高校共同合作以提供职业教育。柏林州政府将为此提供资助，对于

三年期的职业教育项目，资助金额最高可为6000欧元，对三年半的职业教育项目，资助金额最高可为7500欧元。2011年共有1289个职业教育机构得到227万欧元的资助。

提供职业教育岗位的企业中大约有1/3的企业存在空置职业教育岗位，这个现象在中小企业中尤为突出。职业教育岗位被空置现象在小企业尤为明显，参加职业教育计划的19人雇员以下的中小企业约有33.6万个，有空置职业教育岗位的中小企业数约为14万，其中约42%的拥有低于19个雇员的企业存在空缺职业教育岗位，而在多于200人的大企业中，空置率仅为18.8%。[①] 造成这一问题的原意在于大企业的职业教育质量较高、报酬较丰厚、就业前景也相对较好，因而在年轻人中的吸引力在上升，而且大企业也为招募工作投入了更多的资金。为解决这一问题，联邦政府一方面投入大量资金对中小企业的职业教育质量进行监督。2011年联邦教育和研究部投入了163万欧元，2012年共计投入了164万欧元；另一方面联邦政府和经济界一起加强对中小企业职业教育的中介工作，在“为中小企业和介绍受训者”资助项目中，共雇佣100位中介人员，专门为中小企业找到合适的职业教育受训人员。

3. 资金激励

2008年德累斯顿声明中提出了《德国素质倡议》（Qualiizierungsinitiative für Deutschland），认为到2015年德国教育和研究支出应该达到国民生产总值的10%。这个倡议提出了超过80条措施。在职业教育层面，针对职业教育岗位供小于求的现象，德国用经济手段激励企业增加职业教育岗位。巴符州建立了“包容创新”（Initiative Inklusion）项目。该项目规定，企业和公共机构每创造一个职业教育岗位就可以得到最多1万欧元的资助，这种资助按月发放，每月最高为275欧元。至2013年12月31日该项目共耗费联邦资金198万欧元，其后将由州资金进行资助。而巴登符腾堡也推出了“职业教育机构联盟——职业教育分担”（Azubi im Verbund-Ausbildung teilen）项目以资助企业间联合进行职业教育。该项目规定，不超过500个雇员、有职业教育受训人员的企业无法单独提供更多职业教育岗位的企业可以申请该项目，每个联合职业教育岗位补贴2000欧元，如果伙伴企业是

① Bundesministerium fuer Bildung und Forschung（2012）：Berufsbildungsbericht 2012. Berlin. S. 78.

职业教育机构，则每个职业教育岗位补贴金额为1000欧元。

由欧洲社会基金和联邦政府共同资助了“居民区的就业、经济和劳动”（Bildung，Wirtschaft，Arbeit im Quartier，BIWAQ）计划，一方面促进受歧视的城区城市建设投资项目，另一方面是促进劳动力市场方面的促进受歧视城区项目，将劳动力市场政策和受歧视城区稳定和升值联系起来。联邦交通、建筑和城市发展部在2008—2012年资助了135个项目，2011—2014年资助了87个项目。仅2011年一年，联邦交通、建筑和城市发展部就为该计划共拨款900万欧元。

4. 职业教育形式多元化

为了让职业教育更适合企业的发展需求，同时让职业教育更迎合受训者的未来职业要求，需要将职业教育形式多元化。德国引入了委托职业教育和职业教育课程国家化两种形式。委托职业教育主要针对未能得到职业教育机会的人员。委托职业教育是指征用大企业的资产，为受训青年提供全方位的课程。然而委托职业教育项目无法保证受职业教育人员能够有一个稳定雇佣合同。职业教育课程国家化则是指由双元体制临时性地为青年提供职业教育，但这些人在企业接受的实践性职业教育往往有限，因此毕业的学生在找工作时往往比较困难。

2005年修订的《职业教育法》强调了跨企业职业教育的重要性。许多企业无法满足职业教育企业的高标准，因而无法为青年人提供职业教育。而只在专业化企业接受职业教育容易产生知识盲点，因而跨企业职业教育可以扩大受训者的知识面。同时许多新生行业中以及行业的新发展中都会产生的新职业教育需求，在跨企业职业教育中企业根据共同决定条款可以对职业教育的内容和形式提出自己的建议，从而更有效并以较低的成本解决这类问题。因此，德国政府建议企业为年轻人提供跨企业职业教育。联邦教育和研究部和联邦经济与科技部共同资助了“跨企业职业教育中心现代化及结构重组”和“跨企业职业教育中心的对受训者能力开发”等项目，以提高中小企业的职业教育能力和企业的增长潜力。2011年联邦教育和研究部共耗费了4000万欧元，资助了109个项目。

（三）辅助性支持

为更好地提高企业职业教育的积极性，德国政府积极迎合企业需求，设计了贴近企业需求的职业教育结构改革规划。主要政策有如下几方面：

1. 职业教育研究的机构化

德国组建了联邦职业教育研究院，为职业教育的发展提供学术性支持。联邦职业教育研究院分门别类地为社会上300多种职业制订职业教育标准，用这些标准来保证职业教育的质量。实施职业教育体系改革需要满足不同类别人群及机构的需求，联邦职业教育研究院也以专家意见、实证研究的形式探讨职业教育的实际需求，研究职业教育的实际模式，为职业教育的政策决策提供信息、数据、建议等基础。2006年在德国职业教育研究院的协助下，德国教育和研究部发起了“教育研究倡议”项目。“教育研究倡议”是一个开放的体系，根据职业教育的要求持续地调整研究方向。主要方向为人口因素对职业教育的影响、改良过渡体系、对欧洲市场开放、政策方针和法律制度的执行。联邦职业教育研究院每年举行一次培训测试的问卷调查（Qualifizierungspanel），问卷的重点是企业在职业教育和继续教育领域的行为，以获得德国人才问题上具有代表性的数据。2012年联邦职业教育研究院共完成了4个研究项目，继续实施了1个并开展了2个新项目的研究。完成的4个项目有“大企业中双元制职业教育的作用”、“中小企业人员参与企业继续教育的可能性研究”、“后续教育概览”等；新项目是“双元制职业教育体系对不同能力层次的年轻人的吸引力研究”、“后续教育供给概览”；持续性项目是“联邦范围内继续教育相关规定的执行研究”。①联邦职业教育研究院还将对以未来为导向的电子流动性和可再生能源（E-Mobilität und Erneuerbare Energien）等问题进行相关职业教育研究。

2. 降低职业教育中断率

德国职业教育市场中断职业教育的比例较高。2011年有149760个职业教育合同被提前终止，占所有合同的24.4%，比2010年的23%和2009年的22.1%略有上升。② 各行业中断职业教育的人数如表3-11所示。

总体而言，经济发达的地区职业教育的中断率低于经济较为不活跃的地区。2011年德国平均职业教育中断率为24.4%，而经济较为活跃的巴登

① Bundesministerium fuer Bildung und Forschung（2013）：Berufsbildungsbericht 2013. Berlin. Ss. 104.

② URL：www. bibb. de/dokumente/pdf/a21_ dazubi_ daten. pdf，Seite 20-25. 访问日期：2013年4月18日。

符腾堡州和巴伐利亚州的职业教育中断率分别为20.9%和21.1%，而梅克伦堡－前波莫瑞州和柏林的职业教育中断率则高于33%（见表3－12）。

表3－11 2011年各行业中断职业教育的人员数量

年份	总计	工业和贸易业	手工业	农业	公共事业	自由职业	家政业	外国人数量
2008	139296	76815	48393	2793	777	9540	978	8961
2009	141360	76773	49869	3171	669	9864	1017	9114
2010	142242	77178	49563	3234	825	10413	1026	9900
2011	149760	80772	52980	3378	798	10860	972	10938

资料来源：Statistisches Budesamt（2012）：Bildung und Kultur. Berufliche Bildung. Fachserie 11 Reihe 3. Wiesbaden. S. 90。

表3－12 各州职业教育中断率

州	巴符州	巴伐利亚州	柏林	勃兰登堡	不莱梅	汉堡	黑森州
中断率（%）	20.9%	21.1%	33.6%	29.9%	23.5%	28.2%	23.2%
州	下萨克森州	北威州	莱法州	萨尔州	萨克森州	萨克森—安哈特州	石荷州
中断率（%）	23.6%	23.5%	26.5%	29.0%	27.5%	31.0%	27.2%
州	梅前州	图灵根州	原民主德国地区	原联邦德国地区	德国总计		
中断率（%）	33.9%	29.6%	30.7%	23.2%	24.4%		

资料来源：Statistisches Budesamt（2012）：Bildung und Kultur. Berufliche Bildung. Fachserie 11 Reihe 3. Wiesbaden. S. 90。

提前终止职业教育合同的原因可以是多样的，企业倒闭、职业教育方式的改变、学生成绩过差、学生对所职业教育提供的职业不感兴趣、受训者转换职业都可能是中断职业教育合同的原因。研究表明，中断职业教育的人群中有53%的人给出的原因是不喜欢所在职业，46%的人给出的原因是与教师或同事有矛盾，42%的人表示是因为自己的健康或经济原因。仅有28%的人表示自己在寻找另一份职业教育机会，16%的人表示已经找到了另一个职业受教育机会，16%的人表示是因为职业教育太难了，12%的表示是因为未能通过中期考试。[①] 一般而言，受教育程度低的人群较易终止职业教育合同，不具有完全中学文凭的学生终止职业教育的比例为38.6%，有完全中学文凭的学生中止职业教育的比例为34.5%，有实科中学文凭的学生中终止职业教育的比例为21%，参加过高考的学生中这一比例最低为13.6%。而且有外国国籍的受教育者较易中止职业教育学习，有外国国籍的受训者终止职业教育合同的比例为30.9%，高于德国人的24%。[②] 2012年尽管经济形势良好，但职业教育中断率并不低，这是因为良好的经济形势和宽松的劳动力市场让学生中断职业教育合同的风险降低了。

2010年的职业教育报告表明，每年有1/5的职业教育合约被提前终止，20—29岁的人中有15%的人没有能够完成职业教育。在中断职业教育合同之后的24个月中，仅有34%的年轻人能够重新签署一份职业教育合同，3%的年轻人开始高校学习，其他年轻人则由于等候双元制职业教育机会的人青年人非常多而被排除在双元制职业教育体系之外，或最终脱离职业教育市场。[③]

中断职业教育合同会给合同双方造成时间、资源上的浪费。2008年10月在德累斯顿教育峰会上联邦和州达成协议，计划至2015年将中断读书和中断职业教育人员的数目减半。为了达到这一目标，德国政府采取了以下一系列措施。

联邦教育和研究部和德国经济界的各重要工会（如ZDH、DIHK und BFB）一起从2008年12月1日至2014年12月31日耗资590万欧元引入了“防止职业教育中断”（Initiative VerA zur Verhinderung von Ausbildungsabbrü-chen）项目。[④] 该项目覆盖面为全德范围，每个地区都设立了志愿协调员，旨在帮助处于中断职业教育边缘的年轻人。该项目所提供的帮助一般为一年期，也可根据需要延展至职业教育结束。联邦劳工署和工作中心为这部分年轻人寻找专业人士，从心理上、专业上以及思想上

① Bundesministerium fuer Bildung und Forschung（2013）：Berufsbildungsbericht 2013. Berlin. S. S. 43.

② Bundesministerium fuer Bildung und Forschung（2013）：Berufsbildungsbericht 2013. Berlin. S. 42 – 43.

③ Bundesministerium fuer Bildung und Forschung（2013）：Berufsbildungsbericht 2013. Berlin. S. 43.

④ 详情参见URL：www. vera. ses-bonn. de，访问日期：2014年4月14日。

提供一对一的帮助，增强受训者的责任意识，以减少职业教育中断率。

除了为有中断倾向的年轻人提供帮助外，德国也采取措施，试图事前就降低学生产生中断职业教育的可能性。德国政府鼓励经济界为学生提前提供职业导向教育（Berufsorientierungsprogramm），德国工商业协会（DIHK）则建议提早建立职业规划，让学生对自己的个人特点和各种工种的内涵做充分的了解，帮助学生在进行职业选择时，就对自己的个人意愿和希望从事的职业分工有充分的了解，做充分的思想准备，不会因信息不对称的决定而半途而废。德国工业联合会（DGB）则建议也为企业提供职业教育帮助，受教育者突然中断职业教育合同，会让企业承担损失以及无法招募到合适员工的风险，因而应该帮助企业在职业教育的开始即引入社会教育学家，帮助受教育者制订合理的计划，确立职业教育的步骤，以及及时解决学生在受教育过程中可能出现的问题，而不是只有在受教育学生成绩较差时才求助于社会教育学家，此时往往已经过了最佳的解决时机。

四、社会的协同作用

德国的双元制职业教育的运营机制比较复杂，既归属联邦及州的教育部门管理，又取决于雇主以及工会等社会力量的参与，需要从国家层面、社会层面以及企业自身层面共同入手，以提高企业参与职业教育的积极性。

（一）国家管制减少

德国双元制职业教育体系兼具行业性和公益性，将政府、行会、学生和企业紧紧联系在了一起。政府需要借助双元制职业教育体系来提供社会公共产品，但政府并不干预职业教育过程，而是通过法律、法规的形式对双元制职业教育体系进行规制，确立职业教育体系的运作规则，明晰相关主体的义务和相关主管部门等。当职业教育市场出现不对称时，德国政府会试图通过经济性手段而非行政手段来对职业教育市场的行为体进行引导，以平和职业教育市场，推动双元制职业教育体系的发展。作为双元制职业教育体系的一个重要参与者，企业则需要借助双元制职业教育体系来最大化本企业利益，实现本企业的未来产业及人事结构设计，因而企业需要对本企业的职业教育决策有完全的自主性。在双元制职业教育体系中协调好政府的调控职能和企业的自主性之间的关系，需要政府和企业的有机结合，两者相互协调、相互促进、合理分工才能形成合力推动双元制职业教育体系的和谐发展。①

面对德国职业教育市场存在高新科技产业不愿意参与职业教育、空置岗位数量多、职业教育合同中断率高等问题，企业希望政府能够缩减国家管制的广度和深度，尊重企业的个体需求，给企业更多的自主性空间，而不是让企业因为既有规则的限制而无法根据现时需求进行职业教育的决策调整。为提高职业教育的吸引力，德国政府试图对双元制职业教育体系进行一系列现代化、灵活化和去官僚化管理。根据社会的发展状况，德国政府每年会对20—30个职业教育条约进行更新。在更新职业教育条约时充分考虑企业的需求，由企业根据自身特点提出动议，后由经济和劳动部的工作人员启动项目，最后在企业界专家的参与下共同决定。2005年修改的《职业教育法》压缩了职业教育体系的立法环节。新修改的《职业教育法》为了增强决策的灵活性和效率，取消了法律咨询环节，通过联邦和州共同组成的协调委员会的协商来讨论新管理条例的引入，但在最终听证时允许各州、各工会以及各经济界联合会参与，这样既保证了决策基础的广泛性，又节约了相关法案的通过时间。

（二）企业内生动力

政府的政策仅是外因，鉴于企业在双元制职业教育体系中的主体性地位，职业教育的发展需要企业的内生动力。企业需要通过职业教育培养符合本企业需求的应用型人才，特别是保持职业教育对高科技创新的接受度，增加职业教育的高技术领域的建设，企业也需要改变职业教育内容和职业教育者能力，以适应新岗位建设与发展。

职业教育培训在年轻人中的吸引力下降。在20世纪90年代初，同年龄层中有75%的年轻人参与职业教育，现在该比例已经下降到60%。而且近些年出现的职业教育申请职业教育人数减少、素质降低等现象使得许多企业担心本企业未来会出现专业人员短缺的现象。其中工业企业的担忧程度最高，

① 周丽华、李守福：《企业自主与国家调控——德国“双元制”职业教育的社会文化及制度基础解析》，《比较教育研究》2004年第10期。

有55%的企业有这样的顾虑，其次为贸易业和部分服务业（见表3-13）。对本企业未来后继人才的担心与企业规模成正比，企业越大，对本企业未来后继人才的担心就越高，雇员超过500人的大企业中有这一顾虑的企业比例为65%，而雇员少于5人的企业中有这一顾虑的比例仅为34%（见表3-14）。

表3-13　担心本企业未来会出现专业人员短缺现象的企业比例（按行业分）

行业	企业总数	存忧企业比例
农业	55600	25%
工业	79600	55%
手工业	342900	40%
贸易业	197300	48%
公共事业	83900	41%
自由职业	143400	45%
其他服务业	354800	47%
其他行业	105000	38%

资料来源：Philipp Ulmer，Peter Joblonka（2007）：Mehr Ausbildungsbetriebe-mehr Ausbildungsplaetze-weniger Qualitaet？Die Aussetzung der Ausbilder-Eignungsverordnung（AEVO）und ihre Folgen. In：BIBB Report 1（3/2007）Berlin. 和 Philipp Ulmer，Peter Joblonka（2008）：Die Aussetzung der Ausbilder-Eignungsverordnung（AEVO）und ihre Auswirungen. Bielefeld. Bertelsmann。

表3-14　担心本企业未来会出现专业人员短缺现象的企业比例（按企业雇员数分）

企业雇员数	企业总数	存忧企业比例
1—4人	684900	34%
5—9人	312900	52%
10—19人	141200	50%
20—49人	143800	52%
50—99人	37800	57%
100—249人	32000	57%
250—499人	4900	56%
500人以上	8700	65%

资料来源：Philipp Ulmer，Peter Joblonka（2007）：Mehr Ausbildungsbetriebe-mehr Ausbildungsplaetze-weniger Qualitaet？Die Aussetzung der Ausbilder-Eignungsverordnung（AEVO）und ihre Folgen. In：BIBB Report 1（3/2007）Berlin. 和 Philipp Ulmer，Peter Joblonka（2008）：Die Aussetzung der Ausbilder-Eignungsverordnung（AEVO）und ihre Auswirungen. Bielefeld. Bertelsmann。

为了应对这一压力，德国企业积极对本企业的职业教育做适度改变，采取了以下措施：

（1）为本企业做更多的宣传。为本行业塑造一个良好的形象，增强相关职业的吸引力。如经济界着力为数学、信息、自然科学和技术行业等行业宣传以招募培训申请者。

（2）建立“学习岛”，改革实训方式。在生产车间中建立“学习岛”，既节约了职业教育成本，又让学生更贴近实际生产过程，能够对所学有深刻的理解和领会，提高了教育质量。

（3）加强对低水平人员的职业教育。对于不完全符合本企业要求的应征者，企业并非是采取完全拒绝的态度，而是会为这部分应征者提供入职导向教育，在职业培训的过程中给予其更多的帮助。

（4）调整本企业职业教育的内容，使之更符合年轻新一代的需求。从教学内容和教学形式上做多种改进，增强对新一代的吸引力和亲和力，并给予一些培训机会良好的发展前景，以更好地将年轻人留在企业内。

（三）与社会力量的合作

行业规则在随着社会的发展而不断改变。国家和经济界需要适应这一改变，对职业教育发展政策作出适当调整，在以未来为导向的建设中需要各方共同参与，提高决定的透明度，这样才能使职业教育培养的人才不与社会需求脱节。在德国，双元制职业教育是由社会众多部门共同参与的多元多层次管理体制。联邦政府、州政府、地方政府、经济界、雇主组织、行业协会、雇员组织、各类公共部门、非政府组织相互结合、共同合作管理双元制职业教育体系，形成的是政府参与、多方面参与者认可、社会对话的职业教育新模式。[①] 在这一模式下，各参与方之间能够形成社会和政治组织的合作桥梁，构建一个相互协调的管理框架，既可以考虑到劳动力市场现实需求和发展前景，又可以兼顾到企业和受训者的需求。

行业协会是德国双元制职业教育体系中的一个重要环节，通过对职业

---

① Second international congress on technical and vocational education (1999): The changing role of government and other stakeholders in vocational education and training. Reference documents. p. 24.

教育的管理来保障同类企业的整体利益。在职业教育领域，行会承载了重要职能，其主要职能有：制定规章制度、认定企业职业教育资格、审查企业与受训者之间的职业教育合同、据《职业教育大纲计划》对受训学员进行结业考核与认证、监控企业的职业教育质量、为受训者和职业教育者提供咨询、职业教育教师资格考试以及纠纷仲裁等具体的管理工作。行会可以将分散的企业有效地组织起来，更好地将其需求反映到职业教育的决策过程中，解决职业教育发展与社会需求脱节的问题。雇主组织的职责有协商确立职业教育工资水平、参与职业教育规则制定、开发新的职业教育职业类型等。雇员组织的职责有为受训者提供咨询、参与职业教育规则制定、保障受训者权益等。通过各类组织的积极参与，各族群的利益在职业教育体系中都得到体现与整合。

在双元制职业教育体系的运作模式中，"协调性原则"是职业教育领域的一个重要指导思想，其主要内容是：在职业教育的原则性问题上，德国各级政府、各工会、各行会以及各社会团体之间需要通过一个有效的沟通和对话机制，在职业教育问题上进行良好的沟通，经过法律规定的协商流程，在达成一致后再付诸实践。例如，在进行《职业教育条例》修改时，需要由工会、行业协会或者联邦职业教育协会提出动议，由州教育部组织各研究机构和社会团体的专家们共同讨论再逐级协商。在双元制的课程开发问题上，首先由联邦教育和研究部下属的联邦职业教育研究院制订课程标准，然后由州政府、行业协会、经济界代表等进行共同表决通过后，再由企业和职业学校按照共同标准制订相应的职业教育条例和教学大纲，继而招聘老师实施职业教育。

在双元制职业教育体系的发展问题上，德国充分考虑各方意见，在于2006年4月组建的国家"职业教育创新团队"① 中，包含了联邦政府代表、州政府代表、雇主代表、工会代表、企业代表、职业学校代表、研究机构代表，各类组织代表人数平均，保证了意见来源的充分性和广泛性。德国合作与发展部自2011年以来积极倡导与德国经济界的职业教育伙伴关系，组建了"职业教育团队"（Team Berufliche Bildung）。"职业教育团队"旨在

---

① 该团队的主要目标是研究职业教育的中期发展，关注研究双元制职业教育与其他教育形式之间的融通问题。

讨论在职业教育领域发展政策中的核心进程，囊括了了联络、执行机构，以及经济界、市民社会、教堂、经济界的代表，各界组织如工会、行会、联合会、教堂等社会合作伙伴等都积极参与了伙伴关系的构建。

五、小结

职业教育体系具有强烈的以满足经济活动需求为目的的导向性，始终贯彻的是为未来的工作而进行教学的思想，具有很强的实践目标性。全球化与科学技术的迅速发展，导致德国的经济结构产生了向第三产业以及高技术含量产业转移的趋势。产业的发展决定职业教育的发展方向，产业结构的调整需要双元制职业教育体系作出应对性的调整，为职业教育发展提供原动力。根植于本国产业与经济模式的双元制职业教育体系必须不断地求新发展，才能适应经济发展的需求，从而更进一步成为产业结构升级的推动力。

德国双元制职业教育体系为应对科技迅速发展的需要，并为学生的知识更新提供帮助，提高了体系自身的自我更新的力度和频率；对于学生日益强烈的重视学术教育的倾向，德国职业教育体系积极面对学术教育的竞争，在突出自身优势的同时加大了和学术教育衔接的程度，以保持自身竞争力；职业教育还加强了对学生综合能力的培养，并通过标准化改革，一方面在个人素质教育方面向一般教育靠拢，另一方面更好地适应了欧洲一体化的需求。但德国对双元制职业教育体系的改革基本上是微调，在过去的十几年中就双元制职业教育的总体结构而言并未发生大的变化。

在双元制职业教育体系中，企业是职业教育的主体，企业的内生需求才是双元制职业教育进一步发展的源泉。政府所能起到的是积极引导的作用。在大环境的影响下，德国企业为参与职业教育，提高本企业的储备人才水准进行了积极的努力。通过塑造本企业良好形象、改革实训方式、根据年轻一代特点改善本企业职业教育的内容，本企业的职业教育更具吸引力。为赢得更好的专业人才，企业在职业教育领域的投入在增加。联邦职业教育研究院的一项问卷表明，德国企业对职业教育基本上持积极态度，75.3%的企业会保持其招收职业教育受训者数目不变，16%的企业甚至有意扩张其招收规模，只有7.4%的企业表示将在未来三年内缩小招收规模，而有 1.4% 的企业表示不愿再进行职业教育。[①]

为促进双元制职业教育的发展，德国政府采取了一系列措施，例如加强中介、增加职业教育岗位数量等，对具体行业、中小企业进行积极的促进，并通过政策优惠和资金促进等提高企业参与双元制职业教育体系的积极性。为了让职业教育体系能够更好地适应变化的社会环境变化和迎合企业发展的需求，德国将职业教育形式多元化，实施委托职业教育和职业教育课程国家化，并组建了联邦职业教育研究院，为职业教育的发展提供学术性支持。德国政府还引入了“防止职业教育中断”项目，以降低职业教育高中断率的负面影响，而且设计了职业导向教育项目和职业规划服务，以试图在事前规避学生中断职业教育情况的发生。为增强职业教育的影响力，德国政府还在企业中积极推广职业教育文化，以德国职业教育的历史为依托，将职业教育作为一种社会文化在企业中进行传播，积极宣传职业教育的正面意义。特别是在新兴高科技产业中，双元制职业教育尚未普及，从职业教育文化的角度宣传职业教育更有利于增强职业教育的亲和力，增强企业对于职业教育的认同，加快职业教育在企业的普及。

德国职业教育的一个突出特点即为社会力量对职业教育的参与度高，德国以企业为主体、社会力量积极参与、政府协调引导的职业教育模式有利于调动各相关方的积极性，整合各方的利益需求，形成更有效的解决模式。但同时也必须看到在目前提高企业职业教育效能的政策中存在着一定的问题，各类政策多为实用型政策，资金性或者政策性的方法有一定的有效期，无法持续性地改善一些长期存在的问题，如中小企业人才招募困难等问题。这类问题往往需要通过产业型的政策加以辅助才能得以缓解，这需要从更广的政策范畴上去对职业教育问题做更深刻的思考。

职业教育和劳动力市场具有直接相关性，因而其自身水平对于劳动力市场的成功具有重要意义。德国的经验表明，具有先进水平的制度也需要以未来为导向，根据实际变化作出相应的调整。在受到其他教育形式的更多挑战时，需要取长补短，发扬自身优势，找到合适的发展路径。这一改革路径可以成为中国职业教育体系的指导思路。中国现在职业教育体系面

---

① BIBB-Qualifizierungspanel (2012): Gründe für unbesetzte Ausbildungsstellen aus Sicht der Betriebe. In: BIBB-Kurzinformationen 3/2012. Bonn.

临的一个很大问题即为受中国传统重学轻商的思想影响，培育技工的职业教育体系受到社会的歧视。德国的经验表明，思想观念上的问题可以用体制设计来稍作弥补，尝试引入复合学业制既可以解决职业教育体系招生难的问题，又可以解决大学生就业难的问题，还可以适应人口因素导致的学生数量减少，并缓解困难学生的经济压力，以及相应提高技工素质。由此可见，一个好的职业教育体系应该既照顾到产业、个人、就业等方面的现在需求，又能发展长远眼光，兼具未来导向性，这样的职业教育体系才能更有效地实现教育和就业间的结构性连接，提高体系效能。

德国双元制职业教育注重实践，强调为未来的工作而学习。经过近两个世纪的发展，德国双元制职业教育体系在德国的经济发展中起到了不可磨灭的重要作用，为德国的经济崛起培养了大批实践性技术人才。同时，通过职业培训提高个人素质、提供工作岗位，也提供了个人上升空间，帮助大批底层人士成功实现了由社会底层向中产阶级的转换，有效地稳定了德国的社会结构。但是在新形势下，双元制职业教育体系面临着新的挑战。专业技术工人不再成为年轻人的理想工作。越来越多的年轻人受国际一体化的影响，倾向于接受大学教育，取得学术文凭，德国尊重有技术的产业技术工人的传统正在受到腐蚀。经济领域出现了有实践潜力的技术工人匮乏的现象，这对以制造业为核心竞争力的德国构成了威胁。通过制度设计，进一步提高双元制职业教育体系的新引力，在新形势下进一步发挥双元制这一传统制度的新活力成为双元制职业教育体系不变的挑战。

欧债政策篇

第四章 欧洲央行的独立性困境

在全球金融化的背景下，欧洲中央银行（简称“欧洲央行”）和欧元区外主权国家央行一样，面临着新的挑战。全球热钱的流动，打破了许多国家货币数量和通胀的直接关系，各国控制基础货币的难度增加，各央行很难完全保持货币政策的独立性。美国次贷危机引致的全球金融危机，最终在欧洲硬着陆，触及了自欧元引入以来欧元区积累的金融顽疾，更是将欧洲央行推到了一个进退两难的境地。欧洲大陆金融市场一蹶不振，欧洲银行收缩海外业务，美国银行从欧洲撤资，银行间借贷市场停滞，欧洲央行短期存款急剧上升，从广义货币供应量到消费物价调和指数的货币政策外部传导机制遭到了破坏，欧债危机升级，对全球经济的破坏性逐渐上升。而欧洲央行与欧元区主权国家央行异于普通意义上的中央银行，具有强烈的独特性，为限制欧债危机不断增加的负面影响，欧洲央行的举措已被迫突破本身传统角色地位，超出其基本使命，关于欧洲央行目标与独立性的讨论亦成为救助欧债危机的一个重要议题。

第一节 欧洲央行的独立性困境

一、欧洲央行的欧债难题

自欧债危机爆发以来，欧洲央行为重塑市场信心，出台或内部采取了一系列应对措施，主要包括以下几个方面：

第一，扩大抵押担保资产的范围。2010 年 5 月，欧洲央行就宣布不论希腊主权信用评级如何变化，都将接受希腊国债作为再融资操作中的抵押品。此举意在为希腊融资提供支持，提高希腊国债的吸引力，降低其融资成本。特别是希腊被降级后，欧洲央行表示愿意接受“垃圾级”主权债作为抵押，这远远超过了欧洲央行以往的底线。2011 年 12 月 8 日，欧洲央行又宣布放松合格抵押品标准，接受评级为 A 级的资产作为融资抵押品。

第二，降息。欧洲央行自全球金融危机以来持续地实施降息这一强力政策工具，欧洲欧元区进入降息周期，至 2009 年 5 月 7 日欧洲央行基准利率终降至 1% 的历史低点。欧元区形势暂时缓解后，为应对通胀风险，欧元区又进入加息行列，然而欧债形势的恶化以及欧元区主要经济体面临严重疲软，让欧洲央行两次加息后又重返降息通道，于 2011 年 12 月 8 日再返 1% 的历史低点。欧洲央行在 2012 年 2 月的议息会议上宣布维持指标再融资利率在 1% 不变，但市场认为基准利率依然具有下调空间。

第三，购买证券操作。债券市场失灵，重债国流动性短缺，为修复债券在货币政策传导中的功能，欧洲央行，从二级市场购买欧元区成员国的中央政府和公共部门发行的可交易债券，从一级市场和二级市场购买欧元区私人公司发行的可交易债券，并通过微调操作对冲购买债券投放的流动性。2010 年 5 月欧洲央行开始在证券市场计划（Securities Market Programme，简称 SMP）框架内购买重债国债券。至 2011 年底欧洲央行总共购买了 2100 亿欧元，其中 1570 亿欧元为重债国债券，约为欧洲央行资产的 10%。①

第四，以超低息贷款的形式向市场注入大量流动性。2011 年 12 月 8 日，欧洲央行削减基准利率 25 个基点至 1%。此外，欧洲央行重启非常规操作措施，将以固定利率为银行推出三年期的长期再融资行动（Long-Term Refinancing Operation，简称 LTRO），发放三年期低息贷款。2012 年 2 月 29 日，欧洲央行又引入第二轮 LTRO，两轮 LTRO 规模超过了一万亿欧元，旨在增加欧元区货币市场的流动性，缓解欧洲金融体系因主权债务危机而出现的信贷紧缩局面。此举有效地缓解了对银行流动性的担忧。

第五，各国央行联手，提供外汇流动性。欧洲银行业的融资结构以拆借资金为主，而欧洲银行主权债务敞口的不确定性，使得美国及其他国家的货币基金从欧洲大幅退出，导致欧洲银行的美元流动性短缺，这不仅让欧洲银行陷入流动性衰竭的困境，也可能会影响到全球的金融信贷。美联储、欧洲央行、英国央行、加拿大央行、日本央行及瑞士央行重新启动了货币互换协

---

① Weltwirtschaft：Deutliche Abkuehlung in Industrielaendern. DIW Wochenbericht Nr. 40 2011. S. 15.

议，2011年11月30日，决定自12月5日起将几大央行之间现有的临时性美元流动性互换利率下调50个基点，又将货币互换协议延长至2012年8月1日。六大央行联手，临时提供美元流动性，减缓全球资本流向的逆转。

第六，通过欧洲央行自有的TARGET－2系统①为重债国提供流动性。为弥补私人资本外逃所带来的资金缺口，各国央行特别是德意志联邦银行，通过欧洲中央银行的TARGET－2系统为重债国央行提供大额贷款。2011年底前，仅德意志联邦银行就通过TARGET－2系统提供4950亿欧元的贷款，② 缓解了重债国的融资困境。

事实上自欧债危机以来，欧洲央行的政策重点已有所转移，专注币值稳定的目标逐渐退为二线，稳定金融市场这一目的逐步主宰了货币政策的走向。③ 为了挽救“欧猪国家”，欧洲央行采取了非常规措施，如在二级市场购入国债和引入具有欧洲央行特点的LTRO政策。这打破了欧洲央行之前恪守的保持欧洲央行独立性、以欧元币值稳定为目标的传统。LTRO政策通过规则设定，要求欧元区银行必须以区内成员国国债资产作为抵押向欧洲央行申请贷款，这项规定意在一举三得：第一方面为欧元区银行提供了流动性；第二方面支撑了欧元区国债市场；第三方面可以由欧元区银行承担购买国债的损失，降低了欧洲央行承担的风险比。LTRO政策经过了精心的设计，不是直接购买成员国国债，增加基础货币供给，而是通过以超低息贷款的形式向市场注入大量流动性，但这无法遮掩其为欧版量化宽松、维持金融市场稳定的实质。

欧洲央行非常规措施的引入并未能解决危机，这些政策仅仅暂时降低了重债国国债收益率，促使银行业获得更多的流动性。欧洲央行面对现实

---

① TARGET为Trans-European Automated Real-Time Gross Settlement Express Transfer（泛欧实时大额快速支付体系）的缩写，为欧元区一国商业银行向别国商业银行交易系统。系统一般为无法出清得到跨国支付提供路径。2007年起，较小额支付也经由TARGET系统结算，TARGET系统升级为TARGET－2。参见：Hans-Werner Sinn，Timo Wollmershaeuser：“Target Loans，Current Account Balances and Capital Flows：The ECB’s Rescue Facility”．NBER Working Paper No. 17626. November 2011. pp. 6－8。

② Statistik der Deutschen Bundesbank：Zeitreihe EU8148：Auslandsposition der Deutschen Bundesbank im ESZB / Forderungeninnerhalb des ESZB / sonstige Forderungen（netto），Stand vom：10. November 2011.

③ Pressemitteilung der EZB vom 10. Mai 2010 URL：www. ecb. int/press/pr/date/2010/html/pr100510. en. html，访问日期：2013年4月14日。

采取的原则性让步也仅是缓解了危机的爆发速度，欧债风险从希腊逐渐蔓延到了西班牙和意大利，并且随着法国降级风险的增大、德国支付压力的上升，还有将德法等核心国家拖入其中的趋势。欧洲央行的自身机制以及救助措施之所以未能挽回欧债市场危机影响更加深入、覆盖范围变广的发展势头，这一方面是由于欧债危机并非简单意义上的支付危机，而是欧元区竞争力差异造成的体制性危机，另一方面，则在于关于欧洲央行独立性的争论也暴露了欧洲央行在设计机制上的缺陷。

二、欧洲央行的独立性困境

（一）独立性内涵

欧洲央行独立性，简而言之，是指欧洲央行可以独立推行自己的金融政策，独立于其他经济和金融政策领域，不受欧元区各国政府的约束，对建立欧洲经济共同体、国家公共事务没有金融方面的义务。欧洲中央银行的独立在很大程度上是通过立法形成的，主要由《欧洲联盟条约》（又称《马斯特里赫特条约》，以下简称《马约》）及其附件三《欧洲中央银行体系和欧洲中央银行章程》（简称《欧洲中央银行体系章程》）确立了法律基础。《马约》第 107 条和《欧洲中央银行体系章程》第 7 条规定："在行使和执行本条约和本章程赋予的权力和任务时，欧洲中央银行、各成员国中央银行或其决策机构的任何成员，均不得寻求或接受共同体机构、来自任何成员国政府或来自其他任何机构的指示。共同体的机构与成员国政府承诺尊重这一原则，不影响欧洲中央银行或各成员国中央银行决策机构成员执行其任务。"这条规定为欧洲中央银行政治上的独立地位奠定了一个总的基调，成为关于欧洲中央银行独立性最重要的法律渊源。

随着欧元的发展和欧债危机的演进，欧洲央行的独立性困境日渐清晰：欧洲央行的独立性实际上是相对的；价格稳定并非欧洲央行的唯一目标，欧洲央行也需为其他目标负责；欧洲央行可控资源不足以维持其独立性，欧洲央行的内在运行机制甚至对欧元区的稳定性构成了威胁。

（二）独立性的相对化

20 世纪 70 年代出现的以"时间非一致性"（Time inconsistency）理论

为基础的经济学理论论证了中央银行拥有独立性的意义。该理论认为，政府因为考虑到政治周期和选举因素会更加关注高水平的就业和更高的政府收入，因此倾向于通过创造未预期到的通货膨胀率来获得利益。但私营经济部门会渐渐认识到政府的这种行为，并作出应对措施，从而使得实际的通货膨胀率高于政府承诺，这种时间不一致性就会导致通货膨胀的倾向。而独立的中央银行异于短视的政治家，无取悦选民的考虑，则会更多地看重长期政策，排除其他因素，将价格稳定置于优先地位，从而更有效地稳定经济。① 降低央行对财政的依附度、防止央行因为过于重视短期利益而采取牺牲物价稳定的方式来换取经济成长，这是欧元建立之初设计者们的主要着力点。为确保欧洲央行的独立性，欧元设计者们在欧洲央行的资本预算、机构设置、规章制定、人事任免和职能履行等方面都做了相关规定。特别是欧洲中央银行所掌握法规的制定权和处罚权显示了其相当大的超国家性和独立性。

然而在实际运作中，欧洲央行相对于各国政府的独立性不是绝对的，而是相对的。为防止大国对决策结果的操纵，欧洲央行行长理事会的决策过程采取的是一人一票的简单多数制。因为执行理事会在行长理事会中只占有少数地位，各成员国央行行长占了绝对多数，随着欧元区的不断扩展，欧洲央行内部权力分散趋势加剧。这样的格局极易步入民主决定的误区——群体决策有可能导致短视，因而抹杀了长期原则。这种能可能性随着欧债危机局势的恶化得到了实现的空间。

欧洲央行独立性之争在欧债时期体现为对欧洲央行对购买重债国债券的争论。《欧盟运作条约》（Vertrag über die Arbeitsweise der Europäischen Union）第123条第1款明确禁止了欧洲央行为成员国政府提供货币融资的行为：禁止欧洲央行或成员国央行向欧盟其他机构、各成员国政府或其他团体或公共事业投资或提供任何信贷安排、弥补财政赤字或将公共债务货币化的行为；禁止欧洲央行和成员国央行从上述机构购买债券。这条规定不仅切断了欧洲央行体系与欧盟其他机构和成员国政府间资金往来，防止政府通过货币融资这一渠道对欧洲央行进行操作和利用，甚至改变货币政策

① Robert Barro，David Gordon："A Positivetheory of monetary policy in a natural rate mode"，Journal of Political Economics. No. 191. 1983. pp. 589 – 610.

的走向的可能性；而且有效保持了欧洲央行的经济相对独立，也是体现央行独立性的重要指标。被热议的为欧洲金融稳定基金发放银行许可，因为被视为政府通过欧洲央行进行货币融资的变通行为而遭到德国的强烈反对。但是对于在二级市场购买债券是否可以理解为是间接的，并没有定论。①

欧洲央行购买重债国国债的行为也让欧洲央行承担了巨大的风险，金融界的鹰派认为欧洲央行插手援助重债国会让央行脱离其本来目标，成为政府政策的辅助，从而失去独立性。按照德国学者闻格的观点，货币政策不应成为政治斗争的目标，货币政策的非政治化应该成为各政党的共同认知，甚至应成为一般性的经济政策。② 曾视为欧洲央行行长不二人选的德意志联邦银行前主席韦伯认为欧元问题是一个非常政治性的话题，而不能任由以技术官僚为主体的机构来决定。欧洲央行独立性特权是为了让其能专注在其核心任务。在与欧洲央行理事会其他成员争论后，韦伯离开了所有公共部门职务，进入瑞士私人企业。现任德意志联邦银行行长魏德曼认为欧洲救助策略是不可持久的，认为欧洲央行应该继续沿用德国央行的稳定导向策略。韦伯的同政见者欧洲央行经济学家斯塔克认为欧洲央行的现行政策只能暂时稳定市场但极大地损害了欧洲央行的独立性，③ 所以斯塔克选择了离开欧洲央行理事会。随着斯塔克的离职，金融市场的不稳定性进一步增加，也表明他所支持的货币理论在欧洲央行理事会已经失去了决定性影响。④ 力挺欧洲央行独立性的德国央行的银行家在欧洲央行被孤立，德意志联邦银行行长成为欧洲央行金融政策的反对党领袖，这在欧洲央行历史上尚属首次。政治性问题绑架了欧洲央行独立性，使其特性更为淡化。

---

① Ansgar Belke，Dirk Kruwinus：“Erweiterung der EU und Reform des EZB-Rats：Rotation versus Delegation”，Hohenheimer Diskussionsbeitrag Nr. 218/2003；Bundesbanker vermuten franzoesisches Komplott http：//www. spiegel. de/wirtschaft/soziales/0，1518，697489，00. html spiegel. de vom 29. Mai 2010；Brian Blackstone：After Debt Crisis，New Tension Between ECB，Germany. The Wallstreet Journal，29. Mai 2010. 访问日期：2013 年 4 月 19 日。

② Horst Ungerer：“The European Monetary System：Developments and Perspectives”. Occas Paper No. 73，International Monetary Fund，Washington DC November 1990，p. 46.

③ Anne Kunz，Konrad Handschuch：Das kann nicht Aufgabe einer Zentralbank sein. URL：http：//www. wiwo. de/politik/europa/juergen-stark-die-maerkte-wurden-nur-temporaer-beruhigt/5965784 – 3. html Wirtschaftswoche vom 19. Dez. 2001，访问日期：2013 年 4 月 14 日。

④ Analyse：Immer weniger Gegner von Anleihenkauf im EZB-Rat. URL：www. handelsblatt. com/economy-business-und-finance-analyse-immer-weniger-gegner-von-anleihenkauf-im-ezb-rat-postbank/4594938. html，访问日期：2013 年 4 月 16 日。

（三）价格稳定与其他目标的矛盾

央行独立性包括执行货币政策工具的独立性以及拟定货币政策目标的独立性，其中目标独立性是欧洲中央银行维护独立性的前提。政策工具独立性指的是央行能够控制货币政策的执行过程，目标独立性是指央行有权制定货币政策目标，其实质就是要保证央行有制定货币政策目标和使用货币政策手段的自由。① 欧洲央行独立性关乎市场的安全，从社会长远利益的角度来看，为了保证中央银行能够客观有效地运作，应将中央银行设计成为以价格稳定为目标的公共机构，不受政府控制，拥有高度的独立性，因为货币政策对经济发展的最好贡献就是价格稳定。② 1991 年订立的《马约》第 105 条第 1 款、《欧洲中央银行体系章程》第 2 条、《欧盟运作条约》第 127 条第 1 款都规定："中央银行体系的首要目标是保持价格稳定，在不妨碍价格稳定的前提下，欧洲中央银行体系应支持共同体的总体政策，以促进实现本条约第 2 条所规定的共同体目标。"为实现目标独立性，欧洲中央银行体系可以确定自身的通货膨胀目标，即公布经量化的物价稳定指标。为了维持这一目标，欧洲央行享有货币发行的排他权，可以自行决定欧元区信贷利率水平，可以独立制定货币政策战略和运作框架。

除了保持价格稳定这一目标外，欧洲央行还承担着其他任务。《马约》第 105 条及其附件《欧洲中央银行体系章程》第 2 条规定，欧洲中央银行体系的首要目标是保证物价稳定。在不妨碍物价稳定的前提下，欧洲中央银行体系应支持欧盟的总体经济政策。在实现其目标的过程中，欧洲中央银行体系应遵循自由竞争的开放性市场经济原则，借以促进资源的有效配置。③

在欧洲央行筹建之初，关于欧洲央行的主要目标的设定问题，在德国国内存在着巨大争论。基民盟/基社盟和自由民主党认为，价格稳定应为欧

---

① Forrest Capie，Stanley Fischer，Charles Goodhart，Nobert Schnadt：The future of central banking：the Tercentenary Symposium of the Bank of England. Cambridge University Press 2008. pp. 262 – 304.

② Egon Goergens/K. Ruckriegel/F. Seitz：Europaeische Geldpolitik，3. Auflage，Lucius & Lucius 2003. Seite 119 – 120.

③ Europaeische Zentralbank：Die Einheitliche Geldpolitik in Stufe 3 – Allgemeine Regelugen für die geldpolitischen Instrumente und Verfahren des ESZB，September. 1998，S. 2.

洲央行的主要目标，而只有在不危及物价稳定的前提下，欧洲央行才能兼顾就业和经济的增长问题。社会民主党、绿党则认为价格稳定、经济增长、促进就业应并列为欧洲央行的主要目标，不能让价格稳定位于优先于其他两个目标的位置上。[①] 最终，在相关条约中对于欧洲央行的其他目标只做了模糊的表述：在不损害价格稳定的前提下，欧洲央行还应支持欧盟的总体经济政策，以促进资源的有效配置。这样的表述给了欧洲央行自行解释的空间。欧洲央行对于物价稳定的解释也给货币政策为其他目标服务留有了余地。1998 年 10 月 13 日，欧洲中央银行理事会首次对物价稳定作出了量化的解释："物价稳定应当被定义为欧元区综合消费物价调和指数（HICP）的年增长率低于但接近 2%，并且物价稳定应在中期得以维持。"[②] "年均增长率"的定义事实上暗含着防止通货紧缩也是欧洲央行的任务之一，"在中期得以维持"意味着欧洲央行的货币政策不受短期物价变动的干扰，临时地背离通货膨胀目标是允许的。

在欧债危机的背景下，价格稳定与其他目标的矛盾被演化为关于货币政策界限的讨论，欧洲央行理事会的鸽派以欧元的继续存在为论据，要求欧洲央行干预。鸽派将支持经济增长也视为央行的责任，认为欧洲央行恪守独立目标，通过利率实施惩罚的机制，在希腊已被证明是不可行的了。鉴于欧洲更进一步的政治融合以新的合约为基础，而新合约的通过需要各国议会讨论、修宪甚至全民公决，这需要很长的时间，因此欧洲央行是现在危机中唯一可以起作用的机构。在危机中，欧洲央行可以发挥一个中介的桥梁性作用，直到扩展后的欧洲金融稳定基金投入使用，并且财政政策找到可操作的工具。而现在欧债危机已经演变成公共财政和金融体系稳固性的信任危机。这个危机忽视基本经济数据，有强大的自我实现性。2012 年意大利需要融资 3070 亿欧元，这对低迷的南欧国家国债市场而言是一个不易完成的任务。防止金融垮塌的任务迫在眉睫，央行的主要任务应转为稳定市场，德意志联邦银行的意见从制度设计的角度来看是非常正确的，但是面对市场信任度的缺失，紧急性高于原则性，保持金融市场稳定应优先于控制通胀成为欧洲央行的首要任务。

---

① Rolf Hasse，Herrmann Schneider，Klaus Weigelt：Lexikon sozialer Martkwirtschaft. Wirtschaftspolitik von A bin Z. Paderborn：Schoeningh. 2002. S. 359.

② ECB Press Release："A stability-oriented monetary policy strategy for the ESCB"，13 Oct. 1998.

与之相对，鹰派则认为，欧洲央行的责任是抑制通胀。维持国家债务平衡是政府和财政政策的任务，救市的责任应由欧元区各国政府自行承担。采用财政政策可以更有效地达到目的。若由货币政策承担桥梁性作用的话，一则风险太大，二则有可能起不到预期作用。

欧洲央行原本也只应该负责欧洲的价格稳定政策，紧急政策不属于欧洲央行的目标。2011 年年中，德意志联邦银行行长魏德曼这样评价欧债危机：在欧元的发展过程中，出现了各国国家财政不稳固和经济发展方向错误等风险，若将这样的风险在欧元区内一体化，这将削弱以财政独立为基础建立起来的货币联盟的根本，日后建立稳固的财政政策将更加困难。因此央行不应承担额外的风险，货币和财政政策的界限不应该被抹杀。[1] 而欧洲央行迄今为止采取的措施已经让欧洲央行的声誉面临很大的质疑，被认为是图一时方便而牺牲原则。

综上而言，欧洲央行不能凌驾于各国政府机构和相关组织机构之上，作为经济决策机构之一，它必须共同面对失业率上升、经济衰退等实际经济后果。欧洲央行的价格稳定和其他目标之间的关系需要更明确的定位。价格稳定目标的绝对优先地位在财政独立的欧元区缺乏有力的资源支持。欧洲央行限于欧元运行的机制特点，囿于自身的目标、角色与机制的设定，无法兼顾宏观经济发展，但宏观经济的发展最终将使得欧洲央行价格稳定的目标变得不可实现，甚至会涉及欧元区的安危。

（四）欧洲央行独立的转移支付体系的衍生威胁

欧洲央行与欧元区主权国家央行体系随着欧元的引入，面临着巨大的考验：欧元区主权国家央行使用新的结算体系，但因为失去货币发行权，也失去了恢复本国账目平衡的货币政策权；欧洲央行的虽然保持总体账目平衡，但成员国间账目失衡会造成不容忽视的体制性问题。

欧债问题是欧元区内部的共同问题，在各个国家财政独立的背景下，实际上也可被传统地视为独立财政的主权国家的个体问题。欧债危机使得

---

① 参见：Henrik Müller，Panik paralysiert Prinzipien，URL：http：//www. spiegel. de/wirtschaft/soziales/0，1518，779500，00. htmlschmutzige Spiegel. de vom 11. August 2011，访问日期：2013 年 4 月 16 日。

货币政策一体化与财政政策的独立性的矛盾被激化，但欧洲央行仍然维持其货币政策独立性，并通过 TARGET-2 系统保证欧元金融体系的继续运营。TARGET-2 余额指欧元区各国央行相对于欧洲央行的资产负债表详情，反映了欧元区内部的资金流向。一国商业银行间进行支付，实际上转移的是商业银行在央行的基础货币。而异国商业银行间进行支付，则是通过欧洲央行的 TARGET-2 系统，由两个国家央行来实现的。两个国家央行为商业银行进行转移支付，也是在增减各自的基础货币，与此同时变化的还有两国央行在欧洲央行的权益与负债。因此，相对于表面上发生的异国商业银行间转移支付，实际发生的是两国央行基础货币的变化以及两国央行在欧洲央行的权益变化。每个工作日各成员国央行之间通过这个方法结算，将各自的账户余额转换为在欧洲央行的权益。而此类转移支付的利率则由 TARGET-2 系统统一产生。虽然欧洲央行的资产负债表未曾发生变化，但两个成员国央行的资产负债表已经相当于提供或接受了一笔活期账户贷款。

欧债危机爆发前，欧元区内部银行间通过相互借贷维持实际经济不平衡造成的收支不平衡，从而维持各国在 TARGET-2 系统中的收支平衡。随着欧元区商业银行间信贷枯竭，商业银行无法再为各国竞争力的差距提供流动性。资金出于安全性考虑从边缘国家涌入核心国家，进入核心国家银行，造成核心国家央行对商业银行的负债急速上升以及核心国家央行在欧洲央行 TARGET-2 系统中的权益增加。为维持整个 TARGET-2 系统的结算平衡，与之相应，边缘国家央行在欧洲央行 TARGET-2 系统中的权益减少、负债增加。在经济不平衡、市场存在严重信任危机的背景下，各国在 TARGET-2 系统中必然出现巨大失衡，而 TARGET-2 体系作为一种结算体系，并未设立大波动预警机制，由此 TARGET-2 跨境支付系统蕴藏了很大的风险。

这样欧债危机爆发后，尤其是金融市场信贷枯竭后市场机制运作的实质是：资金出于安全性考虑涌入核心国，而核心国家央行被迫增加在 TARGET-2 体系的权益，以延续现有体系的运作，实际上相当于为重债国提供了一笔贷款。TARGET-2 转移支付系统提供的这种贷款无需各国议会批准，也不会影响欧洲央行的账目均衡，且欧元区内所有国家的 TARGET-2 系统的余额加总为零。在 TARGET-2 体系，各国央行对贷款的提供没有自主性，且当借方无力偿还贷款时，贷方需独立承担损失。一般情况下，这部分支付是无风险的，但系统若是崩溃，则面临无法得到偿付的风险。

各国需按照各自在欧洲央行的资金比承担相应的损失，而且 TARGET－2 系统的失衡程度仍在上升。可以说，在欧债危机的背景下，TARGET－2 系统的运作有了新的内涵：一方面降低了流动性缺乏的紧急性，方便了核心国家避开议会为重债国提供融资；另一方面也会加速货币流通，影响欧洲央行的利率的传导作用。2008 年欧债危机爆发前，欧元区 TARGET－2 体系的失衡总额仅为 180 亿欧元。① 截止到 2011 年 2 月，德意志联邦银行已经为 TARGET－2 体系支付了 3210 亿欧元，至该年 8 月底上升为 3900 亿欧元（如图 4－1 所示），而至该年年底之前该数目已上升至 4950 亿欧元。② 欧元区资金从核心国家央行转移到边缘国家央行，被用于推高重债国国债的市场利率、维持边缘国家垃圾国债的市场信誉，造成市场价格的扭曲；而核心国家的资产转换成为 TARGET－2 系统中对边缘国家的高风险债权，造成边缘国挟持核心国的能力在增加，这大大降低了核心国家银行体系的抗风险能力。欧洲央行试图保持货币政策的独立性，但其 TARGET－2 支付体系随着欧债危机的深化，正在进一步降低整个欧元体系的稳定性。

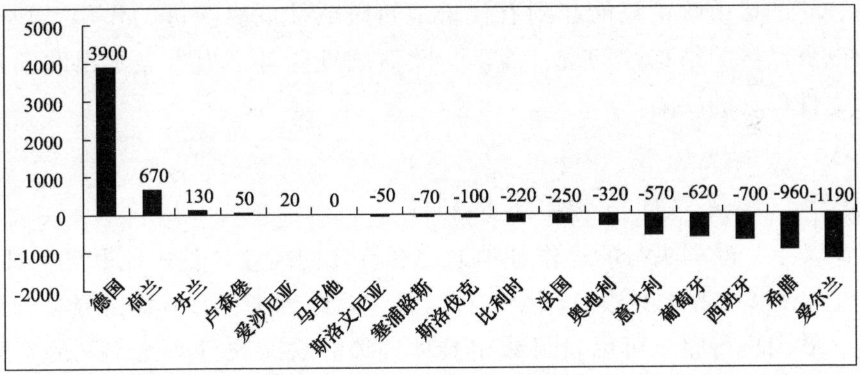

图 4－1　部分欧元区国家 TARGET－2 系统余额（2011 年 8 月底数据）

资料来源：Hans-Werner Sinn，Timo Wollmershaeuser：“Target Loans，Current Account Balances and Capital Flows：The ECB's Rescue Facility”．NBER Working Paper No. 17626. November 2011. p. 2。

---

① Statistik der Deutschen Bundesbank：Zeitreihe EU8141：Auslandsposition der Deutschen Bundesbank im ESZB / Forderungen innerhalb des ESZB / insgesamt，Stand vom：12. September 2011.

② Sachverständigenrat zur Begutachtung der gesamtwirtschaftlichen Entwicklung：Zwanzig Punkte für Wachstum und Beschäftigung，Jahresgutachten 2002/2003，Wiesbaden 2002.

欧洲央行被赋予独立性使命，但在欧元运行数十年后，在新的经济环境下，欧洲央行缺少维持独立性的必要资源。欧债危机的紧急性也在质疑欧洲央行目标独立性的意义。既有机制设置不足以维持欧洲央行的独立性，欧元体系的维系以欧洲央行独立性的损失为代价，这正是欧洲央行面临的独立性困境。

第二节　欧洲央行独立性困境的根源

一、设计缺陷

欧洲央行传统上承担的是货币稳定的职责，而欧债危机的爆发将欧洲央行置于前所未有的挑战之中。欧债危机的根本，仍在于欧元区经济结构失衡和经济发展速度的不协调，欧洲银行的逐利性和借贷轻率性又拓展了欧债的破坏深度。然而，不能将解决欧债危机的重任完全寄托于欧洲央行一身，它的货币政策只能起到有代价地暂缓欧债危机演进的作用，却无法解决欧洲经济的结构性问题。然而，欧债危机应对不力也显示出欧洲央行的独立性设计的缺陷。

（一）无有效评估和约束机制

事实上，欧洲央行的运作基本上没有有效的绩效评估机制和约束机制。《马约》和《欧洲中央银行体系章程》都未对欧洲央行有具体的量化约束性规定，欧洲央行完全可以自行裁定具体政策。欧洲央行亦无实际的责任报告方和责任相对方，欧洲央行的政策需对欧洲民众负责，然而欧洲民众的概念太宽泛，并无实际的具体执行代理。即使《欧洲中央银行体系章程》第109b条规定欧洲央行应向欧洲议会负责。它要求欧洲中央银行必须向欧洲议会、欧盟理事会和执委会提交年度报告，欧洲议会对年度报告进行讨论，并要求欧洲中央银行行长以及执行董事会的其他成员出席欧洲议会的相关委员会并回答问题。但欧洲议会，包括欧洲法院都无法对欧洲央行的过失或疏忽作出判定，因此无法有效地监督欧洲央行的运作，也无法在欧洲央行的决策进入误区时纠正其观点。况且欧洲央行的组织结构及章程是由《马约》规定的，若要想修改欧洲央行的制度，就涉及修改欧盟条约，这将面临巨大的困难。

（二）机制不透明

可以说，欧洲央行享有高度的独立性，特别是政策工具的独立性赋予了欧洲央行强大的政策自主性。例如欧洲央行可以自主解释物价稳定的量化意义，① 并且可以自主确立央行的货币战略政策。欧洲央行的货币政策更凸显了央行政策量裁的自由度。

欧洲中央银行在1999年1月的月度报告中提出了货币战略政策，即双支柱战略，两个支柱分别为货币分析和广泛的宏观经济分析，试图以互相补充的视角分析价格变动趋势。货币分析法依托货币学派的观点，认为通过推行单一的货币增长量可以维持币制稳定。广义货币供应量（M3）被欧洲央行选定为货币政策最重要的中介目标。假设国内世界生产总值年增长率为2%—2.5%，货币流通速度为0.5%—1%时，M3增长参考值应为4.5%，以此来预示未来通胀率的变化。货币分析法将金融市场结构、货币流通速度以及制度性变革，如金融价格、收益等纳入货币分析框架之内，以此分析货币供给、物价和经济活动三者之间的关系。当M3偏离参考值时，欧洲央行通过分析原因，以确定是否需要为保持物价稳定而调整货币政策。经济分析则综合运用大量的经济和金融数据，如国民生产总值、消费需求、财政政策、物价成本指数、劳动力市场、工业生产、国际收支等，根据供求关系的变化来分析短期内影响物价的因素。通过对商品、服务以及劳动力市场定价过程中的成本的分析，区分暂时性通胀压力和会影响中期价格水平的通胀压力、评估物价稳定风险，以对未来经济形势和物价前景有全局的把握。

货币分析和广泛的宏观经济分析构成了保证实现物价稳定这一基本目标的有效货币政策决策框架。综合两种分析，央行可以更灵活地应对市场变化，然而高度的灵活性和自主性则容易引致决策的不透明性，市场无法单纯通过数据简单地判定央行的政策取向。回顾欧元区建立以来，传统的货币需求分析的独立效果很难得到证实，两种分析对决策的影响力大体相

① OECD：The OECD Jobs Study，Facts，Analysis，Strategies，Paris 1994.

当，货币分析并未完全占有“举足轻重”的决定性地位，并出现了在货币分析中引入判断性调整的倾向，更加关注中长期问题。例如，在2001年中至2003年中，货币分析的结论为价格稳定趋势明显，而经济分析显示经济存在下行风险。欧洲央行在综合评估货币分析和经济分析的结果后，更多地选择了经济分析的结果作为决策依据——实施了逐步减息的政策。①（欧洲央行基准利率的变化如图4－2所示）可见，从历史经验来看，作为内部分析法，欧洲央行也并非仅是根据货币分析得出的未来几个月的通胀或货币态势决定货币政策，而是会兼顾经济分析的结果，会把货币分析和经济分析中得到的信息互相印证，对照分析，并综合决策。但数据走势不能完全体现出央行的政策取向，欧洲央行对数据的处理仍存在自主性、决策程序不透明的情形。

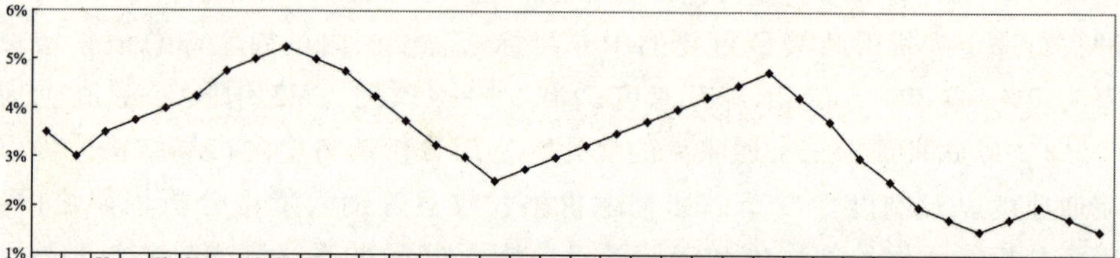

99-1-1	99-4-9	99-11-4	00-2-3	00-3-16	00-4-27	00-6-8	00-8-31	00-10-5	01-5-10	01-8-30	01-9-17
3%	2.50	3%	3.25	3.50	3.75	4.25	4.50	4.75	4.50	4.25	3.75

01-11-8	02-12-5	03-3-6	03-6-5	05-12-1	06-3-2	06-6-8	06-8-3	06-10-5	06-12-7	07-3-8	07-6-6
3.25	2.75	2.50	2%	2.25	2.50	2.75	3%	3.25	3.50	3.75	4%

08-7-3	08-10-8	08-11-6	08-12-4	09-1-15	09-3-5	09-4-2	09-5-7	11-4-7	11-7-7	11-11-3	11-12-8
4.25	3.75	3.25	2.50	2%	1.50	1.25	1%	1.25	1.50	1.25	1%

图4－2　欧洲央行基准利率的变化

资料来源：ww. ecb. europa. eu. 访问日期：2013年4月18日。

无责任相对方、无有效监督机制和决策机制的不透明导致内部决策有可能会偏离既定目标，而且也更不会有相应的纠错机制引导其回复应有的轨道，除非在市场上出现惩罚性结果。这一点恰恰在欧债危机的起因中得到了证实。欧元区经济发展不平衡，希腊等外围国家缺乏竞争力却举债消费；而德国等核心国家因为内需不足导致银行持有大量私人部门盈余，核心国银行将贷款给希腊等外围国家，造成了资金从北向南的持续流动。欧洲央行并未能够很好地对这种资金流实施监管，要求相关银行降低借贷风险为贷款购买保险，

① 比约恩·费舍尔、米歇勒·兰萨、休·皮尔、卢克雷齐亚·莱希林：《货币与货币政策——1999—2006年欧洲央行经验回顾》，《中国金融》2007年第5期，第62—63页。

降低系统风险。而且如此巨额资金长时间地流动趋势也因欧洲央行的信息封闭性而未能为市场所知晓，最终酿成欧债危机的苦果。

二、成员国政治利益的分化

欧洲央行可以独立设定基准利率影响货币市场的利率波动，但实际上在操作货币政策工具时，必须与各成员国协调，以争取成员国央行的支持。欧元区建立的是各国的货币主权归属欧洲央行、财政权归各国政府的非对称治理机制。无统一的经济政府、分割的政权的导致国别利益有可能超越欧元区的统一利益，各国央行行长在欧洲央行理事会行使投票权时往往是站在本国国别利益的立场之上，当国别利益在欧洲央行的决策的机制中占有决定性的多数席位时，国家利益就能够凌驾于欧元区利益之上，国家利益或是加总的部分国家利益绑架了欧洲央行货币目标独立性。因为缺乏对欧洲央行的决策做出监督与修正的有效机制，当出现央行政策工具独立性被操纵、欧洲央行独立性服务于国家利益的情形时，欧洲央行很难转变政策，直至市场做出惩罚性反应。

（一）危机前利益分化表现

国别利益驱动的现象贯穿欧元的发展始终。法国为不受制于德意志联邦银行，积极引入欧元，德国担心马克成为重要国际货币的后续效应①，再加上出于政治考虑，为了赢得法国对德国统一的支持，才决定推动欧元流通②。第一任欧洲中央银行行长的任期应为 8 年，但各国为了推出有利于自己的人选而选择一个折中策略，由荷兰人杜伊森贝赫先担任 4 年的欧洲中央银行行长，而后再由法国人特里希特接任，由此首任欧洲中央银行行长的任期实际上被缩短为 4 年，这在欧元建立之初就为欧洲中央银行的独立性蒙上了阴影。

欧元建立后，不同于欧洲央行的目标独立性，经济增长和增加就业位

---

① Richard Henning: Europe's monetary union and the United States, *Foreign policy*, Srping 1996, p. 102.

② Karl Kaltenthaler: Germany and the Politics of Europe's Money. Durham, NC; Duke University Press, 1998: p. 27.

列大多数欧元区成员国政府的政策目标之首位，然而支出的增加和投资的扩大推高了融资成本，成员国政府希望欧洲央行能够放松银根降低融资成本，但欧洲央行不愿为政府需求所牵制，这是欧洲央行和成员国政府的矛盾之一。不同国家有着不同的经济现状和相异的经济理念，所以对货币政策有着不同的偏好，这是欧洲央行和成员国政府的争论之二。成员国国别经济特征明显，行政结构、福利政策、劳动力市场等方面差异巨大。德法等核心国资本报酬率降低，增长速度平缓，而边缘国则出现了快速增长，而且核心国内部也存在政策分化，德国注重控制通胀，而法国更注重就业。欧洲央行根据各国通货膨胀的加权平均数来制定统一货币的政策，理论上走的是尽可能的中间路线，实际上无法为每个成员国找到最优货币政策。

（二）危机中对欧洲央行独立性的争论

而欧债危机解决方案之争的背后潜藏的是各国实际利益之争。在欧债危机之初、2008 年 10 月的欧元区首脑会议上，国别利益之争使欧洲央行的独立性原则受到了质疑。法国即提出了建立欧元区经济政府的建议，试图分散欧洲央行的权力。该建议提出，欧洲央行应为希腊等深陷债务危机的欧元国家提供资金支持，并为这些国家制定有利于经济恢复的货币政策；建立欧元区经济政府，欧洲央行应该将其权力与成员国领导人分享。法国的建议受到了希腊、意大利、西班牙、葡萄牙等经济低迷的重债国的支持，希望能够通过暂时动摇欧洲央行独立性来换得经济增长。德国、荷兰、芬兰等经济结构相对稳定、债务敞口相对较低的国家则坚决捍卫欧洲央行独立性，反对欧洲央行为重债国国家改变其货币稳定为导向的货币政策。2011 年 4 月，在通胀率稳步上升的背景下，在权衡了通胀和加息对利率敏感的重债国造成的进一步伤害后，欧洲央行将将欧元区基准利率由 1% 提高至 1.25%（见图 4—2），这让深陷欧债危机的南欧国家雪上加霜，葡萄牙无力承受迅速上升的借贷成本，因而向欧洲联盟寻求金融援助，以拯救迅速恶化的经济。尽管欧洲央行首席经济学家斯塔克认为欧洲央行制定货币政策时，总会从整个欧元区的角度出发，而且还会让所有成员国受益①，但

---

① 于尔根·斯塔克：“欧洲央行确定利率应通盘考虑”，英国《金融时报》2011 年 04 月 07 日，http://www.ftchinese.com/story/001037922/ce，访问日期：2014 年 4 月 12 日。

边缘国始终有欧洲央行的货币政策是在为德法等核心国服务的想法。

央行的职责应该是掌控货币流动性，但囿于欧元区的非对称治理机制，统一的政治联盟和财政管理机构的缺失使得欧债危机爆发后，欧洲央行的职责范围被迫扩展到了对成员国债务的管理上。欧洲央行前行长特里谢表示：对购买重债国债券的行为，欧洲央行意见不一①。由于成员国上交了货币主权，无法发钞偿债，所以成员国政府的债券将不再是零风险。欧洲央行购买重债国国债的行为也会造成潜在的成员国债务共同化，因此欧洲央行的购债行为一直受到德国制度学者们的攻击，认为购买重债国国债隐藏着严重的稳定性危机。货币卫士们担心，救助欧债将会是个无底洞。而且在没有惩罚机制和没有稳定财政政策激励的情况下，欧洲央行为成员国债务提供担保是违法的。2011 年 8 月德国总统会见诺贝尔奖获得者时表示，购买债券长期看来不会有好的结果。9 月，欧洲央行原首席经济学家伊辛表示，购买重债国债券虽然压低了西班牙和意大利的融资利率，但也减弱了市场的惩罚机制②。欧洲央行的决定实际上有着激励导向的作用，市场利率有着规范性的作用，当货币政策干预市场，相关政府实施改革的动力就会相应减弱，购债行为损伤了欧元区的长久稳定性和欧元区改革的动力，而且只是暂时压低了成员国国债利率，但并不能消除欧元区内部经济失衡这一关键问题。而主要来自于重债国的购债支持者则认为，购买重债国债券以压低利率、稳定金融，这是央行的策略工具之一。而且欧洲央行通过公开购买可以限制德国与欧元区其它国家债券之间的息差，完全符合欧洲央行稳定物价的政策目标。而且若是欧洲央行不救助，欧元区分裂的代价则太高了，最糟糕可能是希腊、西班牙和意大利等国脱离欧元区，国内银行遭到挤兑。然后向法国蔓延。最终欧洲央行会在崩溃边缘一定会抛弃所有原则，大力购买重债国国债。如果欧洲央行停止购买重债国债券，利率就会重新上升，原计划的急救措施也会变为长期性转移支付。对此，两任欧洲央行行长都表示，购买重债国国债有时间和数额的限制，是应对欧债危

---

① Henrik Müller, Panik paralysiert Prinzipien, URL: http://www. spiegel. de/wirtschaft/soziales/0, 1518, 779500, 00. htmlschmutzige spiegel. de vom 11. August 2011. 访问日期：2013 年 04 月 16 日。

② Peter Bofinger, Der fatale Irrtum der Stabilitaetsfanaiker URL: www. spiegel. de/wirtschaft/0, 1518, 786162, 00. html spiegel. de vom 14. September. 2011 访问日期：2013 年 04 月 18 日。

机的特殊反应和暂时行为，其目的只是为保证欧洲央行的货币政策效果①。

欧洲央行若发行欧洲共同债券，则会造成成员国债务共同化，在各国实施独立财政的前提下，会对政治家产生扩张财政滥发债券、享受赤字支出的政治收益的激励，但与之相应的风险（如利率升高）却由全体成员国共同承担。因此，为了避免发行欧洲共同债券、同时应对欧元区银行间的信贷紧缩，欧洲央行在多方权衡的情形下选择引入 LTRO，这为银行提供了潜在的套利渠道，银行可以用低利率贷款购买重债国国债，赚取息差，第一轮 LTRO 缓解了欧洲金融市场的信贷紧缩，并有效降低了重债国的长期国债收益率。第二轮 LTRO 后，商业银行并未将从央行获得的低息贷款发放到企业以盘活经济，有些贷款甚至回流到了欧洲央行的短期存款账户。而西班牙、意大利等重债国的长期国债收益率也在回升，重债国出现了严重的资本外逃现象。2009—2012 年 2 月，希腊银行账户减少了 650 亿欧元，大约有 160 亿欧元流入外国，其中 1/3 逃到了英国，10% 逃到了瑞士。伦敦豪华地产需求激增，2011 年 1—10 月间，有 4060 亿欧元的房产卖给了希腊和意大利人，约占当地豪华地产的 11%②。南欧国家复苏乏力，市场出现的有可能是具有欺骗性的平静。银行间市场只能缓解欧债问题，无法解决政府的偿债能力问题，欧洲央行的救市措施让欧洲央行损失了独立性，却有可能面临货币滥发、经济衰退的恶果。对此，德国主要执政党基民盟在莱比锡党代会上提出，应改革欧洲央行的权力机构，目前各国央行行长享有相同的投票权，事实上经济总量庞大的大国不应和小经济体拥有相同的政策决定权，未来的投票权应按照经济体实力进行加权，欧元区经济大国在欧洲央行理事会中应该占有更大比重。而德国作为欧洲最大经济体，应该对欧洲央行理事发挥更大影响力③。

政治利益的分化使得欧洲央行无法独立于实际经济的发展现状，实施

---

① Jack Ewing, Steven Erlanger: "Trichet Faces Growing Criticism in Europe Debt Crisis". The New York Times, 20. Mai 2010.

② David Böcking, Maria Marquart und Stefan Kaiser: Südeuropäer verschieben Geld über die Alpen URL: http://www.spiegel.de/wirtschaft/soziales/0, 1518, 817899, 00.html spiegel.de vom 27. Feburary. 2012 访问日期：2013 年 04 月 18 日。

③ Claudia Kade: Einfluss in Europa CDU will für Deutschland mehr Macht in EZB 2011 URL: www.ftd.de/politik/deutschland/: einfluss-in-europa-cdu-will-fuer-deutschland-mehr-macht-in-ezb/60126870.html ftd.de vom 09. November. 访问日期：2013 年 04 月 16 日。

物价稳定的独立目标。欧洲央行的高独立性也导致了欧洲央行决策的自主性和不透明性，央行的决策易受成员国影响，造成央行独立性易屈从于国别利益以及叠加的各国利益，外部监督机制的缺失使得欧洲央行在决策过程中对各国的利益的无法有效制衡，对政治利益绑架了目标独立性的现象无能为力。这是具有高独立性的欧洲央行陷入独立性困境的由来。成员国间经济失衡和割地为营的财政政策正是欧洲央行陷入独立性困境的根本原因。

三、结语

欧洲央行的制度设计参照的是德国央行的模板，这种模式作为一国央行的运行方式具有很强的先进性。但若是被应用到欧元体系这样一个没有统一财政政策、各国独立核算的经济体时，原本适用于独立主权国家的制度设计就面临着新的考验。

高度独立的央行没有政权实体与之相对应。在欧元体系下，欧洲央行的独立性实际上与各成员国的国别利益有着不可调和的冲突。欧债的激化，让这种冲突得以尖锐体现。经济利益的国别分散分布最终腐蚀了央行的独立性。这种矛盾的运作体系产生了巨大的内生风险。如何让欧洲央行 TARGET - 2 支付体系具有更强的预警功能，防止更深刻的系统性危机，这正成为一个潜在的挑战。

欧元区正在通过购买重债国债券和自身的转移支付体系来应对竞争力差异，强力推行结构性调适。这样有可能将声誉良好的欧洲央行拖入泥潭，欧元区可能遭受更大结构性的创伤。体制设计的漏洞与各国国别利益相叠加，更导致欧债危机中欧洲央行行动迟缓、角色不清。欧洲央行除物价稳定的目标外，其他目标的定义与权重设定不明，这会导致对物价稳定的目标执行不严格，欧洲央行在双支柱评估体系中享有较高的决策自主性，因此决策机制和历史经验也无法为欧洲央行在欧债危机中的角色定位提供权威性佐证。欧洲央行需要更清楚地界定“不妨碍物价稳定的前提下，欧洲中央银行体系应支持欧洲共同体的总体经济政策”的含义，并需明确欧洲央行的政策决定工具。这样，欧债危机后的欧洲央行才有可能赢得更强的市场公信力。

第五章　德国国内经济治理

德国经济在欧债危机中显示了强大的弹性与实力，在各国经济都呈现急速下滑时，德国经济依靠自身的体制性优势，避免了硬着陆。在世界经济复苏之时，又凭借自身在危机时储藏的人才力量和产能，实现了经济的迅速回暖。

第一节　德国经济

一、危机中的德国经济

（一）概况

2008 国际金融危机爆发后，世界需求急速下滑，以出口为导向的德国经济受到很大影响，德国的经济迅速走入低谷，国民生产总值呈现快速下滑（见图 5－1）。2009 年 1 月和 2 月，德国制造业的销售数量指数同比分别下降了 23.8% 和 26.5%；2009 年第一季度，德国国民生产总值环比下降了 3.8%，同比下降了 6.7%，创造 1970 年进行季度统计以来单季度 GDP 下滑的最高记录；2008 年第二季度到 2009 年第二季度，德国经济下降了 5%；2009 年第一、二季度，德国出口同比下降了 17% 和 18%；2009 年德国几大经济研究所对经济的联合预测甚至认为 2009 年德国生产将降低 6 个百分点[①]，虽然 2009 年德国 GDP 实际降幅为 4.7%，好于预期，但 －4.7% 的降幅为 1990 年以来的经济增长的最低值。

---

① Projektgruppe Gemeinschaftsdiagnose（2009）：Im Sog der Weltrezession. Gemeinschaftsdiagnose Frühjahr 2009，Essen 2009.

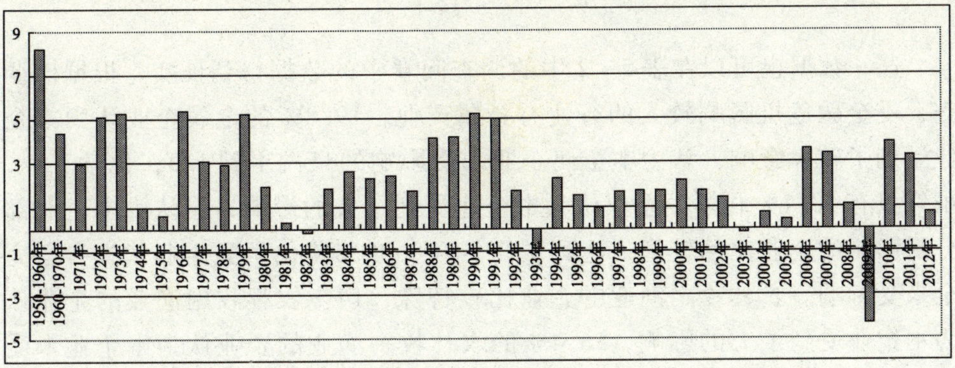

图 5－1　德国国民生产总值的增长率

资料来源：Statistisches Bundesamt（2012）：Wichtige Zusammenhaenge im Ueberblick. Wiesbaden. S. 10.

德国受 2008 年国际金融危机的影响而出现经济走势下滑，主要经济传导路径一是银行业的风险增大，银行的坏账率增加，导致银行惜贷，德国国内企业融资困难；二是德国是出口导向型，德国的经济增长衰退主要通过进出口行业，国外需求下降导致国内产业的订单减少，国外的危机通过需求渠道传导至德国国内，使得大部分工业企业，以及为企业提供服务的服务型行业深受其害，如物流业和外贸业。导致国内开工率下降，经济走低。三产中，第二产业特别是不包括建筑业的第二产业产值，因为国外需求的降低，其数据在 2009 年出现了较快的下降。第二产业 2009 年产值比 2008 年下降了接近 12%，不包括建筑业的第二产业 2009 年产值比 2008 年下降了 13% 以上（见表 5－1）。

表 5－1　2007—2012 年各产业产值（单位：十亿欧元）

经济部门	2007	2008	2009	2010	2011	2012
农林牧副渔	18.96	21.19	15.89	17.81	18.46	19.98
加工业	663.92	668.09	588.86	675.73	716.98	728.26
无建筑业的加工业	575.23	574.77	495.30	573.63	607.80	616.94
服务业	1494.11	1527.72	1512.30	1541.62	1599.45	1638.55

资料来源：Statistisches Bundesamt（2012）：Wichtige Zusammenhaenge im Ueberblick. Wiesbaden. S. 18.

这一数据也可以在表 5－2 中的调查问卷中的数据得到证实，根据该调查，受金融危机影响较大的行业有金属产业，19.8% 的金属企业认为本企业受到了较大影响，认为本金属企业未受影响的只占不到 1/3；化学工业，虽然只有 10.1% 化学类企业认为本企业受到了大的影响，但认为本企业部分受影响的企业比例较高，达到了 51.4%，38.5% 化学类企业认为自己完全未受影响。农林牧副渔业的企业比较特殊，14% 农林牧副渔业的企业认为本企业受到了大的影响，56.4% 的农林牧副渔业的企业认为本企业未受到影响，出现了两极分化现象，这说明部分农林牧副渔业的企业的产品弹性较大，部分企业则产品弹性较小，因而导致企业对危机的弹性也出现两极分化现象。私人、社会和公共服务业，商业保险公司等服务业受危机的影响较小。

表 5－2 各行业企业受危机影响状况

	受很大影响	稍受影响	未受影响
农林牧副渔	14.0	29.6	56.4
加工业总计	12.2	43.9	43.9
食品、纺织、服装、家具	9.6	37.7	52.7
木材、纸张、印刷和博物馆行业	11.2	47.1	41.8
化学、塑料、玻璃和建筑材料	10.1	51.4	38.5
金属、金属类产品	19.8	49.7	30.6
机械、电子、车辆	12.0	43.6	44.4
建筑行业	7.5	34.2	58.4
贸易、餐饮、交通、新闻	9.5	40.5	50.0
信用卡、保险、经济服务业	4.8	24.9	70.2
私人、社会和公共的服务业	3.0	16.2	80.8
总计	7.4	31.7	60.9

资料来源：Heckmann, M.; Kettner, A.; Rebien, M. (2011): IAB-Erhebung des gesamtwirtschaftlichen Stellenangebots. Betriebsbefragung zu Stellenangebot und Besetzungsprozessen, in: FDZ Datenreport, 01/2011, Nürnberg.

经历了 2009 年的短暂低迷之后，2010 年德国经济一改颓势迅速回升。

2010 年第一季度成为德国经济迅速复苏的起点，2010 年 5 月经济同比增长 30%，创 10 年来单月最高增幅。2010 年 7 月，伊福商业指数为 106.2 点，为 2007 年 7 月以来的最高值，环比上升了 4%，增幅也创该项指数的最高增幅记录。德国经济 2010 年第二季度环比增长 2.2%，同比增长 3.7%，创 1990 年两德再次统一以来最大季度增幅。2010 年德国进出口迅速回升，该年 6 月份进出口同比分别增长 31.7% 和 28.5%，为 1950 年以来和 2008 年 10 月以来最高月度值。2010 年德国全年出口上升了 14.1%，进口上升了 12.6%（见表 5-3），增幅较大。德国在 2008 年国际金融危机中的经济表现被称为“第二次奇迹”。

表 5-3　德国 2007—2012 年主要经济数据波动

	2007 年	2008 年	2009 年	2010 年	2011 年	2012 年
私人支出增幅（%）	-0.2	0.7	-0.2	0.4	1.2	1.2
公共支出增幅（%）	1.6	2.3	2.9	2.3	0.4	0.0
设备投资增幅（%）	4.7	2.5	-10.1	6.0	3.7	3.0
内需增幅（%）	1.3	1.2	-1.9	2.5	1.0	1.3
出口增幅（%）	7.6	2.5	-14.3	14.1	9.2	6.6
进口增幅（%）	5.0	3.3	-9.4	12.6	7.3	6.5
失业者人数（百万）	3.78	3.27	3.42	3.24	2.99	2.78
失业率（%）	2.3	2.6	0.4	1.1	2.1	2.3
消费者价格指数（%）	2.3	2.6	0.4	1.1	2.1	2.3

资料来源：联邦统计局 www.destatis.de 德意志银行 www.dbreach.com，访问日期：2014 年 4 月 10 日。

（二）经济重心东移

在欧债危机久拖未决的背景下，为减轻德国经济的对外高依存度，德国开始将投资重心转向新兴市场国家而不是欧元区的行为引起广泛关注。这不仅体现了世界经济的发展趋势，更深刻凸显了欧洲经济的困境和德国财政的沉重负担。

近年来，德国不断提升在巴西、印度、俄罗斯等新兴市场国家的投资比例。除了在印度大力发展汽车及其配套工业外，还在金融资本的支持下加快了向其他新兴市场国家航空和航海业进军的步伐，迅速扩大机械设备制造、电子电气和化工业等优势产业在这些国家的分布范围。

德国经济重心的调整顺应了世界经济的发展趋势。新兴市场国家不再只是全球消费品的供应者，也迅速成为重要的消费者，其国内市场对全球供需关系的影响日益上升，只有在新兴市场国家的市场上站稳脚才有助于保持企业的未来竞争力。与其他以服务业为优势产业的发达国家相比，出口导向型的德国优势资源禀赋集中于制造高技术含量、高附加值的产品。这些产品恰是新兴市场国家增加产能所急需的。

面向新兴市场国家的消费群体进行投资，从新兴市场国家的繁荣中吸取力量，成为德国2010年领跑欧洲经济的缘由所在。但德国劳动力成本高昂，原材料价格上涨，加之德国逐步实施关停核电站计划，能源价格更是飙升，这让德国企业面临生存威胁。投资新兴市场国家，就地取材或就地销售、利用劳动密集型国家的低工资等，都是在既定技术水平下提高企业竞争力的法宝。德国经济向欧洲乃至全球范围内的低成本国家转移成为必然之选。

欧债危机加速了德国经济重点调整的步伐。作为欧元的受益者，欧洲一直是德国出口份额最大的市场。但持续低迷的欧洲经济正减少其对德国产品的需求，欧债危机更是给欧洲经济复苏蒙上阴影，未来德国对欧的出口不容乐观。此外，欧债危机拖而不决也让德国承受了巨大压力，德国财政在收入减少的同时又面临巨额支出的困扰。刚性的高福利政策以及投入巨额援助却收效甚微的原东德产业，是德国经济的顽疾与重负。欧债危机的解决同样需要巨额资本的投入，欧元区债务国对德国抱有的期待进一步加大了德国的财政压力。2012年德国第二季度经济接近零增长，就证实了德国所处的困境。

欧元区改革需要创造性方案来推动，欧元区经济发展依赖技术创新的拉动，但这都非一日之力。目前热议的发行欧元债券、实施金融援助等金融手段虽然可以暂时抑制欧债危机的扩散，但不能解决欧洲经济增长乏力这一根本问题。只有振兴欧洲实体经济才可能从根本上解决欧债危机。因此，德国试图通过经济重心调整，增强自身财力，减轻肩上欧元的重担。

欧元区的离心力在加大，也使得德国在决策考量中增加了对欧元区以外因素的权重。德国经济重心的调整不仅迫使德国国内经济结构同时进行调整，还会加速高技术的扩散和国际社会的财富与力量转移。但目前为止，这一调整传达的更多的是经济信息，原则上不能被解读为德国政治上弱视欧盟和欧元的信号，德国宪法法院裁决增加欧元区纾困资金规模的计划合法，也恰恰证实了这一点。

（三）银行业的难题

国际货币基金组织在2011年发布的《全球金融稳定报告》中称，爱尔兰和德国银行的债务循环要求紧迫。IMF前总裁卡恩也特别敦促德国，应着力整顿其国有银行业。欧洲银行业的命运与欧元区的主权债务绑在一起，而持续发酵的金融危机终于让德国银行业积弊暴露殆尽，特别是德国地方性国有银行更是困难重重。

德国银行业主要由合作银行、国有银行和私有银行三部分组成。地方性国有银行的前身为德国公法银行。各州和地方出资成立州立银行和地方储蓄银行，并为它们提供还债能力担保。这使得公法银行比私有银行享有更高的信用评级，并能以较低利率融资，却无还款压力。这极大地挤压了德国私有银行的生存空间。2001年欧盟监管部门裁定，禁止德国政府为公法银行提供担保，使后者在经过4年的过渡期后演变为地方性国有银行。

在过渡期内，地方性国有银行利用政府担保，获得了数额巨大的低息贷款，并投资于高风险投机性证券商品，其中包括大量的美国次级贷款。而在美国次贷危机爆发后，失去政治保护伞的地方性国有银行的风险抵御能力显得不堪一击。投资了大量次级贷款的地方性国有银行的亏损远远超过德国商业银行的同类亏损。德国州立银行的信用评级被下调，多家地方性国有银行面临破产，仅靠政府巨额补贴勉强维持。

欧元区主权债务危机又揭开了德国银行的另一个投资误区，即忽视了借贷资金从核心国家流向外围国家后的偿还风险。欧元区经济发展不平衡，希腊等国面临世界新兴经济体的低成本竞争和欧元区核心国家的高劳动生产率冲击，缺乏竞争力。核心国家则面临内需不足，银行持有大量私人部门盈余等问题。“多速欧洲”的难题以经济借贷方式实现暂时平衡：德国等核心国银行将持有的私人部门盈余借贷给希腊等外围国家，获得收益；外围国家则利用借贷的资金实现了就业和经济总量的增长，并帮忙解决了核心国家内需不足问题。欧元的引入，降低了外围国家的借贷成本，使得这样的经济运行机制更加顺畅，但模糊了部分外围国家无还款能力的事实。而且银行间相互持有存款，相互担保，会出现一损俱损的局面。

在主权债务危机的外衣下掩藏着银行业危机。核心国政府因担心本国银行业权益受损，试图通过国家主权为债务国提供贷款，迫使债务国政府减少支出、增加税收，避免出现违约或折价，以保护本国银行体系的稳定。救援主权债务实际上是在保护资不抵债银行所发行债券的持有者，即核心国家的银行体系。为债务国提供援助贷款，不过是权益之计。通过追加更多债务拖延还债时间，会拖垮债务国，这绝非欧债问题的破解之道。无经济增长支持的还贷行为和无根本结构性改变的救市行为，难以提振市场对欧元预期的信心。而通过欧元区核心国家提供巨额资金支持，也会导致核心国家的财政可操作空间下降，从而影响本国的经济前景。

为保证主权债务救援措施的有效性，欧元区在为债务国提供贷款的同时，也应给银行体系以适当震荡，调整银行业体系的资本结构，将各国银行体系置于一个更透明的环境下，才能缓解市场担忧，减少市场的投机行为，降低债务国的融资成本。对德国而言，陷入困境的德国地方性国有银行是一个解决欧债问题的很好的切入点。

二、德国应对危机的政策措施

（一）德国2008/2009年国际金融危机的应对政策

为应对2008年国际金融危机，德国到2009年4月份为止，出台了一揽子的救市计划以及两套经济振兴计划，主要思路在于通过增加国家对经济的投入和投资，以减轻金融市场的压力减缓金融危机的负面影响，并通过有目的的经济振兴政策促进就业，

1. 救市计划

德国议会于2008年10月17日投票通过了《金融市场稳定法》，依据该法，德国设立金融市场稳定基金，该基金的总规模为5000亿欧元，主要用以帮助德国金融机构解决流动性不足的难题，其中800亿欧元由

德国金融管理局管理，用于为银行等金融机构提供救助，以改善其融资环境，每个金融机构最高的受助额为100亿欧元；4000亿欧元用来设立金融市场稳定基金，用来为银行间贷款提供信贷担保；200亿欧元被划归为预防性资金。当担保产生损失时，由联邦和州政府共同承担损失，其中联邦政府承担65%，州政府承担35%，且各州承担的损失上限为77亿欧元。

联邦政府的金融救市计划并未能产生预期的积极影响，原因在于企业主以及董事会等高级成员不愿意申请国家救助或担保。因为申请救助一方面会给企业的名声带来损伤，另一方面申请担保也会让企业承担一定的成本，例如金融机构在接受国家援助时，需要支付10%的利息并在6个月内偿还借款。而且接受援助也会造成企业董事会成员的工资水平严重下降，职业经理人的年薪不得超过50万欧元且也不可以参加年底分红。鉴于国内企业及金融机构的消极态度，德国议会于2009年3月3日通过了《金融市场稳定补充法》。该法规定，对具有系统重要性的金融机构，在其出现严重的流动性困难时，作为最后的方法，国家有权分步骤对该金融机构实施国有化的进程，即国家可以向股东按照市场价格购买其所持股份，若股东不同意出售所持股份，国家有权对该部分股份进行没收，但在去国有化过程中，原有股东有优先回购权。截至2009年中，德国为德国商业银行、巴伐利亚州州立银行等多家金融机构提供了担保，有效地稳定了国家的金融市场。

2.《保经济增长促就业的一揽子措施》即《经济振兴计划Ⅰ》

德国红黑大联合政府于2008年11月5日推出了《经济振兴计划Ⅰ》。该项振兴计划的有效期限为2009年和2010年，总金额为700亿欧元，其中包括联邦政府对企业、个人家庭以及镇的激励促进，总计约500亿欧元，还包括为帮助企业维持有效融资和流动性的投入约200亿欧元。因为此时人们对危机的负面影响力估计不足，故而《经济振兴计划Ⅰ》的数额并不庞大。该项计划于2008年12月21日正式获联邦议院批准。《经济振兴计划Ⅰ》主要包括《保经济增长促就业的一揽子措施的税法实践法》（Gesetz zur Umsetzung steuerrechtlicher Regelungen des Massnahmepakets Beschäftigungssicherung durch Wachstumsstärkung）、《金融市场稳定法》（Finanzmarktstabilisierungsgesetz）、《稳定基金法》，以及出台的相关法律的实施规定。

两套《经济振兴计划》主要由一系列措施组合而成，其中第一套《经济振兴计划》的主要内容有[①]：

提高部分企业折旧速度。首先是提高中小企业的资产折旧速度。为帮助中小企业获得更充裕的现金流，德国政府规定，德国中小企业可以对所有固定资产计提特别折旧，根据企业自身的经营状况以及企业所处行业的不同，各中小企业所能获得的特别折旧的额度也不同。联邦政府希望通过该项计划能够降低企业税收基数，提高企业手中的资金充裕度。其次为企业固定投资计提25%的递减折旧。企业在购买固定资产后一年内，可以在2009年和2010年计提25%的递减折旧，以增加企业手中的现金流并提高企业的投资动力。

促进建筑业节能措施建设。为了让社会上更多地进行节能建筑物的建设工作，或者对现有建筑进行节能性改造，联邦政府于2009—2011年额外投入了30亿欧元的资金用于建筑物的节能措施建设，复兴信贷银行为建筑物节能措施建设额外投入了28亿欧元的贷款，其中3亿提供中小企业能效特别基金发放。

对经济实施税收激励。这项政策有多个方面。首先，增加手工业服务的减税额度。为了促进手工业的发展，《经济振兴计划I》规定私人家庭进行房屋维新而发生的手工业费用可以提高其相应的减税额度，最高减税比例为20%且最高减税基数不超过每年6000欧元。其次，降低个人所得税的起征点和税率，从2009年1月1日起，个人所得税的起征点提高了170欧元到7834欧元，个人所得税的最低起征税率也降低到了14%。再次，免除机动车税费。对于2008年11月5日至2009年6月30日之间购买的机动车，若机动车满足欧五和欧六标准，可减免一年机动车税。

为经济提供金融支持。这项政策包括的方面有：一是为了防止银行业因为危机惜贷，造成企业的融资危机，复兴信贷银行为企业投资提供担保，以改善企业融资环境，且投资项目最高可担保90%，企业融资项目最高可担保50%，在该项担保计划中总计有750亿欧元的担保额度，出口导向型企业是政府的重点担保对象。二是复兴信贷银行用150亿支持中小企业贷

---

① 具体措施可参见：赖讷·克伦普，拉尔斯·欧·皮尔茨：《德国应对世界经济危机的措施》，《德国研究》2009年第2期，第29页。

款，250亿用于支持中等以上企业贷款，而且给企业的贷款仅限于在2009年内使用。三是敦促租赁公司和资产保理商等融资机构也参与到改善企业融资环境的服务中去。

增加政府直接投资。首先，政府加大了对教育领域的投资，主要用于修缮学校、幼儿园等设施。其次，政府还加大了对城镇基础设施建设的投资，例如修缮道路交通、轨道交通和水路交通路线桥梁等交通设施，并加大医院等其他设施项目修缮和改造项目，

改善德国经济结构。为帮助经济较落后地区发展经济，德国政府首先计划于2009年向“改善地区经济结构”增拨1亿欧元的资金，并承诺另外1亿欧元的后续拨款，以用于帮助经济较落后地区的基础设施建设和投资。其次复兴信贷银行为经济较落后地区提供30亿欧元的低息贷款，以改善这些地区的企业融资环境和为基础设施项目提供资金。

其他措施。德国政府为达到拉动经济发展的目的，还推出了其他措施，如改善短时工制度的实施条件[①]；促进技术革新项目，特别是划出9亿欧元支持本国中小企业在技术革新上的投资，以增强中小企业的创新能力；降低法定医疗保险费率，从2009年7月1日开始，法定医疗保险保费率将从15.5%降低为14.9%。90亿欧元流入了公共医疗保险，用以支付医疗保险费率降低0.6%造成的资金缺口；增招中介人员，为了应对危机、提高危机期间劳动中介机构的工作效率，联邦劳工署增招了1000名限期工作人员，在危机期间从事职位中介和失业金的发放工作；此外还有支持能源市场效率、创新促进以及帮助有经济困难的镇政府，重要的公共投资者等。

3.《德国经济增长与稳定促进法》即《经济振兴计划II》

第二套经济振兴计划于2009年2月13日正式通过，即《德国经济增长与稳定促进法》。第二套经济振兴计划之所以能够迅速出台，原因在于危机的规模超过了预期，因而德国政府试图用第二套经济振兴计划弥补第一套的不足。

第二套《经济振兴计划》的主要内容有：

提高人民可支配收入。从2010年1月1日起，个人所得税的起征点将

---

① 对短时工制度的详细介绍及讨论参见本章第二节。

从7834欧元提高到8004欧元；各级税率的基准价值各增加330欧元，降低个人所得税的举措在2009和2010两年内为民众总计减负约90亿欧元；为每个孩子提供100欧元的一次性津贴；提高领取“失业金II”的失业人士的月收入，同时为领取“失业金II”的人士子女提供每月35欧元的限期津贴。引入长距离通勤者津贴，为每位长距离通勤者提供补贴，补贴的具体金额根据通勤者工作路程的距离而定。

降低劳动力附加成本。公共医疗保险的缴费可以免税，将公共失业保险的缴费率从3.2%降低至2.8%；增加政府对公共医疗保险的转移支付。

加大政府投资。增加对公共基础设施建设的投入是《经济振兴计划II》的主要组成部分，政府增加了对学校、幼儿园等设施的约115亿欧元的投资，简化了资金发放程序以加快专项资金的落实速度。这样既刺激了经济的增长，又保证了就业岗位，维持了社会的消费能力。

德国政府增加为企业提供的信贷担保。联邦政府计划为企业提供1000亿欧元的信贷担保。而且不再限定受助对象为中小企业，政府也可以为受危机影响较大的大企业也提供低息限期贷款；政府可以为受危机影响较大的企业提供上限为50万欧元的应急资金；而且政府也为企业的对外投资提供贷款担保。

增加对企业职工的优惠政策。第二套经济刺激政策进一步放宽了对短时工政策的申请条件限制，扩大了接受短时工政策的员工范围，并简化了短时工政策的申请手续；增加对企业进行职业培训的激励，提高低层次劳动者接受培训的机会。

引入环境津贴。旧车使用已经超过9年，在2009年1月14日—12月31日间购买新车，且新车符合欧四标准的私人车主，可以申请2500欧元的环境津贴，这样可以促进汽车业的发展，同时可以有利于环保车型进入市场①。

推动宽带网建设。德国政府积极推动国内的宽带网建设，提高国内的宽带网覆盖率，计划到2010年全国配给宽带网，而到2018年，德国高速宽带网的覆盖率达到100%。

促进国家的创新研究。为促进国家的创新研究，联邦政府每年专门拨

---

① 详细介绍见本章第二节。

款用于中小企业对创新型技术的研发，而且对企业创新促进的政策后来也扩展到大型企业，9 亿欧元用于中等创新项目，5 亿欧元用于动力技术创新，对经济较落后地区也会相应地增加创新投入。

（二）应对政策的特点

德国的救市措施和两套经济振兴计划是德国战后规模最大的经济振兴计划，德国政府的经济刺激政策大体分为三部分：直接投资，减税和金融支持。经济振兴计划的主要指导思想是通过增加个体家庭的每月可支配收入来拉动内需，同时辅以其他刺激性政策以避免私人消费滑坡，提振市场信心。但经济振兴计划在公布时也曾受到了一些批评，如德国经济治理专家委员会就曾在其 2008 年的年度报告中评价说，经济振兴计划是一个由相互之间没有联系的单个措施组成的“大杂烩”。[①] 但德国政府的危机应对政策总体而言发挥了积极的效果，在经历了 2009 年的短暂下调后，2010 年德国经济迅速回升。而且德国政府对科研、教育、交通等领域的投资有效地增强了德国经济未来的增长潜力，德国政府的经济刺激政策突出了以下特点：

1. 注重政策的及时性和效率性

德国政府出手迅速，三项政策密集出台。2008 年 10 月 17 日德国议会通过了《金融市场稳定法》，2008 年 12 月 21 日议会通过了《保经济增长促就业的一揽子措施》，特别是在发现德国经济受 2008 国家金融危机的影响程度远糟于预期时，在第一套经济振兴计划出台后不到三个月内[②]，在 2009 年 3 月 2 日就通过了第二套经济振兴计划，即《德国经济增长与稳定促进法》，有效地防止了经济刺激政策滞后所引发的经济滞后现象。

德国的两套经济振兴计划原计划投入资金 1200 亿欧元，但实际总计投入资金 800 亿欧元，其规模约为当年政府财政预算的 3%，而同一时期，美国政府的刺激政策投入占政府财政预算的 5.6%，其预算投入在发达国家相比位于中等水平。德国 2009 年的政府支出比 2008 年增长了

① Sachverstaendigenrat fuer Wirtschaft（2008）：Die Finanzkrise meistern—Wachstumskräfte stärken. Jahresgutachten 2008/09 Berlin. S. 258.

② 这其中还包含了欧洲的圣诞以及元旦假期。

2.4%，新增财政赤字185亿欧元。德国政府的经济振兴计划虽然数额相对而言并不算大，因投资规模小，曾饱受诟病，但却有效地维护了德国的核心竞争力，在外界经济恢复后德国经济基本实现了无创伤复原，起到了积极的效果。

2. 注意受众的广泛性与有针对性

环保津贴的大额投入保证了受众的广泛性，使得受益群体不局限于收入和工作差别，能够让更多的群体参与到环保津贴中来，可以保证环保津贴的政策实施效果，使其达到预期目标。环境津贴的申请也只是对参与环境津贴的车辆设定了所有权时间长短和环保标准，对申请者的收入状况也未有明确限定，从而保证了该政策最广泛的群众基础。短时工政策对收入层级以及工种也没有明确规定，申请短时工时大多只是对企业方的条件有了明确的限制，保障了符合规定企业中的工人及雇员都可以参与，特别是为应对危机，两套经济振兴计划对短时工制度的限定做了放宽，将借用工也纳入到短时工政策的受益范围之内，并且降低了短时工政策的申请门槛，使得工人申请短时工制度有了更大的自由度，让更多的人能够从经济振兴计划受惠。而且即将来临的大选导致了政府在设计经济振兴计划时，确保了景气计划覆盖人士范围广泛，例如有孩子的人士得到了增加了的孩子津贴，劳动者的公共医疗保险的缴费率有所下降，企业主可以得到优惠的贷款并可以参与短时工制度。

从环保津贴的申请者角度以及从企业角度来看短时工政策，就会发现，申请环保津贴的人员多为中下社会阶层的人士，从图5-2最多被淘汰的车型以及从图5-3最多被购买的车型中可以看出皆为大众高尔夫、斯柯达晶锐这类经济型车。而且从图5-4和图5-5中环保津贴政策对德国国内车型比例的影响也可以看出，环保津贴引入后小型车比例上升了4%，迷你车型上升了6%，中等车型则下降了14%。整体而言环保津贴并未造成更大型的不环保车辆比例的上升，而是更多地让中下层人士受惠[①]。短时工政策也是如此。从企业利润最大化的角度来看，当危机来临时，企业往往希望将工作技能最低、或者受教育程度低、未来上升前景较差的员工首先开除，而

① 或者是有中下层人士消费习惯的人群受惠。

企业申请短时工政策，从企业角度来看①，往往也会让这类极易被开除的人首先套用短时工政策，因而短时工政策也往往针对工作弹性较差的中下阶层人士展开。经济振兴计划通过首先让中下层人群受惠，最终保证社会的内部稳定性。

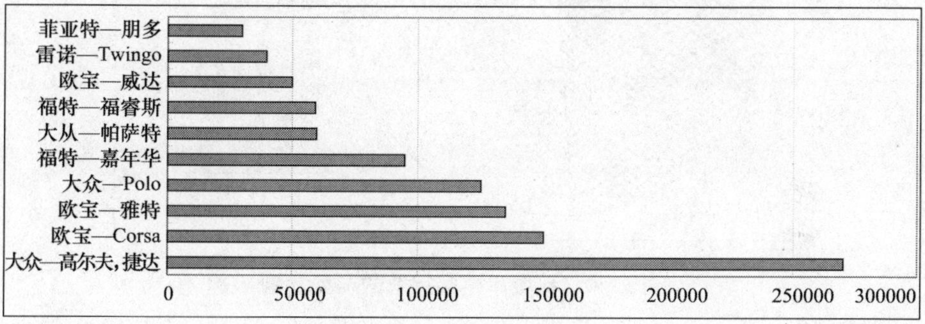

图 5-2　最多淘汰的车型

资料来源：Bundesamt fuer Wirtschaft und Ausfuhrkontrolle（2010）：Abschlussbericht-Umweltpraemie. Wirtschaftfoederung. Eschborn. S. 17.

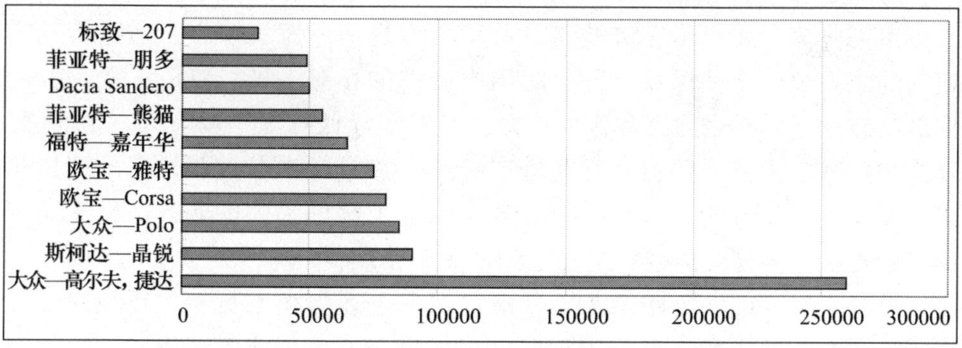

图 5-3　最多购买的车型

资料来源：Bundesamt fuer Wirtschaft und Ausfuhrkontrolle（2010）：Abschlussbericht-Umweltpraemie. Wirtschaftfoederung. Eschborn. S. 17.

---

① 短时工的数据往往为回溯式的，一般在 2 个月后提供，而且只有笼统的概述性数据，所以缺乏对具体的参加或退出短时工政策的企业和人员的详细数据，因而无法从参与人群的数据特征角度来做分析。

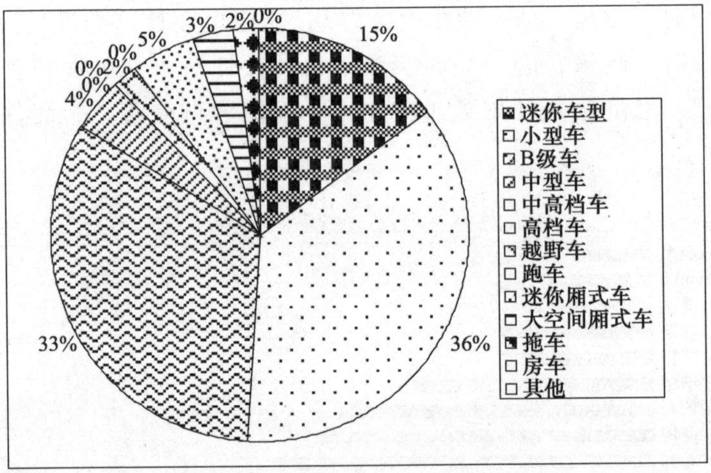

图 5－4　环境津贴实行前的车型比例

资料来源：Bundesamt fuer Wirtschaft und Ausfuhrkontrolle（2010）：Abschlussbericht-Umweltpraemie. Wirtschaftfoederung. Eschborn. S. 18.

3. 强调政策的稳定性作用

经济振兴计划中的劳动力市场政策短时工制度有效地平缓了德国的劳动力市场曲线，防止了经济波动对劳动力市场造成重大冲击，通过劳动力市场的非大规模波动保障了危机时国内内需的相对平稳。对手工业行业的优惠措施一方面对企业有利，另一方面有助于降低打黑工现象，一举两得。环境津贴稳定了德国的核心行业汽车行业，并通过汽车行业带动了周边化工、电子等相关行业。这些政策有效地稳定了德国国内就业，确保了德国经济软着陆，为德国的经济复苏起到了重要作用。

短时工制度可以帮助企业更好地留住本企业的核心员工，环境津贴保障了汽车产业的有效运营，防止订单减少对企业生产能力的损害，使得企业在订单恢复时能够有足够的人力、足够的生产能力快速投入生产。救市计划为有竞争力的工业保留了实力，企业产能的迅速恢复能力也是德国竞争力的一个重要组成部分。

4. 政策缺陷

有评论认为，经济刺激政策主要存在着受益面狭隘的问题，如对特定的行业和特定的人群有着特殊偏好，例如经济刺激政策的主要受益行业是因全球和国家经济转型而走下坡路的行业，对培训、医疗、护理等对未来有

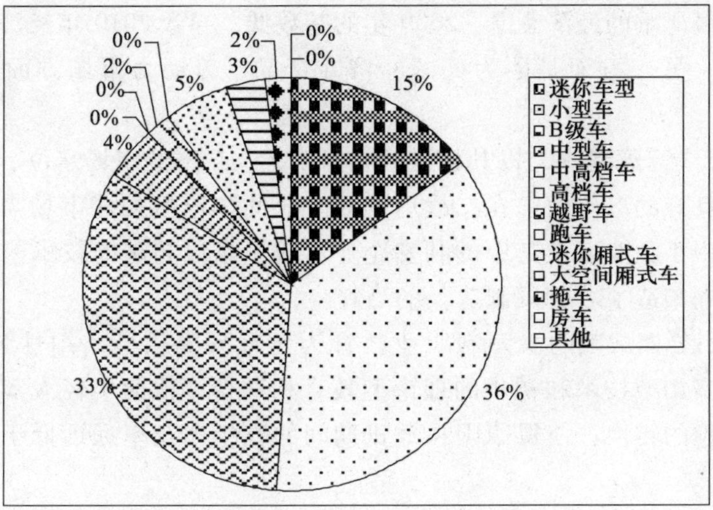

图 5－5：环境津贴实行后的车型比例

资料来源：Bundesamt fuer Wirtschaft und Ausfuhrkontrolle（2010）：Abschlussbericht-Umweltpraemie. Wirtschaftfoederung. Eschborn. S. 18.

重要意义的服务性行业则忽视较多。而且经济刺激政策的主要受益人群为加工行业的男性工作人员群体，穷困者、失业者、非正常就业人员则没有得到足够的照顾，这部分人群应对危机的能力较低，短时工政策扩展到借用工人群或者发放孩子津贴都无法有效地改变这部分人艰难的生存状况①。

另外，未来德国的结构性财政赤字不得超过国民生产总值的 0. 35%，而 2010 年结构性财政赤字占国民生产总值的比例为 2. 8%，为了实现债务刹车的目标，德国公共服务部门的人员数量要减半，从代际公平的角度来看必要的公共投资数量也必须下降。实际上这样的硬性规定约束了德国财政政策的动作空间，特别是在危机时期，政府实施大规模刺激政策的可能性显著降低了。

（三）欧债中德国经济增长的原因

2009 年后德国经济表现良好的原因，一方面是因为 2009 年德国经历了

---

① Kuhl，M.（2010）：Wem werden die Konjunkturprogramme gerecht? Eine budgetorientierte Gender-Analyse der Konjunkturpakete I und II，WISO-Diskurs，Mai，S. 49.

二战以来最严重的经济衰退，2009年的基数低，导致2010年经济同比增长相对较快；另一方面是因为德国经济在产品、劳动力市场方面拥有诸多优势。

首先，“德国制造”以其精湛的技术工艺、精准的市场定位、卓越的产品质量、良好的口碑信誉在二战后的几十年间牢牢把控着市场需求，特别是德国的中小企业以及其中的利基企业形成了难以超越的技术壁垒和品牌优势，共同塑造了“德国制造”的品牌。

其次，德国成熟的双元制职业教育为年轻人提供了实用性强的培训，有效地将实用型技术和初步的理论型教育相结合，帮助年轻人实现从学校到工作岗位的转换，使得德国在危机期间的青年失业率远远低于其他发达国家。

再次，德国在经济发展过程中形成了自己独特的优势禀赋，其他发达国家优先发展金融服务业，追求高额利润，而发展中国家则更多地发展低端制造业，德国成功地将自身的优势与发达国家和发展中国家进行了差别定位，在高端制造业形成了特殊优势。汽车及其配套工业、机械设备制造业、化工业等是德国的支柱性出口产业，向很多国家，尤其向新兴市场国家提供经济刺激计划急需的产品，具有很强的应景性。

作为一个典型的以出口为导向的经济体，德国在国际市场对德国商品需求急剧下滑时，国内的消费很难弥补需求缺口，无法形成有效的国内消费替代，因而在世界型的危机来临之时德国的经济颓势无法避免。世界经济开始复苏后，受国际金融危机影响较小的新兴市场国家成为世界经济复苏的引擎，其基础设施建设等项目迅速上马，对德国产品的需求急速增大。欧债危机让德国融资成本下降，再加上欧元贬值进一步增强了德国产品的竞争力，因而在需求反弹后，德国凭借其出口优势，得以从发展中国家的大规模投资活动中获益，德国外贸实现强劲增长。出口的增长改善了德国国内对经济前景的预期，因而拉动了国内的消费，形成了生产带动消费、消费促进生产的良性循环，刺激了经济的发展。

总体看来，德国大联盟政府的经济刺激作用有效地稳定了就业和国内消费，帮助德国经济保持了有效产能、度过2009年的经济低潮期，在2010年全球经济回暖之际能够迅速恢复生产，把握住经济上升的机会。由此可见，世界经济复苏是德国经济持续增长的依托，良好的经济结构、具有较强竞争力的产品是德国经济持续增长的基础，而强有力的经济刺激政策是德国度过危机低潮期的保证。

第二节　2008/2009 年特色型刺激政策

一、德国短时工制度解析及其在2008 年国际金融危机中的运用

2008 国际金融危机爆发后，虽然德国的经济出现了大幅的波动，但德国劳动力市场却维持相对稳定，特别是失业率在德国经济状况最糟糕的2009 年仍然维持7.9%，远低于其他欧元区国家的失业率，甚至低于德国自身在危机前2006 年的失业率水平，随后德国失业率一直呈现下降趋势，2010 年欧元区失业率上升到10.3%，但德国的失业率却下降到了7%以下。2010—2011 年，德国就业人数达到4100 万，创1990 年两德统一以来的数据新高，其中有2800 万为有社保缴费的工作机会。德国劳动力市场之所以出现这样积极的数据走向，源于德国在危机期间实施了短时工制度，诺贝尔经济学奖获得者克鲁格曼将德国的短时工政策称为德国具有“劳动力储藏”功能的政策。

（一）短时工制度设计

1. 定义

短时工制度是德国历史最悠久的劳动力市场工具之一。短时工是指在企业在出现用工需求急剧下降时，在保持工人的原有雇佣关系的前提下，暂时性地缩减工人劳动时间的制度。在企业出现暂时性的订单下降，或者因为季节以及气候性等其他原因而造成生产大幅度下降时，短时工制度可以让企业不解雇原有工作人员，但按原有工资的一定比例发放工资，这样使得企业能够更灵活地安排企业的生产工作，还可以帮助企业降低劳动力成本，从而更容易地度过难关，同时保住员工的工作岗位。

2. 分类

短时工分为三种，即景气性短时工、季节性短时工和转型性短时工。

景气性短时工是指企业由于经济上的原因而造成用工需求的下降，如经济周期、行业共同性因素，这类原因往往无法提前预知或避免。这种景

气性短时工在经济危机中运用较多。企业申请景气性短时工时，与其他两种短时工相比并无特别规定，只需企业符合申请短时工制度的一般要求即可。《社会福利法典 III》的第 175 条对景气性短时工做了详尽规定，短时工制度有时也被笼统地称为“景气缓冲器”。

季节性短时工是指因为气候因素而引入的短时工，用于防止因天气原因造成的解雇工人现象，有助于保持工人就业经历的连续性。建筑业、屋顶建筑业、园艺业等行业会因为天气因素或者季节因素而出现工作量的大幅波动，这类情况属于可以提前预知并避免的因素，无法归类在景气性短时工中，因而专门设立了季节性短时工，作为景气性短时工的补充。这些行业中，季节性因素对生产的影响具有周期性和规律性，而且会对企业以及整个行业的生产带来严重影响，但要求企业提前做出应对性措施具有一定的困难性。在工作量下降时，工人收入下降，同时雇主也会因为订单量的下降而造成资金流转不畅，造成工资支付的困难，产生降低工人数量的激励。而在不适宜工作的时候引入季节性短时工，可以有效地防止这类现象的出现，促进这类季节性工作岗位的全年就业，防止因季节性因素造成失业率的临时性增加。季节性短时工在建筑行业运用较多，有效地降低了建筑业的管理成本。建筑行业的企业若在每年的 12 月 1 日至次年 3 月 31 日之间订单减少，即可以在此期间申请短时工制度，而建筑框架构造企业在每年的 11 月 1 日起即可申请。其他行业的相关企业也可根据各自企业的特殊情况申请季节性短时工措施。企业因恶劣天气而申请短时工时，需要证明这种恶劣天气直接造成了企业的生产下降，而非间接作用，同时企业还需证明因为恶劣天气的影响而使得企业无法再继续生产，经济上也造成了企业不可承受的损失。另外企业申请季节性短时工时，无需 1/3 的员工同意，只需为受到影响的员工申请即可。季节性短时工于 2006 年正式引入，《社会福利法典 III》的第 175 条对季节性短时工做了详尽规定，取代了之前的冬季和糟糕天气补贴。杜伊斯堡—艾森大学的劳动和教育研究所的研究表明，引入季节性短时工制度后，建筑业的冬季失业率降低了一半①，短时工制度带动了建筑业劳动力市场的稳定性趋势。

① www. bmas. de/coremedia/generator/29756property = pdf/2008_ 12_ 17_ key_ bereicht. pdf，访问日期：2014 年 4 月 19 日。

转型性短时工与景气性短时工和季节性短时工不同，后两者多是为了应对企业短期的生产下降，而转型性短时工更多地是为了应对企业的长期性问题。当企业进行结构改造而引起长时间的工作减少或消失时，为避免解雇工人、促进工人积极参加企业的转型措施，同时为了让相关工人未来能够有更好的职业前景，企业可引入为期 12 个月的短时工制度。在实施转型性短时工制度时，企业会为工人支付 12 个月的转型性短时工资。为实施这种转型性短时工，企业主需和工会共同建立一个企业自有的、同时也是独立的转型管理机构，参与转型性短时工制度的职工需接受转型管理机构的管理。实施转型性短时工的目的是帮助相关工人找到一份新工作或者成为一个独立职业者。企业或者需要为工人进行再培训以提高其再融入工作的前景，或者需要为其介绍新的工作。在此期间工人完全不再工作，因而这种转型短时工也被称为零工时短时工。《社会福利法典 III》的第 216 条对季节性短时工做了详尽规定。

3. 适用时长

对短时工制度有时间限制的原因在于防止短时工制度被滥用。即若工人的工作岗位被企业永久性削减，但为了保证工人得到较高的收入，企业可以为这部分新失业工人申请短时工，使其在失业后的收入仍然可以在较长时间内和其最后一个月的工资收入相挂钩，从而可以保证工人在成为失业者后能够得到较高的收入，不会迅速地跌入“哈茨四”失业金的低收入群体中。企业这样的安排对工人有利，但是会对社会福利国家造成沉重的负担，因而必须对短时工制度的适用期限做出规定。

根据《社会福利法典 III》规定，短时工这一制度的应用时长为 6 个月，但在特殊情况下可以对短时工制度做适当延长：当特定的经济部门或地区中劳动关系比较特殊时，则短时工可以延长到 12 个月；当整个劳动力市场出现供求关系存在很大波动的极端特殊情况时，短时工可以延长到 24 个月。

根据《社会福利法典 III》规定，短时工的适用时长可以根据具体的情形做出调整，因而 2008 年的国际经济危机的爆发让短时工的适用时长有了很大的波动：2007 年 1 月 1 日—2007 年 6 月 30 日开始签订的短时工适用时长为 15 个月，2007 年 7 月 1 日—2008 年 12 月 31 日开始签订的短时工适用时长为 12 个月，2009 年 1 月 1 日开始签订的短时工的适用时长为 18 个月，后规定自2009年1月1日开始至2009年12月31日为止签订的短时工适用时长皆延长到24个月，2010年1月1日—2010年12月31日开始签订的短时工适用时长为18个月，2012年没有引入例外条款，该年确立的短时工的平均应用时长为6个月，2013和2014年则又将当年订立的短时工制度延长到12个月。

4. 应用条件

一般而言，企业若要申请引入短时工制度，企业必须满足以下条件：

首先，企业可以是因为经济原因，或者是因为不可逆事件而造成工作量暂时性显著减少。而经济上的原因可以是上游供货短缺、也可以是销售困难，或者是因为企业为适应经济的需求而进行结构改组等问题①。不可逆转的事件主要理解为靠理性的谨慎无法应对的事件，如极端气候状况，或者是官方突发规定而导致的事件，或者是季节性因素，或者是企业和整个行业的原因引发的事件②。

其次，企业要能证明，这种生产的下降只是暂时的，并且是不可避免的，而且在不久之后，企业经济状况将会得到改善，能够再次正常运作。

再次，劳动合同中需要允许引入短时工制度。当劳动合同中没有同意引入短时工制度时，雇主可以通过以下三种状况引入短时工，一是雇主可以和企业劳资委员会签订企业合同，二是雇主可以和每个员工签订劳动合同约定，三是雇主可以发表修改声明。

最后，至少有1/3的员工愿意接受工资降低10%以上，才可以引入短时工制度。

参加短时工制度的工人必须满足以下条件：

首先，工人必须有长期的有缴纳社保义务的雇佣合同，在短时工的支付期限过后，该合同依然有效。

其次，在工人的合同中、特别是私人与企业签订的劳动合同中必须明确规定可以引入短时工制度，或者企业工会同意引入短时工制度，并通过书面协定的方式确定下来。

再次，职工若在接受职业教育措施的同时接受了失业金、过渡金时，

---

① Bundesagentur für Arbeit（2011）：Geschäftsanweisung Kurzarbeitergeld，Stand Januar 2012，Nürnberg. S. 43.

② Ibid.，S. 34－35.

则职工将不能再参加短时工项目。

最后，借用工不可参与短时工制度。

5. 工资水平

如果短时工政策的申请得到联邦劳工署的批准，企业在本企业实施短时工政策时的工资发放办法为：

接受短时工安排的有孩子的工人，依照《社会福利法典》第129条中“失业金I”的标准，按原有工资的67%领取短时工基本工资；接受短时工安排的没有孩子的工人，依照《社会福利法典》第129条中“失业金I”的标准，按原有工资的60%领取短时工基本工资，企业再按照参加短时工制度的工人实际工时按比例支付工资。短时工工资计入所得税累进基数；领取短时工工资前后，工人领取的孩子津贴数额不变。

工人若是不工作，而是完全接受培训，则也领取短时工工资，即领取原来实际工资的60%或67%。在领取短时工工资时，劳动局有权让短时工参与者接受额外的兼职工作，额外兼职可以让短时工参与者有额外的收入，但是同时对短时工参与者领取的短时工工资也要做适度的扣减。若是短时工参与者在无正当理由的情况下，拒绝进行额外的兼职，并且也知晓拒绝兼职的后果，其领取的短时工工资将停发3周。

工人的工作时间赚取的工资由工人和雇主共同按既定比例缴纳社保费用。如果在减少工时里工人接受了培训，则从工人接受培训之始，企业应承担的80%的社保缴费也会被完全免去，但《社会福利法典》第412条要求企业主要想享有社保缴费优惠，需要保证工人接受的教育更多的是通识教育，而非企业的专有技能。

6. 优缺点分析

短时工政策的优越性在于：

一是可以暂时地在一定期限内按照企业和工人的约定减少工作时间，帮助企业在订单减少暂时情况下降低员工成本。

二是当企业的订单恢复或部分恢复时，企业可以根据需要及时地调整生产力供应，而不会带来其他附带成本。例如，短时工制度可以让企业避免因为经济的短期性问题而造成人员的波动，降低企业重新招募人员等恢复性成本。而且如果部分企业的生产专业性较强，对本企业生产技能熟练掌握的员工是企业重要的资本，解雇员工就会造成本企业专有技能的流失，过去也存在经济回升后企业面临熟练劳动力短缺的先例，因而企业会倾向于保留素质水准较高的员工，对这部分员工采用短时工政策。根据德国人口老龄化的趋势，新生劳动力的数量将少于旧员工数量，越来越多的德国高校毕业生倾向于到国外就业，因而企业找到合适新劳动力的难度在增大。

三是短时工政策为职工提供了接受继续教育的时间，有助于提高职工的职业技能，并且也可以在这段时间内有效地实现企业内低成本转岗。短时工制度以劳动生产率短期下降为代价保住企业核心劳动力的完整性，在经济低迷时降低了企业成本，在经济复苏时推动企业迅速扩张产能，实现增长。

对企业而言，短时工制度也有不利一面，例如，企业成本并不随着工作时间的下降而成比例下降。2009 年之前，企业还需承担社保费用；2009 年实施社保费用优惠之后，企业也需承担企业低速运营的成本，并承担相应管理费用。短时工制度的成本也会耗费企业的现金流和资金储备，从而降低企业的竞争力。短时工制度有利于企业的既有员工，对新进入劳动力市场寻找工作的人而言则更多的是负面效应。

是否引入短时工制度首先要由企业决定，企业判断的标准是引入短时工制度的实际成本与不引入短时工制度的潜在成本的对比。引入短时工制度的实际成本有维持企业的这部分产能运营带来的行政成本，加上为短时工的工时支付的部分工资，再减去可以被优惠的社保费用。不引入短时工制度的潜在成本有解雇员工的遣散成本、雇佣新员工的附带成本如寻找新员工的费用、培训新员工的费用、以及新员工的融入成本。企业对员工的素质要求水准越高，企业的技术专用性越强，企业未来重新雇佣员工的潜在成本就越高。企业对短时工制度的决定权让企业应对经济危机时能够根据本企业的实际状况做出更灵活的选择，增强企业对危机的应对能力。

短时工制度的实施让工人在危机来临时不再面临失业的必然选择，而是通过减少工作时间降低个人收入来维持工作，有助于保证个人生活的稳定性和降低劳动力市场的波动。短时工制度还让工人可以在劳动量降低时进行职业继续教育，对提升工人的职业能力和就业选择权具有重要意义。短时工制度让劳动力市场变得更加灵活，对经济波动的适应能力也更强。

7. 发展历程

短时工制度最早可以追溯到 1909 年，当时因为关税和税率的变化而导致烟草加工业的工作量下降，为了帮助烟草加工业应对需求下降的危机，1909 年出台的《烟草税法改革法》引入了缩减工时制度，奠定了缩短劳动时间并降低工资的短时工制度的基础①。在 1910 年 5 月 25 日出台的关于钾盐工业的法律中要求对钾盐行业缩减规模，对于那些受到行业减产而工资下降的工人，则由国家支付短时工津贴。一战后，短时工制度被纳入失业保险体系。1924 年在对失业者进行救助的措施中对短时工制度进行了修改，使得现行的短时工制度初具雏形。1927 年，通过引入《职业介绍和失业保险法》，建立了帝国职业介绍和失业保险机构，该机构除了负责职业介绍和失业保险事务之外，还负责短时工这个制度的规定拟定和审批工作②。联邦德国在于 1957 年 1 月 1 日正式生效的《职业介绍和失业保险法修改法》中引入了短时工制度，使短时工制度成为战后德国重要的劳动力市场工具。

1967 年德国短时工数量达到 8. 8 万人。而 20 世纪七八十年代，短时工制度主要被运用于德国的建筑业中，当订单减少或者出现极端天气情况时，建筑业商人往往引入短时工制度来提高工人的实际利用率。70 年代中后期和 80 年代初期的石油危机导致德国短时工数目急剧上升，1975 年有 77. 3 万，而 1983 年尚有 67. 5 万个短时工③。两德统一后，因为对东德的经济结构改造，造成了东德就业压力增大，短时工制度被用来缓解劳动力市场压力，造成短时工数量急剧上升，这时短时工制度并非是为了应对生产的短期下降，而是作为一种应对经济体制转变的方法。1991 年有 176 万人参与了短时工，当时短时工和失业者的比例几乎达到了 1：1（见图 5 - 6）。1993 年短时工数量占参加社会保障就业者总量之比已经从 1992 年的 2. 25% 上升到了 3. 3%④，随着对东德经济的改造的推进，短时工制度作为一项临时性政策，发挥作用的空间逐渐降低，从 1996 年开始，短时工数量占参加社会保障就业者总量之比已经逐渐降至 1% 以下。

---

① W. H. Holzmayer（1989）：Kurzarbeitergeld und Schlechtwettergeld. Ein entwicklungsgeschichtlicher Vergleich. Rheinfelden，Freiburg，Berlin，S. 10.

② de. wikipedia. org/wiki/kurzarbeit. 访问日期：2014 年 4 月 10 日。

③ Karl Brenke，Ulf Rinne，Klaus F. Zimmermann（2010）：Kurzarbeit：Nützlich in der Krise，aber nun den Ausstieg einleiten. Wochenbericht des DIW. Nr. 16/2010. Berlin. S. 3.

④ Hans-Ulrich Brautzsch，Karl Henner Will（2008）：Kurzarbeit Wichtige Stütze des Arbeitsmarktes in der Krise，aber keine Dauerlösung. Wirtschaft im Wandel 8/2010 IWH Halle. S. 380.

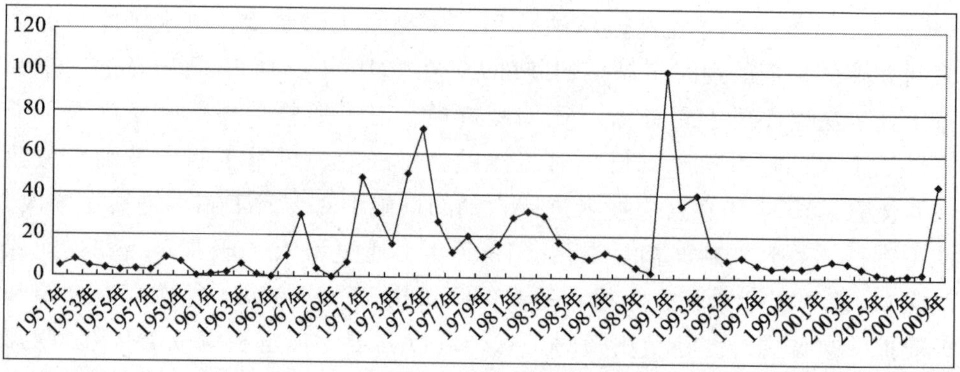

图 5－6　短时工占登记失业者比例

资料来源：Hans-Ulrich Brautzsch，Karl Henner Will（2008）：Kurzarbeit Wichtige Stütze des Arbeitsmarktes in der Krise，aber keine Dauerlösung. Wirtschaft im Wandel 8/2010 IWH Halle. S. 378.

（二）短时工政策在 2008 年国际金融危机中的应用

1. 短时工促进措施

为应对 2008 年的国际金融危机，减少大规模就业对社会福利制度的冲击，当时执政的德国大联合政府在其两套经济振兴计划中对短时工制度的规定作了部分修改增强该政策的吸引力。主要变动有：

（1）暂缓借用工不能参与短时工制度的规定，明确 2009 年 3 月起为借用工参与短时工制度设立一个短暂的例外期，这个例外期于 2011 年 12 月 31 日结束。

（2）至 2009 年 1 月底，企业都需承担减少工时工资的 80% 的社保缴费。从 2009 年 2 月 1 日—2010 年底，企业应承担的减少工时的 80% 的社保缴费被减半，从实施短时工制度的第七个月开始，企业应承担的减少工时的 80% 的社保缴费也被完全豁免。而且从短时工政策引入的第七个月起免除社保缴费的规定后又延长到 2012 年 4 月。

（3）短时工制度的实行时间从最长 12 个月上调至最长 18 个月，2009 年 6 月在“短时工 +”计划中规定将短时工实行的最长年限从 18 个月延长到 24 个月，在危机暂缓后短时工制度的时长又调整为 18 个月。

（4）在《德国经济增长与稳定促进法》中，联邦劳工署额外拨出 40 亿欧元的专项资金用于激励企业实施短时工制度，该部分资金主要用于支持因短时工实施期限延长以及其他优惠措施所造成的资金缺口，以及用于因短时工申请逐渐增加而日益增加的资金需求。

（5）从2009—2012年底，企业申请短时工制度时，取消了需要1/3的员工同意的限制，取而代之的是至少有一个员工愿意接受工资水平降低10%，即可实施短时工。而且企业也无需提供本企业生产显著减少的证明。

（6）2009年联邦劳工署发起了“短时工继续教育”（WeGebAU-Weiterbildung Geringqualifizierter und beschäftigter älterer Arbeitnehmer im Unternehmen）计划，该计划主要针对受教育程度较低的劳动者，即如果劳动者符合《社会福利法典》第81条对受教育程度低的条件定义，则这部分劳动者在接受短时工安排的同时，在工作空闲时段接受职业继续教育时，这部分职业教育的费用成本将由联邦劳工署承担。该计划于2012年底截止。

2. 措施对国民经济的影响

两套经济振兴计划中延长短时工制度期限和鼓励企业实行缩短工时的措施发挥了积极的作用，2009年德国国内参加短时工安排的工人数目急剧上升（见图5－7）。

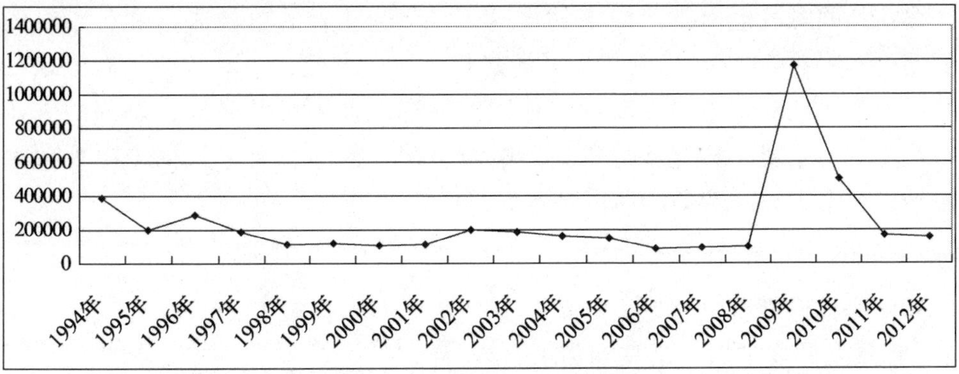

图5－7　各年参与短时工的人数

资料来源：Bundesagentur für Arbeit（2012）：Arbeitsmarkt 2012. Amtliche Nachrichten. 60. JAHRGANG，SONDERNUMMER 2. Nürnberg. S. 13.

2009年2月—2009年8月德国景气性短时工人数达到峰值，为1991年来最高值，2001年短时工和失业者比例为7：100，而到了2008全球金融危机爆发前，该比例仅为4：100。2009年共有114万短时工，短时工和失业者比例又上升到45：100①。2009年上半年，有约10万个企业申请了短时工政策，参与短时工政策的劳动者数量已经达到140万，这至少让30—40万人免于失业②。而2009年7月德国的失业人数为346万，失业率为8.2%，仅比上年年末增加0.8%。2009年12月有60%的工人缩减了1/4的劳动时间，1/10的工人缩减了一半以上的劳动时间，所有参加短时工制度的工人平均每人缩减了30%的劳动时间③。2009年德国政府总计为短时工制度支出了50亿欧元，有30万人次享受了短时工制度，约有22%的企业申请了短时工政策。

2009年底，所有短时工人中，3/4的短时工人参与短时工制度超过6个月，约为60万人，其中有8.5万人参与时间超过一年。这一现象在机械制造业、汽车业特征比较明显（见图5-8）。2010年底，金属行业中有3/4的皆为超过一年的短时工④。但2009年中以来参与短时工措施的企业和工人数量在下降，短时工形式长期化的趋势在下降。

总体而言，短时工政策对国民经济产生了积极的正面影响。虽然危机在劳动者效率的数据中有明显的体现，例如，2006—2012年间，危机让德国每个工时的劳动生产率在2009年中出现了显著的下降，每个劳动者的生产率在相同时段也出现了向下的走向，每个劳动者的单位成本和每小时的劳动成本则在2009年出现了上升的趋势。即便如此，短时工政策有效地维持了国家的就业水平，在欧洲其他国家遭遇就业困难的时候，德国的失业率数据较为乐观，甚至比危机前还略有下降。德国就业率数据未出现较大波动，每个工时的劳动产品也基本保持稳定（见表5-4）。

---

① Hans-Ulrich Brautzsch, Karl Henner Will (2008): Kurzarbeit Wichtige Stütze des Arbeitsmarktes in der Krise, aber keine Dauerlösung. Wirtschaft im Wandel 8/2010 IWH Halle. S. 376ff.

② Boeri, T.; Bruecker, H. (2011): Short-Time Work Benefits Revisited: Some Lessons from the Great Recession, Economic Policy 29, 697-765.

③ Bach, H.-U.; Spitznagel, E. (2009): Betriebe zahlen mit—und haben was davon, in: IAB-Kurzbericht, 17/2009. S. 3.

④ Bundesagentur fuer Arbeit (2010): Inanspruchnahme von Kurzarbeitergeld. Nürnberg, S. 12.

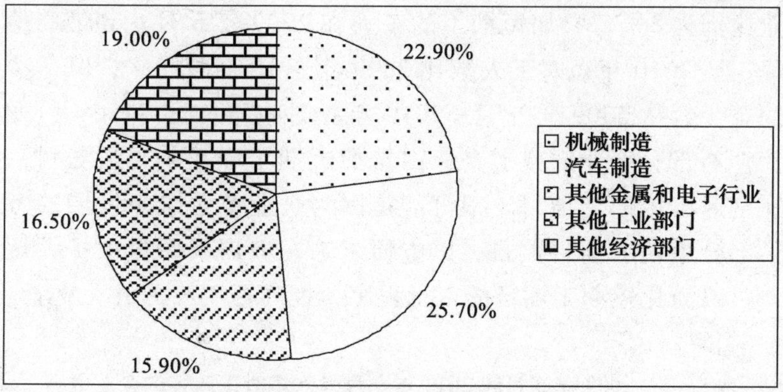

图 5－8　2009 年超过一年的短时工在各行业的分布

资料来源：Karl Brenke，Ulf Rinne，Klaus F. Zimmermann（2010）：Kurzarbeit：Nützlich in der Krise，aber nun den Ausstieg einleiten. Wochenbericht des DIW. Nr. 16/2010. Berlin. S. 10.

表 5－4　德国劳动力市场数据

项目	2006	2007	2008	2009	2010	2011	2012
人口（单位：千）	82366	82263	82120	81875	81757	81779	81917
就业人口数（单位：千）	43361	43392	43433	43552	43493	43603	43861
失业人口数（单位：千）	4245	3601	3136	3228	2946	2502	2316
就业率（%）	52.6	52.7	52.9	53.2	53.2	53.3	53.5
失业率（%）	9.8	8.3	7.2	7.4	6.8	5.7	5.3
每个工人每小时产值（单位：欧元）	41.46	42.85	43.13	42.56	43.77	45.13	45.99
劳动者每小时生产率波动（%）	3.1	1.5	－0.1	－5.2	3.5	1.9	－0.4
劳动者每个工时的生产率波动（%）	3.6	1.7	－0.1	－2.5	1.8	1.8	0.5
每个劳动者的单位成本波动（%）	－2.1	－0.7	2.3	5.6	－1.1	1.0	3.1
每小时的劳动成本波动（%）	－2.4	－1.0	2.3	6.2	－1.5	0.9	2.8

资料来源：Statistisches Bundesamt（2012）：Wichtige Zusammenhaenge im Ueberblick. Wiesbaden. S. 21.

3. 措施对企业的效果

2009 年有 2.8% 的企业引入了短时工制度，而 2010 年引入的短时工制度的企业比例为2%。参加短期工的工人在2009年6月达到最高值，随后逐渐下降，至2010年短时工人数比2009年下降了47.6%，但是参加短期工项目的企业数从2009年6月—2010年6月仅下降了27.6%（见表5-5），这说明有部分企业削减了企业内参加短期工项目的工人数目，但是企业没有完全退出短期工项目。很可能是因为企业鉴于未来发展的考虑而故意保留了部分短期工项目数目，以方便未来在有需要时再次扩大短期工的规模时，可以简化短期工项目的审批程序，提高短期工的引入效率。

表5-5 2009年6月和2010年6月引入短时工政策的企业数据

		2009				2010			
		企业雇员数（人）				企业雇员数			
		1—9	10—499	500以上	总计	1—9	10—499	500以上	总计
短时工企业数	数量	27171	29878	964	58013	24873	16789	425	42087
	占比（%）	44.9	49.4	1.6	—	59.1	39.9	1.0	—
企业总数	数量	1668627	404522	4893	2078042	1677794	410239	4904	2092937
	占比（%）	80.3	19.5	0.2	—	80.2	19.6	0.2	—
短时工企业占所有企业比例		1.6	7.4	19.7	2.8	1.5	4.1	8.7	2.0

资料来源：Leonard Münstermann，Stefan Schneck und Hans-Jürgen Wolter（2012）：Die Bedeutung des Kurzarbeitergeldes im Mittelstand，IfM-Materialien Nr. 215，Institut für Mittelstandsforschung Bonn，S. 25.

短时工政策让大企业的受益范围较广，中小企业中利用短时工制度的比例较低。2009年微型企业中利用短时工制度的比例低于4%，小型企业利用短时工制度的比例低于7%，中型企业利用短时工制度的比例则低于12%，而超过500雇员的大型企业利用短时工制度的比例则高于15.2%（见表5-6）。出现这一现象的原因在于大型企业实力雄厚，对其通过短时工的考核并走完一系列的行政程序有一定的帮助。

表 5 -6：2009 年 12 月实施景气性短时工的企业占同规模企业的比例

	企业		同规模企业中的占比（%）	比 2009 年五月的变化（%）
	数量	占所有引入短时工的企业比例（%）		
1—5 人	19604	37.0	1.4	-6.7
6—9 人	7558	14.3	3.1	-13.8
10—19 人	8616	16.3%	4.4	-20.9
20—49 人	8320	15.7	6.6	-22.9
50—99 人	3983	7.5	8.5	-26.8
100—199 人	2514	4.7	10.5	-22.9
200—499 人	1601	3.0	12.7	-23.9
500 人以上	743	1.4	15.2	-19
总计	52939	100.0	2.5	-16.2

资料来源：Karl Brenke，Ulf Rinne，Klaus F. Zimmermann（2010）：Kurzarbeit：Nützlich in der Krise，aber nun den Ausstieg einleiten. Wochenbericht des DIW. Nr. 16/2010. Berlin. S. 6.

不同规模的企业对短时工的参与度不同，对短时工的参与度的变化也不同。从图 5 -9 可以看出，微型企业对短时工的参与度在 2009 年 6 月和 2010 年 6 月这两个时间点保持相对稳定，皆有 1.5%—1.6% 的微型企业参与短时工。而中小型企业在 2009 年 6 月和 2010 年 6 月这两个时间点对短时工的参与度有了一定变化，从 7.4% 下降到 4.1%。而大型企业在 2009 年 6 月和 2010 年 6 月这两个时间点对短时工的参与度的变化最大，在 2009 年 6 月，约有1/5的企业参与了短时工制度，而到了 2010 年 6 月这一比例已经迅速下降到 8.7%，下降了 55.8%。

不同规模企业中的短时工占所有工人的比例也不同。如图 5 -10 所示，2009 年 500 以上雇员的大企业中，短时工人数占同规模企业中缴纳社保的员工的比例高于德国平均值，2010 年随着 500 雇员以上大企业迅速退出短时工政策，大企业中短时工人数占本规模企业中缴纳社保的员工的比例虽然迅速下降，但仅比德国平均值低 0.2%，短时工政策依然对大企业员工发挥着重要作用。

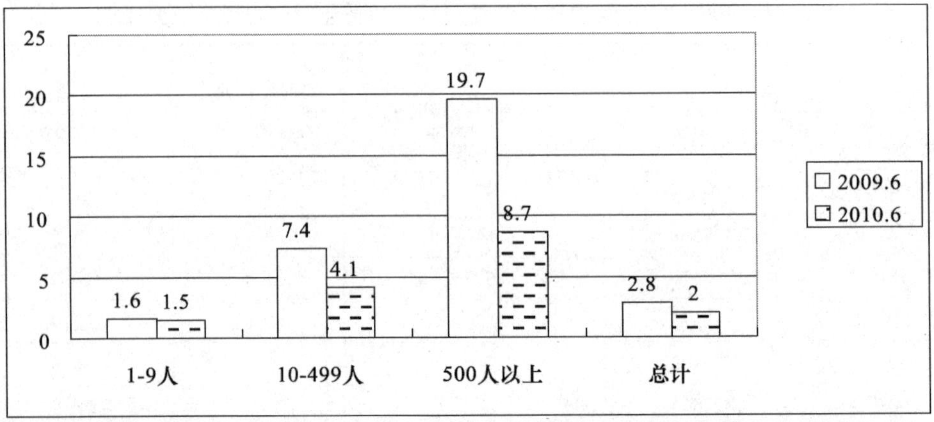

图 5-9　2009 年 6 月和 2010 年 6 月不同规模企业实施短时工政策的比例

资料来源：Leonard Münstermann，Stefan Schneck und Hans-Jürgen Wolter（2012）：Die Bedeutung des Kurzarbeitergeldes im Mittelstand，IfM-Materialien Nr. 215，Institut für Mittelstandsforschung Bonn，S. 26.

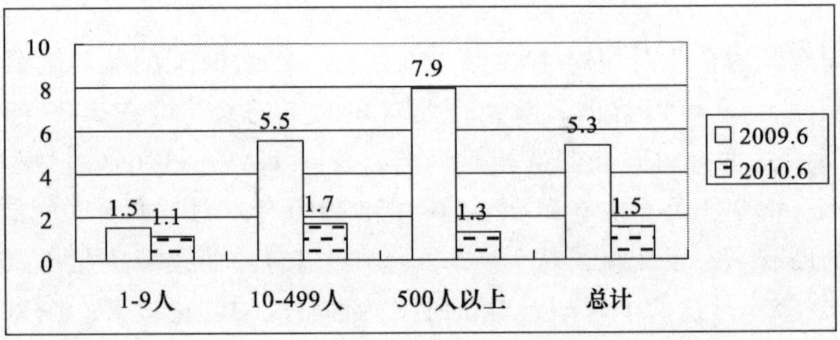

图 5-10　2009 年 6 月和 2010 年 6 月不同规模企业中短时工所占比例

资料来源：Leonard Münstermann，Stefan Schneck und Hans-Jürgen Wolter（2012）：Die Bedeutung des Kurzarbeitergeldes im Mittelstand，IfM-Materialien Nr. 215，Institut für Mittelstandsforschung Bonn，S. 28.

整体而言，短时工政策让大企业受益颇丰。在危机比较严重时期，规模大的企业中引入短时工的比例也相对较高。大企业对短时工政策的反应比较灵敏，实施广度也较大。

4. 措施的产业以及地域影响

2008 年国际金融危机爆发前，短时工制度主要在建筑业中运用较广。

危机爆发后，短时工制度主要在出口行业如加工业、电子工程业、汽车制造业，以及这些工业的相关服务业中分布较多①。2009 年中，4/5 的短时工出现在加工业中，受世界经济景气情况影响较小的出口型行业如制药类企业中的短时工数量较低。内需型行业如食品行业中的短时工数量也较少（见表 5－7）。

表 5－7　2009 年景气性短时工比例较高的经济部门

	企业数	短时工人数	每个企业短时工人数	短时工占缴纳社保费用的劳动者之比
机械制造业	4355	168153	39	17.4
金属制造和加工业	1199	47974	40	15.0
汽车行业	664	111555	168	14.3
电子行业	937	41088	44	12.3
纺织业	392	7778	20	10.2
DV 和光学产品	1248	37333	30	8.8
橡胶和塑料制品业	1109	28532	26	8.3
木制品业（非家具类）	599	6712	11	6.0
玻璃、瓷器业	594	12164	20	6.0
旅行社业	406	3905	10	5.5
家具业	383	6214	16	5.4
纸张以及纸浆业	202	5545	27	4.4
印刷业	1019	6878	7	4.1
皮制品业	54	599	11	3.9
工程设计业	2686	14128	5	3.5
采矿业	72	1374	19	3.5
化学制品业	431	11059	26	3.4
采矿服务业	10	565	57	3.3
批发业	4628	38203	8	2.9
仓储运输业	1414	16626	12	2.6
劳动力中介行业	1827	15144	8	2.7
信息技术服务业	1508	9289	6	2.1
零售业	1897	7658	4	0.4

① 相关服务业有运输业、贸易类、以及企业咨询公司等。

续表

	企业数	短时工人数	每个企业短时工人数	短时工占缴纳社保费用的劳动者之比
高层建筑业	859	4801	6	1.8
广告和市场调研	811	3422	4	2.9

资料来源：Karl Brenke，Ulf Rinne，Klaus F. Zimmermann（2010）：Kurzarbeit：Nützlich in der Krise，aber nun den Ausstieg einleiten. Wochenbericht des DIW. Nr. 16/2010. Berlin. S. 7.

20 世纪 90 年代中后期以来，原东、西德地区对短时工政策的利用都非常低，而且两个地区对短时工的利用率也非常接近。但在 2008 国际金融危机中，2008 年 12 月—2009 年 2 月在联邦劳工署约有 150 万人申请短时工，其中有 85% 来自于原西德地区①。究其原因在于原西德地区的工业的出口导向性较强，原东德地区出口占经济的比重约为 33%，而原西德地区出口占经济的比重为 45% 左右，故而原西德地区受国外需求下降的影响较大，其对短时工政策的利用率远高于原东德地区（见图 5－11）。

图 5－11　原东、西德地区短时工占所有缴纳社会保险的员工总数的比例

资料来源：Hans-Ulrich Brautzsch，Karl Henner Will（2008）：Kurzarbeit Wichtige Stütze des Arbeitsmarktes in der Krise，aber keine Dauerlösung. Wirtschaft im Wandel 8/2010 IWH Halle. S. 380.

---

① Karl Henner Will，Hans-Ulrich Brautzsch（2009）：Kurzarbeit-Retter in der Not? Wirtschaft im Wandel 5/2009，S. 203.

5. 措施评价

德国《民法典》第615条规定，当企业遭受生产下滑时，雇主需要为没有进行劳动的雇员支付全额工资，生产下滑的损失需由雇主承担。短时工政策是该项规定的例外条款。之所以2009年德国政府需要加强短时工制度的吸引力，是因为劳动力市场的就业水平对德国危机时段的经济具有重要意义。经济危机中，德国出口在未来的时间内将会出现显著下滑，这对出口导向型的德国经济而言将会是巨大冲击，因而需要保障国内的需求水平。而稳定国内市场需求的有效办法是保持国内就业，只有稳定就业水平才能刺激家庭进行消费、保持消费者的消费倾向，防止市场因为私人消费者的需求急剧下降而崩溃。2008国际金融危机中，德国政府试图通过引入一些有针对性的短期性规定来提高短时工制度对企业的吸引力，激励企业积极申请短时工制度，让老政策焕发新活力。

在1988年以前，在实施短时工政策时社保缴费完全由社保机构承担，而1994年之后，实施短时工政策时的社保费用大部分由雇主承担。对企业而言，短期工制度对企业的优惠力度不大，因而失去了经济吸引力，在1996—1997年和2001—2004年的两次危机中，短时工制度被利用得较少①。2009年联邦政府两次降低企业的社保缴费负担，以激励企业参与短时工制度。此外联邦政府更进一步延长了短时工政策的适用时限，增强了短时工制度优惠力度，2009年之前，企业采用短时工制度的持续时长较短，大多为3个月以内，大部分为季节性短时工。在2009年政府采取措施刺激短时工政策后，短时工的持续时间大多为6个月以上。这些举措让企业可以在危机下利用短时工制度做长期的生产安排，有助于企业应对危机。

施罗德的“2010议程”对德国的劳动力市场进行了深刻的改革，“失业金II”的较低水平让劳动者对失业充满恐惧，宁愿接受较短时间的工作安排也不愿失去工作，从而增加了劳动者对短时工政策的接受度，降低了短时工政策的推广难度。为了进一步增加短时工制度的亲和力，联邦政府也在努力降低企业申请短时工制度的门槛，取消了需要1/3的员工同意的限制，而是规定至少有一个员工愿意接受工资水平降低10%以上的条件；

① H. Bach, E. Spitznagel (2009): Kurzarbeit. Betriebe zahlen mit—und haben was davon. IAB-Kurzbericht, Nr. 17/2009, Nürnberg, S. 4.

为了简化企业申请短时工制度的程序，联邦政府规定企业在申请短时工政策时也无需提供本企业生产显著减少的证明，这些举措降低了申请短时工制度的难度，也提高了企业利用短时工制度来应对危机的反应速度，从而增强了企业对短时工制度的认同感。

德国政府的短时工激励政策在德国外向型产业中运用较广，有效地帮助了德国外向型产业应对危机，特别是外向型的大企业充分利用短时工政策，让外部需求的强烈冲击得到暂时性的缓冲，没有对企业的核心员工造成冲击，让大企业能够在经济恢复后迅速地恢复生产，最低限度地降低了损失，是德国出口导向型的经济在危机中保持国内劳动力市场相对稳定的法宝。

2009 年引入的“短时工继续教育”计划相对短时工政策的其他优惠措施显得更有针对性，之所以引入该计划是为了提高受教育程度低的工人的技能水平，或者让受教育程度低的工人掌握多种技能能够促进低教育程度者的就业，有效提高社会就业率。“短时工继续教育”计划让继续教育与短时工政策相结合，可以有针对性地提高低教育程度者对职业继续教育的参与程度。2009 年新引入的“短时工继续教育”计划共计为 23700 人次提供了继续教育培训，支出 3160 万欧元，为提高低教育水平者的技能水平做出了积极努力。

（三）结语

短时工制度在 2009 年发挥了极大的作用，既维持了工人就业率的稳定，又增强了民众对经济的信心，有效地制止了经济衰退，是大联合政府最成功的危机应对政策之一。短时工政策的实质是以低工作量换取高就业人口数量，成为阻止高失业的一种稳定器。对受经济景气性影响特别大的行业会产生较大的作用。2008 国际金融危机中，德国受影响最大的行业为出口导向型的行业，因而 2008 国际金融危机中，外向型的德国经济增加短时工政策的效用范围能够产生较大的积极影响。短时工制度有效地防止了在经济低谷时期企业裁退员工，在经济回升时再重新雇佣员工的波动性政策，将企业的人员损失降至最低，防止了企业雇佣新员工的培训成本和磨合成本，也有效降低了德国因人员失业增多而造成的需求波动和社会动荡。在 2008 国际金融危机稍稍放缓后，德国能够迅速地从国外需求的复苏中获益。

和凯恩斯式的政府拉动内需相比，短时工政策是让复苏成本在各方之间进行分配的方法。通过短时工的制度设计，不仅由工人承担经济负增长的压力，而且也让企业和纳税人共同承担这一压力。学者计算，通过参与短时工制度，2009 年保住了 30 万个工作岗位，工人放弃的工资水平约为 30 亿欧元。企业承担的成本约为 42 亿—62 亿欧元。而联邦劳工署承担了部分社保费用以及其他延长短时工时限、承担继续教育费用等促进性支出，共计约为 60 亿欧元①。劳动者承担的成本比例约为 1/5，纳税人和缴税者承担了高于 40% 的成本，而雇主承担了接近 40% 的成本。其中纳税人和缴费者所负担的成本比例较高。企业可以利用短时工政策进行企业内的结构调整，用以保持企业竞争力的可持续性，而结构调整的成本则被部分地转嫁给工人和纳税人。

德国国内存在这样一种观点，希望将短时工确立为一种长期性机制，而不是仅在危机时期能够被运用。因为与以前相比，经济展现出了不同的特征。过去经济总是同时进行周期性波动，现在即使是在同一个产业内部，企业的波动周期都不尽相同。以新兴市场为目标市场的企业和以欧美市场为目标的企业在增长与衰退上并不同步。这种不同步性为将短时工政策确立为长期性政策提供了支点，因为企业利用短时工可以积极面对经济的这种不同步性，防止突然的经济收入下降造成企业破产。

对此则存在反对意见，如北威州州长克拉夫特即认为，短时工制度不应成为长久机制，而是应该通过立法让短时工制度成为在危机来临时能够迅速投入使用的一项措施。短时工制度更多地是项短期性措施，可以有效应对短期的企业经济危机。在经济危机中企业受到维系威胁之后，采用短时工制度，可以在濒临破产的企业和个体劳动者之间建立的有效的沟通机制，用相互之间的让步以换取时间维持企业运转的措施。

首先，短时工更多的只是企业减少成本的一种手段，而只应该在经济低迷时期出现，以帮助企业渡过难关。否则企业通过短时工制度为本企业储备了过多的劳动力资源，就会造成其他企业的劳动力资源短缺。

---

① Bach, H. - U.; Spitznagel, E. (2009): Betriebe zahlen mit-und haben was davon, in: IAB-Kurzbericht, 17/2009. S. 3.

其次，短时工制度只是危机时段的短期性工具。若让短时工制度成为常态化工具，将短时工制度视为避免结构性改革的工具，造成短时工制度的滥用就会让企业失去结构性改革的动力，这会扰乱了市场的正常竞争秩序。若企业的经济状况无法得到迅速恢复，引入短时工制度会降低企业内的竞争压力，而且短时工制度的成本也会耗费企业的现金流和资金储备，从而降低企业的竞争力，短时工制度也只会让工人逐渐走向长期失业。

再次，短时工政策也会造成员工没有寻找新工作、学习新技能的动力，从而会导致长期失业者数目的增加。而且短时工制度更多地有利于企业的既有员工，对新进入劳动力市场寻找工作的人而言则更多的是带来负面效应，增加了其进入劳动力市场的难度。

事实上，短时工制度在危机中的有效性取决于危机的性质和时长。如果只是一个景气性危机，延续时间较短，短时工制度可以起到较好的缓冲作用；如果是个结构性危机，延续时间较长，需要企业进行企业经营策略的调整，而引入短时工制度只能暂时性的缓解失业，实施短时工政策所耗费的成本很难及时地通过盈利得以平衡，只会以国家的资金来换取企业的暂时生存，还会延迟企业进行生产结构调整的时间。此时短时工制度对经济的积极作用比较有限。

为防止短时工政策被用于延迟企业的结构性改革，应该设立一定的指标以防止出现短时工政策长期化，对于会造成企业结构僵硬化的短时工制度安排应该及时取消，应该让企业承担一定的成本，以确保企业保留的是日后真正需要的劳动力。而且，更应该防止短时工政策被别有用心的企业主不合法使用，短时工政策成为企业主窃取国家资金的工具。2009 年有 132 家企业涉嫌滥用短时工制度，通过欺骗手段获得国家短时工津贴。为社保机构带来沉重负担。

短时工制度可以让企业在暂时性的消退中降低劳动力成本，但只是一种维持手段，无法让企业实现更好的盈利，如果经济无法回升，或者企业的结构性问题无法解决，企业将无法避免裁员。事实上劳动力市场上的灵活性措施并非只有短时工一种，还有诸如劳动时间账户和弹性休假等措施都可以让企业更有效、更灵活地应对危机。综合各种劳动力市场工具，有效地解决问题是应对经济危机的不二之选。

二、环境津贴

（一）政策内容

环境津贴[①]是德国2009年出台的《德国经济增长与稳定促进法》中的重要内容。德国政府引入环境津贴的一个目的是刺激对汽车的需求，以帮助汽车工业渡过危机；环境津贴的另一个目的是用更清洁的新车取代排放标准低的老式汽车，淘汰排放标准高的汽车，来降低空气中有害气体的含量。

汽车工业以及相关零售商因为受到全球金融危机的影响，新车销量锐减，因而面临困境。其中，通用汽车公司因为销量下滑而陷入支付危机，其分公司欧宝汽车也因此面临危险，需要被国有化。2008年10月，德国汽车工业联合会会长建议为激励投资，引入环境津贴。同年12月该建议由外长施坦迈尔引入内阁进行讨论。2009年1月14日，内阁批准了该建议。2009年3月7日，《促进私人汽车销售条例》正式生效[②]。

《促进私人汽车销售条例》规定，2009年在旧车报废、购买新车时，满足一定的条件可以享受环境津贴（Umweltprämie）。该津贴由投资与偿还基金提供资金，总计50亿欧元，为每位符合条件的换车者提供2500欧元的补贴。

换车者申请环境津贴的前提条件是：

（1）环境津贴有余额；

（2）申请者需为私人；

（3）轿车需要是至少9年前开始使用的，在2009年1月4日—2010年6月30日间按照《旧车管理条例》进行报废的；

（4）申请者拥有该车辆至少1年；

（5）申请者需要在2009年1月14日—12月31日间购买一辆新车或是

---

① 环境津贴原来也叫废品津贴（Abwrackpraemie）。

② Bundesamt fuer Wirtschaft und Ausfuhrkontrolle（2008）：Richtlinie zur Foerderung des Absatzes von Personenkraftwagen. Berlin. 参见：www. bafa. de/bafa/de/wirtschaftsfoerderung/umweltpraemie/dokumente/foederrichtlinie_ umweltpraemie. pdf。访问日期：2013年3月21日。

年度汽车①，并至2010年6月30日为止投入使用；

（6）新车或是年度汽车至少需满足废气排放“欧四”标准。

满足条件的换车者可以向联邦经济和出口控制局申请环境津贴，联邦经济和出口控制局根据申请到达的顺序进行办理。

（二）引入原因

德国2009年出台的《经济振兴计划II》中将环境津贴作为其一项重要的政策，主要原因在于汽车产业是德国重要的支柱性国民经济产业。德国每7个工作岗位中就有一个与汽车相关，汽车及其相关产业贡献了德国1/4的税收，汽车及汽车相关行业的产业增加值约占德国国民生产总值的1/5。德国是世界汽车产量最高的国家之一，汽车产业也是与德国经济相关度最高的行业之一。

德国汽车行业拥有奔驰、宝马、大众等一系列国际品牌，其品牌号召力和产品质量位居世界汽车行业之首，德国汽车在欧洲汽车市场有着接近一半的市场占有率。德国汽车工业在全球居于技术领先地位，现代科技的迅速发展让汽车不再只是代步工具，而成为诸多先进技术的融合载体，是技术和资本密集型产业，汽车也具有了具有很强的周边产业带动性。将德国先进技术和汽车工业相结合，形成了难以超越的德国产业高水平。例如，德国拥有先进的新能源技术，将新能源产业和汽车行业相结合，可以拓展对新能源技术的研究深度，让新能源汽车成为德国新的产业优势。化工业和电子行业是德国的重要优势性产业，汽车行业与这两个产业也能够产生相互促进的作用。例如，汽车电子技术占整车的比例已经达到40%以上，汽车电子的市场价值也占到了整车价值的一半以上；全球定位导航系统和车载通讯系统在汽车中的广泛运用。汽车产业与电子产业相结合可以有效地提高电子产业的市场和利润空间；而将电子技术融入到汽车制造和汽车

① 年度汽车是指汽车首次批准上路的时间少于12个月，而且该汽车的生产日期和批准上路的日期之间间隔也不能多于12个月。年度汽车多是汽车企业员工或退休人员以较大折扣购买的企业新车，或者是企业员工获得的奖品性或荣誉性新车。环境津贴中的年度汽车是指汽车生产商、汽车生产商的分销机构或企业员工、汽车贸易商、生产者自有的汽车银行、汽车租赁企业的距首次获批上路不超过12个月的汽车。参见：http：//www.jahreswagen.net/mehr-jahreswagen-fur-weniger-geld#more-885。访问日期：2013年3月20日。

配件中，有助于提升汽车的整体价值，提高德国汽车的国际竞争力。

德国的汽车配件行业也是全球汽配行业的标杆。汽车工业价值链的结构已经发生了很大的变化，德国品牌汽车的整车生产深度在不断降低，更多地依赖德国中小型的汽车配件生产商来为其提供深度产品。德国汽配行业独立于汽车生产商，在汽车动力和传动系统方面往往具有技术上的垄断性优势，因而德国汽配行业具有极强的世界竞争力，所以汽配行业在德国经济中也占据很大的份额。例如车灯专业制造企业海拉是顶级的车灯供应商，专为品牌汽车提供高品质车灯；博世的汽车配件也具有很强的竞争力，博世集团的全球年销售收入超过 500 亿欧元。这类企业在德国国内或建有高技术含量的生产车间，或者建立了竞争力强劲的技术研发部门，这些车间和部门是德国产品高技术含量的执行者或者是高技术含量的创造者，直接决定了德国产品的实际竞争力，对德国的就业以及税收具有重要意义。

（三）实施效果

2009 年 1 月 14 日，内阁批准了关于环境津贴的提议建议，扣除环境津贴的管理成本，计划用 15 亿的资金资助 59.8 万换车者。环保津贴推出后受到了消费者的热烈欢迎，自 1 月 14 日实施开始，汽车行业销量大增，环保津贴的申请数量不断上升（见图 5－12），至 3 月份，新的小型车的供货期要到达几个月之后，为方便申请者操作，3 月 25 日，联邦政府将环境津贴的有效期延迟至 2009 年 12 月 31 日，并于 3 月 30 日，将申请环境津贴的过程转化为电子化管理，这样可以让提货期较长的新车的申请者也能够方便申请环境津贴。至 2009 年 4 月 2 日时，已有 66.6 万个环境津贴的电子申请，原计划 15 亿欧元的的环保津贴资金池几乎被掏空。鉴于还有接近 7 个月的申请时间，担心既有的环境津贴的总金额不够①，5 月 28 日联邦政府又追加了 35 亿的环境津贴资金，至 2009 年 9 月申请达到 200 多万份。9 月 2 日，环保津贴 50 亿的资金已经被分配完毕，此时尚有 1.5 万个申请者位于候选名单上②。“环境津贴”一词在 2009 年被德国语言协会选为年度热词。

---

① 这是考虑到申请中可能有重复申请和无效申请的因素。

② www. bafa. de/bafa/de/wirtschaffsforderung/umweltpraemie/publikation/ump_ abschlussbericht. de. 访问日期：2013 年 3 月 21 日。

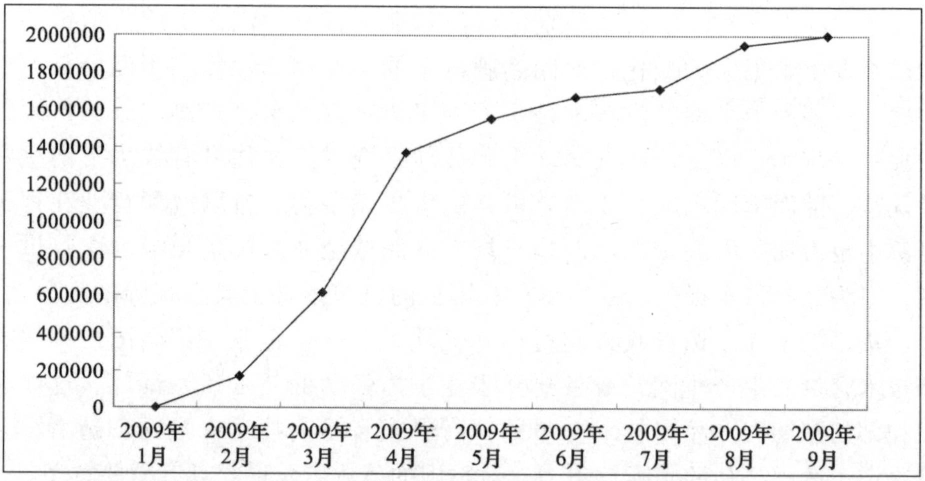

图 5－12　环境津贴申请提交数据

资料来源：Bundesamt fuer Wirtschaft und Ausfuhrkontrolle（2010）：Abschlussbericht-Umweltpraemie. Wirtschaftfoederung. Eschborn. S. 14.

与不断走高的环境津贴申请数量相对应的是国内市场汽车销量的不断上升。

虽然 2009 年 2 月份德国汽车整车及零部件的实际销售额同比下降了 39.6%，其中德国国内减少的比重为 30.4%，但在环境津贴的利好政策刺激下，2009 年上半年，德国国内汽车销量同比上升 26%，达到 206 万辆，而 2009 年 6 月更是达到了同比 40% 的增幅，增幅为 1990 年以来最高值①。2009 年全年德国国内汽车销售量甚至达到了 380 万的纪录，比 2008 年增加了 25%。2009 年 1 月至 8 月，新上路汽车同比上升了 26.8%②。海外市场与之相反，2009 年上半年德轿车出口同比下降 35%，前 6 个月订单同比减少 26%。上半年德国轿车全球销量减少 230 万辆，同比下降 24%，其中在美国销量下滑 24%，比平均降幅低 11 个百分点，因此，德国轿车在美市场

① 参见中华人民共和国商务部网站 http：//www. mofcom. gov. cn/aarticle/i/dxfw/jlyd/200911/20091106610607. html. 访问日期：2013 年 3 月 21 日。

② www. Igmetall-bayern. de/News-Ansicht. 26 + M503bf5b36e1. 0. html. 访问日期：2013 年 3 月 21 日。

的份额上升至7.4%[①]。

（四）政策评价

德国国内的汽车高销售量有效地提升了国内相关产业的经济数据，如与汽车直接相关的汽车生产业和汽车销售业的收入节节上升；而间接相关的产业如废车处理业也获益颇丰，因为淘汰旧车数量不断增加，其业务量也实现了显著的增加；汽车作为德国的核心产业，也间接拉动了其相关产业电子工业和化学工业的增长。据德国金属协会的估计，环境津贴约挽救了20万个工作岗位，是《德国经济增长与稳定促进法》中最有效的政策之一[②]。

2008年末2009年初，在对是否要引入环保津贴时，就存在争论认为，实施环保津贴提早消耗了市场的未来消费潜力，会造成来年汽车销量大跌，不利于国民经济的稳定性，因而反对引入环保津贴。事实上，2008金融危机所引发的世界汽车需求量的下跌并非是长期性的，环保津贴资金用完后不久，世界经济就开始逐渐回暖，德国汽车企业也迅速恢复了产能，满足了世界的汽车需求。环保津贴的引入让出口导向型的德国汽车及相关产业在外部需求急剧下跌时，依然能够保持运转，防止因经济危机解雇工人而造成复苏后熟练工人短缺现象，维持了迅速恢复生产所必需的人力资源和机器状态。

环保津贴在国外汽车需求即将跌至低谷时，在深“V”汽车需求曲线即将出现之前，利用环境津贴在国内人为地塑造了的汽车需求，类似于在向下的需求和向上的需求之间架了一座“桥”，让汽车需求曲线从可能的深“V”型变为现实的浅“U”型，减少了国内汽车工业可能遭受的强烈冲击，保持了国内的就业及消费能力。德国政府用50亿欧元的资金维持了汽车企业人员的在岗状态和生产的运转状态，当外部需求回升时，德国汽车行业用迅速回升的生产和高额的税收金回报了政府。

从环境津贴的申请来源地来看（见图5-13），受益最多的是德国的原重工业州北威州，其次是德国经济发达的地区巴伐利亚州和巴符州，可以

---

① 参见中华人民共和国商务部网站 http://www.mofcom.gov.cn/aarticle/i/dxfw/jlyd/200911/20091106610607.html。访问日期：2013年3月16日。

② Das Ende ist nahe-Abwrackprämie reicht noch eineinhalb Wochen http://www.focus.de/panorama/vermischtes/abwrackpraemie-das-ende-ist-nahe-abwrackpraemie-reicht-noch-eineinhalb-wochen_aid_430232.html.

看出环境津贴对经济较不发达和发达的州的消费都起到了一定的拉动效应。

但环境津贴也存在着一些负面的效果。环境津贴虽然刺激了国内对汽车的需求，2009 年 1—6 月德国人购置新车约花了 360 亿欧元，但对消费产生的更多是替代效应，而非消费创造效应。消费者的资金被引入汽车行业，而抽空了本应用于零售业和旅游业的收入。同时将 2009 年上半年，消费者对汽车的支出增加了 23%，而不包含汽车的私人消费则下降了 1%，私人消费总计仅上升了 0.1%①。

大量购入新车淘汰旧车，对德国的汽车相关行业也产生了深刻的影响。

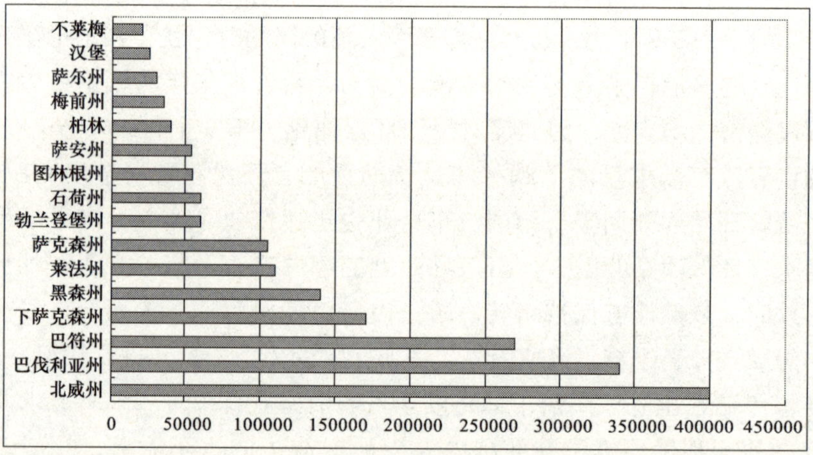

图 5-13　各州购买新车数

资料来源：Bundesamt fuer Wirtschaft und Ausfuhrkontrolle（2010）：Abschlussbericht-Umweltpraemie. Wirtschaftfoederung. Eschborn. S. 15.

首先，汽车修理行业的业绩深受影响，新车修理需求下降造成了对汽车保养和修理的需求也随之下降。专修 2.5 吨以下汽车的修理机构 2009 年 1—5 月营业额下降了 3.8%，汽车修理行业 2009 年 1—5 月比 2008 年同期营业收入下降了 1.5 亿欧元②。

---

① http:　WWW. destatis. de/jetspeed/portal/cms/Sites/destatis/Internet/DE/Presse/pm/2009/08/PD09_ 316_ 811. psml.

② Händlern gewinnen-Hersteller und Werkstätten verlieren http：//www. kfz-betrieb. vogel. de/service/praxis/articles/225836/. 访问日期：2013 年 3 月 18 日。

其次，二手车行业也深受冲击，环境津贴让人们购买新车的成本下降，很多人购买二手车的意愿迅速下降，二手车市场供大于求，车辆转手率低，造成了二手车市场的不平衡。许多过于老化的旧车不再进入二手车市场而是直接视为废车，造成废车处理业业务量大增，但因为废车数量上升过快导致废车了价格下降。甚至一些废车被所有者以废品价格出售，但中间商却将这部分以废品价格收购的车以二手车的价格被卖往非洲和东欧地区，形成了非法盈利链。

例如虽然实施环境津贴部分挽救了汽车行业的颓势①，但环境津贴对德国本土品牌的助力并不大，2009 年德国新车注册量增加了 21%，其中德国本土品牌增幅为 9%、外国品牌轿车增幅 48%，德国人购置的新车中最受欢迎的依然是大众和欧宝，但外国汽车品牌的占有率非常高（见图 5 - 13）。总的看来环境津贴对外国汽车企业的助力大于德国本土汽车品牌。事实上，2009 年 9 月举行德国联邦议会大选，引入环境津贴有助于维持经济平稳、美化政府数据，可以将棘手的汽车工业的问题和经济发展问题延迟到联邦议会大选后再进行。

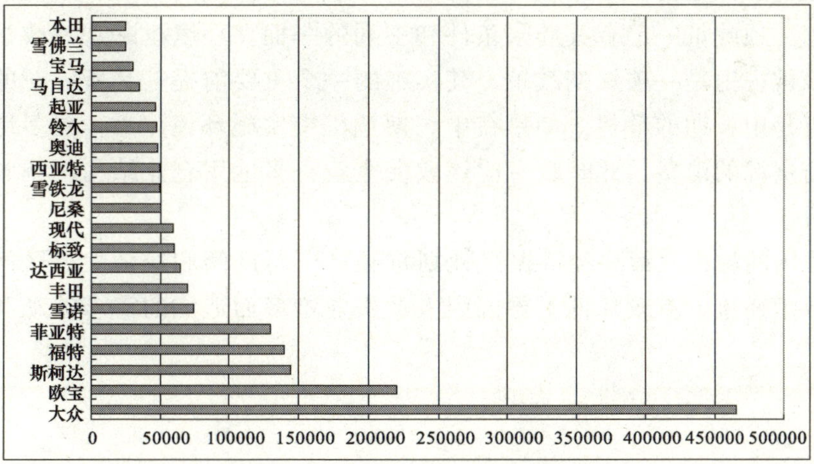

图 5 - 13　环境津贴中最常购买的汽车品牌

资料来源：Bundesamt fuer Wirtschaft und Ausfuhrkontrolle（2010）：Abschlussbericht-Umweltpraemie. Wirtschaftfoederung. Eschborn. S. 16

① 货车的销量未能有效增加。

三、小结

短时工制度在 2009 年发挥了极大的作用，既维持了工人就业率的稳定，又增强了民众对经济的信心，有效地制止了经济衰退，是大联合政府最成功的危机应对政策之一。短时工政策的实质是以低工作量换取就业人口数量，成为阻止高失业的一种稳定器，对受经济景气性影响特别大的行业会产生较大的作用。2008 国际金融危机中，德国受影响最大的行业即为出口导向型的行业，所以 2008 国际金融危机中应用短时工政策能够产生较大的积极影响，短时工制度有效地防止了在经济低谷时期企业裁退员工，在经济回升时再重新雇佣员工的波动性政策，将企业的人员损失降至最低，防止了企业雇佣新员工的培训成本和磨合成本，

环境津贴是德国危机应对方案中的一项重要政策。默克尔本人多次对环境津贴政策赞誉有加，认为环境津贴政策是完全正确的，是应对危机中的一些非常重要、非常智慧的政策①。环境津贴政策让近 200 万个家庭直接受益，而且针对的是德国的汽车行业及其周边行业，对相关产业、供货商、服务业都有一定的带动作用，也为其他国家实施类似的产业政策提供了借鉴。但一项政策一定有其局限条件和不利的一面。环境津贴这一政策更多地应该被视为是一项短期政策，其实施的一个重要前提是其所应对的危机不可以是中长期的危机。如果在中长期危机中实施环境津贴，更多地会造成政府资源的浪费，此时政府应该敦促企业更多地用企业结构的调整来应对危机。

德国的救市政策和经济振兴计划将经济下行区间和经济上行区间进行了有效地衔接，有效降低了德国因人员失业增多而造成的需求波动和社会动荡。

---

① Christoph Schwennicke（2009）：Abwrackprämie für Athen！http：//www. spiegel. de/politik/ausland/wie-eine-abwrackpraemie-griechenland-aus-der-krise-hilft-a－834430. html. 访问日期：2013 年 3 月 20 日。

第六章　德国国内欧债讨论

第一节　从德国国内讨论看欧元联合债券

迄今为止的欧元救助机制以成员国间多边贷款为基础，并未形成欧元区的共同贷款。欧债危机每当恶化之时，欧元联合债券就会作为一个全解式方案被提出。事实上各国对欧元联合债券各持己见，重债国与核心国体系内部对于欧元联合债券的意见也大相径庭。希腊、葡萄牙、意大利和爱尔兰等重债国支持发行欧元联合债券来应对债务过重和支持经济刺激政策，以缓解国内危机；西班牙则与其他重债国相异，并不认为发行欧元联合债券是一个可以迅速解决问题的办法，认为需要保持金融稳定性应该由欧洲央行插手①。德国、卢森堡和芬兰等核心国一直坚决反对发行欧元联合债券，认为缓解欧债危机要从重债国的国内政策入手，要求重债国实施财政紧缩和结构性改革，而法国、荷兰、奥地利随着欧债危机的爆发而转变，从危机之初的反对转变为现在的赞成发债②。

一、欧元联合债券的现存形式

欧元联合债券首先由 Jacques Delors 于 2003 年提出③，但当时因担心会

① Severin Weiland, Vor EU-Gipfel FDP-Chef Rösler lehnt Euro-Bonds kategorisch ab Spiegel. de vom 23. 05. 2012 URL: http://www. spiegel. de/politik/deutschland/streit-um-euro-bonds-fdp-chef-roesler-lehnt-euro-bonds-strikt-ab-a－834688. html 访问日期：2013 年 04 月 19 日。

② Tremonti erneuert Ruf nach Eurobonds. Handelsblatt. com vom 13. 08. 2011. URL: http://www. handelsblatt. com/politik/international/schuldenkrise-tremonti-erneuert-ruf-nach-eurobonds/4495762. html 访问日期：2013 年 04 月 19 日。

③ Rezession trifft Europa: EU-Bonds regen Diskussionen an. Eurativ. com vom 19. 08. 2011. URL: http://www. euractiv. com/de/finanzdienstleistungen/rezession-trifft-europa-eu-bonds-regen-diskussionen/article－177312 访问日期：2013 年 04 月 16 日。

造成欧盟财政的扩张和欧元区整体负债的上升，遭到了大多数国家的反对。随着欧债的不断深入，欧元国家的国债利差在不断扩大，重债国的 CDS 价格也在不断上升，欧元集团主席容克和意大利财长特雷蒙蒂于 2010 年底再次提出欧元联合债券的设想，即欧元区成员国联合发行债券，欧元联合债券的最高比例有一定上限，而且各成员国亦可同时发行独立国债。随后欧盟委员会、国际货币基金组织、布鲁塞尔经济研究机构、德国经济专家委员会等都陆续提出了欧元联合债券的设计方案。目前欧元联合债券的主要设计方案有以下几种：

（一）完全责任的欧元联合债券

完全责任的欧元债券是用欧元区国家的整体信用为担保所发行的超国家债券，所有欧元区 17 国的主权债务被统一打包，以一种债券的形式对外统一发售，各国按统一利率发行国债，并为联合债券提供共同担保。这种彻底的联合债券是重债国所希望的，可以解决重债国目前的融资困境。欧盟委员会于 2011 年 11 月 23 日发布的《关于发行“稳定债券”可行性的绿皮书》中提出了三种“稳定债券”方案①，第一种即为此种欧元联合债券，该种债券被欧盟委员会称为“信托网稳定债券”。这一方案需要对欧元区目前财政制度做出彻底变革，并有可能为未来的欧元统一经济政府奠定基础②。

（二）限制责任的欧元联合债券

限制责任的欧元联合债券是用欧元区国家的整体信用为欧元债券的发行提供部分担保。各国可以采用双轨制发债，即既可以发行欧元联合债券，也可独立发债，但各国可以发行的欧元联合债券不得高于国民生产总值的一定比例。容克与特雷蒙蒂所提倡的欧元联合债券即为此类。他们提出应成立欧洲债务局以管理欧元联合债券，在欧债危机期间，欧元联合债券发行的上限为各成员国国民生产总值的 60%，危机后该比例应降至 40%。并

---

① Jan Philipp Brosius：“Die RechtmäBigkeit bilateraler Rettungskredite”. Info-Point Europa，Hamburg，Beitrag 06/2010.

② 同上。

且欧洲债务局也应负责成员国独立国债和欧元联合债券的相互之间的转换，根据成员国的经济情况，设定成员国独立国债与欧元联合债券之间的转换比例。限制责任的欧元联合债券种类繁多，以下几种设计方案比较受到重视：

1. 红蓝债券

红蓝债券设计方案来源于布鲁塞尔智囊机构 Bruegel 的两位经济学家德尔普拉和魏茨泽克[①]。红蓝债券的设计依据为《马斯特里赫特条约》的规定，即各国政府债务总额不能超过国民生产总值的60%，低于60%界限的国债称为蓝债，由各成员国的统一信用为基础提供共同担保，超过60%界限的国债则称为红债，由发债国独立负责。《关于发行“稳定债券”可行性的绿皮书》中提出的第二种发行有限的优先“稳定债券”即以红蓝债券为基础。

2. 成员国间按固定比例承担风险

此类欧元联合债券的思想即为欧元联合债券不是由各成员国共同承担风险，而是仅按约定的一定比例承担相应的责任。如《关于发行“稳定债券”可行性的绿皮书》中建议的第三种方案，按照各国经济在货币同盟的比例分摊风险，如德国的承保比例为27%的担保。按照这种设计方案运作的欧元联合债券与欧洲金融稳定基金有异曲同工之处。在这种情况下，欧元联合债券并非完全取代各成员国国债，在一个成员国无法支付时，其他成员国也无需为其代付。

3. 欧元票据

欧盟委员会建议引入轻量版欧元联合债券——欧元票据[②]，欧元票据是较短流通期限和数额限制的欧元共同贷款，具有金额小、年期短的特征，有助于弱国在短期内的融资需求。按照该建议，每个国家每年可以按照国民生产总值的一定比例用欧元票据实现融资，成员国长期债务须由成员国独立承担，没有遵守规则的国家下一年度将不能参与。这个设计方案亦符

---

① Jacques Delpla/Jakob von Weizsäcker（2010），The Blue Bond Proposal，in：Bruegel Policy Brief 2010/03.

② Neues Modell gegen die Krise EU-Strategen tüfteln an Euro-Bonds light. URL：http：//www. spiegel. de/wirtschaft/unternehmen/eu-plant-euro-bonds-light-a – 839312. html 访问日期：2013 年 04 月 16 日。

合国际货币基金组织的设想，国际货币基金组织认为，欧洲应发行短期联合债券，以找到欧债危机的折中方案，如可以发行不超过欧元区国民生产总值10%的短期欧元联合债券。

4. 债务清偿基金

德国经济专家委员会在2011/2012年度专家意见中提出了债务清偿基金的建议[①]。该建议提出，为应对欧债危机的影响，应建立债务清偿基金，以便为欧元国债务超过国民生产总值60%以上的国家债务提供联合担保。各国应将超过国民生产总值60%以上的债务放入债务清偿基金中，该基金可以以低于现在重债国融资利率的统一利率对外发行债券。基金规模最终可达2.3万亿欧元。为了保证该基金在20—25年内可以得到清偿[②]，各国需遵守严格的规定，如在宪法中设债务紧缩计划，共同设定的中期财政稳固以及经济增长策略，用国家税收清偿债务，将部分国家货币储备（外汇储备、黄金储备）作为抵押等，以便为欧债危机的明确解决提供承诺。若有成员国违反规定，别国将不会再为其债券承担共同责任，且若超过这个期限，成员国需要重新为各自的债务负债。这个方案受到了国际货币基金组织的赞同，并认为，该方案需要成员国提供更多抵押品。

（三）热议的非联合债券形式的融资方式

另外一种讨论较多的融资方式是项目基金。项目基金主要形式是担保和贷款，其资金来自于欧盟预算，因而严格意义上并不算作欧元联合债券，但目前为止是为各方所广泛接受可以刺激经济增长的融资方式。项目基金不是为主权国家提供融资，而是指欧洲投资银行为私人投资者在基础设施建设方面提供支持，欧盟贷款被用为欧盟财政的融资工具。主要涉及欧盟能源、电信、通讯、信息网络和交通网等项目的建设。欧盟将承担这些项目的主要风险，以刺激私人投资者进行投资。共同担保的贷款被称为“新共同机制”，其在20世纪七八十年代即存在。但只是被用于单个的投资项

① Sachverstaendigenrat zur Begutachtung der gesamtwirtschaftliche Entwicklung (2011): Verantwortung fuer Europa wahrnehmen. Jahresgutachten 2011/12. S. 109ff. Statistisches Bundesamt. Wiesbaden.

② 经济不景气时，税收减少，则需延长清偿时间。经济景气时，可以增快清偿速度。

目或短期的紧急救助，如意大利和希腊地震后的融资[①]。而《AEU 条约》的第 125 条规定为共同执行的特定目标可以共同为融资提供担保，为此类贷款引入欧元区开了绿灯。欧债危机蔓延后，项目基金也被深入探讨。2010 年 12 月欧盟委员会主席巴罗佐提议在更大范围内引入欧盟项目基金[②]，欧盟能源委员奥汀恩 2011 年 2 月提议，通过项目基金为泛欧洲能源网的建设提供融资[③]。2012 年 6 月 29 日闭幕的欧盟夏季峰会上亦达成协议，通过发行欧洲项目基金来筹措 50 亿欧元用于支持中小企业，扶持落后成员国发展能源和交通等基础设施建设。

二、欧元联合债券现存形式的特点

（一）完全责任的欧元联合债券

完全责任的欧元联合债券的实质是欧元区国家共同发行国债，其优点为各国相互提供债务担保，可以让重债国受益于核心国家的良好信用，降低重债国的融资利率，防止重债国高融资利率导致的债务负担不断上升的难题，有效解决重债国的融资困境。

其缺点为：第一，无法规避道德风险，在无有效约束激励的情形下，完全责任的欧元联合债券将会产生与欧元引入所激发的效果类似，低利率会对重债国产生巨大的发债激励，引致欧元引入所产生的市场扭曲的再次重演；第二，完全责任的欧元联合债券的引入需要主权国家放弃货币主权，并需对债务分配和财政政策做重新规定，这需要改变欧盟条约，而且在一些国家需要举行全民公投进行表决，约需耗费数年时间。因此希望以完全责任的欧元联合债券来解决欧债危机属于“远水解不了近渴”。

---

① Rezession trifft Europa：EU-Bonds regen Diskussionen an. URL：http：//www. euractiv. com/de/finanzdienstleistungen/rezession-trifft-europa-eu-bonds-regen-diskussionen/article – 177312 访问日期：2013 年 04 月 16 日。

② Barroso verspricht Fortschritte bei EU-Projektbonds. euractiv. com veröffentlicht am 15. 12. 2010 – aktualisiert 19. August 2011. URL：http：//www. euractiv. com/de/finanzdienstleistungen/barroso-verspricht-fortschritte-news – 500630 访问日期：2013 年 04 月 19 日。

③ Stefan Schultz，Oettinger will Stromnetz mit EU-Anleihe finanzieren. URL：http：//www. spiegel. de/wirtschaft/soziales/energiegipfel-oettinger-will-stromnetz-mit-eu-anleihe-finanzieren-a – 743519. html 访问日期：2013 年 04 月 16 日。

（二）限制责任的欧元联合债券

1. 红蓝债券

红蓝债券设计的优点是在降低重债国融资利率的同时兼顾了《稳定与增长公约》中的财政纪律，考虑到了融资利率和财政纪律互补性：蓝色债券有欧元区成员国的共同信用担保可以用较低利率融资，同时也增强了可持续性财政政策的约束性；而红色债券的引入可以在财政不太稳固的国家引入新的活力，发行国必须为此支付惩罚性的高额利息，这保证了市场的规范功能依然起作用，也增加了发行国减赤的动力；红蓝债券的发行主体是相同的，但通过为债券设定不同的等级和优先次序，加强了重债国遵守财政纪律的自我责任感。而且60%的划分界限相对于完全责任的欧元联合债券而言，可以降低各成员国为其他国家所负担的风险，引入困难也相对略小。

其缺点为：第一，从《稳定与增长公约》的遵守经验中可以推导出，无法确保红蓝债券60%的界限在实际执行中能够成为一个有效的刚性界限；第二，为保证各国相互承担担保责任的蓝色债券的安全，各国应该为其发行的蓝色债券提供有效抵押品，如何定义及管理抵押品尚不明确；第三，红蓝债券的设计机制并不能排除各成员国的融资风险，市场对红色债券的怀疑依然存在，如果红色债券的利率过高，蓝色债券的低利率优势将效果有限，各国财政依然面临破产风险；第四，红蓝债券方案的实现虽和完全责任的欧元联合债券相比耗时较短，但仍然无法为欧债问题提供迅速的解决方案。

2. 成员国间按固定比例承担风险

成员国间按固定比例承担风险的优点是，市场依然可以发挥规制作用，每个国家所承担的风险明晰，对财政的负担较小，因而较易受核心国接受。而且因无需对欧盟公约进行修改，所以可以迅速实施。

其缺点为：成员国承担风险小，未能有效降低投资者风险，这种责任分配效应也会在利率水平上反映出来，财政不稳固国家的国债利率水平不会显著降低。标准普尔表示，若引入此种欧元联合债券，将以欧元区信用最差的国家为标准为这类欧元联合债券定级，即定为“垃圾级别”，这样对化解欧债危机将毫无意义。

3. 欧元票据

欧元票据的优点是有运作时间和数额的限制，银行体系需要安全的欧元债券，通常这一角色在危机期间由短期国债来扮演；通过共同承保为各成员国提供一年期贷款，可以创造兼具流动性和安全性的欧元债券市场，部分防止因高风险而导致的国债利率冲高，让成员国可以拥有应对短期融资风险的保护，降低对成员国实施短期救助的压力，拥有危机抵抗力；欧元票据可以激励成员国遵守财政纪律，其国内政策效果会在短期融资利率上得以体现，由欧元票据带来的融资收益通过利率差别可以公平地分摊到各个成员国身上，因而引入阻力较小。

其缺点为：欧元票据会被视为妥协产物。与成员国间按固定比例承担风险相比，欧元票据对债务的时间亦有了限定，更限制了核心国的责任区间。

4. 债务清偿基金

与以上几种欧元联合债券不同的是，债务清偿基金不是为市场提供有保障的债券发行机制，而是作为应对欧元区成员国过度发债的应对机制。债务清偿基金有如下优点：第一，债务清偿基金和红蓝债券方案类似，同时兼顾了《稳定与增长公约》中财政纪律，考虑到了融资利率和财政纪律互补性；第二，债务清偿基金发行债券可以创造一个更有流动性和容量的金融产品，而且参与国为债券的偿付提供优先担保，因此可以让该债券拥有较低的融资成本，这既可以降低各国的偿债压力，又可以产生让各国遵守基金规则的激励；第三，该基金不会产生新的债务，而且会将债务的共担化有时间和范围的限制，会较少受到各国的抵制；第四，债务清偿基金的设计为国家间契约，且与欧盟条约的并行不悖，因而亦无需修改欧盟条约。

其缺点为：第一，债务清偿基金对于解决西班牙问题无益，西班牙国家债务水平低于德国，关键问题在于其银行业，大约有 1500 亿—2000 亿欧元的损失，清偿基金无法解决这个问题，而且清偿基金也未将希腊、葡萄牙包括在内①，无法迅速解决欧元区的现存危机；第二，债务清偿基金的规

① Sachverstaendigenrat zur Begutachtung der gesamtwirtschaftliche Entwicklung（2011）：Verantwortung fuer Europa wahrnehmen. Jahresgutachten 2011/12. S. 111. Statistisches Bundesamt. Wiesbaden.

模需要足够大，才能为各成员国建构起有效的防火墙；第三，债务清偿基金只是临时设计，其可信度与运作有效性都无法获得有效保证，市场对债务清偿基金发行债券的接受度也有待考察；第四，依照债务清偿基金的规则设置，成员国需要每年减少其超过国民生产总值60%以上债务总额的1/20，但在欧元区经济增长欠缺动力的情况下，无法保证该政策的可行性；第五，德国央行表示，债务清偿基金建议顺利运作的前提是，需要加强欧元区监管机构对成员国预算的干预权，这在目前看来困难重重。

（三）热议的非联合债券形式的融资方式

项目基金的优点为：首先，可以为基建项目特别是高风险项目提供融资，在促进就业和经济增长的同时不会直接影响一国的财政赤字；其次，因为相对于欧盟委员会，欧洲投资银行可以更好地对结构性项目的经济潜力做出评定，欧洲投资银行的参与可以被视为在为私人投资者提供担保，为长期投资项目提供稳定现金流，降低对银行资金的依赖性，因此德国希望通过项目经济可以发挥欧洲投资银行在经济促进计划中的优势；再次，有欧盟的支持，私人投资者可以有较高的信誉度，以便启动较高的杠杆效应，以较小的成本实现可观的效应，并实现跨境的交通或能源项目。

其缺陷为：首先，可支持项目较少，2000年以来，在布鲁塞尔的大力支持下，西班牙和希腊等国进行了广泛的基础设施建设，基础设施再建空间小；其次，由欧盟层面决定投资项目，而不是由经济实体层面来负责，其项目的经济实际撬动效应存疑；再次，2012年初—2013年底，欧盟机构基金还剩820亿欧元，占欧洲国民生产总值的1%[①]，引入项目基金实际上是希望由私人投资者出资承担刺激经济的风险，项目基金是否可以产生预想的杠杆效应也存在疑点。

三、对欧元联合债券的评价

各界对欧元联合债券的看法不同，其根本原因在于对欧债危机的原因、

① Hendrik Kafsack und Philip Plickert，Europa der steinige Weg zu mehr Wachstum. URL：http：//www.faz.net/aktuell/wirtschaft/europa-der-steinige-weg-zu-mehr-wachstum - 11760317.html 访问日期：2013年04月16日。

引入欧元联合债券的影响以及德国在引入欧元联合债券中的所要承担的成本等问题存在争论。

（一）对欧债危机原因分析的差异

欧元联合债券支持者的重要观点之一即为，是金融市场投机引发的羊群效应导致了欧债危机。其论据即为虽然债务占国民生产总值的比例高于110%，但日本的债务率更高，爱尔兰、西班牙的债务率水平甚至远远低于德国，葡萄牙的债务水平也仅是略高于OECD国家的水平，不应该成为危险国家，但各国为应对投机，被迫借债解救银行业，造成负债总额高企，最终波及实体经济。2008年金融危机爆发后，对爱尔兰实体经济的影响较小，爱尔兰实体经济只萎缩了10%，但爱尔兰政府的银行业国有化操作让爱尔兰面临崩溃边缘，受到金融市场投机行为引发的羊群效应影响，随着国债收益率不断上升，而逐渐背负了高额利率负担，危机以来爱尔兰的国家负债上升了40.9%，2013年国家负债率达到113%的历史最高值[①]。西班牙的国债问题也是金融危机的产物。金融危机爆发后，西班牙经济衰退率低于德国，但持续增长的失业率和拯救银行业的费用让西班牙国债失控，再加上西班牙需要支付极高的国债收益率，因此2008—2010年国家负债率上升21.7%—51.7%[②]。引入欧元后意大利每年都有财政赤字，但1995—2007年间意大利国家负债率降低了17.9%，仅有2005年国家负债率有所上升，2007和2008年的赤字率皆低于3%的标准。欧债危机前，意大利每年融资未出现困难，而2010年意大利国家负债率上升了2.2%。欧元联合债券的拥护者认为资本外逃、金融投机等外部因素是欧债危机的原因，因此希望通过引入欧元联合债券确保各国融资的安全性和低成本，防止因投资跟风效应导致的融资中断，降低评级机构的市场操纵力，保证市场稳定。

而欧元联合债券的反对者则认为，金融市场的投机是欧债危机爆发的引因，但不是根本原因。欧元各国遭遇金融投机后显示出的经济增长乏力和机制性失灵才是欧债危机的根本原因。用欧元联合债券应对金融市场投

---

① Jens Berger，Die Eurokrise in Zahlen（I）-Wie Musterschüler zu Problemkindern wurden URL：http：//www. nachdenkseiten. de/wp-print. php？p = 10585 访问日期：2013年04月16日。

② 同上。

机只能从表层暂时性解救各国的流动性问题，犯了以果为因的错误，却不能根除危机。

（二）欧元联合债券的影响

1. 影响市场稳定

欧元联合债券的支持者认为，发行欧元联合债券，第一，可以体现欧元区国家捍卫欧元的决心，提升金融市场的信心；第二也可让欧元债券具有更强大的信用保证，增强债券的流动性，为银行系统提供稳定的抵押品；第三，还可以保持欧洲央行的独立性，避免欧洲央行出手来降低重债国融资利率；第四，也可提高欧元区金融市场的效率及一体化程度，进而进一步稳定市场。

欧元联合债券的反对者则认为，欧元联合债券可以短期内稳定市场，但长期看来，会带来更多的不稳定。欧洲议会金融专家组成员贝尔克认为危机中引入欧元联合债券虽然可以短期解决问题，但将急速提升国家的负债，他还认为欧洲应该建立金融警察，防止各国债务衍生为欧元区共同债务，欧元联合债券只能作为各国无法再从资本市场融资时的最后求助机制①。引入欧元联合债券有可能引发错误的激励效应，且无助于改变欧元区的机制性问题。

（1）引发错误的激励效应

默克尔表示坚决反对欧元联合债券，她认为当前若发行欧元联合债券会产生债务共担效应，让重债国失去进行结构改革和财政紧缩的动力。只有市场才可以对政府行为产生有效的调节作用。欧元联合债券会架空市场的调节作用，重债国对欧元机构和成员国要求整肃财政要求的重视程度往往弱于市场传递的改革要求。高利率是唯一一个让政府降低财政赤字的有效激励。Ifo 负责人 Sinn 表示，1995 年意大利与西班牙国债收益率比德国平均高 5%，2011 年中，国债收益率的利差为 3.4%。南欧国家和北欧国家之间存在的经济发展水平差异决定了国债回报率应该存在利差，若以统一利率发行欧元联合债券将使各国失去利率这个竞争激励因素，抹杀权利和激

---

① German economists say ‘Nein’ to ‘disaster’ eurobonds. URL：http：//www.euractiv.com/euro-finance/german-economists-nein-disaster-news－507021 访问日期：2013 年 05 月 16 日。

励的界限①，让拥有不同违约率的国家以相同的利率融资，这也隐藏着信用好的国家对信用差的国家的利率津贴。当收益率不再体现一个国家的风险水平时，投资者对一国财政的态度不是反映在该国国债，而是反映到欧元联合债券上，该国改革压力由所有联合债券发行国国共同承担，会降低该国的改革动力。而且债务共担也会产生逆向激励作用：成员国越小，其按比例承担的赔付风险就越小，因此其过度发债的风险就越大②，欧元区过去的经验表明，在现有的条约框架之下，对成员国的监督最后都会成为政治性的口头行为，无法对成员国的发债做有效监督。欧元联合债券同时也在产生另一种激励，即使得拥有较低融资利率的国家向违约率高的国家转变③。欧元联合债券会导致欧元区内资源的误配，重债国和债权国之间的不平衡会日渐加剧④。

（2）无助于改变欧元区的机制性问题

虽然需要阻止危机从一国向另一国的蔓延，防止欧元国退出欧元区。但欧元区并非只是要实现对外均衡，其内部均衡也必不可少⑤，否则长期来看将让市场陷入更大的动荡。自由民主党主席罗斯勒表示，欧洲只有通过结构性改革才能实现增长⑥，他认为重债国应该进行结构性改革，如提高退休年龄。现在各国国债收益率差异巨大，不是引入欧元联合债券的好时机⑦。欧元联合债券不能促进欧元区经济增长，债务分摊也不能克服欧洲货

① Sparkassen-Präsident Fahrenschon warnt vor Hau-Ruck-Union. URL：http：//www. stock-world. de/nachrichten/stwexklusiv/Sparkassen-Praesident-Fahrenschon-warnt-Hau-Ruck-Union – n4473488. html 访问日期：2013 年 05 月 16 日。

② OECD warnt Euro-Zone vor Teufelskreis. Schlechte Aussichten für Griechenland und Spanien. URL：http：//www. handelsblatt. com/politik/konjunktur/nachrichten/schwere-rezession-schlechte-aussichten-fuer-griechenland-und-spanien/6659256 – 4. html 访问日期：2013 年 05 月 16 日。

③ What will Eurobonds cost？Position of the Ifo Institute of 17 August 2011，Ifo Institute for Economic Research.

④ Dennis Snower，Vier-Punkte-Plan für Europa. URL：http：//m. faz. net/aktuell/wirtschaft/schuldenkrise-vier-punkte-plan-fuer-europa – 11765122. html 访问日期：2013 年 03 月 16 日。

⑤ Die befürchtete Ausweitung der Krise durch Ansteckung zwischen den L？ndern der Eurozone wird dadurch gebannt. Es kann nicht mehr gegen einzelne Mitgliedsl？ nder spekuliert werden.

⑥ Severin Weila，FDP-Chef Rösler lehnt Euro-Bonds kategorisch ab. URL：http：//www. spiegel. de/politik/deutschland/streit-um-euro-bonds-fdp-chef-roesler-lehnt-euro-bonds-strikt-ab-a – 834688. htmlnd 访问日期：2013 年 04 月 16 日。

⑦ Wenn der Fiskalpakt und Schuldenbremse eingeführt seien und ein Gleichklang in der europ？ ischen Wirtschaftspolitik erreicht sei.

币联盟的体制弱点，而是会巩固结构性差异①。

2. 影响市场利率

欧元联合债券的支持者认为，一方面引入欧元联合债券可以让欧元区各国为欧元联合债券共同担保，让重债国受益于核心国良好的信用水平，降低重债国融资利率；另一方面欧元联合债券体量庞大，可以增强欧元联合债券的流动性，从而降低欧元联合债券的融资水平。这样可以帮助重债国摆脱目前的融资利率居高不下、导致债务水平不断上升，又会再次推高融资利率的恶性循环。

欧元联合债券的反对者则认为发行数额巨大的欧元联合债券并不一定可以降低融资成本，债券市场总量大不一定就表示流动性强，持有这一观点的 Ifo 研究所研究人员②援引了一系列前人的的研究结果以证明这一点：Amihud und Mendelson（1991）测算在债券市场上，美国国债的流动性收益为大约 40 个基点，但这个流动性收益并非由美国国债的总量而产生，而是由国债的到期时间决定，他认为美国国债的市场总量和其流动性之间并无直接联系③；研究欧元国债市场的较新研究 Favero，Pagano und von Thadden（2010）证明了债券总量与流动性收益之间并无必然联系，而是发行国的风险加总才是决定欧元区成员国之间国债利率的决定性因素④；Assmann und Boysen-Hogrefe（2010）实证研究也表明，金融市场的其他参数，如现金期货之间的差额等才是决定因素。若无完善的限制各国发债水平的体制保障，欧元联合债券未必能够起到降低重债国融资成本的作用⑤。

3. 德国因素

在德国关于欧元联合债券的讨论中，更切实的问题是将欧元联合债券与德国实际相结合。若想在德国引入欧元联合债券，首先面临的是欧元联

① Kontroverse über Anleihen URL：http：//www. news. at/articles/1221/38/328747/eu-sondergipfel-kontroverse-anleihen 访问日期：2013 年 03 月 16 日。

② Tim Oliver Berg，Kai Carstensen und Hans-Werner Sinn：Was kostet der Eurobonds? ifo Schnelldienst 17/2011 S. 30.

③ Amihud，Y. und H. Mendelson（1991），Liquidity，Maturity，and the Yields on U. S. Treasury Securities，Journal of Finance 46（4），1411 - 1425.

④ Favero，C.，M. Pagano und E. von Thadden（2010），? How Does Liquidity Affect Governemnt Bond Yields? ?，Journal of Financial and Quantitative Analysis 45（1），107 - 134.

⑤ Christian A? mann，Jens Hogrefe，Nils Jannsen，2009. "costs of housing crises：international evidence." Kiel working papers 1524，Kiel Institute for the World Economy. S. 9.

合债券是否符合德国《基本法》的探讨，其次要考虑引入欧元联合债券将会让德国承担怎样的成本。

（1）合宪性讨论

欧盟的不救助条款禁止将成员国债务共同化。德国《基本法》第146条也规定，如果设立欧元财长，需要进行全民公决，而且发行欧元联合债券将会涉及到将一国的财政主权上交欧盟的问题。德意志银行的首席经济学家Thomas Mayer表示，欧元联合债券破坏了民主原则中的“不代表不征税”原则[①]。若要在德国引入欧元联合债券，这在德国将有修宪的必要。而修宪一事需要德国的各政党达成广泛共识才能进行。是避开财政主权问题，还是举行全民公决修改《基本法》，这将成为欧元联合债券设计中的一个重要考量因素。

（2）德国成本

若引入欧元联合债券，对德国而言，是拿其主权债务资信为整个欧元区提供担保，这将推高德国的融资成本和信用风险，利率机制变化的背后实际上形成的是欧元区财富的南北再分配转移机制[②]。

引入德国国债融资利率有可能提升德国的融资利率。因为投资者避险情绪强烈，德国国债作为金融市场最安全的金融产品之一，融资利率一直较低。机构投资者无法像私人投资者那样，将钱存入现金账户或是固定投资账户，因为这种投资利率太低，而且机构投资者的资金数额过大。他们希望将资金投资保值的同时又希望能够保持资金的流动性，可以随时变现。因此安全性相对较高、接受度较广的德国国债成为不二之选。危机时，投资者购买德国国债，也希望若欧元崩溃，能够为欧元资产保值。2012年6月下旬德国发行的两年期国债融资利率为零。7月初拍卖的五年期中期国债平均收益率为0.52%。但欧元区成员国国债率差区间大，西班牙10年期国债收益率高于6%，德国只有1.5%[③]。若发行欧元联合债券，各成员国发

---

① Europa zofft sich ins Verderben-Lautstark gegen Eurobonds URL：http：//www. wiwo. de/politik/europa/eu-sondergipfel-lautstark-gegen-eurobonds/6666132－3. html 访问日期：2013年03月16日。

② Dennis Snower，Vier-Punkte-Plan für Europa. URL：http：//m. faz. net/aktuell/wirtschaft/schuldenkrise-vier-punkte-plan-fuer-europa－11765122. html 访问日期：2013年03月16日。

③ Anleihenauktion Deutschland leiht sich Geld für null Prozent Zinsen URL：http：//www. spiegel. de/wirtschaft/soziales/deutschland-verkauft-anleihen-mit-null-prozent-zinsen-a － 834720. html 访问日期：2013年03月16日。

债成本趋同，将拉升德国国债收益率。

欧元联合债券对德国的另一个直接影响是，德国企业和房地产的融资利率有可能会上升。慕尼黑 Ifo 研究所研究人员①认为，当国家不再享有最高信用评级时，国债与企业融资利息之间存在着相关性。科塞提（2011）的研究证明②，存在这种相关性的原因在于，当一国存在破产风险时，需征收高额税收以弥补赤字。这时投资于该国的私人资产即需承担损失。私人资产因此投资与高风险国时会要求比投资于低风险国更高的利率回报。若引入欧元联合债券，德国承担了更多的国际救援责任，因此，德国企业的融资利率有可能会上升。德国的责任越大，企业融资利率提升得就越快，对德国经济的影响也就越大。当欧元区利率统一时，德国作为投资地的吸引力也就将消失。

欧元联合债券有可能会给德国带来巨大的风险和成本。布鲁塞尔经济研究所 Bruegel 则持相反意见，认为引入欧元联合债券不会给德国带来附加成本③，并且引入欧元联合债券后，德国国债流动性增强，甚至有可能降低德国国债的利率，德国有可能会因收益。而且引入联合债券后，经济增长将拉动德国出口，德国的国家债务将能够迅速减少④。德国大部分经济学家则认为，引入欧元联合债券，德国的融资成本将上升。欧洲央行前理事 Stark 表示，欧元联合债券会增加德国的成本，而且法国自身问题严重，不可能承担更多的责任⑤。慕尼黑 Ifo 研究院 Carstensen 认为，德国国债融资利率成本将上升 470 亿欧元。2012 年 6 月底欧元国家加权借贷利率高于德国 2.3 个百分点，按此计算，引入欧元联合债券后，德国负债总额应达到 2.1

---

① Tim Oliver Berg，Kai Carstensen und Hans-Werner Sinn：Was kostet der Eurobonds？ifo Schnelldienst 17/2011 S. 30f.

② Corsetti，G.，K. Kuester，A. Meier und G. Müller（2011），Sovereign Risk and the Effects of Fiscal Retrenchment in Deep Recessions，mimeo.

③ Was Eurobonds Deutschland wirklich kosten. URL：http：//www. handelsblatt. com/politik/international/euro-schuldenkrise-riesiger-eurobond-markt-koennte-zinsen-druecken/4506262 – 2. html 访问日期：2013 年 03 月 16 日。

④ Robert von Heusinger，Die Kosten für Euro-Bonds. URL：http：//www. fr-online. de/wirtschaft/kommentar-die-kosten-fuer-euro-bonds，1472780，9546832. html 访问日期：2013 年 03 月 16 日。

⑤ Goldman-Sachs-Chefvolkswirt warnt vor Euro-Austritt Griechenlands. URL：http：//www. extremnews. com/berichte/weltgeschehen/efe813f16f0b535 访问日期：2013 年 03 月 16 日。

万亿欧元，长期每年利率负担将为470亿欧元[1]。德国财政部也认为引入欧元联合债券后，第一年将耗费250亿欧元，第二年将耗费50亿欧元，十年后，每年的增加费用将位于200亿—250亿欧元之间，且国债融资利率将上升0.8个百分点[2]。

四、德国政界对欧元联合债券的意见分歧

在德国国内，就发行欧元联合债券出现种种了分歧，各党派意见不一。

（一）德国政府

德国政府认为欧元联合债券与德国迄今为止推行的减赤理念相对立，坚决拒绝加入发行完全责任的欧元联合债券的行列，并赞同完全责任的欧元联合债券的国家应一起发债，但德国不会参与[3]。默克尔认为，做事要有先后次序，没有有效的财政契约做保障，德国绝不可能引入欧元联合债券[4]。对于欧盟委员会所倡导的三种“稳定债券”方案，德国的回复是这种提议是不合时宜的，德国在为欧元区的完整而努力，但反对债务共同化，通过债务共担来摆脱欧洲货币联盟的结构性缺陷不会取得成功，因为债务共同化并不能带来信任[5]。

对于债券清偿基金的建议，虽然欧盟经济与货币事务专员 Olli Rehn 认为德国经济学家关于遏制欧元区债务危机的新提议值得关注，但2011年11月默克尔完全拒绝了该提议，认为该提议完全不可能。但随着各方压力的增大，

---

① Jan Mallien und Andrea Cünnen，Was Eurobonds Deutschland wirklich kosten. URL：http：//www. handelsblatt. com/politik/international/euro-schuldenkrise-was-eurobonds-deutschland-wirklich-kosten/4506262. html 访问日期：2013年03月16日。

② Regierung rechnet mit Milliardenkosten durch Euro-Bonds. URL：http：//politik-news. net/regierung-rechnet-mit-milliardenkosten-durch-euro-bonds/访问日期：2013年03月18日。

③ FDP-Haushälter hält Eurobonds für verfassungswidrig. URL：http：//www. finanznachrichten. de/nachrichten－2012－05/23593239－fdp-haushaelter-haelt-eurobonds-fuer-verfassungswidrig－016. htm 访问日期：2013年03月18日。

④ Oettinger kritisiert deutsches Nein zu Eurobonds. URL：http：//www. faz. net/aktuell/wirtschaft/europas-schuldenkrise/nicht-kategorisch-ausschliessen-oettinger-kritisiert-deutsches-nein-zu-eurobonds－11549727. html 访问日期：2013年03月18日。

⑤ Angela Merkel：Nein，solange ich lebe... URL：http：//www. nordschleswiger. dk/SEEEMS/19708. asp？artid＝45568 访问日期：2013年03月18日。

德国政府开始重新探讨欧元联合债券的建议，对项目基金的提案德国基本上表示赞同，认为项目基金将筹措资金用于基础设施而非福利等开支，可以起到积极的经济促进作用，在项目基金问题上各党派间并无明显分歧。

（二）基督教民主联盟

执政党之一的基督教民主联盟（简称：基民盟）原则上反对为解决欧债而引入欧元联合债券，认为欧元联合债券并非万灵神药，但认为在长期看来，欧元联合债券是可行的，只有在欧元区成员国漫长的经济政策融合过程结束之后，才能推出欧元区债券。基督教民主联盟一位重量级人物，现任德国财长的朔伊布勒在欧盟峰会期间表示，只有在建立欧元区财政联盟、实施欧元区统一财政政策的进程已不可逆转的情况下，德国才愿意讨论欧元联合债券事宜，但只要各国还在推行独立的财政政策，德国就不可能允许将债务责任共担①。财政国务秘书 Steffen Kampeter 认为欧元联合债券是在错误的时机引入的错误的政策，并带有错误的附带效应②，如财长所说的欧元区通胀。

然而随着欧债危机的深入，黑黄联盟中赞成欧元联合债券的人在增多③，德国欧洲事务委员奥汀恩表示，要想解决欧债危机必须引入欧元联合证券，欧元联合证券可以成为财政稳固措施和《里斯本条约》修改案之外的欧元区的另一个重要基石④，默克尔的对欧元联合债券的明确反对实际上是想在内政上为对欧元区成员国做更多的妥协留下了空间⑤。

---

① Sprengfalle Eurobonds. tagesanzeiger. ch Aktualisiert am 23. 05. 2012 URL：http：//www. tagesanzeiger. ch/ausland/europa/Sprengfalle-Eurobonds/story/15676721 访问日期：2013 年 03 月 18 日。

② Heftige Breitseite von Maria Fekter Richtung Frankreich. URL：http：//www. format. at/articles/1221/931/330723_ s2/heftige-breitseite-maria-fekter-richtung-frankreich 访问日期：2013 年 03 月 18 日。

③ C. Kade，T. Pache，W. Proissl，S. Schaaf，P. Ehrlich，Der Weg aus der Schuldenkrise. Die Front gegen Eurobonds bröckelt. URL：http：//www. stern. de/politik/ausland/der-weg-aus-der-schuldenkrise-die-front-gegen-eurobonds-broeckelt－1754678. html 访问日期：2013 年 03 月 19 日。

④ Andreas Beuke，Oettinger befürwortet Eurobonds. URL：http：//www. wirtschaft-regional. net/nachrichten/ressorts/politik/item/11864－oettinger-bef% C3% BCrwortet-eurobonds 访问日期：2013 年 03 月 19 日。

⑤ Oettinger fordert von Berlin mehr Solidarität mit verschuldeten EU-Staaten. URL：http：//www. privat-arbeitsamt. de/oettinger-fordert-von-berlin-mehr-solidaritat-mit-verschuldeten-eu-staaten-berline-rumschau-com/访问日期：2013 年 03 月 10 日。

（三）基督教社会联盟

执政党基督教社会联盟（简称：基社盟）反对欧元联合债券，基督教社会联盟主席 Seehofer 表示过度负债不可能通过分摊债务的方法得以解决，对于欧洲央行购买重债国国债，德国已经睁一只眼闭一只眼了，对发行欧元联合债券的问题，德国不能再妥协[①]，德国的债务上限不能改变[②]。Seehofer 批评德国政府在欧盟峰会上对其他成员国一再妥协的行为，并以黑黄联盟的分裂作为威胁[③]，但他的这番言论遭到党内人士的严厉批评，表示基督教社会联盟的大部分选民赞同默克尔并支持黑黄联盟[④]。

（四）自由民主党

自由民主党（简称：自民党）坚决无条件地支持默克尔反对引入欧元联合债券[⑤]，应防止重债国的债务问题被分摊到其他成员国身上。前党主席 Westerwelle 认为应该完全不予考虑欧元联合债券[⑥]，德国经济的可承受性不是无限的，对欧元国家的改革意愿不可要求过低[⑦]。现任党主席罗斯勒则表

---

① Rösler：Keine Eurobonds mit Schwarz-Gelb. URL：http：//www. news. de/politik/855213815/roesler-keine-eurobonds-mit-schwarz-gelb/1/；Rösler schliesst Einführung von Euro-Bonds aus. http：//www. focus. de/politik/weitere-meldungen/schuldenkrise-roesler-schliesst-einfuehrung-von-euro-bonds-aus _ aid_ 657168. html 访问日期：2013 年 03 月 10 日。

② Seehofer zieht knallharte Grenzlinien für den ESM. URL：http：//m. welt. de/article. do? id = wirtschaft/article108125275/Seehofer-zieht-knallharte-Grenzlinien-fuer-den-ESM&cid = finanzen&li = 1&emvcc = -3 访问日期：2013 年 03 月 10 日。

③ Seehofer zu Finanzhilfen ohne Reformauflagen："Ich könnte das nicht mittragen". URL：http：//www. focus. de/politik/deutschland/seehofer-zu-finanzhilfen-ohne-reformauflagen-ich-koennte-das-nicht-mittragen - _ aid_ 777770. html 访问日期：2013 年 03 月 10 日。

④ CSU kritisiert Seehofer. URL：http：//www. sueddeutsche. de/bayern/nach-koalitionsdrohung-csu-kritisiert-seehofer - 1. 1406067 访问日期：2013 年 03 月 11 日。

⑤ FDP lehnt Eurobonds ab. URL：http：//www. fdp. de/FDP-lehnt-Eurobonds-ab/3095c15379i1p397/index. html 访问日期：2013 年 03 月 10 日。

⑥ Nicht mit dieser BundesregierungRösler schliesst Eurobonds aus. n-tv. de vom 20. 08. 2011. URL：http：//www. n-tv. de/politik/Roesler-schliesst-Eurobonds-aus-article4098326. html. 访问日期：2013 年 3 月 11 日。

⑦ Ifo-Chef Sinn："Deutschland gefährdet". kurier. at vom 02. 07. 2012 URL：http：//kurier. at/wirtschaft/4502036 - ifo-chef-sinn-deutschland-gefaehrdet. php 访问日期：2013 年 03 月 11 日。

示欧洲联合债券不可能将欧洲带回正轨①，对于建立欧洲偿债基金计划罗斯勒也同样明确表示拒绝。自民党财政专家 Otto Fricke 认为欧元联合债券违反德国宪法②。

对于基督教民主联盟的重要人物 Schauebler 表示，若建立共同点财政联盟就可以考虑欧元联合债券的倾向性态度，自由民主党指责基督教民主联盟，没有完全否定欧元联合债券，让联盟的欧元救助政策被软化，是在帮倒忙③。面对自由民主党的指责和黑黄联盟的分裂威胁，2012 年 6 月 26 日默克尔在自由民主党党团前一反以前的官方说法，明确表态“只要我活着，就不会引入欧元联合债券”④，以团结自由民主党。

（五）社会民主党

默克尔领导的执政联盟不愿接受发行欧元联合债券计划，而反对党则在该问题上很开放，他们虽不支持大规模发行联合债券，但可以接受改良版的小规模欧元债券发行。

社会民主党（简称：社民党）主席施坦迈尔表示赞成引入欧元联合债券⑤。社会民主党金融问题专家庖斯表示不应该把欧元联合债券妖魔化，欧元联合债券的成本没有人可以准确预测，在乐观情形下，会带来稳定市场的积极效应。欧元联合债券不是万能良药，但联合债券可以安定市场，避免一再为救援机制扩容⑥。对于默克尔在自由民主党前的坚决表态，社民党

---

① EU-Wachstumsgipfel Anleger fürchten Europa der Zwietracht. URL：http：//www. spiegel. de/wirtschaft/unternehmen/vor-krisengipfel-aktien-und-euro-kurs-brechen-ein-a－834786. html 访问日期：2013 年 03 月 11 日。

② Euro-Bonds würden eine Haftung Deutschlands für alle in Europa aufzunehmenden Schulden bedeuten.

③ Florian Gathmann，Streit über Euro-Bonds FDP-General greift Schäuble an. URL：http：//www. spiegel. de/politik/deutschland/fdp-generalsekretaer-doering-greift-schaeuble-wegen-euro-bonds-an-a －842094. html 访问日期：2013 年 03 月 11 日。

④ Merkel gegen Euro-Bonds —“solange ich lebe” URL：http：//www. welt. de/politik/deutschland/article107275831/Merkel-gegen-Euro-Bonds-solange-ich-lebe. html 访问日期：2013 年 03 月 14 日。

⑤ Leigh Phillips，‘Leaders putting national interest ahead of Europe，’ says EU Parliament. URL：http：//euobserver. com/19/31540 访问日期：2013 年 03 月 11 日。

⑥ Berechnung des FinanzministeriumsEuro-Bonds würden Deutschland Milliarden kosten. URL：http：//www. sueddeutsche. de/geld/berechnung-des-finanzministeriums-euro-bonds-wuerden-deutschland-milliarden-kosten－1. 1133222 访问日期：2013 年 03 月 11 日。

党团负责人奥普曼认为默克尔已经极端化，而这种极端化无助于事态的解决①。

（六）绿党

绿党赞成引入欧元联合债券：绿党主席余茨德迈表示，批评默克尔对欧元联合债券的坚决反对，反对欧元联合债券是默克尔出于国内政策考虑所做的决定，而不是出于欧元区实际需要考虑的选择②，默克尔将无法贯彻她的方针③。绿党主席表示事实上欧洲央行已经存在对欧洲债务的共同体责任，欧洲央行已经购买了3000亿欧元的欧元区国债，每个人都知道新的救助机制、财政契约和其他的救助策略都无法救助欧元区，欧洲需要救助欧债的真正措施④。虽然欧元联合债券给德国带来了额外负担，但和欧元崩溃相比，这个负担是对欧洲共同货币的有益投资⑤，德国要么自己打开钱包，要么被现实所迫打开钱包⑥。他表示重债国的利率问题和政治联盟问题是绿党的核心关注点⑦。对于默克尔在自由民主党前的坚决表态，绿党党团主席特廷称之为蠢话，而党主席则认为默克尔的政治生命将因此而缩短⑧。

---

① SPD：Merkels Polarisierungen helfen nicht weiter. URL：http：//www. augsburger-allgemeine. de/thema-des-tages/SPD-Merkels-Polarisierungen-helfen-nicht-weiter – id20758976. html 访问日期：2013 年 03 月 16 日。

② Kanzlerin Merkel will hart bleiben. URL：http：//www. focus. de/finanzen/news/wirtschaftsticker/eu-krisengipfel-kanzlerin-merkel-will-hart-bleiben_ aid_ 774214. html 访问日期：2013 年 03 月 16 日。

③ Grünen-Chef Özdemir zum EU-Gipfel："Merkel wird ihre Linie nicht durchhalten können". URL：http：//www. newsdeutschland. com/n/Top/pobyf6sc/Gr% C3% BCnen-Chef-% C3% 96zdemir-zum-EU-Gipfel-Merkel. htm 访问日期：2013 年 03 月 16 日。

④ Florian Gathmann und Veit Medick，Grünen-Chef Özdemir "Merkel wird ihre Linie nicht durchhalten können". URL：http：//www. spiegel. de/politik/deutschland/gruenen-chef-oezdemir-ueber-die-europolitik-der-kanzlerin-a – 841408. html 访问日期：2013 年 03 月 16 日。

⑤ Rösler：Keine Eurobonds mit Schwarz-Gelb. URL：http：//www. news. de/politik/855213815/roesler-keine-eurobonds-mit-schwarz-gelb/1/访问日期：2013 年 03 月 11 日。

⑥ Fiskalpakt und ESM reichen nicht. URL：http：//www. mmnews. de/index. php/wirtschaft/10305 – fiskalpakt-und-esm-reichen-nicht 访问日期：2013 年 03 月 11 日。

⑦ Florian Gathmann und Veit Medick，Grünen-Chef Özdemir "Merkel wird ihre Linie nicht durchhalten können". URL：http：//www. spiegel. de/politik/deutschland/gruenen-chef-oezdemir-ueber-die-europolitik-der-kanzlerin-a – 841408. html 访问日期：2013 年 03 月 16 日。

⑧ Ich wünsche Frau Merkel ein moeglichst langes Leben-aber ihre politische Karriere wird damit sicherlich kürzer.

（七）左翼党

德国左翼党赞成引入欧元联合债券，党主席克劳斯·恩斯特批评默克尔，将所有能把欧洲带出危机的路都封死了，默克尔因为考虑到自己的政党，而将思想意识问题优先于经济知识。默克尔应该意识到“马已经跑出了马厩”，她应该对危机做出适当反应①。他认为欧元区需要摆脱国家财政对金融市场的依赖性，欧元联合债券也需与欧元区严格的财政纪律相结合②。

五、小结

欧洲范围内的一份问卷表明，大部分经济学家赞同引入欧元联合债券③，但德国大部分著名的经济学家则表示反对④。欧元区已然陷入一种困境：不发行欧元联合债券，以 EFSF 和 ESM 的现有规模并不能够阻止投资行为的继续和重债国资产状况的进一步恶化；但发行欧元联合债券无助于改变欧元区的机制性问题。

即使金融投机不是欧债的根本性原因，仍然需要引入欧元联合债券来短期稳定市场，欧元联合债券的支持者认为，欧元联合债券事实上已经存在了：欧盟委员会从欧盟共同财政预算中支出了 600 亿欧元，加入了对重债国的救助计划；EFSF 可以被视为是欧元联合债券的雏形⑤，并认为欧盟

---

① Gesine Lötzsch，Euro Bonds will come. URL：http：//www. die-linke. de/nc/dielinke/nachrichten/detail/browse/3/zurueck/selected-news-and-documents/artikel/euro-bonds-will-come - 2/访问日期：2013 年 03 月 16 日。

② Öffentlichen Haushalte aus der Abhängigkeit von den Kapitalmärkten befreien. URL：http：//www. johanna-im-bundestag. de/nc/presse/johanna _ in _ der _ presse/detail/browse/1/zurueck/aktuell-ee61e73de5/artikel/oeffentlichen-haushalte-aus-der-abhaengigkeit-von-den-kapitalmaerkten-befreien/访问日期：2012 年 11 月 16 日。

③ Bankers，economists see eurobonds as inevitable. URL：http：//www. euractiv. com/euro-finance/bankers-economists-see-eurobonds-news - 507043 访问日期：2012 年 11 月 11 日。

④ German economists say ‘Nein’ to ‘disaster’ eurobonds. URL：http：//www. euractiv. com/euro-finance/german-economists-nein-disaster-news - 507021 访问日期：2012 年 11 月 11 日。

⑤ Bundestagspräsident blockiert Schäubles Blankoscheck-Pläne. URL：http：//www. handelsblatt. com/politik/international/euro-rettungsschirm-bundestagspraesident-blockiert-schaeubles-blankoscheck-plaene/4533824. html 访问日期：2012 年 11 月 16 日。

委员会应参照 EFSF 来确定欧元联合债券的利率[①]。但反对者对此的答复是 EFSF 的借款只是暂时性的，而且依靠一定的决议来执行，若无相应的财政约束机制，欧元联合债券会成为不带约束条件且无限扩大了的 EFSF，成为转移支付工具，带来巨大的财富转移效应，这时，发行欧元联合债券和第三方为欧元区提供贷款的作用类似，在延缓危机的爆发的同时，只会将更多的安全资产与国家信用拖入欧债陷阱，延伸矛盾的蔓延深度。

欧元联合债券不能成为重债国转移债务负担或逃避减赤义务的手段，而应成为恢复市场秩序并为政府提供有效融资的工具。要产生这样的效果，引入欧元联合债券需统一的经济与财政政策体系，需各国在预算和经济问题上密切合作。只有存在足够的约束机制，才会产生有约束力的义务[②]。发行欧元联合债券，而无体制上改变，欧元联合债券只会是 EFSF 或 ESM 的另一个分身。而且在无有效财政约束机制下，欧元联合债券会和欧元引入产生一样的效果：造成国债收益率与实际值背离，并造成资本市场资金分配的扭曲。与统一货币相对应，欧元区需要的是财政体制的变革，该机制可以替代欧元区财政机构的作用，并且该机制必须是所有机制设计可能性中的最优选择，这样才能保证成员国不会像对于《稳定与增长公约》一样出于利益因素违背规定，成员国的内部稳定是外部稳定的前提。德国希望建立财政赤字超标违约机制，并且也希望欧盟能够对欧元区成员国预算有指导和干预权，欧洲法院可以起诉不守信国家。因为作为货币联盟，一国预算失当会引起其他国家的危机，所以应共同承担信任危机的后果。只有转移支付而无机制性改变，长期看来可能会引发新一轮的投机性浪潮，需要设立结构性融合的标准，并设立惩罚性机制以保障这类标准得以实施，建立可信的欧元区长期融合路径更能够恢复市场对欧元的长期信心。

但在目前的情形下，德国也陷入了一种困境：一方面在未建立欧元区长期融合机制的情况下，德国不愿意引入欧元联合债券，担心“债务社会

---

① Was Eurobonds Deutschland wirklich kosten. URL：http：//www. handelsblatt. com/politik/international/euro-schuldenkrise-riesiger-eurobond-markt-koennte-zinsen-druecken/4506262 – 2. html 访问日期：2012 年 11 月 16 日。

② “Eurobonds sind Zinssozialismus”. URL：http：//www. handelsblatt. com/politik/deutschland/fdp-fraktionschef-eurobonds-sind-zinssozialismus/6680888. html 访问日期：2012 年 11 月 16 日。

主义”① (Schuldensozialismus)，另一方面担心若不引入欧元联合债券，欧元区现有的一体化进程遭逆转。而且若欧元区经济衰退，德国以出口为导向的经济结构也将面临严重挑战。在法国、意大利等国的巨大压力下，柏林反欧元联合债券联盟的势力也在不断被削弱②。默克尔防止黑黄联盟分裂而紧急灭火不久，德国劳动部部长继财长朔伊布勒之后再次表示，在建立共同的财政政策和债务控制机制的前提下，并不完全排除引入欧元联合债券的可能性③。基督教民主联盟和基督教社会联盟党团的财政发言人表示，只是在现有条件下不可能引入欧元联合债券④。

从德国关于欧元联合债券问题的讨论可以看出，欧债问题的实质为：在时间紧迫性的压力之下，在欧元区机制重塑与各国成本分摊之间的博弈。需要各国在坚持责任原则的同时，兼顾紧迫性；在充分考虑本国利益的同时，兼顾欧洲一体化的前景。在危机解决方案讨论胶着之际，也许只有更进一步的经济和金融风暴带才能引领欧债危机的解决步伐。

第二节　德国国内关于《财政契约》和欧洲稳定机制的讨论

德国政府的欧债救助策略不但在欧洲遭受诸多非议，在德国本土也争论重重。为建立欧元区永久性金融“防火墙”，计划欧洲稳定机制于 2012 年 7 月正式启动，但德国国内在批准欧洲稳定机制的过程中出现了激烈争论。德国主张实施紧缩型的策略，要求各国进行稳步的财政削减，以建立稳固的财政政策⑤。为执行这一政策，德国政府力排众议，在欧洲通过了新

---

① Philipp Bagus, Europäischer Schuldensozialismus. URL: http://www.faz.net/aktuell/wirtschaft/europas-krise-europaeischer-schuldensozialismus-11519734.html 2012 年 03 月 16 日。

② Umstrittene Gemeinschaftsanleihen Deutsche Front gegen Euro-Bonds bröckelt. URL: http://www.spiegel.de/wirtschaft/soziales/umstrittene-gemeinschaftsanleihen-deutsche-front-gegen-euro-bonds-broeckelt-a-799618.html 2012 年 03 月 16 日。

③ Von der Leyen: Eurobonds eine “Option”. URL: http://www.hna.de/nachrichten/politik/leyen-sieht-umstrittene-eurobonds-ferne-option-2382362.html? popup = print 2012 年 08 月 16 日。

④ Der Euro kippelt, aber er fällt nicht. URL: http://www.zeit.de/wirtschaft/2011-11/krise-merkel-sarkozy-europa 访问日期：2012 年 08 月 16 日。

⑤ S. Casdorff, M. Döbler, S. Haselberger, “Merkel und Sarkozy legen neues Konzept für Euro-Rettung vor” URL: http://www.tagesspiegel.de/politik/euro-krise-merkel-und-sarkozy-legen-neues-konzept-fuer-euro-rettung-vor-/5893404.html 访问日期：2012 年 08 月 16 日。

的财政契约。但在德国议会也未能将财政契约顺利转化为国内法，最终决策被推迟到9月。本节试图简析德国国内关于欧洲稳定机制和财政契约的讨论。

一、《财政契约》和欧洲稳定机制

《财政契约》和欧洲稳定机制是德国欧债策略的重要实施措施。德国财长朔伊布勒认为财政契约和欧洲稳定机制能够为渡过信任危机奠定坚实的基石，有助形成一个稳定的欧元①。

《财政契约》全称为《欧洲经济货币联盟稳定、协调和治理公约》，除英国和捷克外的25个欧盟成员国在2012年3月欧盟春季峰会上正式通过了该《财政契约》。财政契约规定各签署国必须做到预算平衡或保持盈余，要实施更严厉的财政赤字预防和惩罚机制，将整体公共债务水平纳入监管范围之内，引入了黄金法则和自动纠正机制，规定各国扣除债务再融资成本以后的结构性财政赤字不应超过其国内生产总值（GDP）的0.5%，如果一国债务水平高于GDP的60%，高出的部分应当按每年5%的速度予以消除。由欧洲法院监督，各国需将相关规定以国内法的形式予以保障实施。欧洲法院将有权处罚结构性赤字超过国内生产总值0.5%的成员国，但最高罚金不超过该国GDP的0.1%。欧元区国家的罚款将归入欧洲稳定机制，非欧元区国家的罚款将进入欧盟预算。为了缩短批准程序，契约规定若有12个欧元国家批准财政契约，财政契约即可与2013年初引入，没有加入欧元区的国家签署之后可暂不实施。

欧洲稳定机制作为欧元区永久性金融“防火墙”，旨在向融资困难、需要帮助的欧元区国家和银行提供资金支持。计划实缴资本金为800亿欧元，并提供约7000万欧元的担保，计划于2012年7月正式启动。一些国家如法国、西班牙、意大利、比利时、希腊等国议会已经批准了欧洲稳定机制。但欧洲稳定机制必须经由至少占其总资产90%以上国家批准后才可以运行。德国、法国、意大利、西班牙的出资比例分别为27.146%、20.386%、

---

① “Gemeinsame Erklärung vom 24. Juli 2012 von Wolfgang Schäuble, Finanzminister, und Luis de Guindos, Minister für Wirtschaft und Wettbewerbsfähigkeit” URL：http：//www. bundesfinanzministerium. de/Content/DE/Pressemitteilungen/Finanzpolitik/2012/07/2012 - 07 - 24 - PM35. html 访问日期：2012年08月18日。

17.914%和11.9037%（见表8-1）。德国在欧洲稳定机制总共800亿欧元认缴本金中，德国将出资近220亿欧元，此外还需提供约1683亿欧元的担保，是欧洲稳定机制最大出资国，若没有德国议会的首肯，欧洲稳定机制将无法运营。

表8-1 ESM各国预计出资安排

ESM成员国	出资比例（%）	出资额（百万欧元）	2010年名义GDP（百万美元）
德国	27.1464	190024.8	3315643
法国	20.3859	142701.3	2582527
意大利	17.9137	125395.9	2055114
西班牙	11.9037	83325.9	1409946
荷兰	5.717	40019.0	783293
比利时	3.4771	24339.7	465676
希腊	2.8167	19716.9	303415
奥地利	2.7834	19483.8	376841
葡萄牙	2.5092	17564.4	229336
芬兰	1.7974	12581.8	239232
爱尔兰	1.5922	11145.4	204261
斯洛伐克	0.824	5768.0	86262
斯洛文尼亚	0.4276	2993.2	46442
卢森堡	0.2504	1752.8	52433
塞浦路斯	0.1962	1373.4	22752
爱沙尼亚	0.186	1302.0	19220
马耳他	0.0731	511.7	7801

资料来源：http：//en.wikipedia.org/wiki/ESM 访问日期：2012年08月18日。

二、德国政界的意见分歧

（一）分歧动因

财政契约和欧洲稳定机制给经济运行带来了系统性的改变，让德国长久地陷入救助的责任当中，欧洲稳定机制将国家财政政策持久地和欧洲层面的经济状况相联系，由此彻底地长久地改变了德国议会的预算责任。即使德国可以保有每一次对具体救助行动的决定权，但德国议会将持久地承担救助重债国的责任。根据《基本法》第23条规定，财政契约和欧洲稳定机制需要在立法机构表决中中获得2/3多数赞同才能够获得通过[①]。为此执政党需要反对党的支持。然而执政党和在野党对于财政契约和欧洲稳定机制存在很大分歧。执政党对在野党的投票依赖，让在野党在与执政党的政策路线讨论中占了主动，社民党和绿党希望能够用财政契约和欧洲稳定机制的投票权换来对本党奉行政策的更多实施机会。

德国国内不但各政党间对财政契约和欧洲稳定机制的争论持久不休，而且各政党内部对财政契约和欧洲稳定机制也意见不一。社民党的左派认为不能由社民党的领导们独自决定该党的财政契约和欧洲稳定机制策略，而要求利用现有机制，在党代会上实施基础性投票[②]，以保证决议在党内具有广泛基础[③]。一些绿党著名人物，如前主席毕提考夫要求绿党的联邦议会议员投票反对财政契约[④]。绿党欧洲议员、绿党金融专家歇克也提出举办特别党代会进行投票[⑤]。最终两党在2012年6月16日和6月24日分别举行党代会统一全党认识、形成了各自的政策主张。

（二）分歧表现

各党派间对财政契约和欧洲稳定机制的意见分歧主要体现在投票安排、

---

① "Deutschland Diskussion ueber Mehrheit fuer ESM" URL: http://diepresse.com/home/wirtschaft/eurokrise/743451/Deutschland_ Diskussion-ueber-Mehrheit-fuer-ESM-; "Regierung braucht SPD für den Rettungsschirm" URL: http://www.welt.de/print/die_ welt/wirtschaft/article13946135/Regierung-braucht-SPD-fuer-den-Rettungsschirm.html 访问日期：2012年08月18日。

② "SPD-Linke fordert Abstimmung der Basis über Fiskalpakt" URL: http://www.spiegel.de/politik/deutschland/spd-linke-fordert-basisvotum-ueber-fiskalpakt-a-835229.html 访问日期：2012年08月19日。

③ Euro-Krise SPD-Linke fordert Abstimmung der Basis über Fiskalpakt. URL: http://www.spiegel.de/politik/deutschland/spd-linke-fordert-basisvotum-ueber-fiskalpakt-a-835229.html 访问日期：2012年08月18日。

④ Florian Gathmann und Veit Medick, "Grünen-Chef Özdemir-Merkel wird ihre Linie nicht durchhalten können" URL: http://www.spiegel.de/politik/deutschland/gruenen-chef-oezdemir-ueber-die-euro-politik-der-kanzlerin-a-841408.html 访问日期：2012年08月19日。

⑤ "Grünen-Idee für Euro-Parteitag bringt SPD in Rage" URL: http://www.handelsblatt.com/politik/deutschland/fiskalpakt-abstimmung-gruenen-idee-fuer-euro-parteitag-bringt-spd-in-rage/6670640.html 访问日期：2012年08月16日。

增长策略、金融交易税、州财政规定等问题上。

1. 投票安排

德国政党对财政契约和欧洲稳定机制既存在内容上的异议，也存在对投票安排上的分歧。基民盟/基社盟和自民党希望能够在2012年议会夏季假期之前通过财政契约，但社民党和绿党认为没必要着急，应该推迟对财政契约的表决，并表示最迟应该会推迟到年底①。执政党派希望将财政契约和欧洲稳定机制捆绑表决，而社民党和绿党则认为没必要捆绑，应该就财政契约单独表决。

执政党希望能够在夏季假期之前实施投票的原因在于，如果要想在7月引入欧洲稳定机制，就必须在6月底就该问题进行表决。而执政党希望合并表决的原因是通过将欧洲稳定机制和严格的财政契约相联系，希望财政契约能够为欧洲稳定机制的可靠性做背书，以遏制本阵营中欧洲稳定机制的反对者的声浪，期望财政契约和欧洲稳定机制能够获得多数票通过。社民党上届总理候选人施泰因迈尔则表示，财政契约和欧洲稳定机制是否能在夏季假期之前通过，实际上取决于德国政府是否能够拿出一个可以在德国和欧洲获得赞同的增长策略，以平衡各党派的意见纷争②。

在6月29日欧盟峰会达成关于建立银行联盟的协定后，又掀起了关于投票安排的讨论。社民党党主席加布里尔指出，欧盟峰会的结果和联邦议会通过的关于财政契约和欧洲稳定机制的决议正好处于对立面③；左派财政专家认为欧盟峰会的决议带来了太多的变动，因此应该推迟关于财政契约和欧洲稳定机制的表决④，而自民党成员则表示无理由推迟这项安排⑤；社

---

① “Opposition lässt Regierung zappeln” URL：http：//www. tagesschau. de/wirtschaft/fiskalpaktverhandlungen102. html 访问日期：2012年08月19日。

② Philipp Wittrock，“Abstimmung über Sparplan Opposition pokert um den Pakt” URL：http：//www. spiegel. de/politik/deutschland/treffen-zu-fiskalpakt-bei-merkel-spd-und-gruene-sehen-annaeherung-a－835095. html 访问日期：2012年08月19日。

③ Florian Gathmann und Severin Weiland，“ESM und Fiskalpakt Merkel rettet sich und den Euro—vorerst” URL：http：//www. spiegel. de/politik/deutschland/esm-und-fiskalpakt-merkel-rettet-sich-und-den-euro-vorerst-a－841761. html 访问日期：2012年08月19日。

④ “SPD-Politiker stellen Zeitpunkt für Abstimmung in Frage” URL：http：//www. welt. de/aktuell/article107303672/SPD-Politiker-stellen-Zeitpunkt-fuer-Abstimmung-in-Frage. html 访问日期：2012年08月16日。

⑤ “ESM und Fiskalpakt im Bundestag SPD—Politiker wollten Abstimmung verschieben” URL：http：//www. spiegel. de/politik/deutschland/esm-abstimmung-politiker-von-spd-und-fdp-fordern-verschiebung-a－841744. html 访问日期：2012年08月19日。

民党和绿党的领导人认为，各党已经就财政契约和欧洲稳定机制进行了深入的讨论，并就这两个问题形成了一致意见，不能因为欧盟峰会的结果而推迟投票[①]。最终德国立法机构在6月底完成了对财政契约和欧洲稳定机制的投票。

2. 增长策略

社民党认为依靠欧洲救助机制对重债国的注资无法解决欧债问题[②]，希望扩展财政契约，财政契约的通过需要有增长促进措施作为基础[③]，要求默克尔重新回到了社民党两年前即要求的促进经济增长的路径上去[④]，应给出一个具体的促进增长方案，以实现对财政契约的补充[⑤]，而且财政契约的目标并不现实，应加强欧盟委员会对各国财政的监督，另外投资赤字也不应被算入结构性赤字中，财政契约规定的达标期限应该被延迟[⑥]。社民党开出的同意财政契约的条件有：促进增长，引入解决青年人失业问题的解决措施，加大投资力度、提高欧洲投资银行的贷款金额[⑦]。

绿党也认为财政契约中需要加入增长元素[⑧]，绿党党团主席特廷指出，默克尔阻碍了危机的有效解决途径[⑨]，应该为重债国提供更多的援助。绿党

---

① "Gipfel-Beschlüsse sorgen für grosse Aufregung in Berlin" URL：http：//www. freiepresse. de/NACHRICHTEN/DEUTSCHLAND/Gipfel-Beschluesse-sorgen-fuer-grosze-Aufregung-in-Berlin-artikel8029135. php 访问日期：2012 年 08 月 10 日。

② "Steinmeier zeigte sich überzeugt，dass die Aufstockung ökonomisch nicht ausreiche，um die Krise zu überwinden." URL：http：//www. freiepresse. de/NACHRICHTEN/DEUTSCHLAND/Steinmeier-kritisiert-Kurswechsel-der-Union-bei-Euro-Rettung-artikel7947368. php 访问日期：2012 年 08 月 11 日。

③ "Fiskalpakt wird zur Zitterpartie" URL：http：//www. n-tv. de/politik/Fiskalpakt-wird-zur-Zitterpartie-article5658116. html 访问日期：2012 年 08 月 11 日。

④ "Gabriel EU-Gipfel" URL；http：//www. spd. de/aktuelles/News/23360/20120126_ gabriel_eu-gipfel. html 访问日期：2012 年 08 月 12 日。

⑤ ANDREAS KISSLER，"SPD stellt Gegenentwurf zu Merkels Fiskalpakt vor" URL：http：//www. wallstreetjournal. de/article/SB10001424052702304192704577405621657972642. html 访问日期：2012 年 08 月 19 日。

⑥ "Wir Sozialdemokraten sind wieder da" URL：http：//www. spiegel. de/politik/ausland/sieg-von-hollande-swoboda-sieht-sozialdemokraten-erstarkt-a－832040. html 访问日期：2012 年 08 月 16 日。

⑦ "Fiskalpakt nur mit Finanztransaktionssteuer" URL：http：//www. euractiv. de/284/artikel/spd-fiskalpakt-nur-mit-finanztransaktionssteuer－006348 访问日期：2012 年 08 月 11 日。

⑧ "Ein bisschen oder viel später?" URL：http：//www. taz. de/！93046/访问日期：2012 年 08 月 12 日。

⑨ "Merkel berät mit Oppositions-Spitzen über Fiskalpakt" URL：http：//www. zeit. de/news/2012－05/24/eu-merkel-beraet-mit-oppositions-spitzen-ueber-fiskalpakt－24082009 访问日期：2012 年 08 月 11 日。

同意财政契约的条件是联邦政府改变其迄今为止错误的救助政策[①]。

与联盟党同为执政党的自民党认为，现在需要促进增长，需要对抗青年失业[②]。自民党前党主席韦斯特维勒表示：欧洲需要更多地促进增长，但促进增长的方法不是通过举债，而是通过提高竞争力[③]。德国工业联合会主席凯尔特也表示，只有实施明智的节约措施和可持续的增长，财政赤字长期才可控[④]。

在关于增长议题上，默克尔政府在很大程度上被孤立。德国联盟党最终180度大转弯[⑤]，最终放弃了其对增长和投资议题的反对，第一次接受了不是自己提出的议题[⑥]。联盟党表示，希望以降低干预的手段来刺激经济增长。欧洲坚实的财政和持续的增长是硬币的两面，位于首位的是应对青年人失业。德国政府提出了旨在刺激欧洲经济发展的“六点计划”：推广德国增长经验；实施劳动力市场改革、下放劳资谈判的权利、提高退休年龄；推广二元制教育体系；私有化重债国国企；建立欧元区特别经济区；对南欧实施更多投资等。如默克尔政府主张在南欧建立实施优惠税收政策、宽松劳动法规和特殊环保标准的经济特区，以吸引投资。同时应减少欧元区官僚运作障碍，将成员国的铁路运输自由化，将能源市场网络化，将可再生能源市场一体化，邮政业务对网络交易开放，扩大宽带建设，为欧洲投资增加100亿欧元的资本

① “Fiskalpakt und ESM sollen Ende Juni verabschiedet werden” URL：http：//www. zeit. de/news/2012 - 06/14/eu-fiskalpakt-und-esm-sollen-ende-juni-verabschiedet-werden - 14150217 访问日期：2012 年 08 月 14 日。

② David Böcking，“Warum der Wachstumsglaube so heikel ist” URL：http：//www. spiegel. de/wirtschaft/soziales/wirtschaftswachstum-um-jeden-preis-ist-keine-antwort-auf-die-euro-krise-a - 834310. html 访问日期：2012 年 08 月 14 日。

③ “Steinmeier wirft Merkel Provokation Hollandes vor” URL：http：//www. sueddeutsche. de/politik/streit-um-fiskalpakt-steinmeier-wirft-merkel-provokation-hollandes-vor - 1. 1343683 访问日期：2012 年 08 月 12 日。

④ “Für Kombination von intelligentem Sparen und nachhaltigem Wachstum” URL：http：//www. bdi. eu/Pressemitteilungen_ BDI_ Pressemitteilung_ EU_ Sondergipfel_ 23_ 05_ 2012. htm 访问日期：2012 年 08 月 11 日。

⑤ “Merkels Politik ist krachend gescheitert” URL：http：//www. spd. de/aktuelles/News/71716/20120430_ gabriel_ fiskalpakt. html；“Wachstumsdebatte in Europa：Hollande sieht sich schon als Sieger” URL：http：//m. faz. net/aktuell/wirtschaft/wachstumsdebatte-in-europa-hollande-sieht-sich-schon-als-sieger - 11735722. html 访问日期：2012 年 08 月 16 日。

⑥ “Das Ende der deutschen Hegemonie” URL：http：//www. presseurop. eu/de/content/article/2051021 - das-ende-der-deutschen-hegemonie？ xtor = RSS - 18 访问日期：2012 年 08 月 18 日。

金。对于重债国亏损严重的国企，重债国建议可以参照原东德处理亏损国营企业的做法，建立信托基金等。

3. 金融交易税

社民党开出的同意财政契约和欧洲稳定机制的条件中，很重要的一部分即为加强金融市场管制。如开征金融交易税、用金融交易税收入支持增长、商业银行与投资银行分离、实施欧洲范围内的银行业监管①、提高欧洲投资银行的资本金、建立欧洲债务清偿基金、建立欧洲评级机构等②。

有绿党成员建议将设立清偿基金和支持财政契约相联系，如绿党党团主席特廷认为，从长期的视角看，债务规则意义重大，但短期看来，仅有规则是不够的，需要建立旧债清偿基金或者引入金融交易税，以此来促进欧洲增长计划③。金融交易税可以弥补金融市场的“公正性漏洞”④，而清偿基金能够通过利用共同欧洲共同债券的低利率优势成功地削减重债国债务，与发行欧元共同债券相比，各国只需在有限时间内承担有限责任，因此应考虑引入⑤。

自由民主党则认为不应考虑引入金融交易税，而是应引入金融市场税。金融交易税是对证券交易的营业额征税，可以稳定货币的汇率，但是不可能阻止危机⑥。而且金融交易税是营业税，只是让消费者承担损失，金融市场税则可以让整个金融行业参与承担危机损失⑦。自由民主党建议，也可参

---

① “Wer sparen will, braucht Wachstum!” URL: http://www.spd.de/aktuelles/News/72312/20120515_troika_pk_wachtumspakt.html 访问日期：2012 年 08 月 16 日。

② “Zusaetzlich zum Fiskalpakt SPD will wirtschaftliches Aufbauprogramm” URL: http://m.faz.net/aktuell/wirtschaft/zusaetzlich-zum-fiskalpakt-spd-will-wirtschaftliches-aufbauprogramm-11752080.html 访问日期：2012 年 08 月 14 日。

③ “Merkel ist auf Gruenen und SPD angewiesen” URL: http://www.focus.de/politik/weitere-meldungen/abstimmung-ueber-schuldenbremse-merkel-ist-auf-gruenen-und-spd-angewiesen_aid_720121.html 访问日期：2012 年 08 月 16 日。

④ “Union einigt sich mit Opposition auf Finanzsteuer” URL: http://www.welt.de/politik/deutschland/article106433291/Union-einigt-sich-mit-Opposition-auf-Finanzsteuer.html 访问日期：2012 年 08 月 19 日。

⑤ “Weichen für nachhaltiges Wachstum stellen” URL: http://www.gruene-bundestag.de/themen/euro/weichen-fuer-nachhaltiges-wachstum-stellen.html?type=99 访问日期：2012 年 08 月 19 日。

⑥ Norbert Häring, “Vermeidet eine Transaktionssteuer Krisen?” URL: http://www.handelsblatt.com/politik/konjunktur/nachrichten/stimmt-es-dass-vermeidet-eine-transaktionssteuer-krisen/6669920.html 访问日期：2012 年 08 月 19 日。

⑦ “Vermeidet eine Transaktionssteuer Krisen?” URL: http://www.handelsblatt.com/politik/konjunktur/nachrichten/stimmt-es-dass-vermeidet-eine-transaktionssteuer-krisen/6669920.html 访问日期：2012 年 08 月 11 日。

照英国模式引入印花税和证券营业税，并且证券营业税也应覆盖衍生品交易①。

德国政府因为英国的反对，开始不同意引入金融交易税。财长朔伊布勒曾明确表示，在欧盟层面以及在欧元区层面都不会引入金融交易税和证券营业税②。但救助西班牙银行业的紧迫性让德国政府备受压力。社民党在救助西班牙银行业问题上向联邦政府施压，希望联邦政府在引入金融交易税问题上能够同意社民党的主张。社民党财政专家施耐德表示，救助西班牙银行业不应具有优先权，纳税人也不应为救助买单，因此在救助西班牙之前，应尽快对金融交易税问题进行决议。绿党党团主席特廷也表示西班牙银行业危机让世界更清楚地看到，银行业危机引发了欧债危机，因此应让银行业承担救助欧债危机的成本。并认为德国最好应和法国一起共同提出征收金融交易税的提议③。自民党意见也出现了转换，自民党表示，可以引入金融交易税，但对金融交易税影响应该仔细分析，涉及退休人员和小额储蓄者的公司不征税，因为他们无需对金融危机负责④，应防止金融交易税对退休人员和小额储蓄者造成负面影响⑤。

最终各方达成妥协，德国政府同意引入金融交易税，但社民党和绿党必须放弃其关于建立债务清偿基金的建议⑥。执政党和反对党能够在金融交

---

① Veit Medick und Severin Weiland, "Die eiserne Spar-Kanzlerin wird weich" URL: http://www.spiegel.de/politik/deutschland/merkel-rueckt-in-euro-krise-von-striktem-sparkurs-ab-a-837079.html 访问日期：2012 年 08 月 18 日。

② "Auch Linke und Gauweiler kontra Merkel" URL: http://www.handelsblatt.com/politik/deutschland/esm-vertrag-und-fiskalpakt-auch-linke-und-gauweiler-kontra-merkel/6500896-3.html 访问日期：2012 年 08 月 18 日。

③ Veit Medick, "Opposition beklagt doppeltes Spiel im Kanzleramt" URL: http://www.spiegel.de/politik/deutschland/regierung-und-opposition-streiten-erneut-um-finanztransaktionssteuer-a-837997.html 访问日期：2012 年 08 月 19 日。

④ Veit Medick, Severin Weiland und Philipp Wittrock, "Opposition punktet im Fiskalpakt-Poker" URL: http://www.spiegel.de/politik/ausland/fiskalpakt-koalition-bekennt-sich-zu-finanztransaktionsteuer-a-837551.html 访问日期：2012 年 08 月 18 日。

⑤ "Fiskalpakt muss sobald wie möglich kommen" URL: http://www.liberale.de/Fiskalpakt-muss-sobald-wie-moeglich-kommen/10552c16376i1p/index.html 访问日期：2012 年 08 月 19 日。

⑥ "Regierung und Opposition einigen sich auf Fiskalpakt" URL: http://www.spiegel.de/politik/deutschland/regierung-und-opposition-einigen-sich-beim-fiskalpakt-a-840127.html 访问日期：2012 年 08 月 16 日。

易税问题上达成妥协，被称为通向达成财政契约的“重要的第一大步”[①]。但在形成一致意见后，德国总理府高官的鲍法拉的不当言论又点燃了关于金融交易税的讨论热潮。鲍法拉私下表示，在本届联邦政府任期内，事实上是不可能引入金融交易税的，因此本届政府尽可以对社民党和绿党妥协，而不会带来任何实质改变[②]。自民党内部也有人认为，引入金融交易税的计划根本是不可能实现的[③]。对于这种言论，反对党非常愤怒，威胁要抵制财政契约。绿党党团主席警告执政党，战术性手段不会胜利。社民党党团主席奥普曼也表示，金融交易税没有回头路，更没有后门，鲍法拉的言论是财政契约讨论中的一个严重后退。社民党需要的是一个不可逆转的引入金融交易税的承诺[④]。绿党则指责联邦政府未曾为引入金融税做出努力，并指责基民盟/基社盟的策略性手段[⑤]。财长朔伊布勒对此灭火性的表态是，反对党应该相信联邦政府，但引入金融税并不只取决于德国，欧洲的一些国家坚定地反对金融税。联邦政府发言人也表示，政府会坚定有力地为引入金融税而努力[⑥]。

4．州财政规定

财政契约的减赤规定，也包含了对区县财政状况的限制，会给各州带

---

① Veit Medick, Severin Weiland und Philipp Wittrock, “Opposition punktet im Fiskalpakt-Poker” URL: http://www.spiegel.de/politik/ausland/fiskalpakt-koalition-bekennt-sich-zu-finanztransaktionsteuer-a-837551.html 访问日期：2012 年 08 月 18 日。

② “Schäuble wirft Opposition taktische Spielchen vor” URL: http://www.spiegel.de/politik/deutschland/schaeuble-kritisiert-im-streit-um-finanzmarktsteuer-taktische-spiele-a-838080.html 访问日期：2012 年 08 月 14 日。

③ “Sahra Wagenknecht: Linke wird gegen den Fiskalpakt und ESM klagen” URL: http://www.shortnews.de/id/965912/Sahra-Wagenknecht-Linke-wird-gegen-den-Fiskalpakt-und-ESM-klagen 访问日期：2012 年 08 月 19 日。

④ “Opposition hält im Fiskalpakt-Streit Druck hoch-Aerger über Pofalla” URL: http://www.focus.de/finanzen/news/wirtschaftsticker/roundup-opposition-haelt-im-fiskalpakt-streit-druck-hoch-aerger-ueber-pofalla_aid_765148.html 访问日期：2012 年 08 月 18 日；Veit Medick, Opposition beklagt doppeltes Spiel im Kanzleramt URL: http://www.spiegel.de/politik/deutschland/regierung-und-opposition-streiten-erneut-um-finanztransaktionssteuer-a-837997.html 访问日期：2012 年 08 月 19 日。

⑤ “Schäuble bezweifelt rasche Einführung einer Börsensteuer” URL: http://www.zeit.de/politik/deutschland/2012-06/streit-finanzmarktsteuer-schaeuble 访问日期：2012 年 08 月 14 日。

⑥ “Schäuble bekräftigt Zusage der Koalition” URL: http://www.stern.de/politik/deutschland/streit-um-finanztransaktionssteuer-schaeuble-bekraeftigt-zusage-der-koalition-1839293.html 访问日期：2012 年 08 月 11 日。

来额外财政成本，所以各州也在等待联邦政府的财政弥补性支付。由社民党领导的各州利用他们在联邦众议院的投票权，提出了一份名为《拥有永久保障的财政契约》[①] 的文件。以通过财政契约为要约，向联邦政府提出了改善州财政状况的强硬条件，表示只有当该文件的内容得到执行时，各州才可能会批准财政契约[②]。参与各州表示，在过去的几年中，政府将一些责任从联邦下放到州，而州财政紧张，很难再为这些额外的工作支付开销[③]，财政契约又会给州和区县政府带来更多的财政负担和节约压力，所以应该由联邦政府，而不是由州政府承担这部分压力，相关内容也应该在宪法中得到明确表述[④]。例如，联邦政府应逐步承担残障人士融入社会的费用等。2010 年各区县政府为 63 万残障人士提供了 124 亿欧元的融入费用[⑤]。

而且对默克尔尤为不利的是，其联盟党领导的巴伐利亚州和社民党领导的州在这个问题上站在了同一条战线上了。最终，联邦政府同意，联邦会为各区县提供总额为 40 亿欧元的资助，以帮助严重残障人士重新融入社会[⑥]，但联邦未能同意 2012 年即减少 120 亿—130 亿欧元的费用的要求[⑦]。联邦政府表示若州或区县若因负债过高需向欧盟缴纳罚款，则由联邦代缴；并且幼儿园建设上，联邦将一次性投入 5 亿欧元；另外，每年还有 7500 万

---

① Andrej Hunko，“Fiskalpakt：Neoliberalismus mit Ewigkeitsgarantie” URL：http：//www. links-fraktion. de/reden/fiskalpakt-neoliberalismus-ewigkeitsgarantie/访问日期：2012 年 08 月 16 日。

② Veit Medick，“Opposition beklagt doppeltes Spiel im Kanzleramt” URL：http：//www. spiegel. de/politik/deutschland/regierung-und-opposition-streiten-erneut-um-finanztransaktionssteuer-a – 837997. html 访问日期：2012 年 08 月 14 日。

③ “Bund erkauft sich Ja der Länder zum Fiskalpakt” URL：http：//www. spiegel. de/politik/deutschland/bund-und-laender-einigen-sich-ueber-fiskalpakt-a – 840677. html 访问日期：2012 年 08 月 14 日。

④ “Rheinische Post：SPD-Chef Gabriel：Bund muss zusätzliche Kosten der Länder durch Fiskalpakt übernehmen” URL：http：//www. politikexpress. de/rheinische-post-spd-chef-gabriel-bund-muss-zusaetzliche-kosten-der-laender-durch-fiskalpakt-uebernehmen – 655475. html 访问日期：2012 年 08 月 14 日。

⑤ “Steinmeier erhöht Druck auf Merkel” URL：http：//www. sueddeutsche. de/politik/ringen-um-fiskalpakt-steinmeier-erhoeht-druck-auf-merkel – 1. 1378117 访问日期：2012 年 08 月 19 日。

⑥ “Bund erkauft sich Ja der Länder zum Fiskalpakt” URL：http：//www. spiegel. de/politik/deutschland/bund-und-laender-einigen-sich-ueber-fiskalpakt-a – 840677. html 访问日期：2012 年 08 月 14 日。

⑦ “Weg für Zustimmung des Bundesrates zum Fiskalpakt frei” URL：http：//www. stern. de/news2/aktuell/weg-fuer-zustimmung-des-bundesrates-zum-fiskalpakt-frei – 1845374. html 访问日期：2012 年 08 月 16 日。

欧元用来支付幼儿园的相关费用[①]；为减轻财政契约对各州的影响，联邦和州将启用一个债务管理程序，自 2013 年开始采取承担部分责任的方式共同在资本市场发债。各州希望通过此种方式能够享受联邦国债的低利率[②]。

巴伐利亚州州长瑟豪夫和萨克森—安哈特州州长哈瑟劳夫都表示，关于财政契约的讨论的最大益处在于联邦政府已经意识到区县的财政问题，因此愿意同意财政契约[③]。自民党主席罗斯勒表示，联邦和各州达成妥协对欧洲而言是个利好消息[④]。而莱茵—普法茨州州长贝克则表示，在未来还是存在各州和区县财政负担上升的风险，仍需为得到联邦的财政帮助而努力争取，但也应该看到目前这些协定其实减轻了区县层面的负担，因此他建议社民党领导的各州可以考虑通过财政契约[⑤]。

三、合宪性讨论

在各党达成妥协的前提下，2012 年 6 月 29 日晚德国议会和众议院都以超过 2/3 的多数票分别批准了财政契约和欧洲稳定机制。但议会和众议院的决议仍未能消除国内对财政契约和欧洲稳定机制的质疑。

德国家族企业基金会表示反对欧洲稳定机制。德国家族企业基金会由德国最大的 350 个家族企业组成。他们担心许多议员根本无法清晰地知道欧洲稳定机制的意义和为欧元重债国提供担保的实际规模，而且欧洲稳定

---

① “Bund und Länder machen Weg für Fiskalpakt-Verabschiedung frei” URL：https：//www. nab. ch/maerkte/news-story. html? storyId = urn：newsml：reuters. com：20120624：nL5E8HO1YT：5 访问日期：2012 年 08 月 18 日。

② “Bund erkauft sich Ja der Länder zum Fiskalpakt” URL：http：//www. spiegel. de/politik/deutschland/bund-und-laender-einigen-sich-ueber-fiskalpakt-a – 840677. html 访问日期：2012 年 08 月 18 日。

③ Christian Tretbar，“Geben und Nehmen” URL：http：//www. tagesspiegel. de/politik/einigung-bei-fiskalpakt-geben-und-nehmen/6792978. html ；“Länder wollen Fiskalpakt zustimmen” URL：http：//nachrichten. t-online. de/laender-wollen-fiskalpakt-zustimmen/id_ 57456406/index 访问日期：2012 年 08 月 18 日。

④ “RÖSLER-Interview für den ‘Weser-Kurier’” URL：http：//www. fdp. de/Aktuelle-Meldungen-aus-der-Bundespartei/543c185/index. html? id = 17285&suche = FDP%20Bundespartei 访问日期：2012 年 08 月 18 日。

⑤ “Milliardenhilfen：Bund und Länder einig bei Fiskalpakt” URL：http：//www. zeit. de/news/2012 – 06/24/eu-milliardenhilfen-bund-und-laender-einig-bei-fiskalpakt – 24194408 访问日期：2012 年 08 月 19 日。

机制如同一个黑匣子，让德国又成为欧洲稳定机制的主要付款国，不能将德国纳税人置于不可撤销的自动责任机制之下①。

左翼党表示反对财政契约和欧洲稳定机制，国际法法官费桑和施耐德表示，财政契约和欧洲稳定机制会让福利国家解体②。左翼党更指出了财政契约的合宪性问题，左翼党党团主席格斯表示，财政契约实际上是通过建立财政联盟来建立欧洲联邦，《基本法》未准许建立财政联盟，财政契约限制了国家的预算主权，因而是违宪行为③。

民间机构“公民意志组织”号召德国民众参与在柏林和卡尔斯鲁尔的欧洲稳定机制抗议活动，“公民联合会”则直接与议会议员对话，要求议员抵制欧洲稳定机制。家族企业等资助的“欧洲政治家”组织也抵制欧洲稳定机制。这些组织既不是右翼分子，也不是反对欧洲一体化的人士，他们认为不能为了救欧元而忽视民主原则，因此反对欧洲稳定机制④。71%的德国民众表示，应该举行全民公决以决定是否应向欧盟转移更多权力，只有27%的民众认为这个问题应该交于德国议会决定。调查显示若举行公决，只有39%的人会选择向欧盟上交财政权和预算权，55%的人会选择由各成员国保持财政权和预算权⑤。

社民党前司法部长格梅琳和莱比锡宪法法官德庚哈特、国际法法官费桑和施耐德等分别向卡尔斯鲁尔的德国宪法法院提出了违宪诉讼，要求联邦宪法法院禁止财政契约和欧洲稳定机制生效。他们认为议会最神圣的权

---

① Zweite Berliner Erklärung der Stiftung Familienunternehmen URL：http：//www. familienunternehmen. de/PRESSEBEREICH-News-Details-2012 – 06 – 08 – Muenchen-_ site. site. . html_ dir. tpl_ siteid. 31 _ nav. 37_ entryid. 166_ likecms. html 访问日期：2012 年 08 月 19 日。

② “Fiskalpakt und ESM：In Karlsruhe laufen die Klagen ein” URL：http：//www. tagesschau. de/inland/klagen100. html 访问日期：2012 年 08 月 18 日。

③ Bryan Hayes，“Vereinigten Staaten von Europa” URL：http：//www. deutschland. net/tags/vereinigten-staaten-von-europa；“Neuer Fiskalpakt unkündbar-Linke sieht Verfassungsbruch” URL：http：//www. wiwo. de/economy-business-und-finance-neuer-fiskalpakt-unkuendbar-linke-sieht-verfassungsbruch/6453002. html. 访问日期：2012 年 8 月 20 日。

④ Hans-Olaf Henkel，“Nur die APO kann den ESM noch verhindern” URL：http：//www. abgeordneten-check. de/artikel/1207 – hans-olaf-henkel. html 访问日期：2012 年 08 月 18 日。

⑤ Axel Troost，“Weichenstellung in der Euro-Krise” URL：http：//www. die-linke. de/nc/dielinke/nachrichten/detail/artikel/weichenstellung-in-der-euro-krise/访问日期：2012 年 08 月 18 日。

力即是对财政预算的决定权，而财政契约让联邦议会失去了预算主权[①]。按欧洲稳定机制的规定，欧洲稳定机制可以自主运用资金，而不用向议会或是法院负责。这触动了《基本法》中关于财政预算方面的规定，只要联邦范围内未有全民性的通过欧洲稳定机制，欧洲稳定机制的草案就不能被通过[②]。财政契约和欧洲稳定机制逾越了红线、存在民主赤字，削弱了议会的预算权和控制权，违背了德国《基本法》，对德国和欧洲的民主会产生严重的影响[③]。

德国工会联合会主席桑默表示"财政契约违背了不可改变的德国宪法的基本原则"。议会同意了政府的财政契约，财政契约让议会失去了预算权，让渡了国家的民主权力，然而在欧洲层面上，没有民主赋予的有效权力，造成了民主制度的混乱。他也批评社民党和绿党对财政契约的批准行为。在限制德国议会权力的同时也应该相应增强欧洲议会的权限。否则即是对民主的损伤。不能因为救欧元而损伤民主，欧洲应该让公民放弃以伤害民主为代价来救欧元的想法[④]。

联邦宪法法院接受了诉讼。虽然财长朔伊布勒敦警告说，欧洲稳定机制拖得越晚，给市场带来的不确定性就越多，外界对欧元区在适当时间框架内作出必要决策的信任度也就越弱。联邦宪法法院仍表示法院需要约 3 个月时间对财政契约和欧洲稳定机制进行合宪性考察，将于 2012 年 9 月 12 日做出裁决。在此期间，联邦宪法法院要求德国总统高克在德国议会和众议院通过财政契约和欧洲稳定机制后暂时不签署这两项决议。等宪法法院的裁决出炉后再做决定。德国总统高克表示会同意联邦宪法法院的要求，静候联邦宪法法院的裁决。

在 9 月与德国议会的投票过程中，在联邦议会关于财政契约的投票中，

---

① Björn Hengst，"Die Bremser". URL：http：//www. spiegel. de/politik/deutschland/fiskalpakt-und-esm-fuenf-klagen-beim-bundesverfassungsgericht-a－841548. html 访问日期：2012 年 08 月 29 日。

② "Bürger klagen gegen undemokratische Ratifizierung von ESM-und Fiskalvertrag. URL：http：//www. mehr-demokratie. de/6033. html？&tx_ ttnews% 5BbackPid% 5D = 5867&tx_ ttnews% 5Btt_ news% 5D = 12084&cHash = 42fcb69b24da4741e44f27d54aa4c336 访问日期：2012 年 08 月 18 日。

③ "Euro-Zone ist Katastrophen-Zone". URL：http：//forum. finanzen. net/forum/Frankreich_ spart-t444757 访问日期：2012 年 08 月 18 日。

④ Massnahmen zur Euro-Rettung Ringen um Krisen-Strategie der EZB. URL：http：//www. sueddeutsche. de/wirtschaft/massnahmen-zur-euro-rettung-ringen-um-krisen-strategie-der-ezb－1. 1425292 访问日期：2012 年 08 月 18 日。

提交的608票中有491票赞成，111票反对，6票弃权。随后，议员也通过了欧洲稳定机制，其中493票赞成，106票反对，5票弃权。两次投票都实现了2/3的赞成多数。

德国国内关于财政契约和欧洲稳定机制的讨论耗时长久，但财政契约和欧洲稳定机制最终被暂时搁置。在既有体制中，各方游走在各种规定的边缘，不断形成妥协，希望能在不严重影响现有体制的情况下，为欧元的体系性问题找到出路。这场讨论一方面体现了德国国内民主政治的特点，另一方面也显示出在既有机制下解决欧债危机的艰巨性。

第七章　德国大选中的政党博弈

第一节　大选前后的政党路线

一、政党路线的变化

欧债危机前，随着德国经济结构的变化，德国各政党的路线渐渐发生了改变。

（一）变化的背景

首先，新兴中产阶级挑战了传统的社会结构，中间层愈加壮大，成为选战的决定性力量。若某党派专注服务于其传统铁杆选民，坚守左派或右派立场，将无法在选战中赢得大多数，绿党、海盗党等新兴政党日渐兴盛。特别是绿党和左翼党的兴起改变了德国传统的“两大一小”的政党生态，转变为“两大三小”的选战形势，选民的政党忠诚度日渐降低，中间派选民的价值更加凸显。阶级斗争的路线已经在政党发展中被逐渐抛弃，取而代之的是以争取大多数选民为特征的具体政策之争。因而各党派倾向于模糊其党派立场，借鉴对立党派的政策主张，根据具体领域的不同，选择其政策的导向性。

其次，德国战后的经济奇迹改变了德国传统的经济结构，传统农业没落，第三产业迅速兴起，导致中产阶级不仅在壮大，而且中产阶级的人员组成也在发生深刻的变化，其人员结构由传统的商人、工人转变为企业管理人员、官员、工程师、网络管理人员等新兴职业者。这些人有新的价值导向和政策偏好，各政党也需要更新价值观，以迎合新选民的需要。

（二）变化的表现

各党之间不再专注于基本纲领之争，其政策差异性降低甚至逐渐趋同，这一趋势在社会公正和生态等问题上表现尤为明显。

1. 基民盟

基民盟开始向中间路线调整，默克尔表示社会市场经济不仅是一种经济模式，也是一种社会模式，试图拓展其社会分配领域的内涵，以塑造基民盟作为中间人民党的现象。社会公平成为基民盟的政策诉求，注重调整与工会、工人的关系，关注劳工权益，以争取社民党的传统选民。内部批评者认为，基民盟已经逐渐放弃了基民盟的观点，而逐渐接受了社民党的观点。基民盟一直以来与绿党观点相左，但在日本发生福岛核泄露后，立即废止了《延长德国核电站使用年限》的规定，政策逐渐向绿党靠拢。

基民盟为适应国内的新形势，在其根基性的传统价值观领域也在试图做出改观。基民盟希望维持其以基督教价值观为导向的传统，但同时又不得不希望与远离基督教价值观的选民形成妥协。德国的大城市已成为单身母亲和同性恋人群的“乐园”，而正统的基民盟持有传统的家庭观念，在单身母亲和同性恋问题上的灵活度很低。基民盟联合区提交的一份提案中写道：“基民盟明确表示反对将由宪法提供特别保护的婚姻和家庭享有的税收优惠拓展到其他婚姻和家庭形式上”，当时该提案也获得了很多代表的提议，但基民盟正逐渐背离其基督教传统，不再明确反对将同性恋配偶与异性恋夫妻同等对待。2007 年通过的《哈瑙纲领》首先对单身母亲和同性恋婚姻表示出了友好。

2. 社民党的难题

相对于长期执政的基民盟，其他党派也面临着政党路线的调整。在野党执政后，支持该党的选民期待该党能够实施其一直以来倡导的理念，但这些理念在实施的过程中往往缺乏实践的现实基础，因而实施成果往往不尽人意。该党若转变政策，既会导致支持选民的失望而另择良党而栖，又会导致党派内部对执政理念的怀疑与重新定位，导致该党的定位危机。

社民党即经历这样一个过程。基民盟在其长达 16 年的执政期间，一直坚持公民应更多地为自身福利负责，需要改革福利国家；社民党从其成立之初就以社会公正为基本政策导向，强调分配领域的公平，坚持应保持社会福利水平，至 1994 年联邦议会大选时，两党依然持有如此观点。德国社会产业结构的变化让社民党原本稳固的选民基础发生了变异，其核心选民越来越意识到新一代产业工人不能再享有其父辈享有的福利水平，开始抱怨高昂的税收及福利成本，对社民党一直提倡的福利国家理念的可实施性产生了怀疑，希望社民党能够直面德国经济的现代化现实，摆脱其古旧的经济政策，为他们引入更加切合实际的治国理念。施罗德执政后，他跳脱社民党传统的经济政策，以现代经济思路为基础形成“新中间道路”，削减了福利水平，降低了国家福利负担，将保障德国的产业优势作为政策优先性因素。他引入的“2010 议程”将德国引入了提升竞争力的进步道路，却将社民党带入了政党认同危机。施罗德触动的多是社民党铁杆选民的切身利益，该党的基本纲领受到质疑，造成了选民的大量流失。施罗德离开政坛后，2007 年的社民党汉堡党代会对党的路线进行了重新梳理，通过了《汉堡纲领》，提出回归传统的社会民主主义基本纲领，以赢回被蚕食的左翼选民阵地。但同时又不希望放弃中间选民力量，希望增加在新兴中产阶级中的政策影响力，希望在传统的社会民主主义和中间道路之间实现平衡，塑造团结的多数派，形成一个左中阵营。

3. 其他议会党团

基社盟作为基民盟的姐妹党也面临着路线调整的需要。基社盟长期以来以富裕的巴伐利亚州为执政根本，在该州享有绝对优势，是该州传统的执政党。但 2008 年基社盟被迫与社民党联合执政，对该党的核心理念造成巨大冲击。基社盟进行了积极的反思，确立了其保守政党的定位，以期望与两大人民党形成定位差，吸引右翼选民，同时基社盟也希望在欧洲议会选举中争得一席之地，在德国之外拓展基社盟的势力范围。

绿党的壮大得益于新兴中产阶层的兴起，公务员、工程师等利益群体的价值观有别于传统的企业家和工人阶层，希望形成自身的政治取向。绿党就被打造成有别于传统政党的新兴力量，以生态环保为主要政策导向，并依靠和平、女权等主张吸引了大量左翼自由主义者和知识分子。1998—2005 年的执政经历也让绿党经历了对其党的纲领的质疑。在实用主义和和理想主义之间权衡之后，绿党决定回归其环境气候议题、自由公民权的传统议题、并关注议会政治民主，逐渐形成成熟的政治纲领。

1998 年前，自民党在德国政治中一直扮演着组阁“决定先生”的角色。但 1998 年绿党与社民党联合执政让自民党失去了其举足轻重的地位，逐渐成为三个中等党中的一员。自民党受到绿党的挑战，民意支持率持续下降。2005 年大联盟政府执政后，自民党批评大联合政府效率低下，表明自己政策与基民盟相近，是基民盟的天然伙伴，2009 年最终以 14.6% 的历史高票成为基民盟的执政伙伴。但黑黄联盟之间白热化的权力博弈让民众感觉受到了欺骗，再加上自民党政治家的丑闻，导致自民党支持率最终一落千丈。

德国贫富差距拉大，社会对立加深，社民党自身路线的摇摆与党内矛盾使得左倾选民对该党失去信任，需要寻找能够代表其利益的政党。劳动与社会公正党的应运而生，后与德国民主社会主义党合并形成左翼党。社民党为了维持其全民党地位而向中间靠拢，导致新的技术含量较低的工人、普通工薪阶层和低收入群体这类社民党的传统选民转而支持左翼党，使得左翼党在短时间内迅速壮大，成为德国议会中的第四大党团，对社民党的选票形成直接威胁。

德国社会的发展改变了政党的生态环境，政党不再以阶层代表的形象出现，取而代之的是以多数人群为导向的全民党，阶级界限日益模糊。

二、欧债中的政党应对

欧债危机对德国政界的最大影响是打破了德国传统意识阵营，因而在欧债危机中出现了纷繁复杂的观点交换与立场重组。原本不同政见者紧紧地站在了一起，如共产主义者和保守派，工会人士和工业集团纷纷抛开旧有成见，在许多问题上达成了共识。而原本的相同政见者则分道扬镳。

左派政治家和自由主义者一直都倡导要求更多的话语权以及直接民主，保守主义者往往对此并不认同。但在 2012 年 6 月 29 日欧盟峰会达成关于建立银行业联盟的协定后，联盟党的党团主席考德尔则撇开其旧有立场，认为欧元区峰会非常不透明，让人无法对其结果做审核①。自由派经济学家辛恩也发出倡议，号召德国经济学界反对建立银行业联盟，认为应该允许不合格的银行破产。他的倡议得到了许多原本与他不同政见者的积极响应。基社盟保守派秘书长多布因特、左翼政治家瓦格奈特以及德国工业联盟主席卡尔特等异见人士纷纷对他表示了支持。瓦格奈特表示，辛恩赞同银行

---

① Kauder kritisiert EU-Gipfelpolitik，URL：http：//www. sueddeutsche. de/politik/kauder-kritisiert-eu-gipfelpolitik-europa-muss-seinen-arbeitsstil-dringend-aendern – 1. 1403120. 访问日期：2014 年 06 月 14 日。

可破产，这至少说明了辛恩是真正的自由主义者①。经济学家五贤人之一的博菲格和宏观经济与经济景气研究所的所长通常与默克尔持有相反的经济观点，但在银行联盟的问题上却表示反对辛恩的观点，转而支持默克尔。

在欧债危机中各界人士意识到，旧有的意识形态方法无法解决问题，现实中需要的是实用性的解决方案。各政党就欧债的解决方案进行了诸多探索。

（一）欧债策略博弈

1. 执政联盟

默克尔领导的执政联盟开始认为希腊的政治体系混乱，经济缺乏竞争力，因而态度强硬，坚决反对救助希腊，虽然默克尔受到批评，认为她拖延了时间、造成了欧债危机的进一步加剧，但多数民众对默克尔的救援步骤表示满意，认为其以德国的利益为重，赢得的大多数民众的支持。但随着欧债危机的进一步恶化，默克尔政府意识到希腊的债务危机并非仅仅是希腊一个国家的问题，希腊的破产有可能导致欧元区解体后，德国政府开始逐步转变立场同意救助希腊，同时设定了严格的条件，以期望维护德国利益。但希腊还款期的限制最终决定了救助的节奏。救援方案不得不一再扩容，由此导致执政联盟特别是基民盟的支持率一再走低，并在州选举中连连败选。为降低重债国的高额财政赤字水平，在德国政府倡导下欧元区引入的财政契约，要求加强对成员国预算和经济政策的监管，增强了民众对救助希腊的举措的接受度。由此默克尔以紧缩性政策为核心的欧债救助政策逐步成型。

欧元区对于以出口导向的德国具有举足轻重的重要意义，欧洲的深度一体化符合德国的长远利益。虽然默克尔在欧盟峰会的发言时表示德国是从欧元中获利最多的国家，但在对内宣传中很少从欧元区对德国的战略意义角度去宣讲救助欧元的重要性，因为强调德国对欧元区的依附性会伤及民众的民族自尊感，阐明从德国未来的发展的角度来看需要解决欧债危机，这会增强人民对欧债的恐惧心理，降低民众的心理幸福感。如果迎合民意，

---

① Kritik an EU-Gipfer，URL：http：//www. innenhofkultur. at/zeitgeschehen _ detail. asp？DocumentID = 1194 访问日期：2014 年 06 月 14 日。

选择从批评希腊等“懒惰、不负责任”南欧国家的角度来谈欧债，将默克尔塑造成德国利益的忠实捍卫者，则不但不会降低、甚至有助于提升民众对现任政府的满意度。而且希腊等重债国的经济在过去的十年中竞争力水平严重下降，改善重债国的政府治理能力、提高南欧国家的经济弱势非一日之功，仅靠德国的转移支付不仅无法从根本上解决问题，而且也有可能拉低德国经济的发展速度，因此默克尔在政府声明中表示，对欧元区的救助不能超过德国的能力限度。救助危机不在于找出最快的而是最好的解决办法。表面上简单的债务一体化从宪法层面来说是不可行的，而且也不会产生刺激经济的效果，这样的政策将使德国丧失长久竞争力。①

基民盟的执政伙伴基社盟的欧债策略也存在着前后反复的过程。基社盟曾经激烈地反对救助希腊，但在默克尔同意救助希腊后，基社盟也对默克尔的主张表示了支持。对于基社盟意见反复的原因，一方面被认为一味地和默克尔的政策主张相悖并无实际好处，另一方面也被理解为一种谈判策略。在新的救助措施问题上要显示出谈判的意愿，然后才能在严格的救助条件上取得进展，如果默克尔已经决定不惜一切让希腊留在欧元区，基社盟若继续反对则显示出基社盟对政策的决定缺乏影响力。

2. 社民党与绿党

一般而言反对党都有不同于执政党的一套主张。但欧债危机以来，社民党无法对欧债危机提出更有效、更不违反民意的解决方案，社民党处于两难困境。如果社民党否决默克尔的财政契约，会违背民意，从而落下不善于管理经济的口实，坐实了民众对于基民盟擅长经济治理的印象；若出于国家责任而批准财政契约和欧洲稳定机制，则与基民盟失去了差异性。

默克尔虽然拥有高民意支持率，但她的欧债政策在基民盟内部遭受到了强烈的批评。基民盟的许多党员并不赞成默克尔的路线，不希望建立银行业联盟。有人认为默克尔只关注紧缩，导致增长乏力和强烈的反德情绪，科尔有对欧洲一体化的强烈信念，而默克尔则缺乏欧洲信仰。默克尔缺乏对未来十年的宏观计划，无法明确指出未来的发展方向，这让民众感到不

① Regierungserklärung zum G20 – Gipfel：Deutschland nicht überfordern，Regierungserklärung vom 14. 06. 2012.

安全并且激化了反欧情绪[①]。默克尔在联盟党内部也面临着严重的意见分歧。联盟党成员之一基社党在州财政问题上选择了与社民党相同的立场，表示只有联盟党统一改善州财政状况才会批准财政契约。为解决联盟内部的意见分歧，萨克森—安哈特州的州长哈瑟劳夫甚至认为默克尔在面对基社盟成员的质疑时，应该使用联邦总理的路线决定权。以保证所有联盟成员对外推行一个政策[②]。

在2011年9月29日，德国议会就欧洲金融稳定基金扩容进行表决时，执政党内部对该计划存在严厉批评，许多执政联盟议员明确表示不支持默克尔的欧洲金融稳定基金计划。而社民党和绿党则力排众议，表示社民党和绿党不能为了反对党的暂时性利益，而把德国以及欧洲带入困境，所以愿意在这个问题上助默克尔一臂之力，通过扩容计划以便向欧洲释放德国团结一致救援欧债的信号。依靠社民党和绿党议员的支持票，默克尔才得以通过了她的欧洲金融稳定基金扩容计划。总理多数是衡量总理在本阵营中支持率的一个重要的象征性指标。在2012年6月29日德国议会关于财政契约和欧洲稳定机制的投票中，默克尔受到了来自联盟党和执政联盟党自民党的强烈反对，联盟党和自民党共有330位联邦议员，其中只有300位投了赞成票，16位联盟党和10位自民党的议员投了反对票，默克尔未能在执政联盟中未能实现本阵营311票赞成票的总理多数。这已经是默克尔第三次无法实现总理多数，前两次分别发生在就欧洲稳定机制融资法案和欧盟运行条约表决时。绿党议会党团主管贝克表示，这说明执政联盟在欧洲范围内已经失去了独自行动力。最终默克尔依靠社民党和绿党议员2/3多数的支持，实现了议会的2/3多数[③]。

有评论认为，社民党之所以成了默克尔最忠实的战友，给予默克尔在

---

① Fischer：Merkel soll sich an Kohl orientieren，URL：http：//www. t-online. de/nachrichten/deutschland/parteien/id_ 58808454/fischer-merkel-soll-sich-an-kohl-orientieren. html 访问日期：2014年06月14日。

② CSU-Chef Seehofer distanziert sich von Dobrindt-Aeusserungen，URL：http：//www. handelsblatt. com/politik/deutschland/ezb-kritik-csu-chef-seehofer-distanziert-sich-von-dobrindt-aeusserungen/7066776. html” 访问日期：2014年06月14日。

③ 具体票数如下：通过议案需要414枚赞成票，在关于财政契约的提交的608票中有491票赞成，111票反对，6票弃权；随后，联邦议会也通过了欧洲稳定机制，其中493票赞成，106票反对，5票弃权。

议会中的最有力的支持，帮助默克尔通过财政契约和欧洲稳定机制，是因为不愿让施罗德承担接纳希腊，软化稳定条约的罪名。社民党人舒尔茨对此的解释是："我们必须做糟糕的事，以防止更糟糕的事情发生①。"党团主席施坦迈尔认为社民党不应采取简单的反对党策略，欧债问题上能够保障货币联盟团结的方案才是符合德国利益的②。社民党三党头以大局为重，以德国利益为先，做对时局有利的选择，支持默克尔，而不是让德国政府受制于默克尔自己党内的反对意见。

（二）政党政策博弈

虽然在野党与执政联盟在关键性问题上达成共识，但在具体的细节方面仍然充满了分歧，各党各执己见，相持不下。执政党希望在保持自己对欧债事务的强势话语权的同时，也能够让自己的建议在议会以多数票得以通过。但因为执政联盟内部争论不断，默克尔要想实现议会多数必须依靠社民党和绿党的支持。社民党和绿党则希望利用这种投票依赖，为本党的政策主张赢得更多的实现契机。默克尔指责社民党和绿党是出于大选临近的考虑而反对财政契约，而没有出于国家利益考虑、选择支持默克尔的提案。绿党前主席费舍尔指责联邦政府，一直被欧债危机的发展拖着走，没有宏大的危机解决策略，默克尔的不解释策略和后门策略危及了她在议会中的多数③。执政联盟和在野党在各种表决过程相互攻击、相互要挟，试图在不影响欧债救助进程的前提下，实现本党的利益最大化④。

基民盟/基社盟和自民党希望能够在2012年议会夏季假期之前将财政契约和欧洲稳定机制捆绑表决，原因在于如果要想按计划在7月引入欧洲稳定机制，6月底是表决的最后时机；之所以希望合并表决的原因是欧洲稳定

---

① Talk bei Illner：Und ewig grüsst der Krisengipfel，URL：http：//www. spiegel. de/kultur/tv/maybrit-illner-talk-und-ewig-gruesst-der-krisengipfel-a－842892. html 访问日期：2014 年 06 月 24 日。

② Kritik an EU-Gipfer，URL：http：//www. innenhofkultur. at/zeitgeschehen _ detail. asp？DocumentID＝1194 访问日期：2014 年 06 月 24 日。

③ Fischer ruegt Kanzlerin und lobt Helmut-Kohl，URL：http：//www. welt. de/politik/deutschland/article108673322/Fischer-ruegt-Kanzlerin-Merkel-und-lobt-Helmut-Kohl. html 访问日期：2014 年 06 月 24 日。

④ 关于德国在通过欧债财政契约和欧洲稳定机制时国内的博弈过程的详细分析参见：徐聪："德国国内关于财政契约和欧洲稳定机制的讨论"，《中国证券期货》，2012 年 11 月。

机制贷款只对签署并批准《稳定与增长公约》修正案的国家发放，只有新财政契约通过了，重债国才能从欧洲稳定机制中获得救助。而且通过捆绑表决，财政契约可以起到为欧洲稳定机制的可靠性做背书的效果，这样有助于遏制执政联盟中反对者的势头。社民党和绿党则相对比较淡定，认为完全没有必要捆绑表决，而且考虑到各党之间的巨大分歧，应该最迟可以将表决推迟到年底，财政契约和欧洲稳定机制是否能在夏季假期之前通过，取决于在德国政府能否拿出一个能够平衡各派争论的方案。基民盟的财长朔伊布勒则批评说，批准财政契约是一个严肃而重要的决定。而反对党在批准财政契约的讨论过程中，策略性手段用得过多①。

社民党开出的同意财政契约的条件有：促进增长加大投资力度、提高欧洲投资银行的贷款金额、引入金融交易税、并用金融交易税收入支持增长，引入解决青年人失业措施、商业银行与投资银行分离，实施欧洲范围内的银行业监管、提高欧洲投资银行的资本金、建立欧洲债务清偿基金、建立欧洲评级机构等②。绿党成员赞同社民党的观点，认为需要引入金融交易税，弥补金融市场的“公正性漏洞”，并以此收入为欧洲增长计划提供融资，同时还应该建立欧洲债务清偿基金，在欧洲债务清偿基金的框架下，各国只需在有限时间内承担有限责任，因而可以在短时间内实现较好的效果。而自由民主党更赞成引入金融市场税，因为金融交易税作为营业税，只是对证券交易的营业额征税，让消费者承担损失这并不能阻止危机，而金融市场税则可以让整个金融行业参与承担危机损失。自民党巴伐利亚州经济部长蔡尔甚至警告执政联盟，不应该与反对党就金融交易税问题进行交易③。在经历了长时间的争论之后，双方终于形成了妥协性方案：德国政府同意引入金融交易税，但作为条件社民党和绿党必须放弃其关于建立债务清偿基金的建议。

---

① Wütende Opposition will Fiskalpakt kippen, URL: http://www.handelsblatt.com/politik/deutschland/nach-schaeuble-aussage-wuetende-opposition-will-fiskalpakt-kippen/6733780.html 访问日期：2014 年 06 月 24 日。

② Sigmar Gabriel, Frank-Walter Steinmeier, Peer Steinbrück, Der Weg aus der Krise-Wachstum und Beschäftigung in Europa. 12. Mai. 2012.

③ Martin Zeil, Europäische Bankenabgabe statt finanzpolitischem Mäusekino, URL: http://www.fdp-fraktion-bayern.de/Fiskalpakt-Martin-ZEIL-Europaeische-Bankenabgabe-statt-finanzpolitischem-Maeusekino/12905c23191i1p2878/index.html 访问日期：2014 年 06 月 24 日。

德国执政联盟最终同意引入金融交易税，对社民党而言是一个很大的胜利。社民党一直都将金融交易税视为本党的一个标向性政策，如不能引入金融交易税则会被视为是社民党在谈判中的一个重大失败。若社民党因未能引入金融交易税而否决了财政契约，这将让社民党担上破坏欧洲一体化的恶名，社民党将陷入两难境地。执政联盟同意引入金融交易税，社民党批准财政契约的最大障碍也被扫除了。执政党和反对党能够在金融交易税问题上达成妥协，被称为通向达成财政契约的“重要的第一大步”①。但其后德国总理府高官的鲍法拉的私下言论含沙射影地表示，对社民党和绿党妥协只是执政联盟的策略性手段，在本届联邦政府任期内引入金融交易税是根本不可能实现的，社民党和绿党谈判桌上的胜利不会带来任何实质改变。这种言论激起了社民党和绿党的强烈反弹，威胁要抵制财政契约。社民党党团主席奥普曼表示，社民党需要的是一个不可逆转的引入金融交易税的承诺②。截至各党就财政契约和欧洲稳定机制谈判时，有意向引入金融交易税的国家有法国、西班牙、比利时、葡萄牙、斯洛文尼亚、希腊、意大利和塞浦路斯。欧盟表示，当年有可能通过快速程序决定引入金融税，但条件是在欧盟财长会议上有 9 个国家③提出相应提案，这 9 个国家必须一起向欧盟委员会提出书面申请在本国范围内引入金融交易税。社民党和绿党期望政府能够在欧盟层面为引入金融税做出积极努力。最终德国财长朔伊布勒和政府发言人都被迫表示，政府会坚定有力地为引入金融交易税而努力④。

（三）德法社民党的接触

默克尔强力推行的减赤政策，随着法国新总统奥郎德的上台而面临挑战。社民党则希望和法国社民党一起，重新从欧洲保守派那里赢得话语领导权。

---

① Opposition punktet im Fiskalpakt-Poker，URL：http：//www. spiegel. de/politik/ausland/fiskalpakt-koalition-bekennt-sich-zu-finanztransaktionsteuer-a－837551. html 访问日期：2014 年 06 月 24 日。

② Opposition hält im Fiskalpakt-Streit Druck hoch-Aerger über Pofalla，URL：http：//www. focus. de/finanzen/news/wirtschaftsticker/roundup-opposition-haelt-im-fiskalpakt-streit-druck-hoch-aerger-ueber-pofalla_ aid_ 765148. html 访问日期：2014 年 06 月 24 日。

③ 9 个国家中可包括非欧元区的欧盟国家。

④ Schäuble bekräftigt Zusage der Koalition，URL：http：//www. stern. de/politik/deutschland/streit-um-finanztransaktionssteuer-schaeuble-bekraeftigt-zusage-der-koalition－1839293. html 访问日期：2014 年 06 月 24 日。

德法两国社民党在对许多问题的看法上并不一致：如奥郎德希望引入欧洲共同债券，而社民党和绿党则倾向于引入欧洲清偿债券；在增长问题上德法双方也存在分歧。社民党和绿党认为应该有更均衡的政策，应该促进就业和经济增长，但社民党对此相对谨慎，因为减赤政策在德国符合民意，政治家不愿意轻易出言反对，所以社民党内部有意见认为应该先由奥郎德为增长进行宣传，随着对增长问题的认同度增高，社民党再积极倡导。但德法所提倡的增长存在内涵上的差别，法国增长的内涵是用欧洲资金促进环保、能源供应方面的大的结构性项目建设，以此为欧洲一体化的深入提供动力；而德国的增长内涵为增长只能是长期的，只有劳动力市场的结构改革才能让一个国家变得更有竞争力，一味增加政府开支只是将问题推后，而不能够解决问题。

因此应该和奥郎德保持怎样的关系，社民党内部存在争论。现任党主席加布里尔希望与奥郎德加强交流，但前党主席明特费林警告称社民党不能盲目跟从奥郎德的意见，虽然奥郎德声称是为了增强欧元区的团结，但实质上是在加重别国的负担，要别国为增长买单。应该防止在公众中留下“社民党忽略了德国利益”的印象[①]。社民党应该形成独立的方案，而不是站在奥郎德的阴影中。亦有社民党人将奥郎德称为空想家，认为其60岁退休和向富人征收最高75%所得税的建议是不可行的。

社民党三党头与奥郎德的会面不是在法国社会党总部，而是在爱丽舍宫，法国总统从未在爱丽舍宫接见过德国反对党领导团体，这象征着法国与德国社民党人的联盟。社民党对三党头巴黎之行的解释是，不希望完全靠联邦政府负责与欧洲伙伴进行引入金融交易税的沟通问题，社民党积极参与其中，为找到同意引入金融交易税的的 9 个欧洲盟国而尽一份力。但鉴于种种考虑，社民党三党头巴黎的联谊之行被计划地极为短暂。社民党三党头在与默克尔进行了关于财政契约的讨论之后，出发飞往巴黎，爱丽舍宫短暂会面后又于下午立即返回了柏林。

社民党三党头的巴黎之行引来了执政联盟的强烈指责，联盟党指责说，社民党和绿党试图通过对金融交易税的争论吸引注意力。自民党议会党团

---

① SPD verbundet sich gegen Merkel，URL：http：//www. franktrades. com/classifieds/ads/louis-vuitton-online-shop-spd-verbundet-sich-mit/访问日期：2014 年 06 月 24 日。

主席布吕德勒指出，社民党应该在德国履行他们的义务，而不是出于党派利益造成迟延，现在欧洲需要德国一个明确的信号。基社盟议会州议员主席表示，社民党三党头不论飞向哪里，都应该明白他们对德国民众的责任，并代表德国利益。

第二节 德国新政府的新经济政策与影响

一、政府执政协议中的经济政策

2013 年 12 月 14 日，基民盟、基社盟和社民党在柏林签署了联合执政协议，开始了联邦议会的第 18 个任期。该份名为《塑造德国的未来》的执政文献强调了增强德国经济、改善就业、增大对德国的教育与研究的投入，以及加大基础设施的投资、努力推进能源转型、监管资本市场等方面。

联合执政协议确立了一定要得以实现的 9 个优先行动领域①，为保证这 9 类领域的行动方案得以实施，联邦政府会为这些方面的举措提供最多 1000 万欧元额外的财政拨款支持，这 9 个领域包括：减轻市镇政府负担、为交通基础设施进行更多的投入、促进教育和研究、促进城市建设、增加发展援助、帮助失业者以及为养老金基金注入资金等。例如，联合政府政治协议规定，在紧急情况下，可以为公共交通建设工作提供总共 50 亿欧元的额外资金；对养老金基金的政府拨款增加 20 亿欧元；联邦为学校外科研机构、高校园区建设提供资金资助，其中学校外科研机构未来增长性支出由联邦支付，有 30 亿欧元提供使用；为寻找工作增加 14 亿欧元的预算。在这 9 个优先行动领域的基础上，新大联合政府提出了以下的经济具体政策：

（1）2017 年在全德范围内引入每小时 8.5 欧元的最低工资，2015 年和 2016 年为过渡期，合同工资可以推迟到 2017 年再引入。

（2）新政府放宽了对 67 岁退休的规定，凡公共养老金缴费年限到达 45 年的公民可以在 63 岁时退休，其养老金金额不会受到削减，该项规定将从 2014 年 7 月 1 日起开始实施。

（3）1992 年前养育子女的母亲（在特殊情况下父亲）可以得到更高的

---

① CDU，CSU und SPD，Deutschlands Zukunft gestalten. Koalitionsvertrag zwischen CDU，CSU und SPD. 18. Legistaturperiode. Rheinbach：Union Betriebs-GmbH. 2013，S. 62ff.

养老金水平，其养老金计算自动增加一个基点，该项规定将从 2014 年 7 月 1 日起开始实施。

（4）借用工人的雇佣期限应该限制在 18 个月内，而且在雇佣 9 个月后，借用工人工资应该实现与正常雇员同工同酬。

（5）至 2030 年实现生态能源比为 55% 到 60%，建立更多的风力发电设施。

（6）在符合欧盟法律的前提下，对外国车辆征收养路费。

（7）政府增加 90 亿欧元投入用于支持科研、教育，以及幼儿园建设。

（8）减轻州政府在建造幼儿园、托儿所、学校等方面的负担，市镇财政对残障人士的支出主要由联邦政府负担。

从执政协议的内容上来看，各党的政策主张在执政协议中都有所体现，更重要的是各方为了联合执政的顺利组成也都做了一定的妥协。如最低工资是社民党的核心主张，具有鲜明的左派政策，而 63 岁退休政策也在社民党的支持下得以实施。默克尔对企业界人士明确地表示说，对最低工资和养老金政策的妥协是为了组成新政府所必须的。而基民盟和基社盟不希望在 2015 年后增税，在执政协议中没有明确提到这一点。社民党原希望生态能源比例为 75%，而基民盟则希望生态能源比例为 50%—55%，最终方案将双方的主张进行了一定的折中，确定的生态能源比例为 55%—60%。基社盟的对外国车辆征收养路费的提案在执政协议中也得到了体现，执政协议中明确写明在 2014 这一年中引入养路费①，但实施的前提是要符合欧盟条约，这虽然降低了最终引入养路费的可能性，但仍为养路费的引入留下了一个空间。

从形成的执政主张的特点来看，各党没有聚焦欧债危机，经济政策关注点主要放在国内。执政党间为了达成一致的方案，各做了让步，但同时也固守了本党的核心诉求，以兑现大选时对选民的承诺。执政协议中经济主张的形成是出于政党政治的考虑，通过各政府组阁的相互妥协而达成，因而德国的未来发展需求未能成为大联盟政府组阁谈判的指导思想，在执政协议中也未能有大的方向性指导性原则或新方针出现，更多的是诸多政

① CDU，CSU und SPD，Deutschlands Zukunft gestalten. Koalitionsvertrag zwischen CDU，CSU und SPD. 18. Legistaturperiode. Rheinbach：Union Betriebs-GmbH. 2013，S. 29.

策主张的累加，是双方政策平衡的结果。这也造成了取消了企业高管工资限制等有碍社会公平的议题得以通过，但总的来说执政协议体现的主张是以稳定为主基调。

二、新政府的经济政策

（一）政府组成

基民盟/基社盟共获得了 41.5% 的支持率，社民党获得的支持率为 25.7%，新组建内阁的 15 个部长席位中基民盟占据了 6 席，基社盟占了 3 席，社民党占了 6 席。从数量上看，联盟党和社民党的选票比例为 1.6：1，部长席位比为 1.5：1，内阁成员比基本与选票比接近。

但从所掌控的部委的影响力来看，社民党在组阁过程中抢占了舆论优势，社民党掌管的 6 个部长席位吸睛度都相当高。经济和能源部、外交部、劳动和社会保障部、司法和消费者保障部等都是内阁重要的部委，这些部委负责的事务在社会中有很高的社会重要性和媒体关注度。在执政联盟谈判中，又将能源事务划归经济部形成了“超级部”。新政府成立后，与能源事务相关的环保事务也一并划归加布里尔负责，更增加了经济与能源部的影响力。消费者保护事务也划归司法部，也增加了社民党在内政事务上的造势能力。因此可以看出，社民党组阁时即无意挑战基民盟在欧债问题上的主导性地位，而是希望占据在能源政策等大热方面的主导权，对部委的选择上也更加能够体现社民党注重民众福利和社会公平正义这方面特色的职能部门。

基民盟作为大选的最大赢家，除由默克尔再次出任总理外，还负责了财政部、内政部、国防部、卫生部、教育部等六部。虽然总体而言，基民盟塑造议题的基础和吸睛度都处于相对弱势，但基民盟负责的财政部和内政部都是政府的重要部门，占据着欧债政策的主导权以及内政和防务事务上的主导权。在欧债危机中，财政部在德国内阁中的地位逐渐上升，影响力实际上已经远远超过了社民党掌控下的经济部。而内政部作为德国的传统重要部委，是德国内政问题的重要基石。在对德国新时期新角色的讨论中，国防部的专业性在上升，对国际事务的参与度也在增大。最重要的是基民盟负责提出总理人选，享有总理红利，即政府能够有效运作时，总理作为政府的领导可以因政府的良好成绩而获得民众的支持；当政府出现问题时，总理可作为党派矛盾的协调者与政府逆境的挽救者而获得加分。而且政府总理作为政府首脑可以参与国际事务占据国际舞台，社民党负责的外交部也需要为总理提供支持并向总理负责。在德国现代政党政治中，各党派政策向中间靠拢，政治家的个人可识别性成了政党的重要特征，通过总理执政，为本党塑造出一个无可替代的政府首脑型人物，是增加基民盟社会影响力的一个重要环节。

而基社盟则负责了相对不受重视的农业部、交通和信息部以及经济合作与发展部，特别是农业部原来负责的消费者权益保护职能被转给了社民党主管的司法部，更是进一步削弱了基社盟的全德范围内的社会影响力，处于执政边缘。

（二）政府的经济议题

执政协议中对各执政党派的政策分工进行了划分，实际上也有为各党派的政治利益范围进行划分的嫌疑，不利于形成一个有机运作的联邦政府。但从新政府的初期运作来看，虽然联合执政协议为各党划定了利益区间，但各党派并不会恪守这一划分，而是会试图在国家的各个方面凸显本党的作用。在本党派意见未能得到体现时，倾向于在欧盟层面表达意见。社民党在组阁时放弃了财政部的主导权，降低了社民党在欧洲金融事务的发言主导权，但在新政府运作期间，社民党主席经济和能源部长加布里尔赴巴黎参与欧元财长事务，社民党议会党团副主席给多位欧洲议员的信中则表达了在银行业联盟问题上与德国财长的不同意见，表现出社民党对欧债事务的积极参与。

德国新政府在推进执政协议具体政策的实施方面显示了极大的积极性。新政府上任第一周即就最低工资、新养老金政策的融资方法等问题进行了激烈的探讨。社民党占据媒体大热的能源议题、最低工资议题，先声夺人，在新政府运作初期极大地占据了德国政治舞台，吸引了大众眼球，甚至有了社民党实干、默克尔走红毯的政治评论。

新政府成立后主要讨论了以下议题。

1. 最低工资

各执政党在经济问题上的争论也越发激烈，虽然在执政协议中，各执政党对经济政策达成了共同的协议，但在新政府具体落实政策时，各执政党对最低工资、养老金和能源问题进行了激烈的争论。事实上，社民党和基民盟在最低工资问题上的博弈并非仅限于这一次组阁，在默克尔的第一届任期中，社民党就计划通过立法的形式建立一个全德范围内的最低工资，在努力失败后，社民党从州级层面开始推行最低工资标准，并先后在社民党执政的汉堡和柏林引入了《最低工资法》，为全德范围内实施最低工资提供范例。同时德国部分行业也有行业的特定最低工资（见表7－1）。这一次在必须成功组阁的压力下，基民盟在执政协议中接受了社民党的在全德引入最低工资的提案。

表7－1　德国不同行业最低工资（单位：欧元/小时）

行业	工业化洗衣行业	护理行业	电子手工业行业	职业教育业	安保行业*	垃圾处理行业	
东部最低工资	7	7.75	8.85	11.60	7.50	8.60	
西部最低工资	8	8.75	9.90	12.50	7.50	8.60	
行业	矿山开采行业		油漆工作行业		建筑物清理行业		
	简单工作	专业劳动者	非熟练工	熟练工	建筑物清理行业	外墙清理人员	
东部最低工资	11.53	12.81	9.75	12.00	7.00	8.88	
西部最低工资	11.53	12.81	9.75	12.00	8.82	11.33	
行业	石匠	送信业**	脚手架搭建业	森林服务业***	屋顶建筑工人	建筑主业	
						工人	专业工人
东部最低工资	9.75—11.00	9.80	9.90	10.52	11.20	10.00	10.00
西部最低工资	9.75—11.00	9.80	9.90	10.52	11.20	11.05 ****	13.40 ****

*安保行业的最低工资规定有效期为2013年1月1日—2013年12月31日，该行业最低工资的这个规定对东部一些地区而言，意味着有些工人的工资水平最高上升了60%。

**送信业最低工资在2010年被取消。

***森林服务业的最低工资并非具有全行业的强制性。

****西部建筑主业最低工资的有效起始日期为2014年6月1日。

资料来源：DGB-Chef Sommer mahnt Koalition，URL：http：//www.handelsblatt.com/politik/deutschland/tag-der-arbeit-dgb-chef-sommer-mahnt-koalition/9827774.html 访问日期：2014年4月31日。

在新政府开始运作后，联盟党和社民党又就最低工资的例外条款问题展开了激烈的讨论。基民盟的党员认为最低工资的最低年龄不应该是社民党建议的18岁，而应该参照荷兰标准定为21岁及23岁，或者参照法国标准定为25岁，因为如果将最低工资的年龄下限定为18岁，这样会让能够接受职业教育的潜在人群因为面临高工资的诱惑而选择进入工作岗位赚钱，进行职业教育的意愿将下降，让德国最具世界先进性的职业教育在年轻人中失去吸引力，影响德国未来高素质操作型人才的培养。基民盟认为还应该为最低工资设置例外行业，如收割助理业、送报纸行业、餐饮业、出租车行业、微型行业、实习生等应不适用全德最低工资。另外长期失业者因为长期脱离工作环境，职业技能和职业素养有所下降，因而也不应将8.5欧元的最低工资应用在长期失业者群体中，否则会造成企业雇佣长期失业者的积极性下降。基社盟主席瑟霍夫则提出实习生、公益义工、短期工以及再就业退休人员也不应列入最低工资的有效范围内，因为实习生、公益义工、短期工以及再就业退休人员原则上对工资水平的要求具有弹性，而且在德国实习生、公益义工、短期工以及再就业退休人员总人数超过了200万，将这部分人员纳入最低工资例外条款可以有效降低中小企业的经营成本压力。德国劳动部部长纳勒斯则认为基民盟对最低工资的年龄下限并无确切的主张，对21岁、23岁和25岁的三个年龄标准选择显得太过随意；将18岁作为最低工资的适用下限是合适的；而将长期失业者作为例外人群考虑是对长期失业者的不尊重，而且会造成工资倾销的后果，应该用最低工资为长期失业者提供有效保护。最终作为妥协，最低工资有了部分例外条款，即学生在学业或培训期间进行自愿培训时，或者雇佣长期失业者的前6个月可以不适用8.5欧元的小时最低工资。新政府的第一项关于经济的政府法律草案即是关于最低工资，在2014年6月4日在议会表决，最低工资的引入成为法律事实。

2. 能源转型

新政府的一项重要工作目标是能源转型，新政府的首要任务即是修订再生能源法，这项工作则处于舆论的焦点。新政府尚在准备国内能源转型时，欧盟就宣布要实施能源新政，目前共有16个欧盟成员国对可再生能源产业进行了补贴，而且从2005年开始，欧盟国家对可再生能源项目的补贴高达6000亿欧元。成员国对可再生能源产业的高额补贴造成了电价高、推高了生物材料成本、妨碍了市场竞争，而且现在成员国财力匮乏，再加上可再生能源产业的竞争力已经大大提高了，应该更多地促进可再生能源产业的自由竞争。2014年4月欧盟宣布[①]，自2017年起，欧盟成员国对太阳能、风能、生物能等可再生能源产业的补贴将受到限制，而2015和2016年将作为过渡期限。但根据成员国特别是德国的要求，设立了例外条款，如市场屋顶太阳能电池板的小型可再生能源产业不受此规定的限制。德国政府对超过2000家的能源密集型企业免除了电价附加费用，但欧盟认为德国免除的电价附加费用高达50亿欧元，会扰乱市场秩序，对其他国家的企业形成不公平竞争，因而展开了对德国能源补贴的调查。最终为降低能源密集型企业的成本，防止能源密集型企业因能源价格问题而不再将德国作为企业选址国，欧盟对德国的电价附加费用免除问题也做了例外处理，决定能源密集型企业无需归还免除费用，但德国免除电价附加费用的企业将减少500家，其他企业享受的优惠不变。

德国制造业发达，能源需求量大，能源转型对制造业影响大，为了保住德国境内的工作岗位必须对大型企业继续免除电价附加费用，但这会导致降低能源价格行动乏力，也会降低民众对能源转型的支持度。在德国国内各个团体对能源转型有不同的诉求，因而也争议不断。北部各州的经济界代表和工会代表希望建立离岸风力发电园，认为风力发电效率高，是可再生能源的重要支柱，而环保协会则认为建立离岸风力发电园成本过高，不应予以考虑。

能源转型本应促进可再生能源，降低成本，但最终成了各州博弈的舞台。因为各州能源结构的差异，能源转型成为各州利益的矛盾汇总点。各州希望在能源转型中最大限度地保护自己的利益，并获得更多的好处，能源转型成为获取自身利益的一个方法，例如通过发展生态能源获得更多的津贴，保护本州产业等。德国南部州产电能力少、但用电需求大，而北部州则产电多需求少，而在弃核之后，南部各州将产生巨大的能源缺口，德国计划设立输电线路修建项目，北电南输，以满足南部各州需求，但这遭

---

① 欧盟将取消可再生能源补贴 http：//env. people. com. cn/n/2014/0414/c1010 - 24892043. html，访问日期：2014年4月29日。

到了巴伐利亚州的基社盟的反对，基社盟人担心会造成对北边电力的依赖，浪费了本地的电力设施资源，同时还希望继续保留既有的天然气发电。各州利益的分歧也造成了社民党内部的分裂，社民党人在为各自所在州的企业利益争取，因而又进一步造成了社民党内部的意见不统一。北威州、巴符州、莱法州的社民党人担心撤销免除电价附加费用会让该州的工厂倒闭，梅前州的社民党人则希望撤销免除电价附加费，而下萨克森州和石荷州的社民党人则希望扩建北海的风力发电园，勃兰登堡的社民党人则希望能够继续保留当地的褐煤发电厂①。若要实施能源转型，需要进行数额巨大的基础设施，如仅扩建德国的高压电网，未来十年内至少需要 300 亿欧元的支出，如何支付建造全德能源网的造价，各党也未能有有效的框架性举措出现。

3. 养老金

养老金是新政府的另一类引人注目的话题。“母亲养老金”希望通过增加母亲（父亲）养老金水平以弥补 1992 年之前养育孩子的母亲（父亲）为抚育孩子所付出的贡献。在现行的养老金水平下，即原西德地区的母亲（父亲）养老金每月增长 28.61 欧元，原东德地区的母亲（父亲）每个月养老金每月增长接近 26.39 欧元。该规定自 2014 年 6 月 1 日起执行，但实际核发要到 10 月之后。但有评论家认为 1992 年之前养育孩子的母亲实际上大多都不需要政府的这项优惠措施，这项措施增加了养老金体系的支出，但没有能够帮助到有实际需要的人群。“63 岁养老金”政策的内容是，凡年满 63 岁且缴够 45 年养老保险者，可以提前退休并可获得全额养老金，而 2007 年德国政府对养老金体系进行了改革，通过 2012—2029 年的逐步调整，将法定退休年龄从 65 岁逐渐提高到 67 岁。“63 岁养老金”政策降低了领取全额养老金的要求，而且失业人员在失业期间，只要其领取的是“失业金 I”，其失业年限仍然被计入公共养老金的缴费年限②。社民党左翼则希望能够将失业年限无条件地算入缴费年限，否则会对德国统一后失去工作的人不公平，这些人会因为失去工作而无法享受到 63 岁退休的待遇，而基

① Roland Pichler, Gabriel muss seine Energiepläne nachbessern URL: http: //www. stuttgarter-zeitung. de/inhalt. streit-ueber-die-eeg-reform-gabriel-muss-seine-energieplaene-nachbessern. 79dd8c67 - 4ba9 - 4c32 - b4bc - a0d9fd5a86da. html 访问日期：2014 年 05 月 09 日。

② 领取“哈茨四”养老金的失业人员则在失业期不计入公共养老金的缴费年限。

民盟的部分人士则认为，最多只能将5年的失业期计入缴费年限①。而有的基民盟和基社盟的政治家则认为，自2014年6月1日，后失业时间不应计入养老金的缴费年限，如联盟党的中型企业联盟的主席卡斯滕·林讷曼认为，“63岁养老金”制度可能会导致提早退休的浪潮，因而应该引入截止日期制度②。对于如何应对养老金支出的增加问题，社民党认为应该要用增税来应对养老金增加的负担，这一建议遭到了基民盟的反对。最终通过的新政府养老金方案中，“母亲养老金”政策得以实施，“63岁养老金”则未对失业年限做特殊规定。

三、新政府经济政策的影响

（一）积极影响

德国大联合政府的经济政策在欧洲范围内受到了积极的评价，特别是最低工资政策更受到了欧洲国家的欢迎，法国财长则认为，德国的最低工资政策是“以更为合作的方式在欧洲实施经济政策”的重要标志③，有助于改变德国劳动力成本较低而给欧洲其他国家造成的竞争压力。而且最低工资的设定和德国的能源转型有助于降低欧洲的经济不平衡，因而大联合政府的经济政策更具欧洲视角，有助于欧洲的进一步融合。

在德国国内，大联合政府的经济政策也因其专注公正公平，追求公正与稳固受到了较高评价，而最低工资政策则被寄予厚望，希望能够通过最低工资政策的实施让德国的薪资水平变得更加公平，改善低薪人士的生活水平，同时增强德国的凝聚力。而通过最低工资和“母亲养老金”政策的引入则希望防止低工资岗位造成的低教育水平者的长期贫困和老年贫困。可见，在德国新政府的经济政策中，经济竞争力不再是政府的主基调，政府更注重效率与公平并重。而且大联合政府的经济政策由基民盟和社民党

---

① Rente mit 63 für Beamte wäre vergleichsweise günstig，URL：http：//www.wallstreet-online.de/nachricht/6466606 – rente – 63 – beamte-vergleichsweise-guenstig 访问日期：2014年5月11日。

② Philipp Wittrock，Unter uns，URL：http：//web.de/magazine/nachrichten/deutschland/18727074 – neustart-augen.html 访问日期：2014年04月11日。

③ 王秉淳：“德国设立最低工资影响深远”，URL：http：//wallstreetcn.com/node/65443 访问日期：2014年05月08日。

这两个德国的最大的政治力量共同提出，因而经济政策的涵盖范围更广，关注的群体利益也更广泛，能够更多地将社会公正在更广泛的受众范围上进行讨论与实施，能够在关注提升国家竞争力的同时，不至于让社会公正因素褪色。

（二）消极影响

大联合政府这一机制有个缺点，即因为大联合政府是通过相互妥协而形成的政党合作，新政府政策是两派政治主张的综合，也可能让政策缺乏系统性。新一届的联邦议院共设有630个议会席位，其中联盟党获得311个席位，社民党获得192席位，左翼党有64个席位，绿党63个席位。新大联合政府在议会中共有503个席位，接近议会总席位数的4/5，占绝对多数，而现在德国经济增长，税收创历史新高，这些都是进行深层次改革和推出大行动的最佳条件。但新政府的经济政策并没有大的方向性的思想引领，更多的只是联盟党和社民党双方政策平衡的结果。

德国是出口导向型经济体，对国外市场依赖程度高，如果美欧以及新兴经济体的经济放缓，德国经济将遭受严重的威胁，为降低对外依赖程度，德国政府需要积极刺激内需，加大投资，实现国家经济增长支柱的多元化建设。德国联邦工业联合会主席格里罗严厉批评新政府的经济政策，认为大联合政府无有效提高投资的政策，无有效应对老龄化问题的政策，而且新的经济政策毫无布局性特征，并没有指出作为工业国的德国到2017年应该如何发展，而且对于2017年之后的德国工业发展方向则更无方案①。

新政府的经济政策还会产生以下一些消极影响：

第一，是加剧未来熟练工人的短缺程度。德国社会一直存在逆转老龄化趋势乏力的问题，预计至2025年将出现400万熟练工人的缺口。提前退休政策将加剧未来熟练工人的短缺现象，因为满足提前退休条件的工人需要从18岁开始工作，才能够在63岁集满45年工龄，这些能够提前退休的大多是优秀的熟练工人。

第二，是给德国的企业造成生存压力。在大联合政府推出最低工资政

---

① Industrie wirft Koalition Konzeptlosigkeit vor URL：https：//de. nachrichten. yahoo. com/industrie-wirft-koalition-konzeptlosigkeit－080320839－finance. html 访问日期：2014 年 05 月 14 日。

策之前，德国并没有一个全国统一的最低工资，最低工资大多是由不同行业的雇主和雇员通过其所在协会进行协商分别确定，而且原东德地区和西德地区一直存在着工资水平的差异（见表 7－1）。实施全德统一最低工资，一方面会对低工资水平的行业如农业造成一定的打击，造成成本压力；另一方面对原东德地区的低工资水平的企业也会造成严重的生存压力。

第三，是最低工资政策也将造成年轻人的就业困难。大学毕业生在进入正式工作岗位前，平均要进行超过 5 个月的实习期，进行该实习时，40% 的实习机会为无薪实习，即使是带薪实习，薪资水平也非常低，平均每小时 3.77 欧元或者每个月 550 欧元，远低于每小时 8.5 欧元的最低工资水准①。如适用最低工资的规定，企业必须每月为大学毕业生的实习生支付最高 1400 欧元的实习费用，这将大大降低企业录用大学毕业生实习的积极性，降低未找到工作的大学毕业生找到合适工作的几率，为社会造成不必要的负担。而且 18 岁以上的年轻人因为最低工资的原因，会更难找到一个专职的职业教育的岗位，造成大龄年轻人无法接受职业教育，从而更降低了大龄年轻人得到一份较高技术含量的操作型岗位的机会，使其在年轻时即无法改变老年贫困的命运。

第四，是公共养老金体系的改革将降低公共养老金体系的可持续性。随着人口预期寿命的不断提高和人口老龄化趋势的不断加剧，提高退休年龄是实现公共养老金体系可持续性的必然性政策，也是保障未来德国福利的有效途径。若希望提高退休年龄，一方面可以通过硬性规定，如 2007 年德国政府就引入了渐进式地提高退休年龄的规定；另一方面可以通过软性激励，即如果延迟退休可以带来退休收入的改善，可以产生自愿延迟退休的激励。在新政府引入提前退休的政策之前，提早退休者养老金要根据提早退休的时长实施扣减，具体为每提早退休一个月，其日后的养老金收入即扣减 0.3%，根据新政策满足 63 岁缴费 45 年的退休人员养老金水平则无需扣减。“母亲养老金”政策预计将让 950 万母亲（父亲）受益。这两项养老金政策将给德国公共养老金体系造成了沉重的负担，预计至 2020 年公共养老金体系支出将增加 600 亿欧元，至 2030 年这一负担将达到 1600 亿欧

---

① Boris Schmidt/Heidemarie Hecht, Generation Praktikum 2011, Praktika nach Studienabschluss: Zwischen Fairness und Ausbeutung. Hans Boeckler Stiftung, DGB-Bundesvorstand, Berlin. S. 22.

元。为了支付这笔开支，政府放弃了将养老保险费率从18.9%降至18.3%的计划。基民盟议会党团中等企业议员代表主席冯·斯特腾则认为，新政府的养老金方案是对下一代的犯罪[1]。

四、新政府经济政策的特征

（一）细节特征明显

新政府的经济政策注重在对于大问题的小方面的讨论，即政府经济政策的细节性特征明显，如在能源转型问题中，集中讨论的是能源转型中的利益分配问题；在养老金问题中，各党派讨论的是具体失业年限的计算问题，总的来看缺少对经济的整体性政策的讨论。一方面是因为各执政党在执政协议中已经就这些政策的框架达成了共识，另一方面是因为德国国内政治与经济的现状的限制，使得德国新政府的经济政策只能囿于有限框架进行细节性讨论，究其原因主要有以下三点：

1. 各党政策趋同

新政府细节特征明显首先要从德国政党结构的变化中寻找原因。新兴中产阶级的壮大使得选民的政党忠诚度下降，原有大党铁杆选民的规模都有所缩小，而选民的中间层逐渐壮大，成为大选的中坚力量。德国社会的发展改变了政党的生态环境，各党派依靠其铁杆选民无法赢得选战，无法再以其传统的政治理念为指导，而需要以争取大多数选民为政策指标。各党派目标选民开始重合，各党派纷纷抛弃了其原有政策导向，更倾向于选择模糊党派特征以争取选民为导向的政策主张，这凸显了中间选民的重要性，也导致了各党在许多政策上都出现了趋同的特征，例如原来基民盟是传统的右派政党，而社民党则走的是代表劳工阶层的偏左路线，而从20世纪90年代末开始，社民党试图以新中间道路争取中间选民，而基民盟的路线也逐渐左倾。基民盟开始注重调整与工会、工人的关系，关注劳工权益，更多地谈论公正性话题以及家庭类、移民类话题以吸引劳工阶层的支持，对同性婚姻也更多地展示出了宽容的态度。而原来由绿党引领的弃核话题

---

① “Verbrechen an der nächsten Generation” In der CDU wächst der Unmut，URL：http：//www. n-tv. de/politik/In-der-CDU-waechst-der-Unmut-article11874611. html 访问日期：2014年05月11日。

也成为社会共识，各党在政策上逐渐失去原有的鲜明特征，如在2013年的联邦议会大选中，加强金融监管、加大教育投入、控制房租上涨、促进经济增长甚至如何应对欧债等话题都成为大多数政党的共同主张。各党的历史特征已经变得模糊，而且各党派在大方向、大问题上意见趋同，这让各党派在共同的政策取向下，只能够争取在对政策的小细节性的争论上来试图体现政党差异。

2. 缺乏有效政策

导致新政府细节特征突出的例外一个原因就是在刺激国内经济发展、应对德国的几个突出的问题如改革财政赤字、促进投资、应对老龄化方面，各政党并无特别有效的提议。

首先，部分联邦州赤字严重，如不莱梅州依靠联邦和其他州的巨额转移支付维持运转，而且该州的财政状况仍然没有向好的迹象。柏林和萨尔等州的财政状况也不容乐观，因而有建议认为财政状况差的州应该与其临近州实现合并，以利用临近州的优势实现该地区经济状况的好转，同时减轻联邦和各州财政转移支付的压力。但这一方案因为牵涉面较广，触动了德国的深层政治，因而需要经过长时间的探讨和研究，很难很快地提出实施性方案。

其次，随着全球化的发展，德国企业更倾向于利用国外的优势资源，注重对外投资，产业外移趋势加剧。1999年，德国国内投资率尚在20%左右，到了2013年，德国国内投资率水平已经下降到17%。国内投资水平下降将影响国内的经济增长水平和就业率，更会带来严重的社会问题，例如通过对外投资，资本回报率上升；而对国内劳动力需求的下降会导致劳动力、尤其是受教育程度低的劳动力失业率上升和劳动回报率下降，受教育程度低的劳动力一旦失业会很难再就业，会转变为长期失业人口，这一方面将加剧国家的贫富两极分化，另一方面会造成失业人口的上升，加重福利国家的负担，造成严重的财政压力。而最低工资等政策有可能对德国经济界在国内的投资积极性造成进一步的打压。

从20世纪中后期开始，德国的人口出生率开始出现下降趋势，再加上人口平均寿命的增加，这两种趋势的综合作用导致了人口老龄化已经成为德国社会的重要问题。为了应对德国人口老龄化问题，迄今为止德国政府共出台了152项促进家庭发展的措施，如孩子津贴、兴建托儿所、夫妻分开纳税制度等。更好地促进家庭与工作的融合对德国未来的发展具有重要意义：一是更好地促进家庭与工作的融合可以提高妇女的生育积极性，直接应对德国失业率下降的问题；二是更好地促进家庭与工作的融合可以提高妇女的就业率，有效地应对因为人口老龄化造成的专业人才短缺的现象。但政府每年超过1800亿欧元的促进家庭政策的开支并未能扭转德国人口出生率下降的趋势。

另外在急需改革的税收体制、解雇保护政策等方面德国政府皆未形成可实施的整体型政策，而且在医疗保险体制改革方面因为基民盟和社民党分歧过大而无法达成共识，因而新联合政府只能出台细节性政策。

3. 媒体宣传的局限性

社会媒体等舆论讨论的局限性也导致了政策细节问题突出。

首先，社会媒体需要有吸引眼球的噱头话题，例如在对欧债问题的讨论上，德国媒体集中宣传的是南欧人懒惰的生活方式和重债国政府的高福利政策，而非实质的例如造成欧债危机的治理层次的原因，因为对重债国的批判符合德国民众的感情需求，可以有广泛的接受度和销量，如果过多地谈论民众不愿接受的话题，例如德国应该为欧元区承担更多的责任这样的话题，可能会因为触怒民意而遭到用“脚”投票的惩罚或者更激烈的抵触，这都是以销量和收视率为导向的社会媒体所不愿承担的。

其次，因为欧债的重要问题往往因为过于专业性，导致民众接受度有限，因而也无法在媒体上进行专业性宣传。例如学界广泛讨论的是TARGET-2体系，即“泛欧实时大额快速支付体系”，而TARGET-2余额指欧元区各国央行相对于欧洲央行的资产负债表详情，反应了欧元区内部的资金流向，在欧债危机爆发后，TARGET-2系统的失衡程度在上升，各国央行、特别是德意志联邦银行，通过TARGET-2系统为重债国央行提供大额贷款，使得欧元区资金从核心国家央行转移到边缘国家央行，造成边缘国挟持核心国的能力在增加，这大大降低了核心国家银行体系的抗风险能力，整个欧元区实际上已经成为一个共命运的有机整体。金融事务的过分专业性导致了民众对欧元区一体化的必要性缺乏深刻的了解，因而也无法促使政府形成欧债政策上大的转向。

再次，因为民意正确性与政治正确性的限制也导致了政府经济政策的讨论焦点都集中于细节。福岛核危机爆发后，民众对核电产生了极强的抵触情绪，德国政府也立即废止了《延长德国核电站使用年限》的规定，计划在2022年全面废止核能，新政府的生态能源比例也定位为50%—55%。事实上德国能源转型计划目前为止在价格和成本的控制上面临很大挑战，现在德国已经是欧洲能源价格最高的国家之一，其能源成本是美国的150%，实施能源转型很有可能将带来能源价格的持续上升的趋势，如何在实现可再生能源目标与保障经济发展之间寻找平衡，是德国能源转型过程中最重要的难题，处理不当有可能危及德国的经济发展前景。但目前很少有主流人物对能源转向提出整体设计，如对2022年的限期提出质疑，或者是对可再生能源在能源转型中实际应起到的作用提出疑问，因为这既不符合民意正确性也不符合政治正确性，即使是少量边缘人物的质疑也不被重视，因此能源转型中集聚的更多是对细节问题的讨论。

最后，各方利益博弈也是细节特征突出的原因。德国的能源转型项目具有很强的国家计划性，国家对生态能源的价格影响非常大，因此能源转型方案会带来巨大的利益分配，主导能源转型讨论的是改革成本的分担问题，各个派别、团体意见不统一，能源转型成为各方利益斗争的焦点，各方站在不同立场对不同的方面皆有不同的要求，希望能够在各方面确保自己的利益得到保护，能源转型尚在商讨过程中，法律草案已经从起初的150页增加到了300页以上，各方利益博弈让能源转型的实施变得非常艰难，也更让细节讨论充斥政府的经济政策中。

（二）后“2010议程”特征明显

1.“2010议程”中心化

因为“2010议程”巨大深远的影响，德国新政府的经济政策很大程度上都是围绕着“2010议程”的措施而展开讨论，试图对“2010议程”做出修正。

一直以来一手缔造了德国战后奇迹的基民盟被视为是德国政坛擅长经济的政党，施罗德“2010议程”的成绩改善了人们对德国社民党的经济治理能力的印象。但在“2010议程”实施十周年的2013年，基民盟公开地赞扬“2010议程”，但社民党对“2010议程”的表态则相对谨慎。虽然“2010议程”促进了德国现代化进程，但其采取了加重中下阶层负担的政策，背离了社民党作为工人阶级利益代表的根本宗旨。

社民党作为劳工阶层的代表，从成立之初就一直以“自由、平等、公正、团结、互助”为核心价值观，以社会公正为政策导向，强调分配领域的公平。1998 年 9 月 27 日德国社民党以超过 40% 的高得票率赢得大选，但在大选前社民党内部即存在着路线之争，党内左、中、右派别之间矛盾激烈，虽然各派为了大选而暂时搁置矛盾、为大选而团结一致，但胜选后，社民党各派之间的矛盾再次成为舆论焦点，特别是党主席兼任财政部长的拉封丹与施罗德之间的路线之争变得日益突出。拉封丹与施罗德之争最终以拉封丹卸除一切党内职务和退党而告终，但在 1999 年 4 月的社民党特别党代会上，施罗德虽然当选社民党党主席，但其支持率也仅为 76%，社民党内部未能实现有效团结，内部的路线之争仍在继续。德国社会结构与产业结构的变化让社民党强调社会公正和分配公平的思想逐渐失去了实施的现实基础，新一代的劳动群体很难再享有与其父辈持平的福利水平，社民党的福利思想面临可实施性的怀疑，社民党人希望能够将传统价值观与现实相结合，以对社会福利制度作出改革，但当社民党于 1998 年赢得大选组阁执政后，社民党的理想治国理念在具体实施过程中与德国的实际现实发生了严重的冲击，造成了社民党人的反思，施罗德试图直面德国的经济与社会现实，摆脱社民党传统理念的束缚，倡导现代经济思想走“新中间道路”。

随着施罗德贯彻“新中间道路”，政策重心逐步向中产阶级转移，其对社会福利制度的改革步伐逐渐加快，所遭遇的党内阻力也越来越大。施罗德削减 2000 年的德国国家预算，大幅降低了社会福利支出，引发了党内的强烈不满。在施罗德的第二任期他引入了“2010 议程”，降低了德国的福利开支，而以提升德国的经济竞争力为主要目标对劳动力市场、养老金体系、税收制度等做了广泛而深入的改革。德国社民党内部对于“2010 议程”并不持完全拥护态度，在 2003 年 4 月社民党保守派对“2010 议程”就非常不满，认为德国福利制度是社民党的主要政绩，而“2010 议程”将触动社民党的立党之本、违背社民党长久以来的追求，因而社民党保守派发起了社民党历史上的第一次党员签名请愿活动，要求停止对德国社会保障制度的改革。党内的不满情绪愈演愈烈，最终，为了推行“2010 议程”，使其在社民党主席团能够得到支持，2004 年 2 月施罗德交出党主席一职，虽然他给出的理由是为了能够一心一意地进行二战以来德国规模最大的一次福利制度改革，但他同时也表示辞职主要出于党内团结的需要。社民党内部的路线之争严重影响了党的凝聚力和号召力，2004 年社民党在各州选举中遭遇到了严重的挫折，并最终不得不与 2005 年秋季提前举行联邦议会大选。

为了重新集聚社民党的号召力，社民党 2007 年的汉堡党代会对党的路线进行了新的思考，在《汉堡纲领》中提出回归传统的基本纲领以维护本党的历史定位，同时团结中间力量，以形成一个团结的左中阵营的政党思路。重新确立了回归传统路线的社民党重视推进左派政策，为了弥补“2010 议程”造成的负面影响，社民党不再主推竞争力问题，而是更多的谈论社会公正性和再分配问题，自由民主党人罗斯勒（前联邦经济部长）则表示，社民党已经完全走上了与“2010 议程”的思想相背离的道路①。例如社民党提出了实施最低工资的政策方针，希望通过此政策重新树立社民党关注社会公平的形象。社民党还提出了在特定群体中把退休年龄从 67 岁降低到 63 岁的政策。

为了应对社民党在“2010 议程”的阴影下的逐渐左转，一直试图向中间靠拢的基民盟也更加注重塑造本党关注社会弱势群体的形象，基民盟提出了母亲养老金的主张，并且在新政府的经济政策中，也对“2010 议程”的改革做了修正，规定借用工的时间限制在 18 个月内，且在开始雇佣的 9 个月后借用工必须与正常雇佣的员工同工同酬。新政府的经济政策显示出了鲜明的以“2010 议程”为中心的特征。在兼顾各党的政党利益的前提下，新政府的经济政策试图对“2010 议程”的改革措施做出一定的修改。

2. 政策稳健化倾向

新政府的经济政策很大程度上体现了“2010 议程”实施以来，政治家们更加追求稳健的经济政策的现象。

施罗德的“2010 议程”带来的不仅仅是经济政策上的变化，更多地也影响了德国人民的思想意识。现代社会的发展导致德国传统的家庭秩序发生了改变，德国社会单身人群增多，社会个体独立性加强。而且德国长久以来偏向下层的社会福利政策更为这一阶层的存在提供了物质基础。下层

---

① Stefan von Borstel，Eine neue Agenda 2010 muss her. URL：http：//www. welt. de/print/wams/article114295667/Eine-neue-Agenda－2010－muss-her. html 访问日期：2014 年 05 月 11 日。

民众已经成为了一个新阶层，有了自己的文化特质，同时舆论媒体的观众导向性也为这一阶层提供了更多的文化产品，为这一阶层的存在提供了精神支柱[①]。各种因素综合作用导致下层民众的上升路径被堵塞，中下阶层的负面性得以加强，这一阶层的存在得以固化。

而施罗德的“2010 议程”削减了失业群体的社会福利，让中下层民众的低生产水平在其生活质量上得以显现，为中下阶层问题在社会中的显性化提供了助推剂。人民不再相信他们失去工作时国家会提供帮助，人民和政治家之间产生了离心力。2004 年在引入“哈茨四”改革时，9 月民众对政治议题的参与度尚为 60%，，到了 12 月份就降为 10%[②]。其实现在的低工资人群并非全部是受教育程度低的人群，2006 年有 3/4 的低工资人群接受过正规教育。这部分人往往因为劳动力市场对劳动力需求水平较低，而不得不接受低工资的工作。接受过正规教育的水平较高的人群需要接受低薪工作，其所受到的社会尊重也低于预期，这会进一步降低这部分高素质的低薪劳动者对德国社会的认同，形成德国社会的强大离心力和对施罗德政府政策的不认同[③]。

施罗德的“2010 议程”改革是使德国的社保体系适应新时代发展的开始，但却因为“2010 议程”与社民党的传统理念相背离而给社民党带来了政党认同危机，社民党党内也陷入了路线之争。大量社民党的铁杆选民因为失望而转投左翼党以及绿党等其他党派，社民党的支持率大跌。施罗德政府在引入“2010 议程”后遭遇到了民意倒戈以及大选失利，为了挽回民意，对抗“2010 议程”的负面影响，后施罗德时代的社民党不得不开始对“2010 议程”中激进的改革措施进行修正。

“2010 议程”强烈的政治影响让后续政府以及政党领导人对改革性措施显得更加审慎，不愿意再触动被伤害利益的工人阶层的感情，而倾向于更多地探讨“2010 议程”的副作用，选择更加温和的政策，更多地宣扬诸如实现财政收支平衡等稳健型的政策。

---

① Paul Nolte，Riskante Moderne. Die Deutschen und der Neue Kapitalismus，München 2006，S. 96.

② Markus etc. （2005）：Rueckblick—Das Jahr der Schildkröte. Der Spiegel 1/2005.

③ Bundesministerium für Arbeit und Soziales （2013）：Armuts-und Reichtumsbericht der Bundesregierung. S. 335. URL：https：//www. bmas. de/SharedDocs/Downloads/DE/PDF-Publikationen-DinA4/a334 –4 – armuts-reichtumsbericht – 2013. pdf? _ _ blob = publicationFile 访问日期：2014 年 05 月 11 日。

五、小结

虽然有种种不利批评，但德国经济在 2014 年第一季度，出现了国内消费增加的利好消息。在现有良好的经济前景下，德国新政府的经济政策从注重国家竞争力，更多地偏向兼顾社会公平发展，希望能够更好地处理市场经济和福利国家之间的平衡关系。

在后“2010 议程”效应的影响下，德国政府更多地希望以稳健的方式推进国家的经济政策，因而在不发生特别事件导致民意发生改变的情况下，德国的经济政策将维持现在的小处纠结、在大处维稳的特征。在旧有经济政策的影响和未来经济前景的共同作用下，德国新政府需要更慎重地处理容易实施的政策和必须实施的改革之间的关系、长期性改革和短期性效果之间的关系，注重增加国内投资的吸引力，让政府和企业提高对国内投资的数量与效率，更好地处理经济中效率与公平的关系。

第八章　德国欧债救助解析

第一节　德国选择欧债救助原则的原因

一、欧债危机原因

欧债危机的原因在于欧元的引入所造成的欧洲大陆市场失灵和政府失灵。

欧元并非欧洲大陆经济融合自然产生的经济现象，而是各国在不同的政治利益驱动下，通过国家间的政治协商，由上而下引入的政治成果①。人为引入的欧元缺乏与统一货币相适应的经济基础，以及维持其正常运行所必须的政治体系与秩序，因此必然导致欧元区的市场失灵和政府失灵。欧元的引入造成了欧元区机制的扭曲，这是欧债危机的根本原因。

（一）市场失灵

迄今为止的欧洲一体化的实质是各国经济数据趋同，但生产率趋异加剧。在欧元新体制下，市场的自我均衡能力遭遇挑战。欧元引入后，形成的是各国的货币主权归属欧洲央行、财政权归各国政府的非对称治理机制。在这种机制下，统一的政治联盟和财政管理机构的缺失让市场无法对对资源进行有效地配置。

各国国别经济特征明显，行政结构，福利政策，劳动力调整缓慢，而统一的货币加速了资本在欧元区内的迅速流动。与资本要素流通的加速度迅速提高相对的是劳动力、商品、服务要素的流通加速度并未获得明显提升，由此造成了巨大的市场摩擦与失灵。在劳动生产率差异客观存在，劳

---

① Karl Kaltenthaler：Germany and the Politics of Europe's Money. Durham，NC；Duke University Press，1998：p. 27.

动力市场不完全流动的情形下，工资和福利水平的趋同，必然导致工资和劳动率水平相背离程度的扩大。各国的竞争力差距在扩大[1]，各国之间的经济协同性也未能获得有效提高[2]。

掩藏在欧元区数据趋同背后的还有边缘国经济结构日渐不合理化。欧元带来了欧元区通货膨胀率、利率趋同，边缘国通胀率和利率下调，刺激了建筑业的发展和私营部门迅速繁荣，消费持续增加，金融行业则为危机国私人部门的挥霍行为提供了资金支持。以德国为代表的核心国则与之相对，面临内需不足、私人储蓄大于投资和消费的问题。核心国银行持有的巨额私人部门盈余逐渐流入外围国家，造成了外围国家消费和房地产的迅速膨胀。而外围国家消费和房地产业的泡沫又刺激了进口，同时造成了本国制造业成本上升、占经济总量比例逐步下降的窘境。外围国家经济结构日益失衡，引发国家结构性问题。

市场失灵，劳动成本上升，经济结构愈发不合理，经济失去竞争力。这是欧元区边缘国家在加入欧元区后面临的经济顽疾。

（二）政府失灵

欧洲债务危机在一定程度上也是一场政治危机。失去货币政策，对主权国家政府和欧洲机构的经济治理而言都是一个震荡，而欧洲一体化的过快发展，使得各成员国政府和欧元区治理机构都未能有效地应对和消化这一震荡。

1. 成员国层面政府失灵

新成员国申请加入欧盟的重要原因之一是享受欧盟对经济落后国家的优待与补贴，却忽略了加入新体系所面临的结构性冲击和所必须的政策性调整，成员国政府的地方治理失策最终导致各国结构扭曲而无力回天。统一货币意味着各成员国失去货币主权，无法再用惯常的货币贬值刺激出口来改善国家竞争条件，而是要通过财政政策的调整，通过劳动力市场调节、福利政策改变、税收以及财政支出变化等手段来提升本国竞争力。然而欧元区建立后，边缘国借贷成本下降，这一方面导致边缘国家政府发行主权

① European Commission：Surveilance of Intro-Euro-Area Competitiveness and Imbalances. European Economy，Publications of the European Union，Jan 2010，p. 9.

② Dominick Salvator，"The Euro，the European Central Bank and the intemational monetarysystem，Annals of the Amerienn Academy of Political and Social Scienee，Vol. 579，Jan2002，pp. 153 – 159.

债券以维持超过国情的福利水平，造成巨大债务负担，如希腊；另一方面，快捷的持续融资也让边缘国政府忽视了本国经济的结构性问题，忽视了利用本国财政政策进行结构性调整的必要性，如西班牙、爱尔兰、意大利。建立财政约束是因为欧元区缺乏统一政府，然而财政约束并非目标，而是手段，希望通过限制各国对赤字刺激增长政策的滥用，激励各国运用其他政策手段调节经济，防止本国经济的结构失衡，从而实现自主治理改革。然而，精心设计的财政约束未能得到遵守，通过财政约束试图达到的对成员国政府治理策略的引导性作用也被忽略。各国经济失衡、竞争力下降的可能性没有能够通过政府的有效治理改革而得以避免。

2. 欧元区层面政府失灵

1970年提出的《维尔纳报告》提出：在欧洲经货联盟的最终阶段，应设立中央银行体系和就经济政策做出决策的委员会①。但欧元引入过于仓促②，建立的是欧元区各国的货币主权归属欧洲央行、各国政府享有财政权的非对称治理机制。欧元区成员国之间的经济发展速度大相径庭、经济结构存在着很大差异、经济周期也不尽相同，这种差异性必然导致各国所需要的货币政策不是整齐划一的。而且新成员国与老成员国经济相关性不强，造成欧洲央行无法制定出对各国均有利的货币政策。欧洲央行根据各国通货膨胀的加权平均数来制定统一货币的政策，理论上希望尽可能地实施能够兼顾所有成员国的中间路线，但实际上无法为各成员国找到最优货币政策。另外欧洲央行在制定利率水平时，未将巨额资本从北向南流动所产生的泡沫效应考虑在内，使得南欧国家实际利率水平相对较低，进一步刺激了这类国家消费的增长和赤字的扩大。欧元引入后运行稳定，德国等领头国家全球竞争力强，欧元受这些因素影响，逐步升值，又进一步降低了南欧国家的竞争力。

3. 金融市场层面失灵

在金融市场则潜藏着问题更为突出的市场失灵和政府失灵。市场首先

---

① Rat und Kommision der Europaeischen Gemeinschaft, "Bericht an Rat und Kommission ueber die stufenweise Verwirklichung der Wirtschafts-und Waehrungsunion in der Gemeinschaft", Sonderbeilage zum Bulletin – 1970 der Europaeischen Gemeinschaft, Luxemburg, 08. 10. 1970, S. 29.

② Stark, Juergen (2009), Eine Bilanz von zehn Jahren Euro und der Geldpolitik der EZB. 2009 (5). S. 15.

对南欧国家国债盲目信任，其后又盲目否定了南欧国债。货币因为有主权国家的强制力和信用程度作为支撑，才能够被作为清偿手段普遍接受。欧债危机前欧洲央行在贴现窗口以同等条款接受各成员国的主权债务，欧元的整体信誉让市场对南部欧元国的国债风险放松了警惕性，银行大举购入南欧国家主权债务，以赢取差额利润。金融的逐利性让德国、荷兰、芬兰等国银行也大举对南欧国放贷，终使得核心国家银行业卷入南欧国家的系统性风险，让南欧国家的竞争力下降危机发展成为整个欧元体系的系统性风险。欧元区金融机构相互独立，金融监管不力，忽视了大额资金持续性地单向流动的风险，也未能事先对南欧国家系统性风险发出预警。

市场失灵和政府失灵的同时作用最终引致了欧元区竞争力分化。政府失灵让欧元区治理机构无法兼顾各国，制定出满足各成员国需求的货币政策；各成员国政府失去调控经济的货币工具，并且各国没有用赤字以外的政策手段排除经济结构恶化的威胁。这是欧元引入后，欧元区各国面临的治理顽疾。因而在繁荣时期，南欧国家却最终扭曲了国家经济结构，丧失了竞争力。南欧国家的国内危机通过统一货币十数年的运行演变成为整个欧元区的系统性风险，最终以南欧国政府支付危机的形式爆发，后逐渐在核心国银行业的资产负债表上得以显露，并又波及实体经济。双重失灵、双维危机的共同作用加剧了欧洲走出困境的难度。

重债国的经济结构问题和经济治理问题是引致欧债危机的重要原因，央行不能替代政府，要想解决欧债危机，不能仅仅从流动性角度，更需要从机制性问题的角度解决问题。必须正视重债国的经济结构问题和经济治理问题，纠正重债国国内的经济失衡问题，才有可能正确解决欧债危机。因而德国坚守“财政紧缩＋结构改革”的救助原则。

二、欧债救助中银行业因素

作为欧洲实际上的领导，德国现任政府坚持采取紧缩政策，通过提高税率和减少支出的方法帮助主权债务国家尽快还清债务。这一应对策略的背后逻辑是将主权债务危机归咎于债务国政府的失职——由于危机国缺乏财政纪律，不负责任地无节制扩大支出，最终导致政府财政危机，因此债务国应当承担所有责任。实际上，债务危机爆发前，外围国家的财政赤字恶化状况（除希腊造假外）至少从账面上来看并不严重，大致符合协议规定的财政赤字标准，但私人部门存在着巨额赤字。私人部门挥霍无度，金融行业则为危机国私人部门的挥霍行为提供了资金支持。德国和荷兰的私人部门盈余作为贷款流入主权债务危机国家的银行，法国银行业也是这些国家银行的大债权人。国际金融危机和希腊主权债务危机爆发后，资金链断裂，欧洲许多银行不愿或无力吸收资产负债表上的亏损，并且市场的担忧引致爱尔兰、葡萄牙和西班牙的主权偿付能力被质疑。核心国政府因担心本国银行业的权益受损，试图让债务国人民吞下危机的苦果：通过强调主权债务神圣不可侵犯，迫使债务国政府减少支出、增加税收，来避免让当前有缺口主权债务出现违约或折价，以保护本国银行业体系的稳定。主权债务危机的外衣下掩藏着银行业危机，救援主权债务实际上是在保护资不抵债银行所发行债券的持有者——核心国家的银行体系。

银行并非是经济流通领域一个普通的企业，而是一个具有重要意义的部分。诸多企业和工人的命运与银行休戚相关，大金融机构的破产会引发整体经济的崩溃，并有可能引致国家的破产。因而在 2008 金融危机爆发后，各国不得不救援银行，以防止银行业破产有可能造成的多米诺经济崩溃效应。而且欧元区的银行间形成了非常紧密的借贷联系，欧元引入后，欧元区内部从北向南长时间的大额资本流动，造成了南欧重债国国债的持有者多为欧元区核心国家的银行业以及资本所有者，例如德国的银行业、德国储户、保险公司以及养老基金，一旦重债国破产将会对核心国的经济造成重创，因而核心国也不得不对重债国实施资金援助。

核心国为重债国多次提供了大额的救助贷款，欧洲央行也引入了非常规的货币政策以缓解银行业的现金流压力，但所有的救助措施大多都只是减少了银行业的亏损，甚至造成了银行业和投机者的巨额盈利。

首先，银行业通过国债套利获取了大量的救助利润。重债国银行业通过从欧洲央行获得低息贷款，利用其中很大部分购买了本国国债，这一方面缓解了重债国的发债压力，但另一方面重债国国债和银行低息贷款之间的利差，也让重债国银行业获得了高额的利润。同时，国债类金融产品具有一定的特殊性，其流动性评级较高，而且银行在提高自有资本时，无需为国债类产品的提高自有资本，银行也可以将所购得的重债国国债在欧洲央行进行抵押，从而获得现金流，再次用于投资获利。因而银行业持有国债产品的意愿在上升，救助政策成了银行业的获利通道。

其次，救助政策的其他参与者也从救助措施中获利。例如，欧洲央行购买的重债国国债的证券市场计划非但没有产生损失，反而带来了盈利。欧洲稳定机制的贷款利率为融资成本加上2个百分点，贷款期限在3年以上的，利率将再提高1个百分点。这样高昂的借贷成本长期来看是不可持续的，高昂的借贷成本对债务国而言无疑是一个重负。各国银行向重债国提供贷款时，因为重债国的风险系数高，因而在获得贷款时往往需要支付额外的风险溢价，因而贷款存在较大的收益空间。诸多金融投机者通过做多重债国国债，在救助措施发挥作用、重债国国债风险降低后，也获取了高额收益。另外，各金融部门积极购买重债国国债救市，让交易操作人通过按比例提取手续费从而获得的高额的利润。

欧元区通过贷款救市，只是挽救了重债国债券的下跌趋势，让债券原持有人避免了进一步的损失，但对降低欧元区的整体结构性风险效果不大。而且救助措施有加大欧元区系统性风险的效果。

第一，救助措施形成的是财政稳定国的纳税人对重债国的债权人的转移支付。救援政策实际上是试图通过干预性的非常规手段提高重债国国债的市场交易值，让希腊国债的价值高于市场估值，这类救助措施降低了银行业和债权人的风险，本应由私人债权人承担的风险通过救援行动被转嫁到公共部门，由救援国纳税人承担。

第二，救助行动中，为数众多的重债国人民因持有资本较低因而直接受益较少。另外因为救援资金大多滞留在金融体系内，未能流入实体经济，因而对实体经济的提振效应较小，因而重债国人民还要承受高涨的失业率、较高的税率和工资的缩减，造成其难以承受的生活压力和难以逆转的贫富两极分化趋势。

第三，银行业和主权债务之间的联系紧密度增强。重债国银行通过贷款购买本国国债，虽然降低了本国政府的融资压力、增加了银行的利润收益，但救援方案在重债国与银行间建立了紧密的联系。重债国银行业在欧洲央行的长期再融资行动和直接货币交易政策的鼓励下，增持了重债国的国债份额，如西班牙2011年持有的西班牙国债总额仅占西班牙国债总发行额的13.1%，而2012年该份额已经飙升到了31.7%，希腊国债的绝大部分由公共机构所有。欧洲央行也深度介入了重债国国债市场，主权风险和金融风险相互交织，最终增大了这个体系中的整体偿付风险。

贷款救市的欧洲救助政策有着很强的用国家的钱拯救金融行业的利益分配嫌疑，因而在2011年的德国经济学年会上，90%的经济学教授都反对欧洲稳定机制，大多是金融学教授支持欧洲稳定机制。欧债救助政策招致了诸多的批评。例如德国社民党主席认为欧债救助政策挽救了银行业和其债权人，但未能让其同时承担应有的损失，欧债救助政策有失公正性。德国前司法部长格梅林认为欧洲不能完全由银行业者统治。社民党的议会党团联盟财政政策发言人认为，银行业现在每年的5—6亿的危机支出应该提高到10亿[①]。绿党党团主席特廷也表示银行业危机引发了欧债危机，因此应让银行业承担救助欧债危机的成本[②]。

要想改变现有的贷款救市的欧债救助政策的弊端，首先，政府需要有明确的目标。社民党主席加布里尔表示，政府应该从欧债危机的紧迫性中解脱出来，独立地制定有效政策，金融业的意见不应该决定政治决策[③]。欧洲纳税人不应为金融黑手党们的投资失误买单。其次，为降低系统风险，减弱银行业和主权债务之间的联系，第一需要加强银行业之间的联系以降低银行业风险；第二需要控制政府的发债规模，降低政府财政赤字的规模，防止银行业为获得高额利润，或者其他既得利益集团为保持个体利益，而在欧债危机的救助过程中试图扩展政府发债规模的行为；第三要想提高政府的还债能力，必须改变重债国的经济结构性问题，通过结构性的改革以改善重债国经济增长的前景。

三、国内体制因素

实施稳固财政一直是德国的一条重要的治国理念。为保证公共财政质量，2009年德国政府政府赤字规则的“债务刹车”计划获得联邦议会的批

---

① Bundesbank：Banken sollen Kosten für Schieflagen selbst tragen URL：http：//www. spiegel. de/wirtschaft/soziales/bundesbank-chef-banken-sollen-kosten-fuer-schieflagen-selbst-tragen-a – 868063. html 访问日期：2013年04月14日。

② Veit Medick，“Opposition beklagt doppeltes Spiel im Kanzleramt” URL：http：//www. spiegel. de/politik/deutschland/regierung-und-opposition-streiten-erneut-um-finanztransaktionssteuer-a – 837997. html 访问日期：2013年04月14日。

③ Auch die Grünen stellen um auf Attacke URL：http：//www. handelsblatt. com/politik/deutschland/wahl – 2013 – auch-die-gruenen-stellen-um-auf-attacke/7140754 – 2. html 访问日期：2013年04月14日。

准，正式写入德国《基本法》第115条，该条款规定：自2016年起，不考虑经济周期性因素引发的赤字，德国每年的结构性赤字不能超过其国内生产总值的0.35%；并且德国州政府在财政转型期结束后，各联邦州自2020年开始，不能新增任何债务。

德国联邦和各州财政在《基本法》中有了严格的规定和划分。联邦政府和各州政府财政相互独立，联邦和州根据自己的权限自主制定相应的预算，各自维持其财政账目的平衡。联邦政府的财政权限主要涉及外交事务、国防事务以及社会福利事务等，例如联邦财政需要负责社会福利支出、联邦政府行政支出、国防支出、司法支出、国际组织支出与国际援助开支、调整经济结构支出、以及对各州的特殊支出等。州政府的财政权限主要涉及文化教育事务、社会治事务等州政府层面事务，例如州财政需要负责本州的文化教育费用支出、州政府的行政支出、司法支出、以及其他与联邦政府共同承担的职责开支等。各项由联邦和各州共同承担的职责根据《基本法》的规定，由联邦政府和各州财政按比例承担。按照《基本法》的规定，为体现社会国家原则，各州之间应该实现财政平衡，即经济实力强的州需要对经济实力弱的州进行财政转移支付，以实现德国国内经济结构的健康发展。联邦政府和各州的财政支出以及转移支付都有着严格的法律规定，联邦政府和各州的财政自主空间很小。

“债务刹车”计划2009年被写入《基本法》，这意味着德国需逐步削减财政赤字，每年财政结构性赤字将大约减少100亿欧元，2011年削减110亿欧元，2012年削减190亿欧元，2013年削减250亿欧元，以在2016年实现财政收支平衡。在2014年德国财政预算中，德国政府削减了近50亿欧元的支出，成为德国40年来新债务最低的一年，德国政府的这项计划意味着德国将于2015年达到预算平衡，比“债务刹车”计划的要求提早了一年。鉴于德国“债务刹车”计划已经写入《基本法》，德国政府联邦以及州政府在未来的财政举债空间已经大大缩减，也无法为重债国提供过高的贷款来维持重债国的财政运作，因而也期望重债国能够尽快实施痛苦的改革，早日改善政府财政状况。

四、国内经济因素

德国国内经济极具竞争力和特色，是典型的出口导向型经济，其出口商品数量和总量在世界居于前列。德国出口行业的优势源于极具竞争力的产业优势、企业优势以及国内各类配套制度。

过去的几十年中，与美国、英国大力发展金融服务业不同，德国依然注重国内制造业的发展前景和竞争力的塑造。在德国的国内经济数据中，工业是撑起德国经济增长的重要因素（见表8－1），为德国的国民生产总值贡献了1/4以上的数据，德国工业也是维持德国就业水平的重要力量，1/4的德国就业人口服务于工业部门。德国工业的产业优势主要源于机械制造业、汽车业、化学、电子产业和新能源业，这些工业部门在世界上都居于领先水平，是德国强劲经济实力的坚实基础。例如德国机械制造业的产品出口额占世界机械制造业产品出口额的20%以上，具有高市场占有率的产业是德国经济实现增长的重要因素。

表8－1 德国出口商品部分组成

	2012年		2011年	
商品名称	出口额（百万欧元）	比例（%）	出口额（百万欧元）	比例（%）
农产品	8636	0.8	8845	0.8
食品和饲料	45498	4.1	43409	4.1
化学产品	104483	9.5	101570	9.6
制药类产品	54727	5.0	51609	4.9
橡胶和塑料制品	37962	3.5	37961	3.6
金属	57924	5.3	60826	5.7
金属制成品	37022	3.4	37104	3.5
信息处理、电子产品	85793	7.8	85826	8.1
电子产品	65865	6.0	66617	6.3
机器	163588	14.9	163024	15.4
汽车及配件	189976	17.3	185510	17.5
其他车辆	50956	4.6	41584	3.9
总计	1097349	100	1061225	%

资料来源：Statistisches Bundesamt（2013）：Statistisches Jahrbuch. Deutschland und Internationales. Wiesbaden. S. 410.

德国之所以能够拥有高竞争力的产业的原因：一方面是由于历史因素，

时代的发展让德国的特定产业得到了迅猛的发展，因而形成了后发者难以赶超的既有优势；另一方面则在于德国国内的辛苦改革与努力，艰难整合的劳动力市场是经济持续增长的基础动力。为了应对激烈的国际竞争，在20世纪的后10年里，德国工会和经济界达成一致，工人放弃工资的上涨空间，用低工资维持较高的就业水平，这降低了德国工业的人工成本，使得德国的人力资本价格在20世纪的后十年里维持了较低的增长率；从2000年到2010年，德国税前工资仅增长了21.8%，是欧盟国家中工资增长最慢的。低成本优势是德国保持强劲出口和经济持续增长的一个重要因素，为维持德国工业的世界竞争力提供了有效的保障。

德国的强大国家竞争力也源于大批实力雄厚的中小企业的存在。德国企业中有99.3%的企业为中小企业，雇佣了60.9%的社会劳动力，贡献了所有企业的34.3%的营业额。在这些中小企业中有数千家的利基企业，这些利基企业在专业和细分的市场实现规模优势，具有自己的独特竞争优势。“德国制造”以其精湛的技术水平、精准的市场细化、卓越的产品质量、良好的口碑信誉在第二次世界大战后的几十年间牢牢把控着市场需求。德国利基企业依托国家优势行业，发展成为国际有竞争力的企业，在2008—2009年的危机中显示了强大的抗危机能力和企业潜力，是德国能够迅速走出危机，成为欧洲一枝独秀经济体的重要原因。

德国经济在战后实现腾飞的一个重要制度性因素是德国的双元制职业教育体系。双元制职业教育是一种由职业学校与培训企业合作共同培养人才的教育模式。人力资源的水平对各国经济社会的发展有着不容忽视的影响力，双元制职业教育培养了大批高素质的技术工人，这些工人具有较高的实践操作能力，为德国二战后的劳动力迅速扩张提供了劳动力支撑，也为德国的现代工业提供了高素质专业化的操作型人才，并为长期地维持了德国青年失业率做出了有效的贡献。

国家财政能力取决于国内经济的增长，从德国国内的经验来看，要想解决重债国的财政困境，需要提高国家产业的发展水平，提高国家的整体竞争力水平。因此只有通过实施国家经济的结构性改革，促进有竞争力的企业的形成和发展，形成对经济发展有实际促进作用的制度，改善国家的经济增长前景，才有可能有效地应对欧债危机。

五、历史记忆因素

德国曾有过两次痛苦的恶性通货膨胀，第一次发生在 1923 年。魏玛共和国开支巨大，首先要支付战争赔款，其次要为战争受害者提供补偿，再次还要偿还政府债务，另外和平年代对军事力量的需求下降，战时的军事设施需要拆除，庞大的军队以及为军事工业工作的大量工作人员需要重新安置，造成魏玛共和国入不敷出。缺乏财力支撑、战后重建开支，这又进一步导致了德国经济复苏缓慢、增长乏力，政府收入减少，魏玛共和国的国家负债激增。为解决魏玛共和国面临的财政困境，魏玛共和国银行不得不增发货币，造成了严重的通货膨胀。德国一战后国内物资匮乏，为实施重建需要大量外汇进口国外产品，再加上对外支付高额的战争赔款，造成马克的严重贬值。魏玛共和国货币的实际购买力在不断下降，这又造成了进口商品价格不断上涨和生产成本上升，进一步激化了国内的通货膨胀和马克贬值，造成了恶性循环。如表 8－2 所示，一战后德国通货膨胀不断恶化，1923 年德国政府无力偿付战争赔款后，法国和比利时控制了德国重要的经济区域鲁尔工业区，这对德国经济造成了重大的影响，导致德国 1923 年恶性通货膨胀的爆发。通货膨胀引发的经济混乱导致了德国民主的崩溃，并直接引致了第二次世界大战。

表 8－2　1920—1923 年德国马克贬值状况

时间	美元汇价指数（按 1913 年为 100 计算）	德国批发价格指数（按 1913 年为 100 计算）
1920 年		
1 月	1542	1256
7 月	940	1367
1921 年		
1 月	1545	1439
7 月	1826	1428
1922 年		
1 月	4569	3665
7 月	11750	10059

续表

时间	美元汇价指数（按1913年为100计算）	德国批发价格指数（按1913年为100计算）
1923年		
1月	427900	278500
7月	8415000	7500000
8月	110000000	94400000
9月	2354000000	2400000000
10月	601430000000	709500000000
11月	219400000000000	72600000000000

资料来源：卡尔·哈达赫：《二十世纪德国经济史》，上海：商务印书馆，2011年版，第20页。

德国第二次恶性通货膨胀发生在第二次世界大战结束后的初期阶段，德国在美、苏、法、英的占领下处于分裂状态，各占领区之间实施不同的区内经济政策，再加上战后德国资源匮乏，粮食、住房、以及各种资源短缺，交通、通讯设施损毁严重，德国出现了严重的通货膨胀。其原因有：

第一，由于在二战中，德国大地主和大资本家为希特勒提供了大量的资金和物质支持，为了消除德国日后进行战争的可能性，各占领国认为需要改变德国经济中的垄断性因素，因而实施了非军国主义化、非纳粹化的政策，并在经济上实施非工业化政策，造成了德国工业生产能力的大幅度倒退，数千家工厂被予以拆除或毁坏，德国的优势产业如化学、化学、以及重工业遭受了严重的打击，经济发展速度缓慢，无法提供社会需要的各种产品。

第二，二战后初期，德国国内食品匮乏，市场上无法买到需要的食物，盟军对食物的供应实施严格的管理，食物只是凭卡供应，而且对每人每日的食物有严格的卡路里限制，人民基本上食不果腹，为镇压人民的游行等反抗行动，盟军甚至威胁停止进口食品，1946年冬天德国国内发生了严重的饥荒，因而食品价格飞涨，而且超过1000万的战俘和难民从东向西大量涌入，更加剧了德国国内的食品短缺程度。

第三，德国国内农业发展受制严重，工业发展速度慢也影响了农业发展，农业无法从工业获得必要的肥料和劳动工具，因而农产品供不应求。

第四，德国国内无法形成有效的社会分工，食品短缺导致工人无法有足够的体力从事钢铁、农业和建筑业等重体力工作，而倾向于到对体力要求低的部门，或者是可以发放衣服、香烟等实物工资的部门；另外，因为实物供给不足，人们往往从事黑市买卖或者偷窃行为以补贴生活，因为正常的工作无法满足人们的生活需求，这一方面导致工人在工作时心不在焉不愿认真工作，旷工率高、劳动效率低，另一方面也导致因为在业余时间从事黑市买卖和偷窃活动，导致工作时间体力不足，因而劳动效能差，这又影响了德国的实际产出。

第五，德国国内资源并不丰富，因而在二战以前德国是原料进口国，但在二战后，德国按照《波茨坦公告》的精神，被改造成为原料出口国，这进一步加剧了德国国内的资源短缺，初级原料出口获得的收益不足以支付购买国外制成品的价格，德国国内恶劣的经济形势进一步加剧。恶性的通货膨胀导致德国马克一文不值，香烟特别是美国香烟甚至以支为单位成为德国国内的硬通货。

两次通货膨胀的痛苦记忆让德国坚定了一个信念，即，要维持货币供应量，保证价格体系的稳定。而且希特勒统治时期以及二战后初期的痛苦经验也让德国的治国理念——价格需要通过市场竞争来形成，变得越发清晰。希特勒统治时期，人民的食物、衣物、住房等生活必需品通过配给来供应，对进出口货物价格以及各种原材料也实施管制，冻结物价，对劳动力的分配也实施统一管理。而在二战后，因为资源匮乏也需要对市场供应的商品实施统一配给，但由于盟军的分而治之的政策和德国国内的混乱状态，统一的配给无法得到完全地执行，很多商品流入黑市，造成社会经济混乱。

1948 年 6 月 24 日生效的《关于货币改革后经济管制与价格政策的指导原则》明确了价格应在市场流通中通过竞争来形成的原则，国家只有在经济自由竞争被打破时才能干预经济。《关于货币改革后经济管制与价格政策的指导原则》是当时经济治理的重要指导思想，是德国向自由价格体系转轨的重要基石。1970 年 6 月 24 日，德国经济部长提出了《从经济政策目标考虑国家价格调控的基本原则》，对德国自由竞争决定价格的经济治理思想做了系统地阐释，使得自由竞争决定价格的经济治理思想成为德国政府的重要的治理方针。与价格由市场决定这一思想相配套的经济治理思路即是需要国家央行稳定货币发行量，以最终实现价格的稳定性。

半个世纪以来，德国央行德国联邦银行独立于联邦议会、联邦参议院和联邦政府而保持中立，一直严格遵守控制货币发行量、稳定市场物价的方针，通过公布可靠的、被严格执行的货币量目标，以消除经济部门对货币波动的顾虑、统一各部门对未来经济增长预期的认识，达到协调经济部门控制通货膨胀的目的。德国稳定价格、保障货币供应量的治理思想为德国经济的腾飞提供了牢固的保障，二战后德国所取得的经济成就，更坚定了他们这一信念，导致维持价格和货币价值稳定成为德国人坚信不疑的深刻经验。

在这两次通货膨胀中，政府为了应对国内低迷的经济形势，不得不采取扩张性的货币和财政政策，特别是在希特勒执政时期，为了实现对外扩张的野心，希特勒政府大举实施赤字财政，给德国和世界都带来了痛苦的回忆。而1966—1967年后经济的发展以及政府治理思路的改变也让德国人后来对扩张性财政政策充满的警惕心理。1966—1967年经济危机爆发后，为了应对危机，社民党和基民盟组成的大联合政府在1967年颁布了《经济稳定与增长促进法》，该法的颁布预示着德国将开始更多地将凯恩斯的干预主义运用于政府治理中，开始通过增加政府支出以影响社会有效需求，以实现对宏观经济的调节。1973年联邦政府政府支出比1966年上升了42.1%，1973年德国国债比1967年上升了近60%。国家财政支出的急剧扩张，也造成了货币量的激增和物价的上升。1973年后至20世纪80年代中期，联邦德国的物价上涨程度严重，特别是原料和工业产品价格上涨速度较快，如表8-3所示。凯恩斯主义政策实施给德国民众带来了痛苦的回忆，因而德国的经济治理理念并不对凯恩斯主义政策有着特殊的好感，在2008年的国际金融危机中，在两次救市政策有了效果之后，德国政府是最早考虑退出经济刺激政策的国家之一。

表8-3：联邦德国统一前物价上涨状况

	1950—1989年	1950—1973年	1973—1982年	1982—1989年
农产品价格		1.4*	2.7	-0.8
原料价格	2.5	2.0	6.5	-1.0
工业品价格	2.6	1.9	5.7	0.8

续表

	1950—1989 年	1950—1973 年	1973—1982 年	1982—1989 年
批发商品价格	2.4 * *	1.7 * * *	5.6	-0.3
零售商品价格	2.5	1.9	4.7	1.3
进口商品价格	1.6	0.4	7.7	-2.2
出口商品价格	2.6 * * * *	1.7 * * * * *	5.4	1.4
消费价格	3.1	2.7	5.0	1.7

*1950/1951—1970/1971 年度。

* *1960—1989 年。

* * *1960—1973 年。

* * * *1954—1989 年。

* * * * *1954—1973 年。

资料来源：林进成：《联邦德国——控制物价的优等生》，上海：复旦大学出版社，1994 年版，第 20 页。

两次通胀以及 20 世纪 70 年代前后引入的凯恩斯主义的恶劣影响让德国人对稳定物价和稳定财政有着坚定的信念，在坚持物价稳定和稳固财政的经济治理思路指导下，德国经济保持了稳定增长，1950—1960 年 GDP 平均增长 8.2%，1960—1970 年 GDP 平均增长 4.4%，1971—1980 年 GDP 平均增长 2.9%，1981—1990 年 GDP 平均增长 2.6%，1991—2000 年 GDP 平均增长 1.6%，2001—2010 年 GDP 平均增长 1.0%①。因而在欧债危机中，多数德国人都认同重债国应该采取减赤的紧缩性财政政策。

六、稳定文化的社会接受度

德国有着历时长久的稳定文化，1989 年德国的消费价格为 1949 年的 1.95 倍，战后至德国再次统一前物价水平平均每年仅上涨 2.74%②。维持经济的稳健增长是为诸多德国人所接受的理念。德国广为接受的经济治理理念反对用债务支撑的经济增长，因为增长是无法购买的，而是需要一个

① Statistisches Bundesamt（2013）：Volkswirtschaftliche Gesamtrechnungen. Wichtige Zusammenhaenge im Ueberblick. Wiesbaden. S. 10.

② 林进成：《联邦德国——控制物价的优等生》，上海：复旦大学出版社，1994 年版，第 26 页。

以长期为目标的全面的持续性的政策，虽然扩张性的财政支出可以短期内防止衰退，但盲目的经济刺激政策不但不能实现经济的有效增长，最终还要让全体纳税人为之买单。若不改变经济结构、不引入一个长期的有约束力的减债目标，长期来看经济风险仍然无法规避，增长不可持续，系统性风险依然存在，因而不能通过增加债务来实现经济增长，而是要通过结构改革提高国家竞争力以实现未来的可持续增长。

默克尔曾表示，只有通过减赤才能使重债国重新回复到可持续的经济轨道中去，即使减赤会引起欧元经济体的经济衰退或希腊等国民众的愤怒。无论是经济政策、金融政策还是环保问题，只注重数量增长是错误的，更要注重质的增长，更应要保持发展的可持续性①。朔伊布勒则表示，必须在重债国实施减赤，实施减赤是为了能够为增长建立一个更有利的环境，因为高税负不意味着高增长，政府不应实施大规模的经济刺激计划，而应该将精力集中在具有系统重要性的项目上，如促进双元制职业教育的发展等。

“财政紧缩 + 结构改革”的欧债救助原则在德国有广泛的接受度。德国批发和外贸联合会主席伯讷表示，欧债危机首先是财政危机，所以应削减预算。德国工业联合会主席凯尔特认为，只有实施明智的节约措施和可持续的增长，财政赤字长期才可控。雇主联合会主席洪特说，增长不只是个金钱问题，更是个结构问题，管理者应让努力让市场更有效地运行。Infratest Dimap 的一项调查表明，58% 的民众期待默克尔在欧洲事务中的发挥更重要的领导角色，例如按照德国模式建立债务刹车计划，建立严格的财政稳定规范②。

民众往往因为担心欧债危机的救助成本危及德国的发展而选择支持默克尔的危机应对策略。一项由 R + V 保险公开的研究表明（见表 8 – 4），2012 年近 3/4 的德国人担心为拯救欧债危机所需付出的成本，该数据比上一年上升了 30%。其中 65% 的人担心欧元崩溃以及欧盟机构的错误管理，60% 认为欧盟的决定削弱了德国的经济实力。63% 的人认为德国的救助成本会上升，55% 的人担心在政治人物不能胜任，52% 的人担心经济形势恶

① http：//isaan-forum. com/viewtopic. php？f = 20&start = 40&t = 11349. 访问日期：2013 年 4 月 19 日。

② Umfrage：Mehrheit lehnt Ladenöffnung sonntags ab http：//www. focus. de/finanzen/news/handel-umfrage-mehrheit-lehnt-ladenoeffnung-sonntags-ab_ aid_ 785544. html. 访问日期：2013 年 4 月 20 日。

化。欧元共同债务会导致德国国家债务的融资成本上升，因而，默克尔在欧洲推行稳健的财政政策符合德国利益。默克尔的危机应对策略受到欢迎，66%的民众对她表示满意，是2009年以来的最高值。59%的德国人对希腊人选择不实施紧缩的党派表示不理解，62%的人认为默克尔应该继续执行紧缩政策①。而且通过坚持"财政减赤+结构改革"的欧债救助原则，有助于提高重债国的竞争力。重债国竞争力的提高能够最大限度地最小化重债国的道德风险，从而维护德国利益。

表8-4 德国人2012年最害怕的因素

因素	百分比（%）
危机救助成本	73
生活成本上升	63
政治家能力水平不够	55
经济环境查	52
自然灾害	52
老年护理	50
大病	46
与外国关系紧张	41
老年生活品质下降	40
恐怖主义	39
德国失业率过高	39
孩子吸毒	34
本人失业	32
老年孤独	29
德国参战	29
犯罪行为	22
伴侣关系破裂	16

资料来源：URL：http：//www. ruv. de/de/presse/download/pdf/aengste-der-deutschen - 2012/die-aengstederdeutschen_ bundesweit. pdf 访问日期：2013年04月14日。

① Angela Merkel ihrer bisherigen Linie treu bleibt http：//www. rp-online. de/nrw/landespolitik/jeder-zweite-fuer-euro-austritt-griechenlands-aid - 1. 2859428. 访问日期：2013年4月20日。

第二节　德国欧债救助原则缺陷

德国的欧债应对策略随着欧债的深化而调整。危机爆发初期德国希望希腊进行结构改革、达到标准后再实施援助。然而欧债危机的迅速蔓延让德国逐渐放松口径，逐渐融入到救援欧债的潮流中去，参与并主导了欧债救助。

一、德国欧债救助政策

（一）德国欧债救助政策的变化

以希腊主权债务危机为开端的欧元债务危机，严重削弱了投资者对欧元的信心，致使欧元一路走跌，欧元对美元汇率由2009年1.5144的高点降至2010年6月份的1.1877（见图8－1）。随后爱尔兰债务危机的爆发更容易让人将欧元区与泰坦尼克号相提并论。欧元区各成员国展开了一系列自救措施。

自2009年12月，随着惠誉、标准普尔、穆迪先后下调希腊主权债务评级、希腊主权债务危机正式爆发以来，欧元区国家主要采取了以下一系列措施救市：2010年5月10日欧元区成员国和国际货币基金组织（IMF）推出7500亿欧元稳定基金，这一方案开创了欧元区债务危机处理以及区内危机国接受救助的先例。至2011年底欧洲央行总共购买了2100亿欧元债务，其中1570亿欧元为重债国债券，约为欧洲央行资产的10%[①]。希腊债务危机暂时得到了缓解。欧元兑美元汇率于2010年6月8日到达1.1942的低点后终于触底反弹。2011年1月10日，欧元兑美元汇率创希腊债务危机以来的新低1.2903后重拾升势。同年3月24日至25日召开的欧盟峰会通过一系列综合措施，通过旨在扩大融资规模、加强财政纪律的经济治理6项改革方案和永久救助危机细节，并达成《欧元公约》。7月21日峰会又同意对希腊实施第二轮救助，并扩大了欧洲金融稳定工具的规模，10月27日对希

---

① Weltwirtschaft：Deutliche Abkuehlung in Industrielaendern. DIW Wochenbericht Nr. 40 2011. S. 15.

腊债务进行减记、并提议对欧洲金融稳定工具实施杠杆化，12 月底的欧洲峰会除英国外的 26 个欧盟成员国达成协议，加强对成员国的财政监管和金融监管。欧洲央行开始降息，至 2009 年 5 月 7 日，欧洲央行基准利率已降至 1% 的历史低点，其后在经历了两次加息后又重返降息通道。2014 年 09 月 04 日，欧洲央行又将基准利率降至 0.05%。同时，欧洲央行为稳定欧洲银行业也重启了长期再融资行动（Long-Term Refinancing Operation，简称：LTRO），至 2011 年底，已发放超过一万亿欧元的低息贷款，有效地缓解了对银行流动性的担忧。尽管欧洲各国和欧盟各机构积极救市，欧债风险还是从希腊逐渐蔓延到了葡萄牙、爱尔兰、西班牙和意大利，并有将德法等核心国家拖入其中的趋势。

德国稳健的金融理念牵制着欧债危机救助计划的铺展。救助初期通过提供救援贷款、让重债国“借贷还贷”渡过偿债高峰期。后来德国从不同意建立临时性欧洲金融稳定基金（EFSF）、不同意建立永久性欧洲稳定机制（ESM）、不同意共同支持银行业体系、不同意实施宽松性货币政策、到同意建立临时性欧洲金融稳定基金和永久性欧洲稳定机制（ESM），同意欧洲央行的证券市场计划（Securities Market Programme 简称：SMP），同意引入银行业联盟，默许欧洲央行引入直接货币交易（OMT），德国的欧债救助政策在不断变化。在意识到希腊违约不可避免之后，德国选择了欧洲金融稳定机制、放弃了呼声极高的欧洲债券，因为欧洲债券将债务共同化，使德国主权信用面临风险，而在欧洲金融稳定机制下，各国只须负有限责任，有利于风险掌控。德国议会继而同意将欧洲金融稳定机制杠杆化，是为了保持欧洲央行的独立性。欧洲央行克隆了保守的德国央行模式，其目标定位为对抗通货膨胀、保持欧元币值稳定。若欧洲央行在未建立有效约束机制的前提下，承担了欧元区最后担保人的角色，会对各国产生无节制发债的激励，因此按照保守的德国央行模式，欧洲央行不应成为解决流动性问题的工具。法国要求给欧洲金融稳定机制发银行执照的提议，也因与央行独立性原则不符而被否决。银行业融资应坚持先市场、再成员国政府、最后求助欧洲金融稳定机制这一动议也来自于德国。

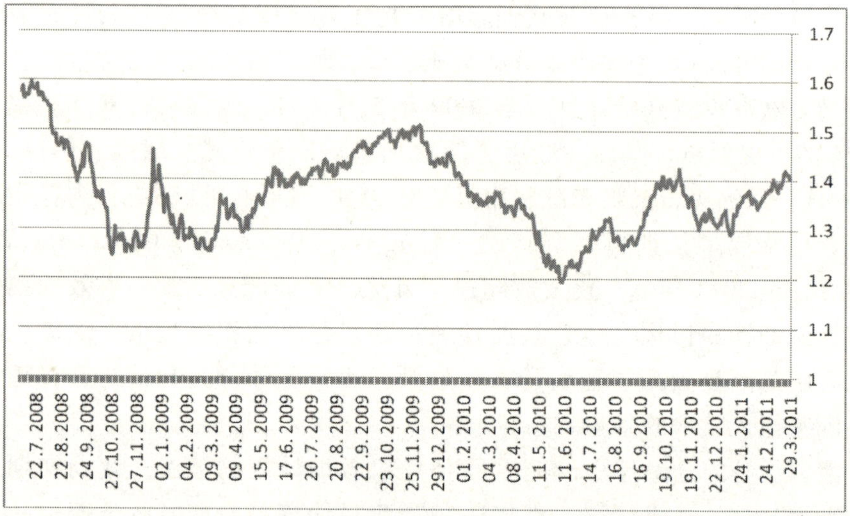

图 8－1：欧元兑美元汇率

资料来源：URL：http：//sdw. ecb. europa. eu/quickview. do？SERIES_ KEY＝120. EXR. D. USD. EUR. SP00. A& 访问日期：2013 年 04 月 26 日。

然而在提供救助贷款、不断引入新的救助政策的同时，德国维持了“财政紧缩＋结构改革”的救助原则。德国政府发言人表示，德国的策略是要求各国进行财政削减，建立稳固的财政政策，同时促进可持续、而非财政扩张式的增长，通过结构改革实现高就业①。稳固财政是未来经济可持续增长的先决条件，通过劳动力市场改革等措施可抵消减赤的负面影响，这是在复制德国的成功路径。削减财政赤字的思路源于德国 2009 年写入《基本法》的“债务刹车”计划，而降低劳动力成本正是 1998 年以来德国的竞争力上升的源泉。2011 年在德国的主导下，各国修改欧盟条约，欧洲通过了《欧元附加条款》和《稳定与增长公约》修改案，要求降低重债国工资水平、将养老金水平与经济发展水平挂钩，并制定更严厉的成长赤字预防和惩罚机制，引入“自动纠正机制”。《稳定与增长公约》修改案为各国削

① “EZB-Chef Draghi fordert neuen Wachstumspakt” URL：http：//www. wn. de/Welt/Wirtschaft/Wirtschaft-EZB-Chef-Draghi-fordert-neuen-Wachstumspakt. 访问日期：2013 年 04 月 18 日。

减财政赤字提供了制度保障，默克尔称其为欧盟的一个里程碑[①]。且欧洲稳定机制贷款只对签署并批准《稳定与增长公约》修改案的国家发放，欧洲有学者认为这带有债权人专制的色彩，欧元区成员国不得不实施减赤。2012 年 9 月 12 日欧盟委员会建议由欧央行设立单一监管机制（SSM），这是建立欧债银行业联盟的第一步，2013 年 12 月欧元区财长们决定，欧元区各国应在 10 年内建立统一的清算基金，应该覆盖所有担保存款的约 1%，约 550 亿欧元，对欧元区治理机制的改革在不断推进。

（二）德国欧债救助政策的部分成本

德国在促进重债国实施紧缩和维持欧元区稳定之间不断权衡，减赤为导向的救助政策也给德国带来了高昂的债务与损失，截至 2011 年底，其救助成本主要包括：1. 欧洲金融稳定基金中，德国需承担 2110.4 亿欧元；2. 同期出台的 IMF250 亿欧元的希腊救助方案中，德国的出资额为 149 亿欧元；3. 欧洲稳定机制（ESM）将吸收 800 亿欧元的资金和 6200 亿欧元的可赎回资本，其中德国 1680 亿欧元的担保费用和 220 亿欧元的现金；4. 紧急流动性贷款早期由各国央行承担风险，后盈亏由欧元区各国共同承担，若重债国违约，德国承担 220 亿欧元[②]；5. 至 2011 年底欧洲央行总共购买了 2100 亿欧元成员国国债，其中 550 亿为希腊债券，当时购买价格为 380 亿欧元[③]，若重债国破产，德国需按其在欧洲央行的资产比例负担损失；6. 欧洲救援机制形成之前，德国与重债国之间形成的双边贷款协议；7. 德国在欧洲央行 TARGET－2 体系中的接近 5000 亿欧元的债权，这些债权约占德国国内生产总值（GDP）的 20%，如果欧元突然崩溃，德国大部分债权可能会无法收回。8. 七年来，德意志联邦银行利润首度锐减，2009、2010 年德国央行的利润分别为 41 亿和 22 亿欧元，而 2011 年利润则不足 10 亿欧

---

① S. Casdorff，M. Döbler，S. Haselberger，“Merkel und Sarkozy legen neues Konzept für Euro-Rettung vor” URL：www. tagesspiegel. de/politik/euro-krise-merkel-und-sarkozy-legen-neues-konzept-fuer-euro-rettung-vor-/5893404. html 访问日期：2013 年 04 月 14 日。

② “Rettungsschirm für den Euro Wie Deutschland haftet” URL：www. suedeutsche. de/geld/rettungsschirm-fuer-den-euro-tickende-zeitbombe－1，1080370－3 访问日期：2013 年 04 月 21 日。

③ 吴家明：“欧洲央行将参与希腊债务减记”，《证券时报》，2012 年 2 月 2 日 URL：finance. ifeng. com/roll/20120202/5523416. shtml。

元，并且2012年的利润空间也在下降①。

虽然德国总理默克尔在欧盟峰会的发言时声称德国是从欧元中获利最多的国家②，但德国国内反对政府出资援助欧债国家的意见层出不穷，甚至认为德国应停用欧元，重新启用马克③。虽然德国是欧元区经济增长最强劲的国家④，但德国需为稳定欧元而大举借债，德国2011年11月底编制的2012财政预算中，支出总额为3062亿欧元，其中261亿通过新增债务融资。2011年12月的欧盟峰会将ESM的运作时间提前，德国2012年即需付86亿欧元，这进一步加重了财政负债，德国财政部需编写补充预算。因此，德国政府推行的减赤政策得到了国内民众的赞同，执政党支持率上升到2009年大选后的36%的高位⑤。

二、德国欧债救助原则的缺陷

然而德国以“财政紧缩+结构改革”为原则的欧债救助策略有着很大的局限性。

（一）纠正市场失灵乏策

1. 财政纪律标准不客观

年度财政赤字不超过GDP的3%、政府债务不超过GDP的60%的标准可以作为决策的参照标准，但不能作为绝对标准。欧债危机的引因就是希腊在统计数据上作假加入欧元区，但对于统计数据相对可靠的其他欧元国家而言，财政纪律标准也未能明确显示出各国的经济风险。爱尔兰和西班

---

① “Gewinnrückgang bei der Bundesbank reisst Lücke in Bundeshaushalt” URL：www. handesblatt. com/politik/konjunktur/geldpolitik/medienbericht-gewinnrueckgang-bei-der-bundesbank-reisst-luecke-in-bundeshaushalt/6290698. html 访问日期：2013年04月21日。

② 参见德国政府网站 URL：www. bundesregierung. de/Content/DE/Regierungserklaerung/2011/2011 – 03 – 24 – merkel-europaeischer-rat. html 访问日期：2013年04月21日。

③ Paul Carrel and Harry Papachristou，Germany under pressure to agree bail-out deal for Greece，March 23，2010，URL：www. scotsman. com/news/Germany-under-pressure-to-agree. 6171963. jp 访问日期：2013年04月21日。

④ 德国联邦经济及科技部 URL：www. bmwi. de/BMWi/Navigation/Presse/pressemitteilungen，did = 383474. html. 访问日期：2013年04月21日。

⑤ URL：www. wahlrecht. de/umfragen/index. htm 访问日期：2013年04月21日。

牙在欧债危机爆发前，其财政状况甚至优于德国[①]。但欧债爆发后，爱尔兰和西班牙等国显示出了极大的经济脆弱性。因而赤字数据不能表明各国的经济结构性特征，也不能为欧债危机爆发后欧洲重债国的表现做出预示或解释。

欧债的问题并非只是财政问题，更是市场无法对资源进行有效地配置，市场失灵导致的增长问题和结构问题，财政高负债仅为政府和市场失灵表现出来的结果。财政赤字标准忽视了资产泡沫和金融狂热，并不能显示真实的结构性赤字，因而无法作为检验国家经济风险的唯一标准，更不能用缩减财政赤字的统一方法去应对危机。

2. 政策短期应对性特征明显

希腊债务危机以来，欧元区的救助措施多为以贷款方式向危机国家提供流动性：2010 年 5 月 10 日，欧元区成员国和国际货币基金组织（IMF）推出 7500 亿欧元稳定基金，其中 4400 亿欧元是由欧元区国家担保设立的欧洲金融稳定工具，拥有最高的信用评级。在随后的三年内共同向希腊提供 1100 亿欧元的贷款，当中 300 亿欧元由 IMF 拨出，余下 800 亿欧元由欧元区国家支付。这一方案开创了欧元区债务危机处理以及区内危机国接受救助的先例，但 7500 亿欧元的稳定基金起初并未被设计为一个永久性的救助计划，并没有从根本上解决主权债务危机国家债务过重的问题。11 月底，欧盟为爱尔兰提供为期 7.5 年的 850 亿欧元贷款援助，其中 175 亿欧元来自爱尔兰现金储备和国家退休基金，225 亿欧元由 IMF 承担，450 亿欧元来自欧盟。同时，希腊获欧盟及 IMF 将 1100 亿欧元的援助贷款限期延长至 2021 年。前德国央行总裁阿克塞尔·韦伯也曾建议将希腊和爱尔兰的援助贷款期限延长到 30 年[②]，欧元区国家设立的总额 4400 亿欧元的欧洲金融稳定工具使用了重复担保的设计，导致其实际发债融资能力仅为 2500 亿欧元。2011 年 3 月，欧元区领导人上达成协议，决定将 2010 年 5 月设定的为期 3 年欧洲金融稳定工具于 2013 年起改为永久性的欧洲稳定机制，资金规模也从原来的 4400 亿欧元扩大到 5000 亿欧元，为了在发债融资时获得最高信

① 2006 年爱尔兰、西班牙和德国政府债务占 GDP 比重分别为 29.2%、46.2% 和 69.8%，2007 年为 28.7%、42.3% 和 65.6%，2008 年为 49.6%、47.7% 和 69.7%。参见：OECD Economic Outlook No. 90，OECD Economic Outlook：Statistics and Projections（database）。

② 爱尔兰的 800 亿欧元援助贷款期限为 7 年。

用评级 AAA，又将认缴资本扩大到 7000 亿欧元。未来援助机制的注资方式也发生了改变，6200 亿欧元为欧元区国家承诺可随时支付的款项和担保，800 亿欧元为实际到位款项。当时的舆论分析认为，这可能并非是欧元区最后一次救市措施，日后欧元区依旧会危险重重①。

无论是提供贷款还是延长贷款期限都只是缓冲措施，并不能让投资者彻底放心，只能暂时性的解决债务问题，推迟危机爆发的时点，无经济增长支持的还贷行为，会让市场产生等待欧元堤坝再次决口的预期。欧元区核心国家提供巨额资金支持，也会导致核心国家的财政可操作空间下降，从而影响本国的经济前景②。为增强救助机制灵活性，欧洲金融稳定机构在特殊情况下，可以进入一级市场，直接从出现融资困难的成员国手中购买国债，起到托市作用，却不能从事二级市场操作，这一新规定的出台为解决国家债券的市场需求问题迈出了第一步，但是否能够实现其设计目的，尚有待观察。更为重要的是，通过借贷解决债务问题只是权益之计，通过追加更多债务，以拖延还债时间，绝非解决欧债问题的关键之道。

发生主权债务危机的国家主要采取的应对措施为缩减财政预算，以逐步实现欧盟所规定的财政赤字和公共债务的标准，实施的改革有增加税收、裁减公务员、减少社会福利开支、提高退休年龄、冻结公职人员工资增长、削减军费等。各国的改革措施不仅带来了社会动荡，而且有降低政府未来支付能力、进一步恶化危机的风险。各国为度过债务危机而进行的财政削减计划会对经济发展产生阻碍作用，降低经济发展速度，从而降低政府收入，可能进一步加剧主权债务危机，使之陷入恶性循环。如何持续性提高未来的政府收入，这是各国政府未能解决的难题。

3. 刺激增长乏力

为纠正市场失灵，需要调整经济结构、刺激经济增长。但重债国巨额的财政赤字约束了政府刺激经济增长的空间。黯淡的经济发展前景、市场对重债国国债的不信任制约了重债国调整经济结构的可能性，相对于其他

---

① Christoph B. Schlitz, Dies war bestimmt nicht die letzte Euro Reparatur. URL: http://www.welt.de/debatte/kommentare/article12957257/Dies-war-bestimmt-nicht-die-letzte-Euro-Reparatur.html#访问日期：2013 年 04 月 21 日。

② Manfred Schäfers, Regierung will Teil der Bareinlage später leisten. URL: http://www.faz.net/s/Rub3ADB8A210E754E748F42960CC7349BDF/Doc~EFC80D15B52C14AB49166EE78DDD6234D~ATpl~Ecommon~Scontent.html. 访问日期：2013 年 4 月 22 日。

更多经济增长、结构调整等以长期为导向的政策，削减财政赤字是引入相对容易、见效相对迅速的政策。因而成为目前欧债救助政策的首选，但这一政策有着难以避免的负面效应。注重财政赤字的监督，是将德国的减赤经验推广到欧洲范围内，但忽视了其他国家不具备德国的资源禀赋，会造成另一种市场失灵。紧缩性财政政策会扼杀经济的活力，具有顺周期的特性，不仅有可能导致复苏乏力，还会导致赤字的上升和更严厉的节约型财政政策，甚至有可能引发相关国家衰退。西班牙计划 2012 年缩减开支 270 亿欧元，但第一季度失业率为 24.4%，达到 1996 年以来采用现行失业标准的最高值[①]。希腊一年内有 40 万人失去工作，1/4 的人生活在贫困线以下[②]。减赤计划有可能拉大欧元区国家的差距，最终导致欧元区国家竞争力的进一步趋异，甚至让竞争力趋异不可逆。

南欧国家经济结构失调、财政紧缩也将影响德国的经济前景。德国在 2003—2008 年间欧元区贸易伙伴国消化了德国 2/5 的出口。1990—1998 年，德国向法国西班牙等国的出口平均每年增长 3%，而 1999—2003 年该数据增长至每年 6.5%，至欧债危机爆发前，该数据每年甚至超过了 9%[③]。然而德国向南欧各国的净出口实际上是用德国人为南欧提供的资金支撑的。随着由北向南资金流的断裂和南欧各国的经济停滞、需求降低，德国以出口为导向的经济结构受到冲击。2011 年下半年德国经济出现走低趋势。

德国力主债务国实施紧缩型财政政策——提高税率和减少支出，这个政策有可能会让德国自身利益受损。通过压缩国内劳动力成本，提高自身产品竞争力和出口，这是德国在两德统一后的竞争方略，使其获益良多。1999—2007 年德国向欧元区贸易伙伴国出口年增长 7.5%[④]，欧元区债务国无核心支柱产业来实现经济迅速恢复增长，再加上税率提高、财政支出减少，会让债务国经济陷入持久的低迷。内需长期处于疲软状态，从而也会

---

① URL：http：//epp. eurostat. ec. europa. eu/tgm/table. do? tab = table&language = en&pcode = teilm020&tableSelection = 1&plugin = 1 访问日期：2013 年 04 月 21 日。

② Anders Lindberg，“Aengste in Zeiten der Krise” URL：http：//www. presseurop. eu/de/content/article/1229851 – aengste-zeiten-der-krise 访问日期：2013 年 04 月 22 日。

③ Sven Böll，“Wie Deutschland vom Euro profitiert” URL：http：//www. spiegel. de/wirtschaft/unternehmen/0，1518，744027，00. html. 访问日期：2013 年 04 月 26 日。

④ Sven Böll，Mythos vom EU-Zahlmeister — Wie Deutschland vom Euro profitiert URL：http：//www. spiegel. de/wirtschaft/unternehmen/0，1518，744027，00. html 访问日期：2013 年 04 月 14 日。

影响德国的出口和日后的经济增长。

设置财政约束是为了防止各国滥用财政激励、造成市场长时间结构扭曲。若在救助欧债的过程中，只注重控制财政赤字，而不调整欧元区经济的结构性等市场失灵问题是倒果为因，无法从根本上解决欧元区的困境。不调整欧元区的结构性问题，经济无发展的空间；经济增长是偿债能力的基础，无经济增长支持的减赤，乐观情况下只会带来一国债务总额的绝对减少，但债务占国民生产总值的比例却不一定会相对降低①。针对德国以减赤为导向的危机救助策略，2012 年 2 月 20 日，英国、意大利等 12 个欧盟国家联名致函欧洲理事会主席范龙佩和欧盟委员会主席巴罗佐，呼吁刺激经济增长，使欧洲摆脱经济低迷②。他们担心德国的紧缩性政策将扼杀经济增长，呼吁应暂缓减赤，将政策重心转到重新平衡经济政策、支持增长、减少失业等方面上。只有解决市场失灵问题，欧债危机才有结束的可能。因为对市场信心有决定性作用的不是政府负债总额，而是其经济结构的合理性、恢复增长的活力和未来的经济增长前景。

4. 大国承担系统性风险

欧洲央行的运行机制与国家央行不同，欧洲央行只能向银行体系注入流动性③，但不承担最终贷款人的角色，因此无法解决单一银行的偿付问题。而某些欧元区成员国最终债务违约的可能性依然存在，主权债务危机的国家公债的偿付能力受到了市场的怀疑。爱尔兰公债、希腊公债在瑞士央行有一段时间已经不可再被用作货币市场操作的抵押品，瑞士银行也停止接受希腊公债作为抵押品。这就使得挽救主权债务危机的重任落到欧元

---

① 事实上，意大利的债务在逐渐增加。2011 年 2 月意大利债务总额为 1.875 万亿欧元，2012 年 2 月，债务总额上升了 500 亿，接近 1.93 万亿欧元。Hans-Jürgen Schlamp，“Wirtschafts flaute raubt Italienern die Lebensfreude” URL：http：//www.spiegel.de/wirtschaft/soziales/0，1518，829130，00.html 访问日期：2013 年 04 月 24 日。而希腊政府债务总额占 GDP 的比重 2011 年不降反升。

② Constant Brand，“Leaders call for EU growth and jobs plan”.URL：http：//www.europeanvoice.com/article/2012/february/leaders-call-for-eu-growth-and-jobs-plan/73641.aspx 访问日期：2013 年 04 月 22 日。

③ 如 2008 年，国际金融危机爆发后，欧洲中央银行采用了定量宽松的货币政策措施，将基准利率从 2008 年 7 月的 4.25% 下调到 2009 年 5 月的 1.00% 的历史最低点；欧元主权债务危机爆发后，欧洲央行以 1% 的基准利率向银行提供三个月的无限期贷款，创欧元十年来最低。这一系列定量宽松的货币政策措施，增强了欧元区经济增长的动力，有效缓解了欧盟金融市场的压力，产生了良好的刺激作用。

区大国的肩上。在额度为4400亿欧元的欧盟金融稳定基金中，德国要承担27%的出资份额，仅此一项，德国出资数将约为1194亿欧元。最终确立的永久性欧洲稳定机制，认缴资本总额为7000亿欧元，欧元区核心国家德国、法国和意大利将分别承担约27%、20%和18%的份额，其中德国要承担1680亿欧元的担保费用和220亿欧元的现金。

德国以往在金融市场上表现良好，再加上其作为欧洲最强大的经济体的实力支撑，使德国的募资成本远远低于其他国家。2011年1月6日，英国标售了27.5亿英镑的10年期公债，其票面利率为3.75%，一天之前，德国标售的50亿欧元的10年期公债，这笔公债的票面利率为2.5%，低于英国1.25个百分点，也远低于欧元区的平均水平（见图8-2）。2011年德国经济表现亮眼，国内生产总值增长速度为3.7%，在欧盟国家中一枝独秀，为欧元区经济增长最强劲的国家①。即便如此，1194亿欧元这样的巨额数字，仍让市场不禁怀疑德国的支撑能力。德国需为稳定欧元而大举借债，据估计，当时在最极端情况下，此项援助几年之内可能要耗费德国财政350亿欧元②，这对德国财政而言压力甚巨，因而遭到国内政治家们的强烈反对③。并且，德国实际承担的系统风险并未在国债融资成本上得到充分体现，这不但减弱了未来德国国债的吸引力，有引发投机德国国债的风险，而且有可能会降低市场对欧元区救市措施的信心。

5. 金融市场进一步扭曲

金融市场存在的市场失灵问题在欧债危机中事实上也并未能得到有效控制，德国的减赤政策无法赢得市场信心，而需要各级欧洲机构插手救助，包括欧洲央行也需牺牲独立性来稳定市场。但事实上欧洲的救市举措正造成金融市场的进一步扭曲。

---

① 德国联邦经济及科技部. URL：http：//www. bmwi. de/BMWi/Navigation/Presse/pressemitteilungen，did = 383474. html 访问日期：2013年04月24日。

② 具体分析参见：M. Greive und J. Hildebrand，Was die Euro-Rettung den Steuerbezahler kosten wird URL：http：//www. welt. de/wirtschaft/article12967196/Was-die-Euro-Rettung-den-Steuerzahler-kosten-wird. html 访问日期：2013年04月26日。

③ Euro — Rettungsfonds wird schwere Belastung für den Bundeshaushalt URL：http：//www. spiegel. de/politik/deutschland/0，1518，751981，00. html 访问日期：2013年04月24日。

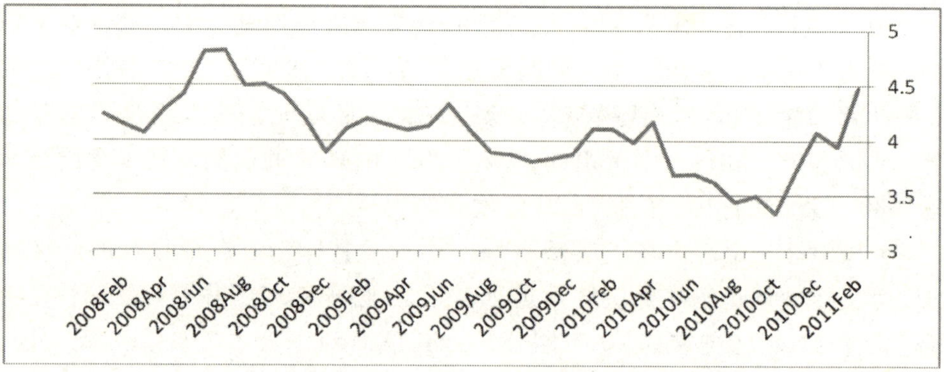

图 8－2　欧元区十年期政府债收益率

资料来源：URL：http：//sdw. ecb. europa. eu/quickview. do？SERIES_ KEY = 143. FM. M. U2. EUR. 4F. BB. U2_ 10Y. YLD 访问日期：2013 年 04 月 24 日。

欧债危机爆发前，资金在欧元区内从北向南流动，南欧国家的高风险债券由核心国家私人资金大量购买，从而形成了市场的系统性风险。欧债危机爆发后，为缓解欧债危机，欧洲央行引入购买证券操作，至 2011 年底欧洲央行总共购买了 2100 亿欧元债务；欧洲央行引入两轮长期再融资行动（LTRO），发放超过一万亿欧元的低息贷款，这一机制实际上为银行提供了以低利率贷款购买重债国国债、赚取息差潜在的套利渠道。2011 年 12 月和 2012 年 1 月，意大利和西班牙银行分别将其政府债券持有规模增加 13% 和 29%，达到 2800 亿欧元和 2300 亿欧元①。欧元区政府也积极引入了救助措施：欧元区成员国和国际货币基金组织推出了 7500 亿欧元稳定基金和永久性欧洲稳定机制。

此类救助政策实际上已经通过持债的形式将核心国与重债国更紧密地捆绑在了一起。经过逾三年的欧债救助行动，重债国的国债持有主体正在发生转变，危机前为核心国私人部门，危机救助中由核心国政府以及各国央行增势持有的趋势在不断加强，金融市场从危机前巨额资本持续单向流动的市场扭曲，演变为危机中欧元区公共部门为重债国融资的另一种市场扭曲。市场失灵未能得到修正，只是转变了一种形式。

---

① 玛丽·沃特金斯，詹姆斯·威尔逊，“欧洲央行廉价资金推动国债价格上涨”URL：http：//www. ftchinese. com/story/001043380/？print = y 访问日期：2013 年 04 月 26 日。

欧洲央行无法直接购买成员国国债，却面临着稳定金融市场的难题，因此选择了为银行业提供廉价资金，鼓励银行业代为购买重债国国债的曲线方式。银行业运用获得的廉价资金大举购买重债国国债，压低了重债国国债的收益率，但其资产中重债国国债这样的高风险金融产品比重上升，实际上也急速提升了自身的资产风险，银行业以逐利为目标，但被欧洲央行的曲线政策引入了共担欧债风险的轨迹中，这样风险被更多地转嫁到了银行业。基金投资者失去了对欧洲的信心。一系列知名投资基金、对冲基金如 Blackrock、安联子公司 Pimco 等撤离欧洲，使得欧洲金融市场上的参与机构和参与资金减少，这一方面增加了重债国政府重返资本市场的难度，另一方面将导致欧元区政府对银行业更加依赖，形成政府和银行更深层次的捆绑。

随着欧债危机的深化，在银行体系逐渐崩溃的情况下，货币联盟的运转通过欧洲央行独立的转移支付体系 TARGET－2 体系得以维持，造成 TARGET－2 的失衡不断加剧。TARGET－2 余额指欧元区各国央行相对于欧洲央行的资产负债表详情，反应了欧元区内部的资金流向。欧债危机爆发前，欧元区内部商业银行间通过相互借贷维持实际经济不平衡造成的收支不平衡。欧债危机爆发后，尤其是金融市场信贷枯竭后，资金出于安全性考虑涌入核心国，核心国家央行被迫增加在 TARGET－2 体系的权益，造成核心国家央行对商业银行的负债急速上升以及边缘国家央行在欧洲央行 TARGET－2 系统中的权益减少、负债增加，实际上已经转变为由各国央行为经常项目余额提供了融资。2008 年欧债危机爆发前，欧元区 TARGET－2 体系的失衡总额仅为 180 亿欧元①。截至 2011 年底该数目已上升至 4950 亿欧元②。欧洲央行虽然保持总体账目平衡，但成员国间账目失衡会造成不容忽视的体制性问题。德国央行行长魏德曼也承认，TARGET－2 失衡问题会带来不可接受的风险，因此他提议，应该将德国持有的 TARGET－2 债权证

---

① Statistik der Deutschen Bundesbank：Zeitreihe EU8141：Auslandsposition der Deutschen Bundesbank im ESZB / Forderungen innerhalb des ESZB / insgesamt，Stand vom：12. September 2011. 访问日期：2013 年 4 月 29 日。

② Hans-Werner Sinn，Timo Wollmershaeuser：“Target Loans，Current Account Balances and Capital Flows：The ECB’ s Rescue Facility”. NBER Working Paper No. 17626. November 2011. pp. 6－8.

券化[①]。核心国家的资产被转换成为TARGET-2系统中对边缘国家的巨额高风险债权，TARGET-2支付体系随着欧债危机的深化正在进一步降低整个欧元体系的稳定性，造成边缘国挟持核心国的能力在增加，这大大降低了核心国家银行体系的抗风险能力。

因此，一系列的救助措施并未能使危机相关方解套，而是将核心国公共部门和银行业更深入地与重债国捆绑在了一起，救助措施为危机爆发做了时间上的拖延，却未能缓和危机的矛盾，还有让矛盾更加深化的趋势。

（二）改良治理乏力

面对市场失灵，要调整结构、刺激经济增长；而应对政府失灵，则要改善经济治理。然而以紧缩为核心的救助政策并未能触及欧洲治理层面的问题，因为欧元区的治理困境需要一种新的治理思路去面对。

1. 成员国层面改革无法克服摩擦阻力

在成员国层面，生产率水平低、竞争力下降等结构性问题无法通过追加贷款得以解决，而是需要成员国调整经济治理的思路，改革经济结构，从根本上提升竞争力。如IMF的建议是通过降低希腊的工资成本提高希腊竞争力[②]。但结构性改革见效时间过长等因素皆影响了改革的实际成效，各国使劳动力市场灵活化、降低劳动力成本的改革遭遇到了巨大的阻力。希腊等重债国宣布了削减公共开支、推进结构改革、促进经济增长的改革方案，但改革政策遭到反对党和既得利益集团的强烈反对，在遭遇罢工等强烈抗议之后，相关配套措施被无限期延迟。葡萄牙为防止削减财政赤字的负面影响，甚至采用了技术手段迂回操作：政府让四家国内最大的银行从养老基金中为政府支出60亿欧元，未来银行职员的养老金则由政府支付，这样操作可以在不提高政府赤字的同时变相增加政府开支，但削弱了改革的实际成果。以长期为导向的经济政策因为其短期的高摩擦成本而被抛弃，正如财政约束无法对成员国政府产生预期的治理引导的作用一样，依照旧有路径实施治理改革来解决经济失衡问题，注定会遭遇危机。

---

① “Keine Rettung ohne Risiko” URL：http：//www.zeit.de/wirtschaft/2012-03/bundesbank-krise-euro 访问日期：2013年04月24日。

② “Griechischer Finanzminister fordert Opfer von EZB”．URL：http：//www.manager-magazin.de/politik/artikel/0，2828，813212，00.html 访问日期：2013年04月22日。

欧元区是一个主权国家的联合体，区内各国除货币主权外，拥有独立主权。因此各国在诸多问题上奉行国家利益优先原则，在债务危机刺激下，欧洲意识弱化、民族主义抬头，各国最根本的利益仍然是本国的民众和民族利益。欧元区整体利益的实现有赖于各国的博弈结果。各成员国本身的处境各异、利益诉求不同，政治环境经济结构上存在着巨大的差异，危机的起因和影响也不尽相同①，再加上各国所奉行的治国理念和经济理论传统上的不同，各国的应对措施与理念事实上也可能大相径庭，实际上，各国都在努力使欧洲经济融合朝着自己设计的路线前进，为本国赢得最大收益。

欧盟委员会缺乏必要的权力和威望，致使协调解决债务危机问题很大程度上依赖德法等大国作用，而德法之间就解决债权债务危机问题既存在着共识，也存在矛盾。他们先后在是否援助希腊、是否接受希腊退出欧元区、是否建立欧洲经济政府、是否应该保持欧洲央行独立性、是否提高欧洲金融稳定工具的实际借贷能力等一系列问题上存在着争议。希腊主权债务危机爆发后，欧盟在数月之内并未能就是否给与救援达成一致，虽法国倾向于救助希腊，但德国更希望希腊能够通过财政紧缩让希腊度过危机，这些分歧延误了救助时间，使得希腊原本仅200亿欧元的债务演变成整个欧元区的问题。波兰央行行长表示，呆在欧元区里比呆在欧元区外面有更多的风险，斯洛伐克则指责欧元区的运行系统只考虑欧洲大国自身的需要②，比利时副首相兼财政大臣迪迪埃·雷恩代尔认为，提高欧元区国家竞争力不能一刀切，应根据各国不同的情况，采取不同的措施。

在欧元区领导人讨论的希腊和爱尔兰救助方案的调整问题上，希腊1100亿欧元贷款利率被降低了1个百分点，贷款期限延长至七年半。同为主权债务国的爱尔兰却未能享有相同的待遇③，因为欧元各国与爱尔兰在公司税问题上存在着争议。作为爱尔兰吸引外来投资重要手段的公司税，其水平远低于欧盟平均标准，仅为12.5%，这对欧元区其他国家构成了威胁。

---

① 如希腊债务危机的诱因有奥运会积累下来的债务、与国情不相符的高福利、国内腐败盛行、国际金融危机的影响等、政府虚报账目、高盛等投行的违规操盘等。爱尔兰则是因为房地产业在国内生产总值得比重过高，成为爱尔兰经济的命脉和重要增长动力，房地产泡沫破灭直接导致政府偿付危机。

② 师琰：《欧元不沉：欢迎来到泰坦尼克号?》，《21世纪经济报道》，2011年01月06日，第04版。

③ 爱尔兰得到的利率接近6%，而希腊为4%。

但爱尔兰态度强硬，不愿提高公司税，这导致了爱尔兰在受援措施上受到差别对待。

2011 年 3 月欧盟提出的全面应对方案中，德法共同推出的《竞争力公约》试图引入更多财政约束条例，以及更强有力的经济政策，引发了多方大讨论。《竞争力公约》要求各国必须调整经济政策，以增强经济竞争力，同时要严肃财政纪律，决不纵容财政赤字，所有欧元区国家要遵守一套完善的社会和财政政策，其中包括规定统一的退休年龄、不再把工资增长自动与通货膨胀挂钩、征收欧洲统一的企业所得税等，以通过这些措施实现趋同，提高欧洲的整体经济竞争力①。这样苛刻的条款对政府流动性短缺、处于经济停滞泥潭中的欧元区各国来说，无异于一次要挟。比利时和卢森堡一直以来实行根据通胀指标自动调整工资的政策，对于《竞争力公约》提出的效法德国放弃工资增长指数化的建议非常排斥。希腊、爱尔兰、葡萄牙和西班牙的关注点则是减轻还款负担和扩大现有救助机制的规模及用途等，目前未必愿意接受以长期为着眼点的改革措施可能带来的阵痛。经过长时间的争论，最终达成的《欧元公约》则类似于一份妥协文案，许多争议性条款都被稀释。《欧元公约》的核心是经济治理改革，促进成员国经济更加融合，并为此确定了 4 项目标，即增强经济竞争力，促进就业，巩固财政和维护金融稳定。立法限制债务水平的措施、工资与增长挂钩的要求都被减弱，与《竞争力公约》相比，含金量剧减。《欧元公约》虽设定了共同目标，但如何实现则由各国自己来决定，欧元区只能对各国的举措和进展进行政治监督，因而是各方妥协的产物，并不能满足欧元区长期发展的需要，更有步《稳定与增长公约》后尘被模糊执行的嫌疑。

欧元区的任何重大决定，都必须经所有欧元区成员通过，这大大加大了欧元区的决策难度。2011 年 3 月底的欧盟峰会曾被市场认为可能成为欧债危机的重大转折点，出台包括临时性欧洲金融稳定基金（EFSF）和永久性欧洲稳定机制（ESM）规则、加强欧元区经济治理的改革措施和增强成员国经济竞争力的长效举措等内容。但各国因为政治因素、法律程序等分歧，解决问题的最后期限被推后，救助协议要待 6 月份才能商定，《欧元公

---

① Sven Böll und Carsten Volkery, Merkels drei Waffen gegen den Euro-Kollaps. URL: http://www.spiegel.de/wirtschaft/soziales/0, 1518, 752759, 00.html 访问日期：2013 年 04 月 24 日。

约》的效果更是差强人意。此前欧盟为3月底峰会所做的诸多努力并未能够完成其设定的目标，让市场对欧盟的行动力与前景产生怀疑。

2. 欧元区层面改革无实权保障

表面看来，欧元区主权债务危机是由于债务国的支出超过其实体经济的承受能力，在国际金融危机冲击下，最终一溃千里。实质上，危机虽由全球金融危机催发，但根源在其体制设计内部。欧债危机的深层原因是欧元区财政货币政策的二元性，欧元区只有统一的货币政策，但财政政策保持分立。缺乏统一的财政治理框架是欧元区的内在弱点，如何维护欧元区国家在财政政策的独立性问题上一直存在争议。最后作为妥协，《稳定与增长公约》的规定成为软约束，以妥协实现欧元继续运行的效果。这种妥协的结果是欧元区国家的财政赤字急剧升高，进而演变为欧元区主权债务危机。

为解决欧债问题，欧盟进行了不懈的努力，如提出《欧洲2020战略》，确定就业、研发、教育、创新、扶贫、能源等方面要实现的具体目标，期待“把欧盟转变成一个提供很高程度的就业、生产率与社会凝聚力的、智能化、可持续和包容性的经济体”。试图建立一系列职责明确的经济监管组织，如成立了“欧洲系统性风险委员会”，以从宏观上负责监测欧盟金融市场的风险，及时发出预警，在必要时提出应对措施建议；设立了银行、保险和证券市场三个监督机构，从微观上负责对这些行业的具体监督。为严肃财政纪律，不纵容财政赤字。但在欧元区层面，促进各国经济协调、实现趋同的政策遭遇了巨大的推进阻力。

2011年3月德法推出了《竞争力公约》，各国必须调整经济政策，以增强欧元区整体经济竞争力，并要求所有欧元区国家遵守一套完善的社会和财政政策，包括不再把工资增长自动与通货膨胀挂钩、征收欧洲统一的企业所得税等。[①] 这一举措引发了多方异议。卢森堡和比利时等国根据通胀指标自动调整工资，因此反对放弃工资增长指数化的建议。各重债国更倾向于获得更多救助，而不愿承受长期性改革所带来的社会震荡，最终签署的《欧元附加条约》仅确立了增强经济竞争力，促进就业，巩固财政和维护金融稳定这四项目标，且实现目标的具体措施，则由各国自行决定，欧元区

---

① Sven Böll und Carsten Volkery，“Merkels drei Waffen gegen den Euro-Kollaps” URL：http：//www. spiegel. de/wirtschaft/soziales/0，1518，752759，00. html 访问日期：2013年04月26日。

只实施监督职能。2010 年 10 月 28 日欧洲理事会首脑峰会，插手排除单个国家的财政错误①，通过了《稳定与增长公约》的修改方案，但修正方案也只是对财政政策的约束，并未涉及经济政策的协调。

德法推出的《竞争力公约》，试图就所有事宜达成一致，但终因目标过于宏大以及成员国之间的巨大差异，导致以上努力都有打擦边球之嫌。如以欧元区未来发展为导向的《竞争力公约》因对成员国的经济决策干预过多，因此最后只流变为更为“欧洲化”的《欧元公约》。在欧盟委员会的监督下，欧洲理事会必须参考宏观经济发展、整体财政稳定形势、结构改革和竞争力提升等因素，就欧盟整体和各成员国实现“2020 战略”的成绩做出明确的评估。在当前非常复杂的协调框架下，面对 27 个差异很大的成员国如何确定评估标准、方法、如何实现有效发展及以何种手段保证这些目标的有效执行，都是很大的问题。德国现财长沃夫冈·朔伊布勒认为新建立的永久性欧洲金融稳定机制是令人担忧的②，而德国前财长佩尔·施泰因布吕克甚至警告称，欧盟有可能会分崩离析③。“一刀切”的货币政策大大限制了成员国应对危机、调控经济的能力。

迄今为止，欧元区形成的相关救助措施主要集中德国所倡导的严格财政纪律方面，其中对财政赤字的监督与控制是目前的政策主要关切点。相对于其他改革措施，削减财政赤字的政策更易引入，但却无法触及根源性的问题。与《稳定与增长公约》类似，欧元区整体规定得越严格，日后违约的可能性越大，无实权的欧元区不能代替地方进行治理改革，只能为成员国提供软性的治理指导，具体的实施依然要依靠成员国层面的执行力。

3. 自救措缺乏民意基础

欧元从一开始引入时起，就带有明显的精英推动的特点。欧洲的货币一体化进程并非是经济融合而产生的自然经济成果，而是欧元区各国领导

---

① Christian Rickens, “Träum weiter, Deutschland!”. URL: http: //www. spiegel. de/wirtschaft/soziales/0, 1518, 812110, 00. html Spiegel. de 访问日期：2013 年 04 月 28 日。

② Euro-Rettung, Schaeuble-Berater finden EU-Pakt besorgniserregend URL: http: //www. welt. de/wirtschaft/article12971011/Schaeuble-Berater-finden-EU-Pakt-besorgniserregend. html 访问日期：2013 年 04 月 22 日。

③ FAZ. NET, Merkel sieht Deutschland als Profiteur des Euro. URL: http: //www. faz. net/s/Rub3ADB8A210E754E748F42960CC7349BDF/Doc ~ E482AF66CED1644F5BC6C83574EB74F7B ~ ATpl ~ Ecommon ~ Sspezial. html 访问日期：2013 年 04 月 24 日。

层在全球一体化的推动下，通过国家之间的协定，由上而下推动的历史性变革。欧债危机的蔓延，让民众失去了对欧元的信心。与当初由上而下的政治家们引入欧元的行为相比，由下而上的疑欧情绪严重阻挠了各国救助计划的出台，降低了各国相互妥协的可能性。

欧元引入之初，德国民众对放弃马克、引入欧元就持有怀疑态度，欧元运行十年后，欧元在德国亦被称为“贵元”（TEURO）。欧债危机的持续深入，更加深了民众对欧元的不信任情绪，德国国内“疑欧”主义抬头，作为二战以来欧洲一体化的积极推动者德国，欧洲主权危机爆发后，国内欧洲意识进一步弱化，虽然德国总理默克尔在欧盟峰会的发言时声称德国是从欧元中获利最多的国家①，但德国国内反对政府出资援助欧债国家的意见层出不穷，甚至认为德国停用欧元，重新启用马克②。默克尔的党派支持率大幅下滑，许多德国人认为，欧盟对于德国人而言是一个昂贵且无用的组织③。德国人的法定退休年龄已提高到 67 岁，甚至有进一步上调的趋势。德国人不愿意自己“工作到死”的同时却要为希腊懒汉的不节制行为买单。62% 的民众反对继续救援希腊计划，只有 33% 的人认为议会应该支持救助希腊行动，2/3 的人认为救援希腊不可能获得成功。德国民众的态度影响了德国政府的救援政策。2013 年德国大选之前，德国各党派在思考欧债危机的困局之时，亦需将民意因素作为其决策的依据。

德国认为，要想解决欧债危机，目前而言，重要的是削减重债国财政开支，尽早实现重债国的财政均衡。这种思路延续了德国国内政策思路。2009 年德国引入的“债务刹车”计划，2016 年开始，德国联邦政府的年度新增财政赤字不能超过 0. 35%，而德国州政府在 2016 年财政转型期结束后不能再有财政赤字④。在这种思路的指导下，德国监督希腊等国引入了严格

---

① 参见德国政府网站 . URL：http：//www. bundesregierung. de/Content/DE/Regierungserklaerung/2011/2011 - 03 - 24 - merkel-europaeischer-rat. html 访问日期：2013 年 04 月 28 日。

② Paul Carrel and Harry Papachristou，Germany under pressure to agree bail-out deal for Greece，March 23，2010，URL：http：//www. scotsman. com/news/Germany-under-pressure-to-agree. 6171963. jp. 访问日期：2013 年 04 月 24 日。

③ Sven Böll，Mythos vom EU—Zahlmeister—Wie Deutschland vom Euro profitiert URL：http：//www. spiegel. de/wirtschaft/unternehmen/0，1518，744027，00. html 访问日期：2013 年 04 月 26 日。

④ Christian Kastrop et al ed.，The German Debt Brake and the Reform of Fiscal Federalism，A Reader，Berlin，2010.

的财政开支削减计划。这造成了民众和政府收入下降，消费需求明显不足，导致欧元区失业率迅速上升（见图8－3）。重债国特别是希腊民众将生活水平的不稳定和生活水平的急速下降归咎于德国不肯掏腰包的吝啬与见死不救的残忍，产生了极强的反德心理。他们将联邦德国类比为纳粹德国，并坚决反对政府的财政缩减计划。

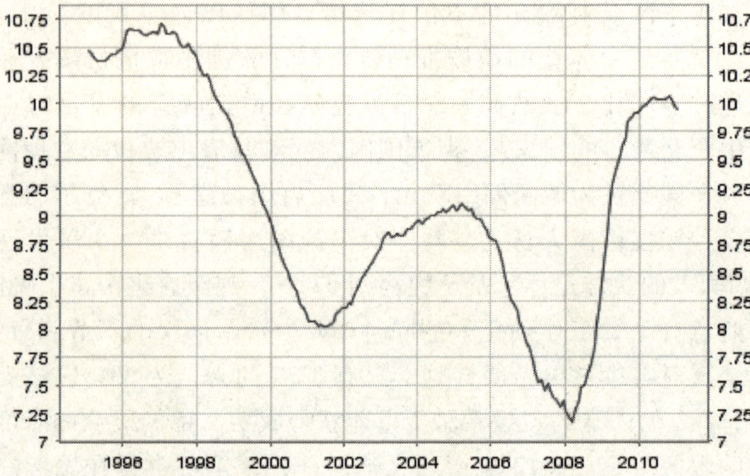

图8－3　欧元区失业率

资料来源：URL：http：//sdw. ecb. europa. eu/quickview. do？ SERIES _ KEY = 132. STS. M. 16. S. UNEH. RTT000. 4000 访问日期：2013 年 04 月 26 日。

危机的痛苦降低了欧元区民众对别国的宽容度，对救助策略的不了解更降低了对别国建议的接受度，最终这些负面的民众情绪由下而上影响了本国决策，加大了危机解决的困难和加剧了欧债前景不明朗。

4. 欧债治理需要欧洲思维

世界经济已经步入低谷期，无有效的措施可以拉动经济增长。实践中可以推行的各国财政紧缩政策却无法解决欧洲的问题。虽然各国保持独立财政，欧洲统一货币的流通实际上已经使得欧元区各国高度相关，成为一个具有新特征的经济体。欧元的引入，提高了价格透明度、促进了资源聚集、加深了贸易创造的效果，使得欧元区实际上成为一个封闭的大国。尽管德国具有庞大的经济总量，但是德国从国际贸易的视角看来依然是个小的开放经济体。鲜明的出口导向特征使得德国在过去的10年中可以依靠降低劳动力成本的方式实现内部贬值、提升竞争力，从而将竞争力下降的危机外部化。从欧元区内部贸易的角度看，欧元区的内部贸易繁荣，形成核心国向边缘国的持续的商品流动和资金流动。欧元区已经成为一个相对封闭的大经济体，区域内形成一个完整的经济循环过程。小的开放经济体可以靠节约和贬值应对危机，但在封闭大经济体内实施紧缩，实际上采取的是“以邻为壑”政策，会向邻国输出疲软，造成在欧元区内将危机外部化的现象。采取强力的紧缩政策，正体现了欧元区领导人的“小国”思维。将欧债问题仅视为一国问题的时间已经过去。因各国间责任推卸贻误了将债务问题局限于小国封闭经济的时机。欧债的问题是欧元作为一个整体货币的问题。在欧债危机背景下，紧缩型财政政策不可行的根本原因在于试图通过解决小国问题的方法来解决欧元区的整体问题。紧缩政策起作用的关键在于只有一国采取财政紧缩政策，因为产生的多余产品只有为他国所吸收，才有可能带来该国财政状况的改善；若多国同时实施财政紧缩，则会导致社会需求下降、盈利下降、税收减少和财政的进一步恶化，形成多国背景下公共部门的凯恩斯“节俭悖论”。单边通缩调整根本上是不可持续的，因为其实质是将危机外部化。因此，虽然欧元区的大多数国家经济路径与思路是成功的，但各个成功的宏观经济体囿于不完善的欧元体制内，形成加总的悖论。

若从世界贸易整体格局的角度将欧元区视为开放大国，基于欧元区现状，仍然缺少让欧元区恢复竞争力的方法。米德综合分析认为，紧缩政策可以减少国内总需求，货币贬值改变需求结构，使得人们对进口商品的需求转向国内生产的商品。财政紧缩和货币贬值同时使用，可以改善一国的竞争力和贸易条件，让一国出口上升，经常项目盈余增加，实现内部经济与外部经济的均衡。然而救援机制的有效性离不开其背后经济体的健康，财政紧缩和货币贬值需要以国家潜在竞争力作为支撑，才有可能发挥预期作用。在欧元运行的十几年中，欧洲国家不仅面临经济结构失衡、竞争力下降等问题，失去的更是新的经济增长点和与之密切相关的未来竞争力[①]。而且欧债危机的存在和解决欧债危机的紧迫性，更减弱了短期内运用米德综合分析提高国家竞争力的可行性，提升国家潜在竞争力困难重重。因此，虽然德国的国家经济模式就其本身而言是成功的，但将德国的经验应用到欧元区整体，不仅没有政策合理性，更缺乏实际经济基础的支撑。

欧元区领导人在经济政策的制定上不能从单个独立财政的国家的角度出发，而是需要更多地将欧元区视为一个新整体，因为对各国财政分而视之不再符合欧洲的现实需求。欧元区需要超越个体利益的集体理性，否则国别理性加总就会形成整体的非理性。若认定失去竞争力、欠下巨额债务的国家应为危机负责，实际上否定了欧债危机是系统性风险所造成的。要求重债国实施紧缩实质上是要单个经济体承担系统性风险所造成的成本。紧缩政策不适合作为欧元区的整体经济治理方略，区域内重债国共同紧缩的结果是利润的递减和经济体的持续紧缩，这会加剧欧元区内竞争力趋异的趋势和南欧国家的进一步降级。欧元区财政政策和货币政策非对称性的治理机制使得经济无法避免地产生结构性问题，而欧元十几年的运行让经济的结构性问题根深蒂固，这样的经济现状需要将欧元区视为一个整体来治理，需要制定新的法律与规则，加强各国经济政策的协调，防止债券市场的个体理性加总成为市场非理性，防止国别理性加总形成欧元区非理性，防止市场失灵和政府失灵。

三、小结

欧债危机深层原因是欧元区经济发展不平衡和政府层面的治理失灵。希腊等外围国家面临世界新兴经济体的低成本竞争，增长乏力，再加上欧元区核心国家的高劳动生产率的冲击，使得外围国家缺乏经济竞争力和可持续发展的能力。“多速欧洲”的难题在欧元建立后以经济借贷的方式实现暂时平衡：德国等核心国将持有的私人部门盈余借贷给西班牙、希腊等外围国家，这些外围国家通过借贷的资金实现了就业和经济增长，并从德国

---

① 参见世界经济论坛发布的《全球竞争力报告》URL：https：//members. weforum. org/pdf/gcr/2008/rankings. pdf http：//www3. weforum. org/docs/WEF_ GCR_ Report_ 2011 - 12. pdf 访问日期：2012 年 04 月 26 日。

购买产品，帮助解决德国的内需不足的问题，欧元的引入降低了外围国家的借贷成本，使得这样的经济运行机制更加顺畅，掩盖了外围国家“高赤字、高负债、低劳动生产率，经济结构单一，出口竞争力弱”的缺陷，欧元区经济通过这样的方式实现整体经济的平衡，但最终不可避免地导致外围国家发生了主权债务危机。

危机可以让欧盟反思其粗放型扩张的脚步，集中处理发展过程中忽略的问题。但是，欧元实际上是政治进程超越了经济发展需求、大力拔高的产物。没有财政转移支付机制，如何解决增长问题，如何找到欧洲以及各成员国新的经济增长点，如何协调各成员国的利益，这都成为解决欧债危机和欧元继续发展的制擎。若无改变体制性缺陷的意愿和长期机制，欧元区宏伟的政治意愿将有揠苗助长的危险。

2013 年德国贸易顺差创历史新高，引致美国的指责和欧盟的不平衡性调查。对德国巨额顺差的批评表明了两方面的问题：一是在德国紧缩和结构改革策略的引导下欧洲经济已经出现了新的特征。欧债危机前，德国大量贸易顺差形成储蓄通过资本项目流出，在欧元区形成了从北向南的资本长期单向流动，推升了南欧国家的需求，最终成为欧元区机制性问题的爆发出口。欧债危机爆发后，重债国缩减财政赤字、降低需求，导致整个欧元区从原来的基本账户整体平衡变为出超，另外危机让投资者更加审慎以及新兴国家经济增长放缓，德国巨额贸易顺差有待找到新的消化渠道才能实现保值增值和增长促进。二是经济不平衡引发的欧元区治理困境随着欧债救助的深化而得以凸显。欧债危局暂缓，成员国争论的焦点从应急性政策中的救助成本分担转变为欧元区集体政策的制定标准。欧元区各国经济发展的速度、结构以及周期不尽相同，欧元区无法兼顾地制定出满足各类需求的政策。欧洲央行根据各国通货膨胀的加权平均数作为依据，必须在德国恐通胀与重债国促增长的要求之间做出政策选择，近期欧洲央行内部关于降息问题分歧不断，最终这类争论演化为对德国出口导向模式的质疑。

推高质疑声浪的理性力量是各国对经济增长前景的担忧。批评者认为欧元坚挺导致欧元区其他国家无法通过内部贬值提高竞争力。实际上，宽松货币政策盛行的时代，不能将欧元汇率的波动完全归咎于高顺差。刻意保持贸易顺差是以邻为壑，若要求邻国提高生产成本来以维持本国产品的相对竞争力则是饮鸩止渴。德国出口行业的优势源于极具竞争力的企业优势、国内各类配套制度以及积极的国内改革。但欧元区经济疲态尽显，德国也深受其害，与巨额顺差形成对比的是德国中小企业的自有资本和盈利能力受到了削弱。因此应避免重债国减赤成果的表面化，竞争力的提升不应该停留于数字层面，靠裁员和降低内需带来的数据优化不会长久。忽视增长的调整是迫不得已，促进增长的调整则是必不可少。

德国欧债救助策略需要大欧洲观的指导。欧债救助不仅是个经济问题，更深刻地显示了各国的自我定位。欧元区需要的是超越个体利益的集体理性，否则国别利益加总就会形成欧元区非理性。危机期间，币值稳定的目标让位于确保欧元存续，严格的财政纪律也应服务于欧元区的稳定与增长。欧元区其他国家需要尊重德国的既有优势，同时德国作为欧元区的一份子需要从更合作的角度思考欧元区的治理问题，帮助欧元区国家找到自身的优势资源禀赋、实现共赢式增长，防止重债国改革疲劳和核心国援助疲劳形成恶性循环。思想情绪的不融和会转变为经济数据的矛盾，南欧的负面社会情绪并不能简单的解读为恶意的蓄谋。关注欧元区的总体福祉是现时德国不可推卸的责任。德国需要为欧洲做出资金、政策以及理念上的让步，这也是德国承担欧洲大国责任的应解之意。深度的融合以进一步的和融为基础。

治理思想篇

第九章　对德国经济治理思想的再思考

一、经济治理思想概述

（一）德国经济治理思想的转变

20 世纪以来德国经历了五类重大经济危机：1929—1933 年世界经济危机、二战后德国国内经济的重建危机，1966—1967 年“艾哈德危机”，1975 年和 1982 年经济的周期性波动以及 1990 年“统一危机”。德国在应对以上五类危机中的战略思维和政策措施如下。

1. 1929—1933 年世界经济危机

第一次世界大战后，战败后巨额的战争赔款和 1929—1933 年世界经济大危机使德国经济走向崩溃的边缘。1930 年德国失业人口为 350 万，1932 年失业人口已经飙升到 700 万。希特勒利用德国人的“强国梦”取得政权，试图用国家主义解救德国的困境，其目标是推动经济重新运转和重建社会保障体系，方法为“国家就业 + 政府购买”。希特勒利用国外经济援助，投资推动德国一战后处于停滞状态的军工企业，秘密重整军备，大搞城市建设和城市规划。大量的政府工程拉动了经济全面运转，虽然希特勒最终将世界拖入二战，但他的国家主义取得了良好的激活经济的成效，从 1932 年到 1937 年，德国的国民生产总值增长了 102%。

2. 二战后德国国内经济的重建危机

二战后德国复兴经济的模式选择有别于欧美等国通常运用的“凯恩斯主义”。“弗莱堡学派”结合战后德国需求旺盛、供给不足的情形，创建了“社会市场经济”模式，在计划经济和自由市场经济之外找到“第三条道路”，即以自由竞争为基础、政府进行适当调节的社会市场经济模式。社会市场经济把市场自由竞争原则和社会利益均衡原则相结合，以社会大众福祉为目的，在生产资料私有制的前提下，国家以法律的形式为自由竞争创造宽松有序的宏观经济发展环境，试图将公有制的公平与市场竞争的效率创造性地结合起来，务求达成经济增长和社会进步的双重目标。在该模式下，德国政府引入的措施有：

（1）通过一系列规章、制度、法律、法令加强对经济的宏观调控，如通过了为商品生产和流通提供基本规则的民法和商法，为国家调控提供手段的反不正当竞争法和稳定法等，保护劳动者的劳动法。

（2）成立了联邦卡特尔局，联邦卡特尔局及其分支机构专门维护正常的市场竞争秩序。

（3）通过马歇尔计划利用大量外国资本，增加工业发展资金的投入，扩大就业，加速经济的发展。

（4）国家鼓励技术进步和创新，并给予经济援助和税收优惠。

与此同时，辅以国民经济的非军事化以及建立民主国家等措施，给予人民一定的民主权利，推行较为广泛的社会福利制度，为资本主义发展创造了比较稳定的社会环境。在社会市场经济模式下，德国实现了世界瞩目的“经济奇迹”。社会市场经济模式也成为德国的经济治理的主导思想。

3. 1966—1967 年“艾哈德危机”

20 世纪 60 年代开始，德国经济呈现衰退迹象，1967 年经济状况持续恶化，社会市场经济模式的适用性受了到质疑，“社会市场经济”之父艾哈德领导的政府下野。作为解决危机的对策，西方盛行的“凯恩斯主义”经济思想被引入到经济治理的战略中来。“凯恩斯主义”以“总体调节”形式出现，国家在经济生活中的定位不再限于制定和维护总体秩序，而是积极参与经济，解决此时因社会总需求不足而导致的经济危机。国家运用一系列货币、财政等经济政策，以及经济信息等政策干预经济，以实现四大经济目标：物价稳定、高就业水平、持续稳定的经济增长以及对外经济平衡。

4. 1975 年和 1982 年经济的周期性波动

“凯恩斯主义”在德国有效运行的同时，并未能让德国免受经济周期性波动的影响。1975 年和 1982 年经济的周期性运行滑入低谷。高失业与通货膨胀并存，此时德国政府的主要政策目标是促进就业，同时保证币值稳定。具体对策是加大投资，加强职业培训、促进就业，但效果皆不尽如人意。由于“凯恩斯主义”不再灵验，政府转而求助于自由主义，推行以供给为主导的经济政策，如颁布《1981 年税务减免法》，通过削减联邦财政开支，提高累退税率，提高房地产折旧最高数额、以加强建筑业的投资意向等。这些措施使经济逐步回暖。

5. 1990 年“统一危机”

1990 年德国再次统一后，德国通过政府行为，设立“德国统一基金”与“东部复兴计划”，但西德对东德的巨额财政输血并未能很好地改善地区发展不平衡，高工资高福利成为经济发展的掣肘因素。在国家宏观调控的方式上，德国采用供给政策与需求政策相混合为特点的宏观调控方式，以增收节支和刺激经济为目标，采取了降息、增加税收、遏制工资的增长和削减对夕阳工业的经济补贴等措施，然而效果平平。作为对策，德国试图形成一种独特的经济制度模式，德国社会民主党提出了“新中间”政策。德国未来委员会则提出了“经济效能、社会团结和生态持久三者之间的平衡战略”。与单纯解决再分配问题的“防御性战略”相比，德国政府重视运用改善增长条件的“进攻性战略”，如强调研发和推广促进以未来为导向的技术。

德国的经验表明，特定的战略有其适用的时间、空间。量身定策贯穿了 20 世纪德国反经济危机史的始终，为德国带来了经济复苏，也确立了未来的发展指引。

（二）德国经济治理思想的内容

德国经济治理思想的核心内容是社会市场经济。社会市场经济以“弗莱堡法律和经济学派”的秩序自由主义为理论基础，其核心思想是由国家制定市场运作的制度框架，以确保市场竞争的有效性和充分性，并通过经济手段来达到社会公正的目的，将自由市场的效率性和社会国家的公正性有机结合起来。

社会市场经济理论认为，经济发展需要维持物价的稳定，而且不论在经济萧条还是经济繁荣时期，都需保持物价水平的稳定，这个稳定基础是一切努力的汇合焦点①。市场的充分竞争需要通过价格来实现，只有维持物价和币值稳定，才能有效维持充分的市场竞争，过度波动的价格会妨碍有效竞争的实现；只有维持物价和币值稳定，才能在国际竞争者维持竞争力，

① 路德维希·艾哈德：《来自竞争的繁荣》，上海：商务印书馆，1983 年版，第 82 页。

促进国家经济实力的提升；只有维持物价和币值稳定，才能更有效地实现社会公正，防止通货膨胀成为掠夺部分人财富的工具。

在社会市场经济体制的框架之下，独立的中央银行和审慎的财政政策是德国经济治国思想的核心。独立的中央银行是德国经济治理思想的一个重要原则，即中央银行应成为以价格稳定为目标的公共机构，央行享有货币发行的排他权，不受政府控制、拥有高度的独立性。央行独立性体现在执行货币政策工具的独立性以及拟定货币政策目标的独立性，德国央行即是严格遵守这一原则而运作的。

德国倾向于采用审慎的财政政策，反对过高的财政赤字或盈余，一国应该制定一定的债务和财政赤字指标，国内不应有过高的通货膨胀，特别是在经济下行过程中也不应实施扩张型政策，更应偏重于结构调整。政治家会因为考虑到政治周期和选举因素而倾向于创造通货膨胀来获得收益，但企业和家庭会对政府的这种行为产生预见，调整企业与家庭的个体行为以应对这一趋势，最终政府、企业和家庭会推高社会的通货膨胀率，导致经济发展不稳定。若是对政府的行为产生一定的规制、限制其制造财政赤字和通货膨胀的能力，就可以让私营经济和政府对未来的经济发展水平有相同的稳定预期，政府可以更多地看重长期政策，排除其他因素，将价格稳定置于优先地位，而私营经济则可以稳定预期，从而更有效地保证经济发展的稳定状态。

独立的中央银行和审慎的财政政策相结合，确保了德国稳定的物价水平和财政赤字目标的实现，成为德国特有的经济治理政策的基础。德国的经济治理理念认为在经济衰退时期，实施短暂的扩张型财政政策可以拉动经济增长、解决就业问题，但用无止尽的“凯恩斯主义”政策无法解决问题，只有财政紧缩才是建立可持续经济增长的基础。以需求为导向的景气性政策是以国家债务为支撑，因而会严重降低一国财政的可持续性。而且短期性政策的稳定性作用会阻碍以优化机制为导向的痛苦的长期性政策的制定。在2008年金融危机爆发之后，各国纷纷采用“凯恩斯主义”振兴经济，德国也出台了经济救助计划，引入了环境津贴，并对基础设施进行了投入，但在经济略有起色之后，即退出了救助计划，并再次采取了紧缩性财政政策。对于欧债危机中的重债国，德国也延续其国内治理思路，积极倡导“财政紧缩+结构改革”的治理理念，因为实施紧缩一方面可以让过度负债的人承担其应有的责任，另一方面虽然短期内实施国需要付出一定代价，但可以保证长期的经济健康。

（三）德国国内经济治理的特点

欧债中德国之所以不采用大规模的政府开支来刺激经济，是因为一方面考虑到即将实施的“债务刹车”计划，“债务刹车”计划规定从 2016 年起，德国政府非周期性结构性贷款不得超过本国 GDP 的 0. 35%，为了实现这一目标，德国政府必须从 2010 年起每年减少 100 亿欧元的开支，故而当时的大联合政府不希望过份地扩大支出。另一方面也是由德国的治国理念决定的，德国对大规模的财政刺激政策一直持审慎态度，认为政府如果对经济干预过多，会对经济形成不良影响，造成未来经济的不平衡。德国政府的国内经济刺激政策主要体现了以下原则。

1. 适度性干预原则

德国社会市场经济的核心思想是由国家制定市场运作的制度框架，以确保有效和充分的市场竞争，将自由市场的效率性和社会国家的公正性有机结合起来。政府应该负责对市场运行制定框架，而不是参与到市场竞争机制中，妨碍在设定框架下市场运作的自由性。因而政府在实施经济刺激政策时，应该对经济刺激方案的规模以及政府在其中的作用有严格的限定；市场有自动稳定的功能，也有自动复苏的机制，应该让市场在资源配置中起到基础性作用。政府应该对危机时实施适度干预，让市场更多地依靠自身的力量实现实体经济的可持续复苏，而不是靠政府的大规模支出实现泡沫繁荣。政府应该发挥的是辅力促进作用而非主力拉动作用。

政府对经济的适度干预原则也适用于政府干预的方式、干预的时机和干预的时长。政府对经济干预更多地应该采取经济性手段，而非采取行政命令的手段，应该提供一定选择性措施，由微观行为体自行决定是否参与。政府干预的时机应该是在危机初现、但还未大规模爆发时，此时采取一定的反周期的短期性调节措施，以防止经济出现大规模的波动。而且政府干预也应该注重退出时期，不应在危机即将结束或者完全结束再考虑退出，应给市场更多的作用空间，以达到合理利用财政资源。

德国在应对 2008 国际金融危机和欧债危机时，更多地采用的是短时工政策和环境津贴等经济性手段，在这些经济手段运作时，市场依然起到了主体性作用。是否参与短时工制度、是否采用环境津贴，基本上由企业和个人根据自身情况来做出决定。德国是危机中最早讨论财政振兴措施退出机制的国家之一，德国政府规定2010年年底之前所有公共投资项目都应该结项，而且对环境津贴和短时工政策等优惠性政策的适用期限都作了明确的规定。德国政府用800亿欧元的财政支出成功地稳定了德国国内的经济形势。

2. 系统性干预原则

社会市场经济强调政府对市场应该起到规制作用，因而国家对市场的干预应该是有系统的，而不能是盲目的，德国政府对国内经济的管理有一套成熟的体系。例如双元制职业教育是德国高端制造业成功的一个重要法码，对双元制职业教育体系进行有效的监督和促进工作是德国政府的一项重要的日常任务。为促进双元制职业教育体系的发展，德国政府形成了从职业教育方向引导、规则制定到效能促进等一系列行之有效的政策措施。又例如对中小企业促进这个关系到经济未来潜力的重要课题，德国政府将中小企业促进列为政府的一项重要任务。政府为促进中小企业形成了一整套完善的法律体系。在非危机时期，政府即注重对中小企业的融资、创业、创新等事宜的促进工作，形成了完备的中小企业服务体系，如复兴信贷银行为中小企业的融资提供了长期、有效的支持。为了促进中小企业投资海外，德国政府也成立了德国贸易及投资署，以帮助中小企业到外国参展、以及展开各项活动。2008年国际金融危机和欧债危机爆发后，德国政府拨出了4.5亿欧元的专款，用于促进中小企业研发，并利用已形成的促进渠道向经济发展较弱地区的中小企业提供融资服务。

危机时，德国政府对经济实施直接投资时，并非盲目上马，而是更多地借助已形成的一套完备的体系运作制度来对资源进行重新分配，例如政府进行危机时期公共项目投资时，对公共基础设施的投资方向有着严格的限定，这样可以防止地方政府盲目乱投资造成的公共资源浪费和对市场机制秩序造成扰乱。在危机时期在各州之间分配公共投资资金时，更要按照多年来一直形成的分配比例，考虑到各州的具体发展状况进行系统性分配，防止危机的紧迫性造成资源分配的不经济性。

3. 针对性干预原则

经济刺激政策实施时，不能套用世界适用的模式，而是要结合本国经济的特点，要在经济刺激政策中找到政策着力点。德国是典型的出口导向型经济，对德国产品需求下降并非是因为本国需求下降所引起，而是因为国际需求的大规模下降造成的，因而很难依靠本国财政开支来替代出口需求。如果国际市场上没有形成对德国产品的有效替代，在现有状况下维持本国优势产能的稳定、等待国际市场的重新繁荣应该是政府的优先选择。如果证明国外需求中长期内都无法恢复，政府则需要引导国内经济采取结构改革等措施。在应对欧债危机时，德国政府在引入刺激政策时带有着很强的针对性，即是针对本国核心的外向型产业。德国政府在实施激励政策时，就注意结合德国的出口导向性的经济特征，保护本国的核心竞争力，针对汽车行业实施特别的环境津贴，有针对性的维护国内汽车、电子、化工等优势产能。

因为短期内无法实现对国外需求的有效替代，所以维持经济的稳定性是德国政府外向型经济在危机时期的一个重要目标。针对经济刺激政策的这一目标，首先是要维持本国国内需求的稳定，其次是要维持本国企业生产能力的稳定。要想保持国内的消费能力，维持国内的低失业率是一项重要手段。为实现稳定性任务，德国政府降低了短时工制度的申请门槛，改进了申请短时工政策的企业优惠政策，这些政策都显著地增强了短时工制度吸引力，有效地降低了德国的失业率水平。同时短时工政策对稳定企业员工队伍的稳定有着积极的作用，而且当企业为短时工参与者提供职业教育时，国家可以承担职业教育的费用，使得短时工政策既可以帮助企业留住员工，还可以让员工获得改良工作技能的机会。因而当经济出现企稳回升之时，德国企业可以迅速恢复生产。

4. 后续性干预原则

对于已经确立的干预政策，政府要注重政策的后续效果，并对政策的后续影响做出关注和及时的干预，这是干预政策实现成功的一个重要原则。2009 年 1 月 14 日德国议会批准引入总金额为 15 亿的环境津贴以刺激国内的汽车消费。同年 3 月汽车销量大增，申请数量也呈现迅速上升的趋势。为了方便民众申请环境津贴，联邦政府首先在 2009 年 3 月将申请程序电子化，有效地简化了申请的过程，让提货期较长的新车的申请者能够方便申请环境津贴，便利了民众；其次于 2009 年 4 月又将环境津贴资金池扩充到 50 亿欧元。联邦政府在环境津贴政策出台后，能够根据市场需求状况，及时地增加环境津贴的总金额并延长环境津贴政策的有效期，保障有效的激励政策能够有足够多的资助金额和足够长的资助期限，确保了刺激政策发挥作用的空间。最终环境津贴政策取得了很大的成功。

危机应对并非一定要引入全新的政策，既有的政策手段若经过修改能够提高政策的吸引力，则也能够发挥更大的作用，这一方面降低了政策的研发时间，提高了政府制定政策的效率性，另一方面对一个既有政策人们往往已有了清醒的认识，对其优缺点以及运作程序有了大概的了解，在宣传成本下降的同时也降低了政府犯错的机率。因而政府更多地会采用既有的、经过实践检验的政策，政策的作用不在于其新旧程度，关键在于政策的效果。

为让政策达到一定的效果，对政策进行后期监管与干预是必不可少的。虽然后期监管与干预可能会提高政策的行政成本，但可以有效地提高政策的执行效率，而且对既有手段的后期监督也往往有着比较成熟的程序。例如短时工政策是德国历史最悠久的劳动力市场工具之一，德国政府在经济振兴计划中重点对短时工政策进行了修改，简化了短时工政策的申请程序，并降低了短时工政策的申请门槛，使得企业无需提供详细的证明资料，只需对企业的当时的运作情况做一个说明即可申请短时工政策，这些规定有效地提高了企业对短时工政策的利用率。但这样的政策也导致了短时工政策容易被滥用，因而需要加大政府对短时工政策的事后监管，才能更有效地提高短时工政策对经济积极的作用。欧债危机中德国政府对短时工政策进行了严格的事后审查，发现了数百起对短时工政策滥用的案例。

德国政府按照以上原则制定了德国经济刺激政策，德国的经济振兴政策有效地衔接了国外需求下坡与上行之间的陷阱，避免了德国经济的大规模波动，使得德国能够在2010年借各国经济振兴计划的东风，迅速走上了复苏之路。

二、经济治理思想的发展

欧债危机爆发之前，“2010议程”对德国经济进行了广泛的改革，“2010议程”极大地降低了企业用工等多项成本，也有效地增加了德国劳动力市场服务系统和社会保障系统的资金盈余，对德国成功应对欧债危机具有重要意义。“2010 议程”公布之初被解读为新自由主义的路线政策，希望通过影响福利水平来增加低端劳动力供给。“2010 议程”改变了德国政府以维持社会福利为目标的经济政策导向，帮助福利国家适应了变化的形势，逐步实现社会公平与经济效率的平衡关系。“2010 议程”对国家的影响不仅在经济层面，给德国的国家治理思路和社会思想也带来了深刻的影响。通过对“2010 议程”的反思，可以看出德国的经济治理思想在“2010 议程”后的一些新发展。

（一）社会政策作为独立变量

“2010 议程”改变了政界的思维定势①，改变了其对社会政策的认识。“2010 议程”以前，社会政策被认为是为了弥补市场经济的非公平性结果而必须采取的一项措施，即为在经济发展中对处于弱势的人群予以弥补，为了实现这一弥补过程，社会需要为不断增加的成本买单。而“2010 议程”引入后，福利等社会政策更多地被理解为是一个对市场经济会产生影响的独立变量。通过对福利政策的有导向性的改革，让市场经济能够更有效率地运转②。

国家对个人的责任不再是提供全方位的保护，而是要对劳动者进行激励与管理。失业者不应仅仅是享有接受转移支付权利的弱小被同情者，而也应该为促进经济发展承担个人责任、并且应该是可以牺牲个人利益的勇于承担者，这需要通过社会政策的改革来促使失业者承担这部分责任。在“2010 议程”中通过降低社会福利来提高无业者接受低薪工作的意愿，通过促使劳动者接受“一欧元工作”来要求失业者付出劳动以保持劳动者的劳动能力、并提高其未来找到新工作的机会。“2010 议程”通过将国家提供的福利水平与个人行为相挂钩来实践“促进与要求”原则，以达到通过激励型社会政策来提高整个社会的运行效率的目的。

---

① Gerhard Schröder（2012）：Agenda 2010. Die neue Mentalität der Deutschen. In：Handelsblatt vom 11. 09. 2012. URL：www. ruhr-uni-bochum. de/fin-kred/downloads/20120911 – handelsblatt – 008. pdf 访问日期：2013 年 09 月 11 日。

② Simon Heglich，David Knollmann，Johanna Kuhlmann（2011）：Agenda 2010. Wiesbaden：VS Verlag. S. 69.

（二）劳动力市场与福利国家的关系

德国作为一个福利国家步入困境，除了经济减速、福利刚性等常规因素之外，还有德国自身的一个特殊性原因。自德国统一很长一段时间以来，德国劳动力市场政策实际上不仅仅是一项经济调节政策，更多地肩负着社会政策的职能，即需要确保劳动者既有的生活水平，另外还要帮助原东德地区适应原西德地区的市场发展水平，以解决德国统一的后续社会问题①。劳动力政策未能更多地体现效率原则，从而进一步降低了以维持生活水准为目标的社会福利政策的可持续性，因而德国福利国家的目标在现实目前显得更加不堪一击。为了维持福利国家的运行，让社会福利政策能够弥补劳动力政策的低效率性，削减福利以提高社会福利政策的效率性，成为德国福利国家改革进程中的必要一环。

福利国家不应该是为了应对个人命运的陷阱而不停地做修补，而是应该通过提供制度性的设计，让个人更好地为人生的可能波动做好准备，因而德国的福利政策的目标发生了转变，改变了传统的以社会保险为原则的福利国家模式，由提供能够保障社会地位的福利水平转变为提供满足基本需求为主的福利水平②。例如通过“失业金 I”和“失业金 II”的划分，创造了两个资金上相互分离的失业金申领系统。“失业金 I”和“失业金 II”包含着完全不同的社会权利，一部分享有传统福利国家概念上的失业保险，而另一部分则只能享有基本保险这样的低层次保险，改革后一般工人失业时多数靠失业保险和失业基础保险的组合维持生活，降低了工人失业时的福利水准。

与福利政策目标变化相对应的是通过提高劳动力市场的灵活性，将德国的劳动力市场政策由积极型转变为激励型、行动型政策，增加了劳动力市场的就业潜力。增加就业的政策与降低劳动者对国家福利期许的政策相结合，从而让福利国家从原本的保持生活水准的福利的提供者转变为新福利系统的有效组织者与社会效率的促进者。

---

① Karl Brenke, Klaus F. Zimmermann (2008): Reformagenda 2010 – Strukturreformen für Wachstum und Beschäftigung. DIW-Wochenbericht. Nr. 11/2008 Berlin. S. 119.

② Frank Oschmiansky, Andreas Mauer, Karin Buschoff, Arbeitsmarktreformen in Deutschland. Zwischen Pfadabhängigkeit und Paradigmenwechsel, in: WSI-Mitteilungen, 2007/6, S. 291 – 297.

三、德国欧债策略中的治理思想

德国的“财政紧缩＋结构改革”的欧债救助原则饱受诟病，实际上，德国的这一原则正是其国内经济治理思想在欧元区事务上的映射。在欧债应对中德国坚持要求重债国减少财政赤字以实现财政整固，要求重债国实施结构性改革，而反对通过大规模的经济刺激计划造成经济数据增长，而实现虚假繁荣。德国坚持救助重债国应该坚持“权利与义务”相匹配原则，即重债国在接受他国援助时，也应当承担相应的对国内经济结构的改革义务。这是德国经济治理思想在其欧债应对策略上的体现。

德国欧债救助中的“权利与义务”相匹配的原则是“2010 议程”中“促进与要求”治国思想在欧债危机中的体现。“2010 议程”的一个重要原则即是“促进与要求”原则，其根源就是福利国家对个人的责任与义务内涵的重新解释。“2010 议程”的思想基础“新中间”政策认为，公民不仅应该视就业为个人可选择的权利，更应视就业为个人责任与义务。公民应该借助个人的劳动能力来实现个人价值，保障自己能够达到一定的生活水准。若是由福利国家来承担保障个人生活水平的责任，而不将这种生活水平的保障与个人的工作义务做有条件地捆绑，即是割裂了个人的权利与义务，造成社会可持续运行的风险。国家需要为公民承担就业的个人责任提供机制上的保障和心理上的激励。机制上的保障措施包括进入劳动力市场的知识结构上的准备、劳动力市场进入门槛的平等性等方面因素。心理上的激励则指个人参与劳动力市场的积极性保障，过高的福利水平降低了个人进入劳动力市场的心理驱动力，弱化了个人责任。国家应该为公民提供托底性的基本保障，激发个人的参与积极性。

因此，德国对重债国的帮助的检测标准不应该是德国为重债国提供了多少贷款或担保，而是德国应该让重债国重新恢复到依靠自身经济实力能够实现增长的路径上去，不能因为重债国困难经济状况就放松对重债国健康的经济结构的要求。德国等债权国为重债国提供贷款和帮助，因而完全有权力要求重债国改革，这是为了重债国自身经济健康的考虑，也是为重债国贷款安全的考虑。重债国在享受贷款的权利时，更要履行改革的义务，这与劳动既是个人的权力也是个人的义务有异曲同工之处。德国赋予的帮助必须要配合一系列的改革条件，这是本着为德国的纳税人负责的原则，也是激励型国家治理政策在欧债危机中的运用。

德国的欧债策略很大程度上坚持了德国利益的最大化。而欧洲央行因为各国的利益牵制而无法保持其独立性使命，不得不出手救助欧债危机，但这同时也给了德国维持其“财政紧缩+结构改革”的救助原则创造了空间，欧洲央行的政策为德国的欧债策略提供了最有力的支持。经济政策背后有经济的因素，有政治的因素，也有政治家个人的因素。德国政治家默克尔主政德国，其个人的政治风格对欧债危机的解决策略也有了很大的影响。在欧债危机威胁下和欧洲央行的帮助下，默克尔坚持自己“小步慢行”的策略，让德国的欧债策略终得以贯彻。

四、治理产生效益

2010年后德国经济强劲复苏，究其原因，在于其强大的经济实力和治理成绩。

德国在“2010议程”改革中，对社会国家的概念做了深刻的反思，进而取得了较好的治理业绩。“2010议程”对社会国家的改革不仅仅停留在对资金运行平衡的计算，更多的是一种思维方式的转变。机会公平与结果公平并重，政府政策目标的转变带来了政策重点的转变，政府治理由福利思想转变为治理效率思想，从结果性的福利导向逐步转向为过程性的治理效率导向，政府希望通过提高政府的治理水平来增强社会经济的运行效率。

现代社会对个人责任的强调也带来了国家治理思路以及治理模式的转变。国家在为公民提供最低保障的同时，也应该促进和要求公民承担个人责任，并为公民履行个人义务提供良好的社会环境，需要能够组织和保障社会的有序有效地运行。例如社会福利的削减需要更多地强调个人的自我责任，同时也需社会加大对个人、子女抚育、代际公平和教育等的公共投入。“2010议程”在削减失业者福利的同时，也引导社会建立了就业中心，引入了促进大龄失业者的就业优惠措施，并努力提高低工资和低技能失业者的再就业收入，提高失业者再就业的机会，增强失业者的提高收入的能力与可能性，通过改善社会治理提高德国社会的运行效率。

德国在政府治理中引入了效率治理视角，“2010议程”是对福利制度进行整顿的第一步，也是对减少国家干预迈出的第一步①。原来的联邦劳动局被转变为联邦劳动服务局，从行政管理机构转变为注重效率的现代服务型机构，将雇主和雇员两方面的需求作为联邦劳动服务局的工作导向，凸显了在劳动资源配置中市场的资源配置效率与优势。强调劳动市场中中介的作用，限制国家提供服务的范围。

治理产生效率。全球经济复苏是德国经济持续增长的依托，强有力的竞争产业是德国经济持续增长的基础，正确的政策引导帮助德国渡过危机低潮期，并为日后复苏留下了空间。德国的危机应对策略具有很强的系统性：短时工政策维持了国内消费的稳定性和企业核心员工的完整性，减少了企业因为危机而遭受结构性损伤；环境津贴则针对德国的核心产业，维持了重点产业的核心产能，加强了国家对社会消费的指导性，做到危机应对政策有点有面。中小企业促进和双元制职业教育体系改革中都可以看到德国政府将政府的调控作用与市场化的运作结合起来，创造激励型国家模式的努力。"2010 议程"则确立了将经济改革与社会政策改革相融合的路径，使得经济潜力的能够得到充分的开发。德国国内经济治理中"个人权利与义务"相结合的原则也在德国"财政紧缩 + 结构改革"的欧债策略中得以体现。在欧债应对中，德国依托自己强大的国家实力，充分实现本国的政策塑造能力，让本国的原则贯穿欧债救助的全程，充分体现了本国利益。

在欧债危机的负面性环境和联邦大选的不利状况中，德国依靠成熟的经济治理工具和策略既实现了本国经济的增长和政治稳定，又增强了德国的世界影响力。

① Wissenschaftliche Dienste (2013) Aktueller Begriff. Zehn Jahre "Agenda 2010" -Bilanz einer "Jahrhundertreform". Nr. 07/13 (11. März 2013) Fachbereich WD 6 vom Deutschen Bundestag Berlin. S. 2